이실아
교돌아왔다

교실이 돌아왔다

조한혜정 한운장 홍아성
김연지 방영화 김한솔 외 103명

신자유주의 시대 대학생의
글 읽기와 삶 읽기

도서출판 또하나의문화

차 례

프롤로그 | 바로 여기 교실에서 8

1부 | 마당을 열며
1. 교실을 무대로 만들다 39
2. 내가 바라는 수업 이야기 74
3. 낯선 시선으로 바라보기 101

2부 | 시대 읽기
4. 가족, 추석, 이야기 123
5. 책을 통해 글로벌 시대와 대면하다 148
6. 인류의 희망과 절망을 말하다 175
7. 저출산 정책을 두고 연애를 논하다 202

3부 | 강의실 유목민의 '마을' 만들기
8. 부족 안의 부족, 마을 안의 마을 235
9. 다시 기운을 모으다 263

에필로그 | 교실로 돌아온 그대들을 위해 311
부록 | 교수가 교수에게 323

> 내가 그의 이름을 부르자
> 그는 나에게로 와서 교실이 되었다.

프롤로그
바로 여기 교실에서

다시 혁명의 시대가 오고 있다.
만사가 평온한 듯,
그런대로 잘 살아가는 듯 지내고 있지만
실은 다들 알고 있다,
모든 것이 무너지고 있다는 것을…
그렇지만 우린 또한 알고 있다.
조용한 혁명이 일고 있다는 것도…

이웃에 작은 사랑방 도서관이 들어서고,
한 잡지사가 기획한 시민 강좌에 직장인들이 몰려들고
노숙자들을 위한 '희망의 인문학' 강좌가 인기가 있다더니
인문학 교실에도 대학생들이 모여들기 시작했다.
학생들이 돌아오는 소리,
교실이 돌아오는 소리.
그 소리를 듣는 설렘.

프롤로그

2005년 미국과 일본 등지를 다니면서 '후기 근대적' 삶의 변화에 관한 탐사를 하다 돌아와 새 학기를 시작한 나는 변화한 강의실 분위기에 무척 당혹스러웠다.

수업 시작 전부터 교실이 어딘지, 첫 수업에 무엇을 읽어 가야 하는지 이메일과 전화로 시시콜콜 문의가 오기 시작했다. 전에는 없던 일이다. 수업을 시작하고 첫 과제물을 내 주자 학생들은 정확하게 몇 쪽을 써야 하는지, 어떤 주제로 어떤 방향에서 쓰라는 것인지 구체적이고 분명하게 말해 달라고 주문했다. 그건 각자 알아서 하면 된다고 하니까 난처한 표정을 지으며 불안해했다. 수업에 좀 늦게 들어왔는데 결석 처리가 되지나 않았는지, 전자 출결 관리 시스템이 고장 난 것은 아닌지 걱정스러워 수차례 기계를 확인해 보는 친구도 있었다. 학생들이 교수와 갑자기 친해진 것인가? 아니면 어떤 유의 강박과 불안 때문일까?

또 한 가지, 엄마에 대한 이야기가 많아졌다는 점도 특이했다. 자기소개 시간에, 엄마가 수강 신청 과목을 미리 다 정해 주었는데 마지막 순간에 한 과목을 자기가 원하는 것으로 했다며 무용담을 들려주듯 이야기하는 학생(그가 그토록 듣고 싶어 한 과목은 댄스 수업이다)이 있는가 하면, 집에서 어머니와 이야기하면서 나왔다는 이야기들이 자연스럽게 수업 중에 언급되었다. 전에는 보통 대학생이 되면 '어른'이 되겠다는 일념에 부모 이야기는 금기였는데, 수시로 엄마 이야기가 튀어나오고 그렇게 하는 것을 부끄러워하는 기색도 없어서 오히려 내가 당황스러웠다.

교수(나)에 대해 언급하면서 매우 신기한 사람을 본 듯 '인사동 도사' 같다고 써낸 학생도 있었다. 가만 보면 전보다 한결 밝고 솔직한 학생들이 많아졌다. 구김이 없으며 사근사근하고 고분고분하기까지 한 이들은 '착한 학생'이면서 '효자 효녀'들이었다. 사춘기를 거친 적이 없는 듯 너무 순진한 학생들이 많아 보여 걱정을 했는데, 과제물을 읽어 보니 글을 똑 부러지게 쓰는 친구들이 꽤 있었다. 논술 교육이 역시 학생들의 사고력과 표현력을 한껏 길러 낸 모양이라며 내심 안도의 숨을 내쉬었다.

그러고 보면, 친절하게 챙겨 주기를 바라는 이 착한 학생들은 05, 06학번이다. 이른바 '열린 교육'과 '7차 교육 과정'이 키워 낸 세대다. 밤 11시까지 '자율 학습'을 해야 했던 선배들과는 달리 "하나만 잘하면 대학을 간다."는 말을 들으면서 꽤 자유롭게 중고등학교 시절을 보냈을 학번이다. 정보 사회의 인재로 자랄 수 있도록 스스로 사유하는 능력을 키우기 위해 도입된 논술 고사를 치른 세대이기도 하다. 그러니 '자율 학습'이라는 명목으로 강제 학습을 시킨 부당한 권위를 참아 내느라 삐딱해진 선배처럼 억지를 부리지도 않을 것이며, 여러모로 한결 합리적일 것이다. 그럼 그렇지, 이 학생들은 정치적 운동권 시대를 지나 성숙한 시민적 자질을 갖춘 세대로 성장할 거야. 나는 이런 생각을 하면서 한번 제대로 가르쳐 보리라 다짐했다.

그런데 수업이 진행되면서 슬슬 실망감이 밀려들었다. 학생들은 주체적이고 비약적 사고를 요구하는 숙제에 당황했고, 이들이 써낸 글은 내용이 다 비슷비슷했다. 대신 아주 작은 일에 즐거워하고 함께 재미난 수업을 하고 싶어 하면서 자기소개 시간에는 열심히 박수를 쳤다. 대학 강의실 특유의 기운, 곧 억압적 고등학교 시절에서 벗어난 해방감과 그것에서 나오는 날카로운 비판적 지성의 기운은 찾아보기 힘들었다. 교실에서 때론 나와 조교만 '젊음의 패기를 부리는 사람'이 되어 버리곤 했다. 그간 내가 써 온 교수 방법, 곧 고등학교 때와 단절하고 싶어 하는 마음을 자극해서 그동안 자기가 살아온 삶을 거리를 두고 보게 하면서 새로운 사유의 지평에 이르게 하는 방법이 제대로 먹히지 않을 분위기였다.

대학원생인 수업 조교는 학부제가 아이들을 다 망쳐 놓았다면서 분노했다.

인기 학과에 가기 위해 입학 때부터 학점 관리를 해야 하기 때문에 대학생들은 학점 관리에 눈이 먼 '고4학년'이 되어 버렸다는 것이다. 입학한 후에 이런저런 공부를 하다가 전공을 선택하도록 하려던 학부제 애초의 의도와는 달리 그 제도는 또 다른 우열반을 가르는 경쟁의 장이 되었고, 그 경쟁에 돌입한 아이들은 예전처럼 교양 수업을 즐길 여유가 없을 것이며, 특히 자발성을 요구하고 수업 부담이 많은 수업을 기피할 것이라며 한숨을 쉬었다. 첫 시간에 학점 기준에 대해 꼬치꼬치 묻거나 확실한 기준이 잘 안 보인다고 수강 변경을 하는 학생들은 이런 배경에서 비롯되었던 것이다.

그 말을 듣고 보니 세상을 다 알아 버린 듯한 학생도 적지 않았고, 대부분이 자신이 정한 전공 학과에 들어가지 못할까 봐 전전긍긍하고 있었다. 그 전공이란 것도 자기가 하고 싶은 것과는 상관없이 미래의 안정된 직장의 기준으로 정한 학과들이다. 이들은 일류대 입학을 위한 치열한 입시 전쟁을 치른 후 대학이라는 '진리의 전당'의 맛을 채 보기도 전에 곧바로 취직이 잘되는 학과에 가기 위해 다시 경쟁의 장에 들어가고 있었다. 학생들은 학점을 잘 따야 순위가 높은 전공학과에 갈 수 있으며, 해외 교환 학생의 기회가 생겨도 세계 최상위 대학에 갈 수 있으며, 갈수록 치솟는 등록금의 일부라도 충당할 장학금을 받을 수 있으며, 졸업반이 되어 취업의 문을 당당하게 두드릴 수 있다는 것을 알고 있었다. 또한 영어를 현지인처럼 잘하지 않으면 살아남기 힘들 것이라고 걱정하며 영어 공부에 대한 강박에 시달리고 있었다. 교수들이 모이면 학생들이 대학생 같지 않다고 불평하곤 했는데, 바로 이런 세태 변화 때문이었다. 그간 무슨 일이 일어났단 말인가?

• 신자유주의 아이들

2000년대 접어들어 한국 사회가 급격하게 경쟁, 효율, 생존 경쟁의 신자유주의적 자본주의 체제로 돌입해 간 것은 알고 있었지만, 학생들이 먼저 이렇게 변해 있을 줄은 미처 예상치 못한 일이었다. 요 몇 년 동안 무슨 일이 일어났단 말인가? 체육 시간도 없이 새벽부터 밤 11시까지 자율 학습을 한 선배들과는 달리 자율 학습을 하지 않고 일찍 귀가했으며, 체육 시간과 음악 시간도 누릴 수 있었던 행운의 학생들은 왜 예상과는 달리 '범생이'가 되어 있는가?

돌이켜보면 1990년대 말 '열린 교육'과 '7차 교육 과정'이 실시되면서 많은 일들이 일어났다. 일련의 '자율, 개방화' 조치 이후 강압적으로 잡아 두었던 사회 분위기가 풀어지면서 학교 분위기도 달라졌고, 2000년 전후 중고등학교에서는 수업 자체가 불가능한 상황들이 벌어졌다. 학생들은 수업 시간에 마구 떠들고 교실을 들락거렸으며 또 한없이 자거나 심지어 일찍 조퇴들을 하기도 했다. 이런 현상은 '학급 붕괴'라는 이름으로 연일 기사화되었고, 제도권 학교들이 조만간 붕괴될 듯 온 나라가 들썩거렸다. 그러나 이상하게도 제도권 학교는 붕괴하는 대신 다시 자리를 굳혀 갔다. 학생은 학생대로 각자 알아서 살고, 교사는 교사대로 학생들에게 애정을 주지 않는 대신 안정된 봉급자 생활을 즐길 줄 알게 되었고, 학교 당국은 그들대로 법에 걸리지 않는 한도에서 자율적으로 공존하는 타협이 이루어졌던 것이다.

특히 1998년 '7차 교육 과정' 실시 초기에는 학생이나 교사나 부모나 과외 교사 모두가 무엇을 어떻게 해야 할지 몰라 우왕좌왕했다고 한다. 한 학생은 과외 교사가 오히려 자기에게 어떻게 해야 하냐고 계속 물었다면서 그 혼란의 시기를 기억해 낸다. 갑자기 자유로운 시간을 많이 갖게 되자 막 생기기 시작한 피시방에서 정보도 찾고 영화도 보면서 많은 시간을 보냈다는 학생들이(02

학번 이후) 적지 않았다. 어떤 면에서는 나름의 자유 시간을 즐긴 학번들이다.

그러나 우왕좌왕하는 시간은 길지 않았던 것 같다. 자녀 교육 전문가인 어머니들이 제도권 학교를 포기하고 사교육 시장과 손을 잡기로 하면서, 학교에서 풀려난 학생들이 입시 교육의 장으로 직행하게 된 것이다. 때마침 국가는 어머니(시장)의 손을 들어 주었다. 2000년 4월 '과외 금지'가 헌법에 위배된다는 대법원 판결이 나오면서 1980년 7월 30일 전두환 대통령이 내린 과외 전면 금지 교육 개혁 조치가 풀렸다. 이로써 과외가 양성화되어 사교육 시장이 급속도로 확대되었다. 대법원은 개인의 기본권을 보장하는 쪽에 손을 들어 주었는데, 이는 시장의 자유를 보장해 주는 조치였다.

그러자 서울 강남 지역을 중심으로 어머니들이 주도하는 새로운 입시 시대가 열리기 시작했다. 대치동 엄마들의 책이 유명해지고 사교육 시장의 주식이 오르고 교육 컨설턴트가 유망한 직종이 되기 시작했다. 학생들 말을 들어 보면, 7차 교육 과정 도입기의 학번들은 혼란기를 좀 '널널하게' 살아갈 수 있었다고 한다. 그러나 강남 중심의 중상층 어머니들과 사교육 시장이 틀을 잡기 시작한 05, 06 이후 학번들은 '매니저 엄마'와 과외 학원이 짜 준 시간표대로 '빡빡한' 스케줄을 산 세대다. 흥미롭게도 이 세대에는 중고등학교 시절에 학교에서 심한 억압을 받지 않고 지냈다고 생각하는 이들이 많은데, 아마도 공부는 학원에 가서 집중적으로 하는 것이고, 학교는 좀 쉬러 가는 공간이 되었다는 의미일 것이다.

학교가 시키는 입시 공부와는 달리 이들은 꽤 자발적으로 입시 공부에 전념했다. 시장은 자발적 동의를 받아 내는 마술을 부릴 줄 알고 있었으니, 이것이 시장과 국가의 차이일 것이다. 비싼 과외를 무리를 해서라도 시켜 주는 부모님에게 미안해하며 중학교 때 IMF 위기를 경험한 이들은 힘겨운 시대가 온다는 것을 감지하면서 열심히 공부해야겠다고 스스로 생각하게 된 것 같다.

실업자가 양산되는 상황에서 경제적 불안감을 느낀 부모 역시 일찍부터 대학만 졸업하면 독립하라고 엄포를 놓곤 했다고 학생들은 말한다. 그래선지 이들은 일찍부터 삶을 스스로 책임져야 한다는 두려움을 안게 되었던 것 같다.

이들은 기성세대나 사회에 대해 덜 비판적이다. 교사에 대해서는 별 기대가 없었던 만큼 역시 큰 문제도 없다고 한다. 자신들을 위해 열심히 일하는 부모에게 감사하고, 비싼 과외를 시켜 주는 부모의 헌신적 '투자'를 고맙게 여긴다. 부모가 억지로 시켜서 싫다고 생각하기보다 부모의 선물 또는 부유층의 특권으로 생각하면서 내심 자부심을 느끼기도 했을 것이다. 더구나 사교육 시장의 서비스는 공교육의 서비스와는 질적으로 다르다. 시장은 소비자의 욕망을 간파하는 데 감각이 탁월하며 자본이 많이 투여될수록 그 힘은 더욱 막강해진다. 2000년대 들어서 가장 급상승한 산업 중 하나가 교육 산업이고 교육 산업 쪽으로 많은 주식회사가 생기고 주가가 올라가고 있다는 사실은 그간의 교육계가 이제 더는 공공 영역이 아니라 사적 영역으로 위치를 이동해 버렸음을 일러 준다.

2000년 이후 학번들은 또한 학부제가 어느 정도 정착된 시점에 대학에 들어오게 된 경우다. 이들은 새내기 시절에도 전공 선배들의 보살핌을 받을 수가 없다. 전공을 정하지 않았기 때문에 같은 길을 갈 선후배로 만나서 오리엔테이션을 받을 수가 없게 된 것이다. 신입생들은 그간 캠퍼스 안에서 만들어진 대학생 문화나 '운동권' 문화를 인간적 관계가 아니라 이미지로 접하면서 거부감만 갖게 되거나, 심오한 철학을 논하는 선배들이 취직이 안 된다는 말을 들으면서 '객기'를 부리면 빌어먹을지도 모른다는 공포감을 지레 갖게 되었을 것이다. 그런 불안은 이들을 더욱 고분고분한 '탈서태지 세대'로 만들었고, 선배와 달리 일찌감치 취직 준비의 장으로 몰아넣는 효과를 만들어 내고 있다.

대학 문화가 한창 힘을 가질 때는 '철학'과 '역사' 동아리들이 매우 활발하게 운영되었다. 그러나 이제는 신입생이 없어 문을 닫아야 할 지경이다. 대학에서는 인문학의 죽음을 이야기하며 긴급한 조치가 필요함을 역설하고, 교수들 사이에서는 대학생들이 취업과 개인적 성공 외에는 아예 관심이 없다고 탄식하는 소리가 흘러나오지만, 이미 때는 늦어 버린 듯하다. 대학은 두 부류의 학생들로 나뉘었고 그 두 부류 사이에는 별 교류가 없다. 부모와 시장의 보호를 받아 잘 자란 어린애들처럼 발랄한 학생들과 그런 과보호 없이 자랐으며 때로 아주 일찍부터 사회의 해체를 경험했고 비싼 등록금을 스스로 마련하느라 무척 힘들게 살아야 하는 학생들이다. 이런 두 집단이 공존하는 교실이기에 만족스러운 수업을 하기는 더욱 쉽지 않다.

그러나 이 두 집단은 같은 세대에 속하고, 몇 가지 공통점이 있다. 첫째는 둘 다 마음속 깊이 미래에 대한 불안이 자리 잡고 있다는 점이다. 아무리 열심히 해도 자신들이 누리는 현재의 여유로운 상황을 유지하지 못하리라는 불안, '무한 경쟁' 상황에서 언제 도태될지 모른다는 불안을 가지고 있다. 둘째는 구체적 억압의 주체가 사라진 상황에서 살고 있다는 것, 그래서 선배들이 가진 자유에 대한 열망이라거나 뭔가와 싸워 보겠다는 투지가 결여되어 있다는 점이다. 윗세대, 이른바 서태지 세대가 날라리도 되고 범생이도 되면서 뭐든 해보려 했다면, 이 세대는 착실하게 자기 할 일만 하려고 한다. 셋째는 이들이 다분히 그 제구실을 못하는 학교라는 제도 안에서 실은 '대치동 엄마'로 표상되는 '매니저 엄마'들과 시장이 키운 세대라는 점이다. 학교는 중요한 준거 집단이 더는 아니며, 어릴 때부터 시장 경쟁의 구도 안에서 어머니의 주도 아래 자라난 터라 이들이 할 수 있었던 사회적 경험은 한정되어 있다. 어머니와 대중 매체 사이를 오가며 성장한 만큼 매우 사적이고 계산적인 한편, 장기 지속적 관계에 대한 감각이나 사회성이 별로 발달하지 못했을 가능성이 높다.

이런 아이들을 보면서 나는 한국의 자본주의가 길러 낸 아이들을 이제야 본격적으로 만나고 있다는 생각을 한다. 그것도 급속도의 신자유주의적 전환을 해내는 중인 자본주의가 길러 낸 아이들을 말이다.

'신자유주의'란 1970년대 오일 쇼크로 인한 경제 침체기에 부상한 단어로, 현재 세계적 담론을 주도하는 핵심 용어 중 하나다. 자유주의가 개인의 자유와 권리를 신장하면서 만인이 평등하고 행복한 사회를 이루어 낼 수 있다고 믿는 이념이라면, 신자유주의는 시장과 자본의 '자유'를 신장시키면 행복한 사회가 된다고 주장하는 이념이다. 신자유주의자들은 재분배나 상호 호혜적 관계가 아니라 화폐에 의한 관계를 삶의 중심에 놓고 부를 최대화하면 사회적 선도 최대화할 수 있다고 생각한다(하비 2007:17). ★ 이런 이념은 모든 인간 행동을 시장 영역으로 끌어들이면서 초경쟁 사회를 낳고, 모든 사람들로 하여금 자기 계발과 자기 관리를 하면서 그 체제에 적응할 것을 요구한다. 한국 사회는 1997년 아시아 경제, 곧 IMF 구제 금융 위기를 겪으면서 급격한 신자유주의적 구조 조정을 감행해 사회 전반에 걸쳐 '경쟁'과 '효율'과 '가시적 성과' 만을 강조하는 흐름을 만들어 냈다.

★ 신자유주의는 '사회' 안에 뿌리를 내린 자유주의 embedded liberalism와는 달리 사실상 자본 축적과 관련된 자유를 존중하는 이념이다. 다양한 재분배, 금융, 글로벌 거버넌스의 방식을 통해 자본의 글로벌 이동을 보호하면서 탈취에 의한 축적 accumulation by dispossession 을 해 나간다(하비 2007:6, 23). 이런 과정에서 인간적 삶의 영역은 시장화하며, 다수의 사람들이 24시간 노동을 하는 지식 노동자로, 또는 불안정한 비정규직으로 살아가게 된다. 사람들은 '부자'가 되려는 꿈을 꾸면서 재테크와 투자에 신경을 쏟게 되고, 점점 더 투기적이 되어 가는 자본주의 사회는 크고 작은 금융 위기로 불안과 경쟁이 가중된다. 유럽에서는 1920년대에 이런 과정을 거치면서 심각한 경제 공황과 1·2차 세계 대전을 겪었다. 한국의 자본주의 단계, 실은 미국 중심의 현재 세계 자본주의의 상황은 20세기 초반 유럽의 위기 상황과 상당히 유사한 양상을 보이고 있다.

이 체제는 어릴 때부터 경쟁에 이기지 않으면 살아남지 못한다는 것을 내면화한 사람들을 길러 낸다. '무한 경쟁'이라는 세계관 아래 어릴 때부터 부모와 시장에 의해 고도 관리되는 아이들을 키워 내는 것이다. 이들은 스스로 '자기 계발서'를 찾아 읽고 프랭클린 다이어리를 쓰면서 시간 관리를 한다. 도태될 것을 두려워하면서 철저하게 자기 관리를 하는 것이다. 개인의 자유와 책임이라는 이름 아래 '자발적 순응'을 받아 낸다는 면에서 그간의 신자유주의적 정치적 프로젝트는 상당히 성공적으로 진행되었으며, 한국의 현재 10대들은 바로 그런 성공적 신자유주의 프로젝트의 산물이다. 이들은 기성 체제에 대한 '저항적 태도'를 보였던 386세대나 1990년대 '신세대'와는 상당히 다른 마인드를 가지고 있는데, 우둔한 나는 새 세대가 이렇게 빨리 만들어지리라고는 미처 생각지 못했다.

체제에 이미 '동의'를 해 버린 듯한 이들은 어떤 과정을 통해 다시 비판적이고 창조적인 인간으로 태어날 수 있는 것일까? 시장의 힘과 약육강식의 세계관을 믿어 버리게 된 아이들을 과학과 종교의 차이를 알게 하고 합리적으로 사유할 수 있게 돕는 방안은 무엇일까? 집 바깥으로 나가기를 두려워하는 이들로 하여금 어떻게 세계를 무대로, 사물과 사람에 호기심을 가지고, 가족을 넘나들고 국경을 넘나들며 글로벌 주민으로 살아가게 할 수 있을까?

•• 시대 읽기와 새로운 교수법

이 낯선 아이들을 어떻게 가르칠 것인가? 변화한 아이들과 만나면서 나는 아주 다른 학습 환경/생태계를 고안해 내야 했다. 그 고안의 핵심은 학생들과 '배움의 공동체'를 만들어 내는 것이었다. 한 학기 동안 우리가 수업에서 한 것은 둘러앉아 이야기 듣기, 다른 이의 글을 성의껏 읽고 밑줄 치기, 상호 번역하기, 조근조근 말을 이어 가는 일이었다. 그를 통해 사유하는 긴 호흡을 갖는 경험을 했고, 당장 대안은 안 보이더라도 함께 손을 잡고 가다 보면 길을 찾아낼 수 있을 것이라는 신뢰감을 회복했다. 낯설고, 어려운 시대를 꿰뚫어 보면서 몸과 마음을 가다듬는 작업이었던 것이다.

나는 이 시대의 인문 사회 과학 교수는 마당극의 기획 연출자나 영화감독과 비슷한 역을 해야 한다고 생각한다. 좋은 교재를 선정하고 첨단 정보를 파워포인트로 멋지게 소개하는 교수도 필요하지만, 학생들의 망설임과 떨림, 자잘한 욕구와 욕망을 관찰하고 적절히 개입해 가며 괜찮은 마당극, 또는 영화를 완성하는 감독과 같은 능력이 필요하다는 말이다. 교수들은 이미 알고 있겠지만, 강의 초반의 기 싸움을 거쳐, 학생들이 수업에 '올인' 할 마음이 생길 만큼의 신뢰와 존경을 받아 내는 것은 쉬운 일은 아니다. 그것은 많은 정성이 들어가는 일이고 때론 적절한 시공간의 장치들이 필요하다. 그 '감독'은 강단에 올라가지 않으며, 진부함을 생산해 내는 틀에 갇히지 않기 위해 고심해야 한다. 학생들의 눈높이와 상황에 맞는 적절한 마당극의 소재를 골라 낼 수 있어야 하고, 그들의 입과 몸이 열려 새로운 말이 터져 나올 수 있게 때로는 '마법'을 쓸 수 있어야 하는 것이다.

1991년에 나는 급변하는 시대를 주체하기 힘들어하는 학생들과 〈문화이론〉 수업을 한 후에 매우 흡족해하면서 그것을 기록으로 남긴 바 있다. 『탈식민지 시대 지식인의 글 읽기와 삶 읽기』라는 책으로 말과 실천이 일치하지 않는 식민지성을 성찰해 보는, '겉도는 말, 헛도는 삶'에 대한 내용이었다. 그때 나는 사람들이 제대로 자기 삶을 읽어 낼 말을 가질 수만 있다면 좋은 세상을 만들어 낼 수 있을 것이라 믿었다. 그로부터 15년이 지난 2006년, 나는 좀 다른 대학생들과 만나고 있다.

그들은 '지식인'이라는 단어를 낯설어한다. 고등학교 졸업생의 70% 이상이 대학에 가는 시대에 대학생은 더는 엘리트도 아니고, 그들 스스로도 지식인이 되고 싶어 하지 않는다. 그들은 도대체 누가 지도자냐고 반문하며 지도자가 될 생각도 별로 없다. 돈을 많이 버는 의사나 변호사나 안정적 직업을 가질 생각은 하지만 자신이 지식인이라거나 사회를 위해 훌륭한 일을 하는 사람이라고 생각하고 있지 않다. 사실 이 학생들은 변호사나 의사가 되기 위한 어려운 겹겹의 계단을 어떻게 올라갈지 고심하는 일로도 지쳐 있으니 그 이상은 생각하고 싶지 않다고 한다. 이들은 자신의 미래가 불확실하고, 게다가 '체제' 자체가 붕괴하고 있다는 것을 감지하고 있다. 그들은 겉도는 말을 별로 하지 않지만 내심 삶이 헛돈다는 것을 알고 있다. 정치권의 파국을 보면서, 거대한 삼성의 비리 사건을 보면서, 국가가 시장의 하수인처럼 구는 현실을 보면서 그들은 자기 방어벽을 친다. 이런 현실은 과다 경쟁 시대, 위험 사회, 고실업 불안정 고용 시대, '신자유주의' 등의 단어로 설명되고 있다.

이 책은 이런 시대가 만들어 내는 '겉도는 제도, 헛도는 삶'을 어떻게 극복할지를 궁리해 보는 수업의 기록이다. 학생들이 시대에 대한 감을 잡아 가게 하려는 교양 수업을 소개하고 있지만, 실은 페다고지에 대한 책이기도 하다. 무엇을 가르칠 것인가보다 어떻게 가르칠 것인가에 더 중점을 두고 있다. 급변하는 시대에 관해서는 어차피 계속 공부를 해야 하는 것이고, 중요한 것은 그런 공부를 스스로 계속해 낼 수 있는 능력이다. 나는 학생들이 수업에 헌신하기 바랐으며, 학습 중 가장 높은 단계, 곧 내적 몰입commitment의 단계에서 수업이 이루어지기를 바랐다. 학생들이 독립적이며 비판적이고 창의적으로 사고하면서 동시에 자기에 대해 성찰하고 다른 이들의 생각을 포용해 내면서 협동적 지식을 만들어 내기 바랐다. 나는 강단에 올라가지 않고 교실을 그들에게 내주었다. 상호 침투할 수 있는 언어가 풍성하게 풀려 나오는 마당극이 무르익도록 분위기를 만들어 가는 것이 내 역할이었다.

•• 수업 현장과 책의 구성

이 책의 현장이 된 〈지구촌 시대의 문화인류학〉 교실은 2006년 가을 학기 연세대 학부대학에 개설한 전공 필수 '세계의 이해'에 속하는 수업이다. 출석부에는 91명이 올라 있었는데 실제 학생 87명과 청강생 몇 명이 함께했다. 2006년 봄 학기에 같은 과목명으로 수업을 개설했고 이후 수업 계획서를 보충해서 가을 학기에도 수업을 했는데 이 수업이 '대박'이었다. 여기서 '대박'이라는 단어를 쓴 것은 사실 좀 불편하지만 이 책에 나오는 학생들의 글을 읽다 보면 내가 왜 구태여 이 단어를 썼는지 알게 될 것이다. 어쨌든 학생들은 자기 주도적 학습을 하면서 훌륭한 배움의 공동체를 만들어 냈고, 이 수업을 통해 '집단 지성'에 대한 탁월한 감각을 키워 냈다. 학생들에게서 터져 나온 말을 모아, 이렇게 책으로 펴내게 되니 참 기쁘다. 그것도 이번에는 학생들과 함께!

학기가 끝날 무렵 사이버 게시판에 아래와 같은 글을 올려서 책 작업을 할 학생들을 초대했다.

공지사항	전자칠판	자유게시판	자료실	Q&A

글쓴이 : 조혜정 　　　　등록일: 2007/01/01

책 구상, 구성과 추천 글

이미 이야기했지만 방학 중에 관심 있는 이들과 모여서 책을 만들어 보려 합니다. 워낙 급하게 변하는 시대라 서로를 이해한다는 것이 너무나 어렵지요. 한 살에 세대 차이가 나고 남녀 간의 소통은 점점 더 힘들고 같은 교실에 앉은 80여 명이 한 경험의 장이 너무나 다릅니다. 이 소통 불능의 시대, 냉소적인 시대에, 그나마 우리는 한 학기 동안 '마당극'을 하면서 서로를 드러내고 아슬아슬한 순간들도 있었지만 서로를 진지하게 이해하려는 노력을 포기하지 않고 긴 길을 잘 온 것 같습니다. 교실의 여운이 아직 따뜻하게 우리 마음 속에 남아 있고 그를 더 많은 이들과 나누는 애정과 기운도 남아 있으니 문화 생산자와 소통하는 사람으로서 작업에 들어가 보지요. 크리에이티브 커먼스creative commons : 창의적 공공재를 넓혀 가는 작업 말입니다. 역사의 무게가 한순간에 사라지는 듯한 시대이지만, 종합관 303호에 차린 작은 쉼터, 아담한 대합실에 잠시 머물며 놀았던 기억을 가진 사람들이 다시 모여 동료 대학생들과 선후배에게 멋진 선물을 마련해 볼까요?

 따뜻했던 교실, 그 '일시적 배움의 마을'을 재현해 보겠다고 방학 중에 여덟 명이 모였다. 학기 시작하면서 다섯 명이 남았다가 한 명이 군대를 가면서 네 명이 마무리 책 작업을 했다. 수업을 회상하면서 작업을 해 갔다. 매주 화요일 목요일 오후 종합관 303호실에서 80여 명이 둥그렇게 둘러앉아 이야기 마당을 펼쳤고, 사이버 공간에는 하루 스물네 시간 학생들이 들락거렸다. 그 배움의 장을 생생하게 소개하는 일이 쉬운 일이 아님을 알면서 고민이 시작되었다. 고심하던 우리는 화자를 한 명 설정하기로 했다. 1장에서 8장까지 학생들이 중심이 되어 이야기 마당을 펼쳐 가는데, 1학년 2학기쯤 될 '열매'라는 인물이 화자가 되어 이야기를 하는 형식을 택하기로 했다. 책의 내용은 강의 진행을 그대로 옮긴 것이 아니라 선택적으로 각색을 한 것이다. 열매는 보기에 따라 편집팀의 조합이기도 하고, 여자이기도 하고 남자이기도 한 인물이다. 열매는 교실에서 있었던 특강과 토론, 크고 작은 사건과 수다, 전자칠판의 글, 팀 프로젝트, 그리고 사이버 강의실의 자유게시판을 적절히 오가면서 수업 이야기를 정리해 주는 역할을 맡았다.
 집필자들은 '열매'로 상정된 화자의 모습을 상상하며 이야기의 흐름을 통일해 보려 했지만, 그런 노력에도 불구하고 문체와 감수성의 차이는 여전히 남아 있어서 이 문제로 여러 차례 편집 회의를 해야만 했다. 회의 결과, '통일'을 하기보다 차이를 그대로 둔 채 끝부분에 주요 집필자의 이름을 붙이기로 했다. 장별로 들쑥날쑥한 부분은 이 책이 집단 창작임을 감안하여 거슬린다고 생각하기보다 오히려 즐겁게 읽어 내길 바란다.

열매의 이야기에 이어 '조한(교수)의 수업일지'를 푸는 형식으로 이야기를 이어 가기로 했다. 실제 수업에서처럼 '따로 또 같이' 배우고 때때로 서로 딴 생각을 하다가 만나 더욱 큰 감동을 하기도 하는 효과를 기대하면서 대화적 방법을 쓰기로 한 것이다. 수업일지에는 열매의 이야기에서 채 드러나지 않았던 부분들, 교수가 애초 했던 수업 구상과 수업을 위한 장치들, 중간고사와 기말고사 때 썼기에 학생들에게는 공개되지 않은 글들, 그리고 사소한 관찰을 메모한 것을 정리하면서 좀 더 생생하게 교실 문화 기술지를 그려 내려 했다. 학생의 목소리와 교수의 목소리가 따로 놀아서 헷갈릴 것 같지만, 그 이야기들을 대화식 연극을 보듯이 읽어 낸다면 책 읽는 즐거움을 더할 수 있으리라 생각한다.

내가 수업을 책으로 내는 작업을 또 시작했다는 메일을 받고 초반에 〈지구촌 시대의 문화인류학〉 조교를 했던, 유학 중인 제자가 아래와 같은 답장을 보내 왔다.

『글 읽기와 삶 읽기』 후속편이 나오는군요. 난 그 책의 발상이 좋아요.
강단에 선 인류학자가 바로 강의실을 필드(현장)로 삼는 것도 흥미롭지만, 이 필드가 그 안에 사는 '대학생 원주민들'의 삶만을 보여 주는 것이 아닌, 한국 사회를 보여 주는 프리즘이 되는 이중 구조인 것도 좋아요. 게다가 그 원주민들은 말, 글, 영화 등등 멀티미디어적으로 자기를 표현하지요. 대단한 원주민들이에요. 이번 책에서도 대화로써의 강의, 소통의 인터페이스로써의 교실이 잘 보이면 좋겠어요. 조한의 수업은 그 수업 방식 때문에 수업일지는 학생들의 말 걸기/말대꾸인 쪽글과 짝을 이루어야 그 그림이 온전히 나온다고 생각해요.

쪽글을 읽다가 불쑥 같이 써 보고 싶어진다거나, 살을 붙여 주고 싶어지는 독자들을 상상해 본다. 필자들에게는 가장 고맙고 신나는 동료들일 것이다. 이 친구, 양선영의 말대로 이 책에서 우리는 자신을 너무나 잘 표현하는 원주민들을 만나게 된다. 15년 전 만난 원주민들이 탈식민지 주민으로 살고 싶어 하는 '쿨cool 세대'였다면, 이 책에서 우리는 좀 다른 원주민들을 만나게 된다. 채 파악이 안되고 있는 신자유주의 시대, 초경쟁 사회를 살아가는 '미지근한 웜warm 세대'를 말이다. 이 책이 감동스러울 수 있다면 이 우유부단한, 자기 방어적인, '미지근한' 세대가 뭔가를 '해냈다'는 점일 것이다. 스스로를 신뢰 하면서 한데 어울려 마당판을 벌였다는 것, 소통 공동체를 만들어 낼 수 있다는 점을 확인하면서 우리 스스로가 자신의 놀라운 글쓰기 능력에 놀라고 감동을 했듯, 독자들도 이 책에서 작은 감동을 느꼈으면 좋겠다.

요즘 나는 다시 계몽의 시대, 인문학의 시대가 오고 있음을 감지한다. 각기 자기만이 진리를 안다고 떠들면서 바벨탑을 쌓아 올린 것에 대한 성찰이 시작되고 있다는 말이다. 2008년 6월 미국 쇠고기 수입과 관련해서 서울 광화문 거리에서 불같이 일어났던 촛불 문화제도 실은 이 세대가 촉발시킨 '일시적 자율 공간'이 아니었을까? 거리 집회 초반, 모든 시민들은 축제 분위기에서 대대적인 학습을 하고 있었다. 3분을 넘지 않는 발언을 통해 국가에 대해, 헌법에 대해, 공화국에 대해, 자본의 운동성에 대해, 팬덤에 대해, 그리고 말하는 방식과 민주주의에 대해 함께 배우고 있었고, 그 자리에 있는 모든 이들과 우정과 환대의 기운을 나누어 갔다. 새로운 시대를 만들어 가는 사람들로서 서로의 존재를 축복하는 분위기가 형성되었던 것이다. 일시적이나마 대단한 창의력이 쏟아지는 집단 지성의 장이 열렸던 것이며, 그것을 경험한 이들은 그렇지 않은 이들과는 다른 질의 삶을 살 것이라 생각한다.

마음을 비우고 새로 학습을 하기 시작한 이들이 주변에 많아지고 있다는 것은 반가운 일이다. 이 수업에서 우리도 그런 성찰의 시간을 가졌던 것이고, 마음속에 담아 두었던 질문을 던지고 학예회를 하면서 즐거운 '배움의 마을'을 만들어 보았다. 때마침 각 대학에는 교수학습센터라거나 교수학습개발지원센터 등이 만들어져 새로운 세대를 위한 새 학습 방법을 시도할 수 있도록 많은 지원을 하고 있다. 강단에서 멋진 강의를 하는 교수도 좋지만 학생들의 삶 속에 스며들어 그들과 함께 시대를 알아가는 교수들이 좀 더 많아져야 하는 때다. 즐거운 배움의 마을들이 대학 캠퍼스를 넘나들면서 이곳저곳에서 다양하게 만들어질 때 우리가 바라는 사회가 올 테니까…

•• 함께하는 즐거움, 그리고 고마움

'강의실 붕괴'라는 불길한 논의가 이는 시대이지만, 이 책은 삭막해져 가는 대학 캠퍼스에 좋은 기운을 불어넣을 수 있으리라 생각한다. 여전히 삶을 읽어 내고 글쓰기를 좋아하는 학생들이 대학 캠퍼스 안에 꽤 많이 있다는 것, 강의실에 '행복한 학습 공동체'를 차리는 것은 그리 어렵지 않다는 것, 더 나아가 행복한 학습 공동체는 대학에서만 만들어질 수 있는 것이 아니라 삶의 자리 어디에서나 만들어질 수 있다는 이야기를 하고 싶다. 때마침 '평생 학습 시대'가 오고 있지 않는가?

이제 감사의 말을 전할 차례다. 일을 제대로 마무리한다는 것이 점점 어려워지는 시대에 마무리를 해낸 책 팀이 무엇보다 자랑스럽고 고맙다. 마음이 동하면 기적도 일으킬 영화. 사람에 대한 깊은 애정을 가지고 따뜻하게 바라볼 줄 아는, 랩을 통해 자신을 표현해 내는 방법을 터득해 가고 있는 연지. 경제학과 인류학 사이에서, 자신이 태어나고 자란 시골 마을과 글로벌 사이에서 그 둘을 연결해 보려고 계속 질문을 던지고 있는 아성. 부드러움과 엄격함으로 빠져나가는 팀원들을 불러 모으며 베이징에 가서까지도 리모트 컨트롤을 해 온 운장. 작업 기간이 길어지면서 간혹 삐걱대기도 하고 포기할 듯한 위기도 있었지만 용케 작업을 이어 갔던 것은 한 학기 동안 쌓은 내공, 특히 자기 '부족tribe'을 만들어 내보겠다는 욕심과 집단 창작에 대한 신뢰감에서였을 거라고 생각한다. 오랜 시간이 흐른 후에도 나는 그대들 이름을 떠올리며 행복해하겠지. 늘 위태위태한 경계선에서 창조적 작업을 해내는 한솔은 막판에 군대를 갔고, 그 전에 대학원과 고시 준비를 위해 또는 다른 일을 위해 잠시만 작업을 했던 이승진, 유아람, 노주환에게 감사한다. 고시를 통과해서 법관이 되든 의사가 되든, 시대에 대한 감각과 학습 방법을 알았으니 누구보다 해야 할 일을 제대로 해내리라 믿는다.

책 팀의 일원으로 작업을 하며 기운을 보태 준 출판사 유이승희 사장에게도 특별한 감사를 드린다. 2006년과 2007년에 〈지구촌 시대의 문화인류학〉 조교였던 정가영, 김윤희, 박진숙, 이송규호에게도 고마움을 전한다. 이름 짓기의 귀재인 규호는 이 책의 제목을, 장혜영은 쓸 만한 카피를 뽑아 주었다. 책 전부를 읽고 코멘트를 해 준 조형 선생님, 모현주 님, 자세하게 편집과 교정까지 봐 준 박진숙 님, 책이 잘 다듬어졌다면 그들 덕분이다. 책 팀이 자주 몰려 내려가 신세를 졌던 구름샘 마을의 정두희 촌장님과 사모님, 두 분의 우정과 환대에 대해 지면을 통해 감사드리고 싶다. 또한 바쁜 가운데 휴가를 내서 사진을 찍어 준 김근호 님, 촬영 콘셉트를 잡는 데 조언을 아끼지 않은 박찬웅 선생님께도 깊은 감사를 드린다.

2006년 가을에 수업을 들은 수강생들에게 학기 말에 자신들이 쓴 글을 써도 좋으냐는 서면 질문지를 돌렸다. 모두가 카피 레프트copy left로 창조적 공공재를 마련하는 것에 적극 동참하겠다고 했다. 이 책 출간을 통해 받게 될 인세의 일부는 후배들이 비슷한 활동을 할 경우를 위한 씨앗 자금으로 사용하려

한다. 2006년과 2007년 네 학기에 걸쳐 개설된 연세대 〈지구촌 시대의 문화인류학〉 수강생 모두에게도 지면을 빌어 안부를 전한다. 그들의 창의적 기운 역시 우리가 한 책 작업의 거름이 되어 주었다.

공동체적 기반이 허물어지면서, 점점 기댈 데가 없어지는 '신자유주의 시대'를 살게 되어서인지, 전에는 그냥 지나쳤을 것에도 감사한 마음이 든다. 그들이 늘 내 곁에 있는 것은 아니라는 것, 제도라고 해서 다 당연히 그런 일을 해 주는 것은 아니라는 것을 알았기 때문일까? 그래서 연세대학교가 고맙다. 동그랗게 둘러앉아 공부할 수 있는 교실에 언제든 무선랜을 사용할 수 있고 수시로 이런저런 학습 기자재를 사용할 수 있게 해 주어 고맙다. 일찍이 사이버 보조 공간을 만들어서 다차원적 소통이 일어날 수 있게 한 것, 특강비를 지원하면서 파일럿 강좌 제도를 통해 학부 교육을 잘해 보려는 진지한 노력을 기울여 온 데에도 감사한다. 특히 파일럿 수업을 제도화해 보려고 헌신하신 박순영 교수께 감사드린다. 결국 제도화를 못해 아쉬우셨지만 시도 자체로 중요했고, 그 과정에서 이런 책도 나오게 되었으니 조금이나마 위로가 되었으면 한다.

문득 15년 전 〈탈식민지 시대 지식인의 글 읽기와 삶 읽기〉 수업을 함께했던 그들이 그리워진다. 그간 숨 가쁜 세월을 그들은 어떻게 살아 내고 있을까? 이 책은 대학에 들어와 방황하는 06, 07학번들을 위한 선물이기도 하지만, 내게는 1991년 그즈음 '서태지'와 함께 시대적 돌풍을 일으키고 싶어 했던 그 기고만장했던 청년들, 겁 없이 자유를 구가했던 친구들의 사후 관리용 선물이기도 하다. 어디에 있든 시대를 읽는 현명한 사람으로, 신자유주의 시대의 압박에 망가지지 말고 지혜롭게 잘 버텨 나가면 좋겠다.

일일이 열거하지 못하지만, 이 책은 많은 사람들의 좋은 에너지 덕에 태어났다. 어디에 있든 숨결을 가다듬으며 지혜롭게 살아온 선배들과 동료들, 또 앞으로도 지구상에서 살아갈 후배들에게 이 공동 창작물이 작은 선물이 되면 좋겠다.

2009년 2월

조한혜정

1부 | 마당을 열며

교실을 무대로 만들다 ● 내가 바라는 수업 이야기 ● 낯선 시선으로 바라보기

교 실 이 돌 아 왔 다

수 업 계 획 서

2006년 가을 학기 파일럿 강좌: 글로벌 소통 능력 UCE1104

지구촌 시대의 문화인류학

수업 개요 | 50만 년의 역사를 가진 인류는 앞으로 얼마나 더 지구상에서 '만물의 영장' 자리를 지킬 수 있을까? 엄청난 과학 기술의 발달로 현대인은 다른 어느 때보다 '주체적' 선택을 하게 되었고, 다른 어느 때보다 '전 지구인'이 되어 가고 있다. 그런데 한편으로는 전쟁과 위기 담론이 무성하고 신경제 체제에서 개개인들은 모두 불안함을 감추지 못하고 있다. 이럴 때 가족과 민족과 국가와 '전통'의 자리는 어디일까? 이 수업에서는 인류학적 사유와 지식을 통해 급격히 전 지구화되고 있는 인류의 삶을 세계화, 근대화, 계급 양극화와 문화 개념을 중심으로 사고하고, 그 흐름을 개인의 삶과 연결하는 작업을 하게 된다. 이 수업을 통해 21세기의 도덕성, 비평적 사유, 그리고 글로벌 소통 능력의 기초가 단단하게 다져지기를 바란다. 수업 진행은 수업 공동체를 형성한 학생들의 관심사의 흐름에 따라서 일부 변경될 수 있다. 급격한 상황 변화를 감지하며 유연하게 대처하는 지혜와 순발력을 기르는 것이 이 수업의 또 다른 목표이므로…

주간		내용 요약	주교재 및 참고 문헌
1	9/5	1. 대학/생의 글로벌 욕망과 불안 — 내 안의 글로벌/내셔널/로컬	조혜정 『탈식민지 시대 지식인의 글 읽기와 삶 읽기 1』, 『경계에서 말한다』
2	9/12	포스트 단일 민족 국가 시대의 언어와 문화 : 할리우드 키드의 생애	「여섯 개의 시선」 중 '신비한 영어 나라' + 「영어 완전 정복」 쪽글1 나의 영어 이야기
3	9/19	2. 세계화와 인류학 소통 공동체, 교실 공동체 조율	쪽글2 '수업 공동체'에 대하여
4	9/21	인류학적 방법: 참여와 관찰과 참여관찰: 디테일의 중요성	토론 작업팀 구성(6-8개) 쪽글3 내가 알아낸 인류학 연고전 참여관찰(선택)
5	9/26	인류학적 관점: 진화론과 문화적 상대주의 인류는 언제까지 지구상에서 생존할까?	쪽글4 "인류 오디세이 : 호모 사피엔스" 추천 영화: 「불을 찾아서」(조원 토론)
6	10/3	개천절, 추석 연휴	쪽글5 우리 집 추석 이야기 또는 「가족의 탄생」, 「불을 찾아서」, 「가타카」 보고 인류의 진화 논의
7	10/10	3. 세계화와 문화 시장/전통 근본주의자들	쪽글6 프리드먼, 『렉서스와 올리브나무』 추천 영화: 「로드 오브 워」
8	10/17	세계화와 문화, 그리고 문화 산업	쪽글7 외부 특강: 정진구 전 스타벅스 대표이사
9	10/24	중간고사 글쓰기	
10	10/31	카지노 자본주의, 계급과 문화	쪽글8 「핸드메이즈」
11	11/7	연애, 결혼, 그리고 저출산	쪽글9 제인 구달 특강, 저출산 정책 토론
12	11/14	비정규직, 노동, 불안정한 삶, creative commons 집단 지성	쪽글10 조순경 교수(KTX), 윤종수 판사 CCK 특강
13	11/21	4. 인문 사회학적 지식 생산: "탐정도 용의자 중 한 사람이다"	쪽글11 「12명의 성난 사람들」
14	11/28	전 지구적 시민의 감수성 (인류학적 사유, 그리고 차이의 정치학)	쪽글12 수업을 마치며 추천 영화: 「크래쉬」
15	12/5	프로젝트 발표	
16	12/12	기말고사 글쓰기	

◆ 수업 방식

강의와 토론, 개인 글쓰기와 사이버 토론, 영상과 특강, 그리고 팀별 프로젝트

◆ 성적 평가

중간·기말 글쓰기(30%), 개별 글쓰기 과제(30%), 온/오프 수업 공동체 활성화(40%)

◆ 주교재

조혜정, 『탈식민지 시대 지식인의 글 읽기와 삶 읽기 1』, 또하나의문화, 1992.
우에노 치즈코·조한혜정, 『경계에서 말한다』, 김찬호 옮김, 생각의나무, 2006.
토머스 프리드만, 『렉서스와 올리브나무』, 신동욱 옮김, 창해, 2003.

◆ 부교재

사토 마나부, 『배움으로부터 도주하는 아이들』, 손우정 옮김, 북코리아, 2003.
로저 키싱, 『현대 문화인류학』, 천경주 옮김, 현음사, 1983.
울리히 벡, 『지구화의 길』, 조만영 옮김, 거름, 2000.
로렌스 레식, 『자유 문화: 인터넷 시대의 창작과 저작권 문제』, 이주명 옮김, 필맥, 2005.

◆ 영화

「핸드메이즈」, 「가타카」, 「로드 오브 워」, 「블러드 다이아몬드」, 「크래쉬」, 「12명의 성난 사람들」, 「인류 오디세이: 호모 사피엔스」, 「불을 찾아서」

이 수업은 전교생 대상 교양 필수 기초 과목이다. 연세대 교양교육연구위원회에서는 "예측 불가능하게 전개되는 시대적 조류를 선도해 나갈 수 있는 새로운 사유 방식을 가진 인재들을 길러 내야 한다."면서 2005년 가을 학기부터 "능력 함양 중심의 교육을 위한 파일럿 클래스"라는 실험적 제도를 마련했다. 교수들 간에 상호 정보 교환의 자리를 마련하고, 특강비와 연구비를 따로 지원하는 등 지원책을 통해 대학의 기초 교육을 단단히 하려는 의도에서 만들어진 제도였다. 교양교육연구위원회에서는 그림처럼 기본 능력을 창조적 상상력으로 놓고 '비판적 사고', '과학적 사고', '글로벌 소통', '도덕적 가치 판단'이라는 네 범주의 능력을 집중적으로 길러 내는 수업들을 실험해 보기를 장려했다. 이 수업은 파일럿 클래스 중 하나로 진행되었다.

수업의 목표는 학생들이 자신이 살아가는 시대를 제대로 읽어 내는 '눈'과 감수성을 기르는 것이다. 스스로 질문하고 창조적으로 사고하는 능력, 주변을 관찰하고 문제를 찾아내고 해결 방법을 찾아내는 능력을 키워 간다. 이를 위해서 가장 중요한 것은 자기 생각을 적절하게 표현해 내고 타인과 소통해 내는 능력이다. 스스로 자료를 찾고 토론거리를 찾아오고 생산적인 토론을 하면서 새로운 인식에 도달하는 과정을 경험하게 될 것이며, '글로벌라이제이션'이라는 개념을 중심으로 시대 읽기 작업을 해 나가기로 했다. 문화인류학적

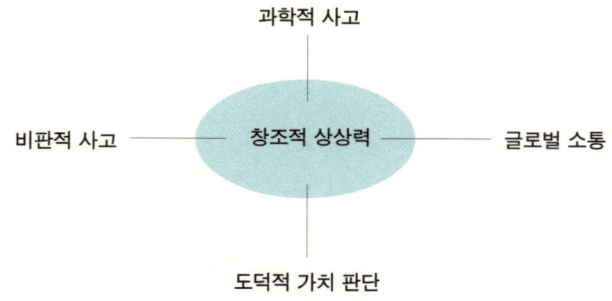

연구를 통해 알아낸 인류의 삶의 기본, 그리고 참여 관찰이라는 연구 방법을 중심으로 급격하게 진행되고 있는 글로벌 시대를 읽어 내고 그런 변화를 자신의 일상과 연결해 내는 능력을 키워 낼 것이다.

특히 전환기를 사는 학생들인 만큼, 답을 찾는 능력이 아니라 새로운 질문을 던지는 능력을 키우고자 한다. 사실상 입시 공부를 성공적으로 해낸 학생들일수록 새로운 질문을 묻는 능력은 퇴화되어 있을 가능성이 높다. 자신 안에 억압되어 있는 그 능력을 찾아내기 위한 특별한 작업이 필요한 것이다. 모든 종류의 학습에 진력이 나 있는 이들에게 가장 효과적인 방법은 무엇일까? 나는 1차적인 방법은 교수가 강의를 하지 않고 학생들이 자신과 비슷한 학생들과 이야기를 할 수 있는 장치를 마련해 주는 것이라고 생각했다. 동료들을 통해 자신을 보기, 자신들 안에 잠재해 있는 언어 · 감정 · 통찰력을 끌어내고 확인하기, 서로의 의견을 듣고 연결해 가는 것이 바로 자신들이 필요한 지식을 생산하는 과정임을 확인하기, 그래서 자신에게 즐겁고 유익한 생각의 과정이 곧 사회에도 유익한 생각이 되는 삶을 상상할 수 있게 하는 것이다. 한 학기를 지나면서 시대를 직면하고 읽어 낼 수 있는 '전인generalist'의 자질을 갖게 되는 것, 다른 사람들과 소통하고 적극적 파트너십을 통해 '일머리'를 길러 가는 것, 그래서 평생지기가 될 준거 집단을 갖게 되는 것이 이 수업에서 학생들이 가져갈 선물이다.

후기 근대적 상황에서 교수의 역할은 학생들이 정말 관심을 갖는 주제와 방식으로 배우게 하는 것이다. 그러기 위해서는 학생들로 하여금 적극적으로 수업에 참여하도록 해야 한다. 어떤 방식으로 그것을 유도할 수 있을까? 일단 이 수업의 책임자는 교수가 아니라 참여자 전부임을 분명히 할 필요가 있다. 교수는 마당을 펼치고 학생들의 참여를 유도하겠지만, 학생들이 결국 참여를 하지 않겠다면 그 마당에서는 별다른 학습이 이루어지지 않을 것이다. 이 수업은 지식을 주입하는 수업이 아니며 그래서 꼭 나가야 할 진도가 있는 것도 아니다. 학생들이 적극적으로 참여를 하면 아주 훌륭한 수업이 될 수도 있고, 아니면 아닐 수도 있으며, 그것은 참여자 모두의 책임이라는 것을 초반에 모두가 주지할 필요가 있다. 물론 이것도 말로 한다고 주지되는 것은 아니다. 그래서 강의 초반에 수강자 모두가 자기소개를 하는 시간을 갖게 된다. 그리고 자신이 원하는 수업에 대해 생각을 해 보는 과정을 통해 기존의 수동적인 태도로 수업에 들어가서는 안 된다는 것을 스스로 느끼게끔 한다. 교수의 이러한 기획을 간파하고 마치 통제를 당하고 있다고 느끼는 학생들도 있을 것이다. 그럴 때는 교수의 기획이 그런 통제와는 다른 성격의 것임을 알게 할 필요가 있다. 수시로 학생들로 하여금 수업 과정을 거리를 두고 보고 기술하게 함으로써 자신들이 교수와 함께 배움의 과정을 만들어 갈 수 있다는 사실을 알아 가게 하는 것이다. 학생들이 스스로의 작업과 수업 자체를 평가하면서 '소극적 대상'이 아니라 '적극적 주체'로 책임을 지고 수업에 참여하게 하는 것, 그리고 성찰과 참여를 통해 비약적인 배움이 이루어진다는 사실을 느끼게 하는 것이 이 수업의 목표다. 실제로 2~3주 지나면 상당수의 학생들은 이 수업이 교수의 특정한 기획과 연출을 바탕으로 이루어져 간다는 것을 알게 되고, 서서히 그 기획과 연출에 참여해 오기 시작한다.

 이 수업은 학생들이 알고 싶어 하는 지식을 교수가 요약해서 주는 수업이 아니다. 그런 정보는 학생들이 스스로 정보 검색과 독서를 통해서 습득해야 한다. 그것은 정보 사회를 살아가는 주민이 개인으로서 일상적으로 해야 하는 일이다. 수업에서는 함께 모여서 질문을 던지고 진리를 찾아가는 훈련을 하는 것이다. '공동체'의 일원으로 함께하는 생산적인 토론을 통해 혼자서는 도저히 할 수 없는 탁월한 결론을 내리고 훌륭한 지식을 생산해 가는 감각을 키워 가는 것이다. 내가 하는 일은 학생들이 주어진 자극을 가지고 생각을 발전시켜 가는 양상을 보면서 적절하게 핵심적 개념을 던져 주기도 하고, 서로 연결해서 좋은 관계를 맺어 주기도 하면서, 새로운 인식에 도달하고 스스로 성장하고 때로 치유할 수 있게 돕는 것이다. 주변을 늘상 (참여) 관찰하고 냉철한 추리력으로 사유하는 것을 습관화하는 것이 곧 지혜로운 삶을 사는 태도다. 결국 이 수업의 내용은 '글로벌 시대'를 알아가는 것이며, 형식은 '학습 공동체'를 형성하는 것이다.

교 실 이 돌 아 왔 다 | *1*

교실을 무대로 만들다

◆◆   새 학기가 시작되었다. 어느 교수님이 그렇게 수업을 잘한다느니, 어느 교수님은 학점을 잘 주신다느니 하는 소문을 쫓아 탐색전을 벌이고 있다. 입학 후 첫 학기에는 선배들이 짜 준 시간표대로 수업을 들었는데, 결과는 대참패였다.

중고등학교 시절 내내 지긋지긋한 입시 위주의 수업을 들으며, 나는 낭만적인 대학 생활을 꿈꿨다. 머리가 하얀 교수님과 삶과 진리에 관해 진지한 토론을 하거나, 학교 잔디밭에 앉아서 기쁜 우리 젊은 날을 노래하는 것들 말이다. 하지만 첫 학기에 나의 낭만은 처참히 무너졌고, '속았다'는 생각까지 들었다. 수백 명씩 들어가는 대형 강의, 소위 '잘 나가는' 과를 가기 위한 학점 관리, 좋은 직장을 위한 영어 공부의 압박 속에서 나는 꿈꾸던 '낭만'을 전혀 찾을 수 없었고, 그 낭만들이 사실은 대학 입시를 위한 도구였다는 것을 깨달았다.

그래서 이번 학기는 주입식 수업이 아니라, 토론할 수 있는 수업을 하나 찾아 듣기로 마음먹었다. 선배들에게 물어보기도 하고, 인터넷 수업 정보 게시판의 수업 평과 교수 평을 뒤지기도 하고, 수업 변경 기간인 개강 첫 주에는 이런저런 수업을 직접 들어 보기도 했다.

그러다 보니 〈지구촌 시대의 문화인류학〉(이하 '지시문'으로 줄임)의 첫 수업 시간에는 못 들어갔다. 다른 수업에서처럼 '첫 시간에는 강의 계획서 소개나 하겠지' 하며 별다른 일은 없으리라 생각했는데 지난 시간부터 두 시간을 꽉 채워서 수업을 했고, 벌써 숙제도 나왔다고 했다. 첫 시간부터 수업과 숙제라니. 이 수업 만만치가 않은 것 같다.

| 공지사항 | 전자칠판 | 자유게시판 | 자료실 | Q&A |

글쓴이 : 정가영   등록일: 2006/09/05

첫 번째 과제

이번 쪽글의 주제는 '나의 영어 이야기' 입니다. 다음 책 두 권 가운데 자신에게 적절한 것을 골라 읽고, 자신에게 영어가 갖는 다양한 의미를 생각하면서 자기 이야기를 쓰면 됩니다.

- 조혜정, 『탈식민지 시대 지식인의 글 읽기와 삶 읽기 1』, 또하나의문화, 1992
- 우에노 치즈코·조한혜정, 『경계에서 말한다』, 생각의나무, 2004

영어 '학습법'에 관한 이야기를 하자는 것은 아닙니다. 영어로 대표되는 '세계화', 글로벌 시민 되기에 관한 자신의 경험과 계획에 관해 쓸 수도 있고, 자신이 영어 공부를 하게 된 계기 또는 영어 공부를 하지 않는 이유에 관해 이야기해 볼 수도 있겠지요. 영어 공부와 관련된 특별한 에피소드가 소재일 수도 있고요. 분량은 A4 1~2장 정도. 공지된 대로 일요일 자정까지 제출하시면 되겠습니다. 강의실에 출력본을 가져오실 필요는 없습니다.

숙제는 쪽글 쓰기였는데 A4 한두 장 정도로 자신의 생각을 자유롭게 쓰면 된다고 했다. 보고서나 레포트 쓰는 방법은 〈글쓰기〉 수업 시간에도 배웠고 고등학교 때 논술로도 배웠기 때문에 어떤 형식으로 써야 하는지 알겠는데, '자유롭게' 쓰라고 하시니 사실 어떻게 써야 할지 감이 잘 잡히지 않았다. 일단은 다른 학생들이 쓴 것을 보고 감을 잡는 것이 좋을 것 같아 제출 마감 전날까지 숙제는 잠시 미뤄 두고 수업에 들어갔다. 사실 성적에 얽매이고 싶지 않지만, 한 학기를 공부해 보니 그러기가 정말 쉽지 않다. 남들에 비해 뒤처지는 느낌이랄까.

9월에 접어들었지만 오후 세 시의 햇볕은 여전히 뜨겁다. 수업 시간이 가까워 오자 학생들이 속속 들어와 자리가 모자랄 지경이 되었다. 나는 친구와 함께 교실 가운데 앉아 곁눈질로 한 학기 동안 함께 수업을 들을 사람들을 살펴보았다. 잠시 후, 편안해 보이는 옷을 입은 교수님이 들어오시더니 의자를 돌려서 둥글게 앉으라고 하셨다. 학생들이 자리 이동을 하는 동안 교수님은 칠판에 '나의 영어 이야기'라고 쓰셨다. 그러고는 학생들이 모여 있는 곳으로 돌아와 의자에 앉으셨다.

'어? 교수님이 학생들이 앉는 의자에 앉으신다? 교수님 자리는 거기가 아닌데…'

교수님은 여전히 의자에 앉아서 마이크를 잡고 말씀하셨다. 강단에 서 계신 교수님들의 모습이 익숙한 나에게는 낯선 모습이었다.

"아, 좀 많이 빠져나갔지요? 80명 정도면 그래도 할 만한데, 지금도 늦지 않았으니까 자신 없는 사람은 나가도 됩니다. 뭐 능력이 모자라서라기보다 이 수업은 아주 많은 시간과 정성을 들여야 하는 수업이니 다음 학기에 들어도 좋거든요."

지난 시간에 자신 없는 학생들은 나가도 좋다고 말하셨다더니, 이번 시간에도 하시는구나.

그리고 교수님은 잠시 뜸을 들인 뒤 다시 이야기를 이어 가셨다.

"자, 이제 무대가 준비되었으니 준비된 사람부터 나와서 자기 이야기를 해 주세요. 서로에게 인사를 하는 자리이면서 글로벌 시대에 대해 서로 생각해 보는 자리가 되는 이야기를 해 주세요. 참, 가능한 한 자기소개는 세 시간 만에 다 끝내 볼까 하는데, 80명이 세 시간 동안에 다 하려면 얼마 정도 시간일 것인지 잘 계산해서 스스로 맞춰서 하세요. 남의 시간을 배려하는 것도 훈련이에요. 그리고 재미있게 해 주세요."

150 나누기 80. 그렇다면 2분을 넘기면 안 될 것 같은데, 너무 짧지 않나.

이야기가 끝나자 교수님은 학생들이 둥글게 모여 앉은 원 안에 책상을 하나 갖다 놓고 그 위에 마이크를 하나 올려놓으신다. 이제 우리가 말할 차례인가 보다. 하지만 누구도 선뜻 나서지 않고 침묵이 흘렀다. 학생들은 고개를 숙이고 있거나 교수님을 멀뚱멀뚱 바라봤다. 교수님은 아무렇지도 않게 학생들을 둘러보며 앉아 계셨다. 그러다가 "침묵이 불편한 사람이 나오겠지." 하고 미소 지으시며 말하셨다. '이대로 침묵이 계속되면 어쩌지?' 수줍어서 나갈 생각은 없지만 괜히 불안한 마음으로 주위를 두리번거리고 있는데 때마침 한 명이 걸어 나왔다. 나는 안도의 숨을 내쉬면서 박수를 쳤다. 그는 외고 출신 학생으로 어릴 때부터 영어 교육을 받았고 외국에 산 경험도 있다고 했다. 영어를 원어민처럼 할 수 있으며 독일어도 아주 잘한다고 자랑스럽게 이야기했다. 그가 독특한 손짓으로 중간 중간 웃음을 유발시키자 분위기가 차츰 밝아졌다. 그 학생이 첫 발표를 한 뒤로, 줄줄이 학생들이 나왔다. 처음 이야기를 시작할 때의 어색한 침묵이 마치 거짓이었다는 듯 다음 차례를 준비하고 있던 사람들 몇 명이 동시에 일어나 서로 눈짓, 손짓으로 조정하는 모습이 자주 연출됐다.

학생들이 이야기하는 내용과 말하는 방식은 다양했다. 영어를 좋아한다는 학생, 어렸을 때 영어가 치과보다 싫었다는 학생, 어렸을 때부터 영어를 배운 학생과 그렇지 않은 학생, 조리 있게 말하는 학생, 혹은 나올 때는 자신 있게 나오더니 자기 이야기를 할 때는 부끄러워하는 학생 등. '다들 비슷한 표정으로 앉아 있더니 그 속에 저런 모습이 있었구나.' 싶었다. 나뿐만 아니라 다른 학생들도, 강의를 들을 때보다 더 집중해서 다른 학생들의 이야기를 듣고 있는 것 같았다.

다음 수업 시간에는 영화를 보고 자기소개를 이어 갔다. 짧게 편집된 두 편을 봤는데 한 편은 r 발음을 잘하게 하려고 부모가 아이에게 혀 수술을 시키는 끔찍한 장면을 그대로 보여 주는 박진표 감독의 「신비한 영어 나라」였고, 다른 한 편은 영어를 못하는 것 때문에 주눅 드는 한국인들의 모습을 아주 잘 그려 낸 김성수 감독의 「영어 완전 정복」 초반부였다.

영화를 보고 난 두 번째 자기소개 시간은 침묵 없이 첫 이야기가 시작되었다. 첫 번째로 나온 학생은 수업 중에 한글을 사랑하자고 늘 이야기하던 고등학교 때 국어 선생님이 자신의 아이를 영어 유치원에 보낸다는 사실을 알고 배신감을 느꼈다는 이야기를 했다. 한글사랑 티셔츠를 입고 다니던 선생님이 아이에게 어릴 때부터 영어에 익숙해지게 해야 한다고 사물마다 영어 이름을 붙여 놓고 젖병의 한글 상표까지 칼로 지워 놓은 모습을 보고 자신이 얼마나 큰 배신감을 느꼈는지를 실감 나게 표현해 학생들을 웃겼다. 하지만 나는 웃으면서도 씁쓸하다는 생각이 들었다. 미리 준비해 온 대금 연주로 자기소개를 한 학생도 있었고, 비틀스의 「렛잇비」를 이용해 칠판에 분필을 던져 가며 학원 강사처럼 청중을 압도하는 학생도 있었다.

다양한 소재, 다양한 방식으로 이루어지던 자기소개 시간은 누군가가 영어는 글로벌 시대에 지식인이 갖추어야 할 기본이라는 말을 한 뒤 어느새 '지식인의 책임'에 대한 이야기가 격렬하게 오가는 토론장으로 변했다. 몇 명이 감정적인 논쟁을 주고받으며 수업을 주도했고, 배제된 다수의 학생들은 지루해하거나 불편해했다. 대형 강의를 들을 때의 느낌이 생각났다. 교수님은 강의를 하고 계신데, 나를 가르치고 있다거나 내가 무엇을 배우고 있다는 생각은 전혀 들지 않았던 느낌 말이다. 그런데도 선생님은 지켜만 보고 계셨다. 이때, 앞에 앉아 있던 한 복학생이 말했다.

"이런 흐름은 우리가 처음 원하던 것이 아닙니다. 분명히 이 자리는 자기소개를 하는 자리이고, 2분이라는 시간은 지켜야 하지 않나요?"

많은 학생들이 고개를 끄덕였다. 하지만 한 여학생은 질문한 학생에게도 반성을 요구했다.

"자발적인 토론 과정을 끊는 것 또한 인위적인 것 아닌지 고민해 봤으면 좋겠습니다."

교수님은 그제야 일어나 앞으로 나가 가볍게 한마디 던지며 웃으셨다.

"소통 공동체의 역동적 에너지가 만들어지고 있는 것 같습니다. 길고 끈기 있게 자기소개와 영어 이야기를 하고 들어 주느라 수고가 많았어요. 다음 강의로 넘어가기 전까지, 좀 늦어지더라도 자기소개를 모두 해 주었으면 합니다. 그리고 논의를 계속하고 싶은 사람은 사이버 강의실에서, 쪽글을 통해 더 많은 이야기를 해 보기 바랍니다."

그리고 그날 저녁 사이버 강의실 자유게시판에는 이런 글들이 올라왔다.

공지사항	전자칠판	자유게시판	자료실	Q&A

글쓴이 : 재욱　　　　등록일 : 2006/09/12
매력적인 분들...ㅎㅎ

오늘 두 시간이 어떻게 흘러가는지 모르겠더라고요.ㅋㅋ

참!! 저는 오늘 '국어 선생님 이야기'를 했던 사회학과 2학년 재욱입니다.

사실 저는, 조한 선생님 성함과 과목명만 보고 뒤늦게 수강 신청을 했는데.

오늘 "1학년이 꽤 많네" 싶었는데 알고 보니 이 수업이 〈문화의 이해〉더군요. ㅋㅋ

오늘 여러분들 이야기를 들었는데 솔직히 고백하건대, 매력적인 분들이 너무 많더군요.··

열정으로 뭉친 수업 공동체가 될 것 같다는 느낌이·· ㅎㅎ

진심으로 이번 수업 계기로 많은 분들 사귀고 싶습니다!!

그리고 마칠 때쯤, 토론(이야기)하는 데 약간의 규칙을 만들고

기분 좋게 이야기하자는 이야기가 나왔는데,

뭐— 다 좋지만, 그런 규칙 때문에 치열함이 떨어지지 않았으면 좋겠어요ㅎ

토론할 때만큼은 열정적으로 했으면 좋겠다는 개인적인 바람이·· ㅋㅋ

오늘 못 다한 '영어와 세계화'에 대한 이야기가 온라인에서 이어졌으면 좋겠어요—!

옆에 보니 토론방도 있네요. 오늘 수업 시간에 못 다한 이야기 해 주시면

저도 적극적으로 참여할게요!!·· ㅎㅎ

글쓴이: 승효   등록일: 2006/09/13

오늘 수업 ^^

재밌었어요ㅋㅋ

멋지게 먼저 나가서 말문을 여는 사람이 있는가 하면

꼬리에 꼬리를 물고 자기 얘기를 해 나가는 사람도 있고

의견이 다른 부분에 대해서 질문하는 사람도 있고

선생님 말대로 결국 불편함 점을 맞닥뜨리게 되는 시점까지 가서는

> 서로 원칙을 정하자는 얘기도 나오고
> 그치만, 모두 조한의 짜인 각본이라는 느낌이ㅋㅋㅋㅋ
> 나중엔 열기 때문에 모두들 얼굴이 바~알개진 걸 보고 왜 귀엽다고 느껴지던지ㅋ
> 개개인이 아니라 발개진 얼굴을 한 몇십 명의 학생들로 가득 찬 교실 풍경이 귀여웠어요.
> '좋은 기운' 때문인가?ㅋ
> 앞으로도 많은 사람들의 개성 있는 자기소개 듣고 싶고요
> 팀 프로젝트도 많이 많이 개설되었으면 좋겠어요. 제가 차마 주도적으로 하진 못하겠고;;
> 저는 이번 수업에 팀 프로젝트에 관한 약간의 '빡센' 판타지를 갖고 있어서요.
> 그래도 기대는 크게 안 하렵니다.
> 기대가 크면 실망도 크다는 말씀이 떠올라서요
> 좋은 기운 계속 지키고 친하게 지냈으면 합니다. 안녕히!

　　이제는 미뤄 둔 숙제를 해야 했다. 보통 다른 수업에서는 교수와 학생 본인만이 사이버 강의실에 제출한 보고서를 볼 수 있게 되어 있다. 하지만, 이 수업에서는 쪽글을 '공개 쪽글방'에 올려 모두가 볼 수 있게 해야 했다. 그래서 서로의 글을 읽기도 하고 댓글을 쓸 수도 있었다. 나는 다른 친구들이 어떤 쪽글을 썼는지 궁금해서 사이버 강의실에 들어갔다가 재미있는 사실을 발견했다. 보고서방에 올라온 글보다 공개 쪽글방에 올라온 글의 수가 훨씬 적었다. 아마 수업 구성원 모두가 자신의 글을 읽을 수 있다는 것이 수줍고 낯선 탓이겠지. 또, 글 제목은 모두 '나의 영어 이야기' 였다. 어떤 학생이 먼저 '나의 영어 이야기' 라는 제목으로 글을 올리고 그 뒤로 글을 올린 학생이 다시 그 제목을 쓰고, 결국 모든 학생이 '나의 영어 이야기' 라는 제목을 쓰게 되었다. 그런 우리 쪽글을 보고 선생님은 수업 중 이런 말을 하셨다.

"어떻게 자신이 공들여 쓴 글의 제목을 그렇게 안일하게 달 수 있는가? 정말 이해가 안 가네. 온라인에서는 그렇게 선정적인 글을 써 대면서 쯧쯧… 다음 쪽글부터는 제목을 제대로 달길 바랍니다."

제목을 붙이려면 고민이 되긴 하지만, 내가 읽을 때도 제목이 있는 글에 더욱 호기심이 생기는 것이 사실이었다. 다음부터는 나도 제목 붙이기에 신경을 써 봐야겠다.

•• 나의 영어 이야기 | 웅기 03

초등학교 1학년 때 이야기부터 시작하겠습니다. 산부인과학을 연구하러 유학길에 오른 아버지를 따라 우리 가족은 모두 호주로 건너갔습니다. 우리는 멜버른에 셋집을 얻고 곧 적응을 했지요.

그러자 저는 곧바로 영어의 바다에 반강제로 집어던져졌습니다. 먼저 부모님은 저를 그곳 학교(아니면 서머스쿨)에 보내셨지요. 영어라고는 알파벳밖에 모르는 아들을 그곳에 온종일 놔두셨던 겁니다. 금발머리 아이들이 저를 둘러싸고 온갖 질문을 퍼붓는데, 정말이지 아찔했던 기억이 아직도 생생합니다. 영화 「영어 완전 정복」에 나오는 장면이 우습기는 하지만, 한편으로 주인공에게 동정이 갔던 것도 그 때문인가 봅니다.

그뿐만이 아닙니다. 헤더라는 외국인 선생님이 우리 집에 찾아오기 시작했고, 저는 집 안의 모든 가재도구와 가구, 방 이름을 하나하나 영어로 익히기 시작했습니다. 또 아버지는 영어 동화책을 매일 한 쪽씩 외워서 암송하게 하셨습니다. 암송에 성공하면 근처에 있는 장난감 가게에서 아무거나 골라잡을 수 있었고, 못하는 날에는 크게 혼이 났습니다. 그렇게 당근과 채찍이 동원되었지요. 반년 후, 저는 영어의 바다에서 끄집어내어졌습니다.

(…) 한편 초등학교 겨울 방학 때마다 저는 호주와 캐나다 등지에 한 달 정도씩 어학연수를 다녀왔습니다. 주로 현지 아이들의 방학 기간을 이용해 다양한 자연 체험을 시

키는 서머캠프였습니다. 승마, 카누 타기, 자연 탐사 등은 영어를 '자연스럽게' 익히는 데 큰 도움을 주었지요.

이렇게 영어는 제 자아의 일부로 통합되어 갔습니다. 한 아이에게 부모의 칭찬, 거기에 학원 사람들의 관심이 겹쳐졌으니 어린 마음에 얼마나 우쭐했겠어요. 자만에 빠져 공부를 결국 게을리하다 초등학교 5학년 때 고등학교 영어 과정을 포기했지만, 그래도 '당근과 채찍'의 위력은 대단한 것이었습니다. 영어는 제 자존심을 지탱해 주는 기둥으로 단단하게 굳어졌으니까요. (…)

•• 나의 영어 이야기 | 지현 06

(…) 엄마는 나에게 자신이 원할 때 어디든지 갈 수 있는 자유로운 삶에 대한 환상과 기대를 심어 주었다. 나는 엄마 말대로 자유롭게 살고 싶었고 무엇보다 공부를 해서 외국인과 의사소통을 할 수 있다는 사실이 신기했다. "얘는 확실히 언어적 소질이 있는 것 같아."는 주위 사람들의 칭찬도 싫지 않았다. 중학교 1학년 겨울 방학 때 두 달 동안 미국 가정에서 홈스테이를 하며 그 집 아이들과 함께 학교를 다니는 프로그램에 참여한 적이 있다. 막연한 환상으로 존재하던 미국 아이들의 학교생활을 체험해 볼 수 있게 된 것이다. 아침 9시까지 등교해도 되는 학교, 머리를 자유롭게 기르고 액세서리, 화장도 할 수 있는 자유로움, 학교에서 열어 주는 발렌타인 파티. 이런 것들을 무조건 제한하고 침묵을 강요하는 한국의 학교를 다니던 나에게는 너무나 좋아 보였다. 백인 이외의 다른 인종이 거의 없는 동네여서 그랬는지 오히려 한국 아이라는 이유로 당한 가시적인 차별은 없었다. 다만 학교에서 어떤 백인 아이가 나를 보고 "엄마, 젓가락이 없어서 밥을 못 먹겠어요."라며 놀렸던 기억이 난다.

영어는 나에게 내가 뭔가 특별한 아이라는 생각을 하게 해 주었고 내가 좋아하는 외국 밴드의 노래 가사를 알아듣고 밴드에 관한 정보를 인터넷에서 직접 찾아 읽을 수 있게 해 주었다. 한마디로 영어는 나의 자존감이었고 나의 마지막 보루였고 나의 흥미였다. 하지만 영어가 나의 권력으로 작용한다는 것은 거의 인지하지 못했다. 아니, 인지했으나 별 문제라 생각하지 않았다. 영어 시험에서 매번 백점을 맞고 외부 대회에 나가 입상을 하고 전교에서 유일하게 외국어고등학교를 간 아이. 이 사실은 나의 엄청난 경쟁력이자 권력이었다. (…)

•• 나의 영어 이야기 | 도원 99

나의 영어 이야기는 대부분의 사람들처럼 중학교에 입학하면서부터 시작된다. 중학교에 입학해 처음 영어를 접하게 되었는데, 사실 처음엔 영어 공부를 열심히 하지 않았다. 별로 재미가 없었고, 공부를 안 하니까 성적은 더욱 떨어지고, 그러면서 나는 영어에 대한 흥미를 잃게 되어 영어 외의 다른 과목에 집중했다. 중학교 2학년 때, 어머니께서는 특단의 조치로 'ㅇㅇㅇ 영어교실'을 사 주셨다. 그땐 나도 어느 정도 위기감을 느끼고 있었기에 나름대로 열심히 했으나 영어 성적이 오르지 않기는 마찬가지였다. 지금 생각해 보면, 공부 방법을 모르고 영어에 대한 개념조차 없던 내가 단어만 외우고 문제만 풀어서 발전이 없었던 것 같다.

고등학교에서 모의고사를 보니 영어 성적이 형편없이 나왔다. 다른 과목에서 틀린 것 모두를 합친 것보다 영어 한 과목에서 틀린 게 더 많을 정도였다. 학교 시험은 교과서 범위 내에서 나왔기 때문에 괜찮았지만, 모의고사는 실제 영어 실력을 보는 것이었기 때문이다. 그래서 나는 다시 학원에 가게 되었는데, 이 학원은 그때의 내 수준엔 맞지 않는 학원이었다. 다른 학원처럼 문법이나 문제에 집중하는 학원이 아닌 영자 신문을 보는 학원이었는데, 영어를 잘하는 학생에겐 좋은 기회였겠지만, 당시의 나에겐 아무런 도움이 되지 않고 오히려 영어가 더욱 더 멀게 느껴졌다.

어떻게 해도 영어 성적은 오르지 않고 수능 얼마 전까진 영어 때문에 정말 힘들었다. 여전히 영어 성적은 다른 과목에 비해 수준 이하였고 발전도 없었다. 그때 학원 영어 선생님이 나에게 이제 시간도 얼마 남지 않았으니 차라리 영어 문제만 계속 푸는 게 나을 수도 있다고 하셨다. 즉, 문제 감각만 익혀서 수능에 대비하라는 뜻이었다. 나는 그 말씀대로 했고 시험에선 우수진 않지만 예전에 비하면 많이 오른 성적을 받을 수 있었다.

그렇게 대학에 입학했으나 기초가 없으니 입학해서도 영어가 걸림돌이긴 마찬가지였다. 영어 과목은 모두 재수강을 했고 영어라면 치가 떨렸다. 그러다 작년에 졸업을 한 학기 앞둔 시기에 나는 결심을 했다. '지금 아니면 평생 영어 때문에 고통받을 것이고 항상 나에게 장애가 될 것이다.' 하는 생각이 들었다. 그래서 어학연수를 결심했고 영국으로 어학연수를 갔다. 영어 때문에 간 것이지만 그곳에서 지낸 시간은 영어 외에도 많은 것을 배우게 해 주었다.

다른 친구들의 쪽글을 읽는 것은 자기소개를 듣는 것만큼이나 재미있었다. 자신을 잘 드러내는 친구들은 소개할 때와 비슷한 이야기를 쪽글에 풀어 놓기도 했는데, 강의실에서의 기분을 되살려 주기도 했다.

영어가 꼭 필요하다고 해서 어렸을 때부터 배우긴 했지만 아직도 영어 울렁증이 있는 나에게 웅기나 지현같이 영어가 유창한 학생들은 신기하게만 느껴졌다. 웅기는 조용하던 강의실 분위기를 깨고 첫 자기소개를 한 장본인이기도 했다. 또한 "나의 영어 이야기는 대부분의 사람들처럼 중학교에 입학하면서 시작된다."라고 글을 시작한 도원의 쪽글을 읽으면서는 시대가 정말 빨리 변한다는 생각이 들었다. 내 또래의 05, 06학번 학생들 대부분은 초등학생 혹은 그 이전부터 학원, 학습지, 과외, 캠프, 어학연수, 조기유학 등 다양한 경로로 영어를 공부해 왔다.

•• 나의 영어 이야기 | 미진 05

(…) 이 '영어' 라는 녀석을 '학교' 라는 공적인 기관에서 만난 것은 중학교에 입학한 후

였다. 처음 받아 본 영어 교과서의 첫 장은 '알파벳을 쓰는 법'이었다. 그러나 웬만한, 아니 거의 대부분의 아이들은 이미 사교육으로 어느 정도 영어를 할 줄 아는 수준이었고, 그렇지 않은 아이들이 있다고 해도 최소한 알파벳 쓰는 법을 배울 수준은 아니었다. 그 다음 장부터는 갑자기 알파벳에서 기초 회화 단계로 교육 과정이 터무니없게 훌쩍 넘어가 있었다. 그러나 아무도 그것에 부당함을 제기하지 않았다. 사교육으로 기본적인 영어 실력은 다져졌다는 전제하에 진행되는 학교의 영어 수업은 불편한 사람보다는 오히려 편한 사람이 더 많았던 상황이었으리라. 그때 나는 그러한 맥락의 부당함까지는 생각하지 못하더라도 '만약 내가 이전에 학원에서 영어를 조금이라도 배우지 않고 학교에서 알파벳부터 배웠더라면 과연 이렇게 수업을 따라갈 수 있었을까?'라는 생각을 종종 하기는 했다. 수학이나 국어 같은 다른 과목에서는 특별히 그런 생각이 들지는 않았는데 특히 '영어'라는 과목에서만큼은 그런 의문점이 남았다. 그게 영어가 내가 유일하게 받은 사교육이었기 때문인지, 아니면 실제로 학교 내 영어 교육 과정이 비합리적이었는지는 잘 모르겠지만 말이다. (…)

•• 나의 영어 이야기 | 승효 06

나의 영어 이야기. 가슴이 착잡해 오지만 그래도 입을 열어 보려 한다. 내가 처음으로 영어를 접한 것은 ○○○ 영어교실이다. 그땐 내가 왜 이걸 공부해야 하는지 아무것도 모르고 시작했지만 그렇게 싫은 기억은 아니다. 12년이 지난 지금에도 그때 들었던 다이내믹한 음성들의 테이프가 떠오르고, 그걸 들으면서 잠들던 여러 날도 선명하게 기억하고 있다. 그렇게 알파벳을 뗀 나는 초등학교 3학년 때 그룹 과외를 했다. 동네 아이들 6명 정도가 미국인 선생님과 하는 수업이었다. 그 수업을 하면서 나는 작은 노트를 두 권 사서 한 권은 연습장, 한 권은 나만의 작은 영어 사전을 만들어 갔다. 사전을 만드는 과정에서 제일 먼저 배운 것은 발음 기호 읽는 법이었다. 한가로운 일요일, 아빠를 붙잡고 배우는 발음 기호는 비록 어려웠지만, 지금도 감사할 정도로 좋은 경험이었다고 생각한다. 그때 한 공부는 그 누가 강요하지도 않았고 나 스스로 재밌어서 한 것이기 때문에 나는 어떤 부담도 갖지 않고 어린 나이에 언어를 공부하는 즐거움을 누릴 수 있었다. 그 후로도 4~5학년에 걸쳐 3명의 교포 선생님과 1:2 과외를 했고, 초등학교 6학년 때 처음으로 영어 학원이라는 곳에 들어갔다. 학원의 스파르타식 교육은 그동안 놀면서 공부했던 나를 극도로 자극했고, (지금 생각에도) 내 인생에서 가장 열심히 공부한 시간인 것 같다. 매주 A4 용지 두 장씩 영어 성경을 외우고, 정해진 부분을 선생님 앞에서 시간을 재고 암기하고, 일정 시간을 초과하면 매를 맞는 최강의 스파르타였다. 지금 생각하면 그런 '빡센' 수업 방식에 웃음이 나지만 왜 그때 내가 아무런 거부감 없이 그 무거운 짐들을 소화해 낼 수 있었는지 궁금하기도 하다. 아무튼 중요한 것은 나는 그때 영어를 잘하기 위해 공부한 것이 아니라 오로지 재미있었기 때문에 공부했다는 것이다.

대한민국에서 서울, 서울에서도 강남, 강남에서도 압구정, 압구정에서도 ○○아파트에 사는 내 주거 배경은 당연히 날 ○○초등학교로 보냈고 그곳에서 난 교육열에 미쳐 있는 학부모와 친구들을 만날 수 있었다(후에 우리 엄마, 아빠, 나도 그렇게 됐다고 할 수 있지만 말이다). '개천에서 용 난다'는 말마저 냉소로 변해 버린 지금, 상당한 경제력과 상당한 교육열이 만나면 결론은 뭘까? 대다수는 유학이다. 내 친구들은 초등학교 5학년, 6학년, 중학교 1학년에 걸쳐 모두 떠나 버렸고 당시 그 사람들에 비해 돈도 없고 순진했던 엄마, 아빠는 우리 세 자매를 한국에서 꼭 안고 살겠다고 유학은 쳐다보지도 않으셨다(유학의 불가결성이란 현실을 직시한 지금, 언니는 현재 뉴욕 맨해튼에 유학 중이다). 당시에는 하나도 부럽지 않았지만, 다음 해, 그 다음 해, 매해 여름마다 찾아오는 내 친구들을 나는 만나기 싫었다. 그들은 미국 혹은 캐나다, 혹은 영국으로 가서 나보다 훨씬 자유분방한 삶을 살고 있었고 그들의 한국어 발음 역시 그들의 달라진 스타일만큼 변해 있었다. '아, 그렇구나. 살아남아야 하는 거구나. 영어는 무조건 해야 되는 거구나.' 피부로 느낀 만큼 나는 영어 공부에 스트레스를 받기 시작했고 그만큼 치열해지기 시작했다. (…)

사실 이번 여름 방학 동안 나는 영어 공부를 굉장히 많이 했다. 첫 번째는 내 욕심 때문이었다. 내 영어 실력은 중3 때 외고 준비를 하면서 정립되었고, 실제로 고등학교 때는 토플 외에 영어 공부는 별로 하지 않았기 때문에, 어렸을 때 그 열정으로 영어를 공부해 보고 싶었다. 두 번째는 엄마의 압박이었다. 다른 아줌마들과 통화하는 과정에서 전해지는 글로벌 압박을 엄마는 나에게 여실히 전해 주고 싶었지만, 대학에 입학해 첫 학기부터 여성학에 심취해 있는 자신의 딸이 미웠나 보다. 그래서 1학기는 거의 하루 걸러 하루 싸우고 다른 공부(영어 공부)도 할 거라고 엄마를 안심시켜야 하는 불편함을 겪어야 했다. 세 번째는 유학 간 친구들 때문이다. 그들과 얘기할 때 나도 자연스럽게 알아듣고 또 말을 하고 싶었다. 방학 때 다녀온 유학생 파티는 나에게 또 하나의 작은 자극이 되었다.

하고 싶은 것도 많고 가고 싶은 곳도 많은 나이에 대학교 들어와서 첫 여름 방학을 영어로 보냈다고 하면, 대다수가 "네 나이 때는 그런 것보다 다양한 경험을 많이 하는 것이 좋을 텐데." 하며 내심 걱정하는 말투와 약간의 한심스럽다는 눈빛이라는 반응뿐이었다(그래서 난 방학 때 뭐했냐고 하면 그냥 놀았다고 한다). 영어 공부를 했다고 자신 있게 말할 수도 없을 만큼 그 목적이 변질되어 버렸지만 그래도 해야 한다고 믿는다. 영어 때문에 불편함과 쓰라림을 체감하는 나로서는 소신 있는 안티 영어 공부 따윈 통하지 않는다. 실제로 '내가 하는 학문 분야에서는 영어는 안 해도 돼.' 라는 소신을 가지고 영어 공부를 하지 않는 사람은 본 적 있지만(물론 동조하진 않는다) 나에게 그런 확신을 심어 주는 사람의 이야기는 단 한 번도 들어 본 적이 없다. (…)

•• 나의 영어 이야기 | 시원 06

(…) 그럼에도 불구하고 영어 공부는 해야 할 것 같다. 첫 번째 시간 솔직하게 나는 졸았다. 앞의 수업들이 많아서라고 변명하고 싶지만, 너무 궁색하다. 처음에는 잘 알아들었다. 아니 알아듣는 줄 알았다. 그런데 어느 순간 알아듣지 못하고 있는, 그리고는 꾸벅

졸고 있는 나를 보았다. 이런 사건이 처음은 아니었다. 일전에 헬레나 노르베르 호지 여사가 학교에 와서 강연을 한 적이 있었다. 연세대 YMCA라는 이름으로 강연에 참여했고, 난 또 개인적인 창피함을 당해야 했다. 강연장은 정확히 둘로 나뉘었다. 호지 여사 한 말을 듣고 웃는 사람과 통역하는 분의 말을 듣고 웃는 사람. 물론 난 후자였으며, 그리고는 실질적으로 강연장에서 소외되었다. 또다시 꾸벅 졸고 있었기 때문이다. 이 정도 되면 더는 변명거리가 없으리라. 그럼에도 나는 지극히도 궁색하지만 나름대로 이유 있는 변명을 한 가지 하련다. 10여 년에 걸친 나의 영어 공부의 목적은 대학 입학이었으며, 이것을 제하고 나면 없다고 하는 것이 옳다. 그러니 못 알아듣는 것이 당연하고, 원서나 외국 잡지가 익숙하지 않은 것도 당연하다.

사실 난, 영어를 배우는 과정에서 이렇게 크나큰 차이가 나타나리라고는 생각해 본 적이 없었다. 비슷한 공간에서 비슷한 수업을 듣고 있는 학생들이기 때문에 비슷한 생각을 하며, 비슷한 학습을 해 온 줄 알았다. 하지만, 쪽글들을 읽으면서 같은 학번이어도 사는 지역에 따라 영어를 학습해 온 과정에 아주 큰 차이가 있었음을 알 수 있었다. 마치 신문에서 보던 취재기 같았다. 첫 장에는 알파벳이 나오고, 그 다음 장에는 영어 회화가 나오는 영어 교과서를 미진은 불합리하다고 느꼈다. 그리고 그 불합리는 부모의 능력과 열의 앞에서 합리가 된다. 다 아는 학생에게 다시 가르칠 이유는 없으니까.

•• 영어 없이 잘살기, 가능? | 혜영 06

(…) 내게 영어란 그저 학교 시험을 망치지 않을 정도로만 공부해 두면 되는 그런 학문이었다. 그렇다. 그야말로 현실이 아닌 학문. 내 친구 베르너 씨를 만나기 전까지 내게 영어는 그런 존재였다.

그날은 일기예보대로 소나기가 내렸다. 당시 수능을 준비하던 수험생이던 나는 문제집을 사려고 종로 근처를 기웃거리는 중이었다. 투둑. 툭. 하늘에서 빗줄기가 긋기 시작했고 내 앞에 있는 사람들은 약속이나 한 듯 모두 우산을 펴 들었다. 아, 한 사람만 빼고. 산만 한 덩치에 양복까지 입고서 내리는 비를 다 맞고 있는 그 사람이 어쩐지 안쓰러워 슬쩍 다가가 내가 쓰고 있던 우산을 함께 썼다. 그러고는 덩치의 얼굴을 슬그머니 쳐다봤다. 맙소사. 파란 눈에 갈색 머리. 외국인이다! 부디 말을 걸지 않기를 빌었다. 나의 바람과는 상관없이 그가 입을 열었다. "Can you speak German?" 당연한 듯 받아쳤다. "No!" 그가 다시 물었다. "Can you speak English?" 나는 손으로 요만큼 하는 시늉을 보이며 어색하게 웃었다.

어찌어찌 알고 보니 그는 서울국제영화제에 초청을 받아 온 '베르너 네케스'라는 독일인 영화감독이었다. 고등학교에서 내 전공도 영상이었다. 당연히 하고 싶은 말, 듣고 싶은 말이 많았는데 도대체 할 수가 없었다. 내가 영어를 못하니까. 그리고 손짓발짓으로 할 수 있는 말에는 한계가 있으니까. 결국 그와 나는 인간은 언어적 동물이라는 누군가의 말이 무색할 정도로 눈빛과 손짓 발짓, 그리고 간단한 단어들로 겨우 서로의 뜻과 감정을 전달하는 데에서 만족해야 했다. 아, 물론 거의 나에게 해당되는 얘기다.

그와 소통하면서 느낀 것들이 몇 가지 있다. 나름대로 중학생 때부터 지금껏 6년 동안이나 영어를 배워 왔는데 왜 나는 한 소절의 문장조차 제대로 말하지 못하는 것일까. 답답했다. 다른 생각도 슬며시 고개를 들었다. 왜 하필이면 영어야? 독일어는 안 돼? 그가 한국어를 하면 안 돼? 영어가 그렇게 대단해? 영어는 당연히 해야 하는 건가?

사실 주위를 둘러보면 모두가 입을 모아 영어, 영어라고 외치고 있다. 글로벌, 세계화, 지구촌, 유학, 해외 펜팔, 국제화, 세계 시장… 엇비슷한 단어들을 생각해 내는 건 금방이다. 이런 단어들의 한가운데에 영어가 있다. 세계화의 한가운데에 영어가 있다. 그리고 대한민국의 영어에는 중간이 없다. 잘하면 좋고 못하면 나쁘다. 불친절하기도 하지. 영어는 말하자면 '못 알아듣는 네가 손해'다. 영어를 먹고 소화하지 못하면 내 위장이 나쁜 탓이다. 덤으로 받는 건 도태되는 기분, 패배감 등등. 이건 어딘가 좀 이상하다.

영어란 게 원래 이런가? 세계화라는 거대한 흐름 안에서 이런 현상은 당연한가?

문득 나는 베르너 씨가 내게 처음 말을 걸었을 때, 독일어를 할 줄 아냐고 영어로 물었던 것이 생각났다. 그는 원래 독일인이다. 내게 영어가 아닌 독일어로 물을 수도 있었다. 그러나 짐작컨대 그는 아무래도 독일어보다는 영어가 세계에 널리 퍼져 있으므로 영어로 말하는 편이 내가 알아듣기 편할 거라고 생각했을 것이다. 즉, 그는 나를 배려하기 위해 영어를 사용한 것이다!

마음속의 무언가가 활짝 열리는 기분이었다. 어린 시절에는 누군가와 친구가 되기 위해 말이 별로 필요 없다. 기껏해야 이름을 주고받는 정도? 그러나 어른이 되면 얘기는 달라진다. 말이 많아진다. 말이 필요해진다. 세계화, 뭐 별 거 아니라고 생각한다. 그저 세계가 서로 통하는 멋진 일이 일어나고 있는 거다. 서로 다른 말을 쓰고 있는 사람들끼리 친구가 되기 위해서는 공통된 어떤 말이 필요하다. 왜 하필 영어냐고 묻는다면 단지 지금 세계의 사람들이 영어를 많이 쓰고 있기 때문에 다른 언어들보다 영어를 배우는 편이 그들과 소통하기에 여러모로 편하기 때문이라고 대답하겠다. 영어란 결국 그냥 수많은 말들 중의 하나일 뿐이다.

그렇지만 이건 어디까지나 나 하나의 견해에 지나지 않을 뿐이요, 아직도 신촌 큰길에 나가 보면 영어 한마디에 절절 매는 사람들이 많다. 온 국민이 영어 힘써 배우기를 그만두면 나라가 망할 것만 같다. 지구에 감도는 보이지 않는 흐름에서 도태되어 버릴 것 같다. 그 반대급부도 있다. 자신의 영어 실력을 미워하다가 급기야 영어까지 미워하게 되어 버린 사람들. 딱한 노릇이다.

영어 없이 잘살기. 이거 가능할까? 가능하다. 아니, 가능해야만 한다. 힘들지만 가능해야 한다. 물론 영어를 하면 편하다. 그러나 지구에서 살아가는 데 없어서는 안 될 것들은 물, 공기, 식량이면 충분하다. 영어는 선택 영역이다. 영어를 선택하는 이유는 갖가지일 수 있다. 그러나 스스로의 선택이어야 한다. '남들이 하니까', '어쩐지 안 하면 안 될 것 같아서'는 당연히 안 되고, '글로벌 시대니까' 뭐 이런 그럴듯해도 한 꺼풀 벗겨 보면 모호한 이유도 안 된다. (…)

•• 난 영어도 모르고 외계어도 모른다.
따라서 미국인은 외계인과 비슷하다? | 경무 05

난 영어를 잘하지 못한다. 게다가 영어 공부를 하기도 싫어한다. 싫어도 보통 싫은 게 아니다. 지독하게 싫다. 개인적으로 내 인생의 가장 커다란 오점이라고 생각되는 게 영어다.

내 나이는 22살, 원래는 04학번이어야 하지만 현재 05학번이다. 그리고 누가 재수를 한 이유가 무엇인가 묻는다면, 나는 '영어 때문'이라고 대답할 수밖에 없다. 언어가 전국 68%였던가? 4등급이었던 걸로 기억한다. 다른 사람들이 그렇게 잘 나온다는 토익도 600이 넘어 본 적이 없다. 사실 공부해 본 적도 없다. 외우거나 하는 일에 매우 약하기 때문에 영어 단어 외우는 일은 어렸을 때부터 나에게 심한 트라우마가 되었다. 사실 낙천적인 성격이라 트라우마가 생겼다는 말은 거짓말이지만. (…)

어떤 언어를 못한다는 것은 한 사회에 대한 이해를 일정 부분 상실해야 한다는 것과 같다. 나는 외국인들에 대한 어떤 종류의 강박증이 있다. 나는 외국 사람들이 나와 비슷한 생각, 혹은 비슷한 가치관을 가지고 있을 것이라는 생각이 잘 안 든다. 왜냐하면 외국에 대한 이해는 대부분 매스미디어로 받아들일 수밖에 없었기 때문이다. 그중 할리우드 영화라든가, 뉴스에 나오는 외국인들은 매우 '단순해' 보였다. 지금 생각해 보면, 외계에 사는 ET나 미국에 사는 외국인이나 거의 비슷하게 생각해 왔던 것 같다. 할리우드 영화에선 외계인도 무식하게 나오니까 (…) 종의 차이를 느꼈다고 하는 것이 옳을 것이다.

우연히 만나게 되는 외국인들도 마찬가지였다. 어쩌다가 만날 수 있는 외국인은 대부분 영어 강사였다. 그들은 한국인 교수와는 사뭇 다르게 느껴졌다. 나에게 '영어'만을 가르쳐 주는 외국인인 그들은 깊고 복잡한 생각, 고등적 사고를 하지 못할 것처럼 느겨졌다(그들도 외국 대학에서 다 학위 따고 온 보통 한국인 강사와 비슷한데도). 실제로 난 세상에서 한국 사람들이 제일 똑똑할 것이라는 생각을 많이 했던 거 같다. 책을 읽어도 번역되어 나오는 책보다 한국어로 된 책이 대개 더 재미있고 생각이 깊었다. 실제로는 번역의 미숙이나, 원래 언어의 감칠맛을 살리지 못해서일 가능성이 높지만. 친구들은 원서로 된 책을 읽어 보라고 하지만 그 친구들의 말은 모두 기각되었다. 이런 나쁜 친구들… 약 올리냐. (…)

　불행히도 나는 아직까지 영어를 잘하지 못하고, 공부할 필요성은 느끼지만 공부하고 싶은 생각은 별로 들지 않는다. 그리고 아직도 한국 사람의 생각이 다른 나라 사람들의 생각보다 더 깊고 복잡하다는 생각을 가지고 있다.

　영어는 선택 영역이라고 말하는 혜영과, 영어를 공부하고 싶은 생각이 들지 않는다고 말하는 경무의 글을 읽고 나니 나는 왜 영어를 배워야 하는지에 대한 고민도 없이 지금껏 영어 공부를 해 왔다는 생각이 들었다. 영어는 '해야만 하는 것'이고 '잘할수록 좋은' 혹은 '잘해야만 하는 것'이기 때문에 항상 스트레스이기만 했다.

•• 말하기 아까운 이야기 | 아성 06

　(다른 신입생들도 그렇지만) 나는 작년에 수능을 봤는데, (다른 신입생들은 그렇지 않겠지만) 군대에서 봤다. 원래 다니던 대학에서 4학기를 마친 상태로 군대를 다녀왔다.

　'똑똑한 포스트 서태지 세대' 답게 머리를 굴렸다. 종이에 표를 그리고, 내가 선택할 수 있는 각각의 경우의 수를 나열한 다음, 장단점을 적었다. 그리고 고민했다. 무엇이 더 나은 선택인가 하고. 지금 생각해 보면 두 가지 이유에서 웃음이 난다.

　첫째는 나의 사고틀. 나는 나열하고 분석하는 것이 진리인 것처럼, 그게 전부인 것처럼 행동했다. 둘째는 그 당시에는 인식하지 못했지만 '무엇에 비추어 더 나은 선택인가' 하는 기준의 문제다. 그러니까 난 그때 내 기준이 무엇인지 정확하게 생각해 보지 않고 판단했지만, 기준은 학점과 영어였다. 대학생들의 가방에는 학점과 영어가 들어 있다. 매일매일 넣고 다닌다. 이건 어떤 의미에서 보험이고, 또 생각하지 못하는 모범생들의 멍에다. 누구 말대로 '또라이 짓'만 하지 않으면 먹고사는 데 지장은 없는데, 그렇지만 그 틀 안에서 계속 맴도는, 부수지 않고는 빠져나올 수 없는 미로에 빠진 것처럼 살아야 하는 것.

나는 너무도 당연하게, 그리고 기준에 맞게, '새 대학+교환 학생' 카드를 꺼내 들었다. 학점과 영어뿐만 아니라 스스로에 대해 생각할 시간을 더 오래, 더 유용하게 가질 수 있을 거라고 생각했다. 대학에 등록금 내는 날은 보험금 넣는 느낌이었다(학벌+학점+영어=45세까지 보장하는 직장 보험, 보험 종료시 치킨 집 창업 쿠폰이 제공됨).

(…) 전화가 왔다. 친구가 인턴을 잡아서 DC(친구는 워싱턴 DC를 DC라고 말했다)에 간다고, 환송회 겸 서로 얼굴도 볼 겸 모이자고 했다. DC에 가는 친구의 성별은 여성인데, 1학년 때부터 해외 이곳저곳을 다닌 친구였다. 가끔은 나에게 해외파가 아니라서 가지는 어려움, 집에서 재정 지원을 받는 친구들에게 느끼는 부러움을 흘렸었다. (…)

우리는 인턴을 잡아서 DC에 갈(지금은 DC에 있는) 친구를 부러워했다. 특히 졸업 학점 계산과 학점 메우기에 여념이 없는 친구들보다, 학점 좋고 나름대로 영어 공부도 좀 한 친구들이 더 그랬던 것 같다.

그리고 우리들 중 몇몇은 DC에 인턴 가는 친구를 보면서 스스로를 채찍질했다. 나는 우리가, 그 친구가 DC 가는 모습을 보고 나도 가겠다는 생각을 할 것이 아니라, 그 친구가 1학년 때부터 우리에게 보여 준 모습, 스스로의 길을 만들어 가는 그 모습을 보고 뭔가 느껴야 한다고 생각한다.

•• 나의 영어 이야기 │ 연순 06

작은 편의 입장에 서서, 큰 것을 동경해 왔다. 지금껏 그랬다. 그리고 그 정점에 있는 것이 바로 영어였다. 나에게 영어는 '가장 강력한 나라의 언어'였기 때문이다.

홈페이지를 꾸리던 때가 있다. 중3 때부터 홈페이지를 만들었고, 방문자 수는 적은 홈페이지였지만 애착을 가지고 글을, 사진을 올리곤 했다. 나는 국어를 좋아하는 아이였다. 좀 더 정확히 말하자면 '우리말'을 좋아하는 아이였다. 생동하는 표현, 내 감성이 묻어나는 표현을 하기 위해 꽤나 골똘히 생각했던 것 같다. 그러던 내가, 어느 날부터인가 그런 고민들을 멈춰 버렸다. 영어를 배우고 나서, 정확히는 영어에 자신이 붙고 나서부터였다. 고1 무렵 새 단장한 나의 홈페이지는 어색한 영문 메뉴를 갖추게 되었다. 'Profile', 'Monolog', 'Photo' 따위의 별것도 아닌 영어를 써 놓고 어렸던 나는 뿌듯해했다. 영어로 첫 페이지를 장식하고 나니 그림도 뭔가 '미국적인 것'을 올려놓아야 할 것 같아서, 크리스티 털링턴(미국의 슈퍼모델)의 사진을 걸어 놓았다. 그렇게 완성된 내 홈페이지는 뭔가 근사해 보였다. 뿌듯해하는 내게 언니는 영어에서 미국으로 이어지는 그 무조건적인 동경 비슷한 것이 얼마나 우습냐고 이야기했다. 난 반박했다. (…)

나는 2학기를 맞아 준비해야 하는 교재들을 사려고 서점을 한 바퀴 돌다가, 잡지 코너에서 멈춰 섰다. 그리고 영어 주간지를 집어 들었다. 얼마 전 치른 토플 시험 점수가 눈앞에 아른거리며 영어 공부를 해야 한다는 생각이 강박처럼 들었다. '영어는 기본'이라고 입버릇처럼 말씀하시는 아버지는, ○○지 한 권을 정독하면 영어 실력이 몰라보게 향상된다고 하셨다. 사야 하나, 고민했다. 영어를 공부해야 하는 이유가 확실하지 않은 상태다. 다른 책들을 집으며, ○○지는 따로 떨어뜨려 놓았다. "이건 계산 안 하시는 거고요?" 하는 직원의 물음에 고개를 끄덕이면서, 나는 생각했다. 오늘 내가 ○○지를 내려놓은 것은 오로지 강박에 대한 반감 때문인 것일까?

하지만 아마도 나는 결국, ○○지를 살 것이다. 그리고 알 수 없는 단어가 50%쯤 되는 그 책을 읽겠답시고 사전을 찾아가며 끙끙댈 것이다. 그 이유가 지금까지의 '영어'에 대한 동경과 강박의 이유와는 조금 다른 방향의 것이기를 바랄 뿐이다.

아성과 연순의 글을 읽고 나니 씁쓸함과 불안함마저 느껴진다. 나도 얼마 전 서점에서 원서 잡지를 사야 하나 말아야 하나 한참을 고민하다 다 읽을 자신이 없어서 결국 내려놓은 적이 있다. 영어에 대한 불안이 나만의 것이 아니라는 것을 확인하는 것으로 일단의 위안을 삼아야 하는 걸까.

모든 쪽글을 읽지는 못했지만, 자기소개를 들은 것에 이어 친구들의 쪽글까지 읽고 나니 슬며시 수업에 대한 기대가 들기 시작한다. 옆에 앉아 있는 동료들의 이야기를 듣는 연습, 친구들의 쪽글을 열심히 읽어 주고 댓글 하나 달아 주는 것에서부터 시작한 〈지시문〉의 첫 시작은 남다른 느낌이었다. 우리는 수업에서 어떤 이론도 배우지 않았다. 그러나 자기 삶을 언어화하고 서로 비교하다 보니 시대의 한 단면을 잘라 보았을 뿐인데도 차이점이 보이는 것 같았다.

"'신자유주의 시대'는 다 떨구고 몇 명만 데리고 가지만, 그래서 이제는 떨구지 않고 가 보려고 한다."

그간 조한 선생님은 수강생 중 절반 또는 20%만 제대로 알아들으면 된다고 생각하고 수업을 하셨다고 했다. 그러나 신자유주의 시대, 모두가 서로를 떨어뜨려야 하는 시대가 왔으므로 이제는 같이 한번 가 보겠다고 하셨다. 하나 더 아는 것이 중요한 것이 아니라 함께 돌보면서 배우고 행복해지는 것이 중요하다고 말하셨다. 지난 학기에 들었던 수업들이 생각났다. 공부해야 할 양으로, 다른 학생들보다 잘해야 좋은 점수를 받는 상대 평가로, 읽기 벅찬 외국어로 나를 압박했다. 나는 그 공간에서 무엇을 배우고 생각을 하기보다는, 두려움에 나를 숨기기 바빴다. 이번에는 다른 경험을 할 수 있을까?

글쓴이 | 운장, 영화

❖ 조한의 수업일지 01

개구식

창조적 공유 지대 | 배움의 공동체

개강날이면 옆방 선배 교수께선 '개구식'을 잘 치러야 한다며 마음을 다스리시곤 했다. 첫 수업은 교수들에게 가장 중요한 의례의 시간이다. 학생들과의 첫 만남을 갖는 자리이자 한 학기가 어떻게 갈지 나름의 느낌을 가질 수 있는 약간 떨리는 자리이기도 하다. 출석부를 보니 이공대에서 상경대, 문과대, 음대, 생활과학대, 사회대 등 다양한 분야, 게다가 1학년부터 4학년까지 학년도 섞여 있다. 남녀 수도 반반. 수강생이 100명이 넘는다. 첫 시간에 좀 겁을 줄까 하다가 다음 주일이면 종잡기 어렵다고 느끼는 학생 상당수가 나갈 것이니 일단 그냥 가기로 한다.

이번 학기에도 똑똑한 1학년 여학생들, 이른바 '알파걸'들이 앞자리를 메우고 있었다. 군대에서 막 제대해서 배움의 열망에 가득찬 복학생 서너 명, 지난 학기에 이어서 이 수업을 또 듣는 학생 두어 명도 앞자리를 차지하고 있었다. 이번 학기에는 서로 익숙해지는 데 얼마나 시간이 걸릴까? 표정들이 살아나는 교실이 만들어지는 데 누가 어떤 기여를 할까? 너무 성급하게 가지 않도록 속도 조절을 잘해야겠지. 첫 멍석을 잘 깔아야 한 학기가 잘 가기 때문에 일단 강단에 올라가서 이 수업의 목표에 대해서 좀 딱딱한 이야기를 했다.

1. 이 수업의 목표는?   도덕적 가치 판단 moral reasoning / 비판적이고 창의적인 사고 critical thinking / 과학적 사고 scientific thinking / 글로벌 소통 능력

global thinking and communication을 기르는 것.

2. **이 수업에서 다루게 될 주 내용은 글로벌 모더니제이션과 신자유주의.** 인류사를 통시적으로 보고 자신의 삶과 연결하는 것이다. 시선/관점의 중요성, 성찰성, 근대성, 글로벌 감수성, 대중 소비 산업, 스펙터클 사회, 신자유주의, 위험 사회, 불확실성의 시대, 고용 없는 성장, 다양성, 적응, 진보와 진화 같은 개념들을 다룰 것이다. 개념을 외우거나 입시 공부하듯 '공부' 해 버리지 않도록 함께 노력하자. 교수는 개념 요약 등은 하지 않을 것이다. 자기 주도 학습을 통해 새 개념이 나오면 스스로 검색해 보고 찾아보고 수업을 통해 토론해 보고, 계속 궁금한 것은 팀 작업을 통해 지속적으로 탐구한다. 지식이 아니라 현실에 대한 감수성을 키우고 몸 자체를 바꾸어 내는 것이 이 수업의 목적이다.

3. **익명적 공간으로서의 강의실을 서로 알고 지내는 '배움의 마을'로 만들어 가도록 한다.** 캠퍼스에서 만나면 서로 인사하는 사람들, 서로의 말에 귀를 기울이고, 상대가 듣고 싶어 하는 것이 무엇인지 파악하고 말하는 것이 자연스럽게 이루어지는 소통 공동체를 만들어 내는 것이 초반에 할 작업이다. 서로에게 기운을 주는 돌봄과 배려의 시공간, 기존의 공간과는 좀 다른 일시적 자율 공간Temporary Autonomous Zone을 만들어 내길 바란다. 그 공간은 함께 '생각'을 생산해 내는 크리에이티브 커먼스, 공유·생산 지대다. 공동 연구 프로젝트팀을 구성하여 좀 더 적극적인 협동 학습을 해 나간다. 팀 프로젝트를 필수로 할지, 선택으로 할지는 수강생들의 구성과 진행 과정을 보면서 의논해서 결정할 것이다.

4. **이 수업은 현실과의 연결성relevancy을 강조하고 상황 학습으로 효과를 내고자 하므로, 학생들 구성과 관심사에 따라 수업 흐름이 바뀌고 수시로 정보 교환을 하면서 강의 계획서도 바꾸어 간다.** 따라서 수업을 빠지지 않는

것이 좋고, 온라인에도 자주 들러서 수업 안에서 형성되어 가는 문화와 언어에 익숙해져야 한다. 온라인 오프라인에 걸쳐 있는 '교실'을 관찰, 탐사하면서 함께 학습 프로젝트를 만들어 가는 자세로 참여하기 바란다.

이 수업에 익숙해지려면 내가 쓴 『탈식민지 시대 지식인의 글 읽기와 삶 읽기 1』이나 최근에 낸 『경계에서 말한다』를 읽으라고 일렀다. 책을 읽게 할 때는 모두가 같은 책을 읽게 할 수도 있지만 그간 나는 선택권을 주는 식으로 해 왔다. 선택권을 주면 자신이 관심이 있는 것을 선택할 수 있어서 자발성이 더욱 높아질 수 있지만, 다 함께 공유하는 정보 기반이 줄어든다는 단점이 있긴 하다. 그러나 워낙 선택을 해 보지 않았고, 그래서 책임을 진다거나 즐거운 경험을 해 본 적이 없는 학생들이라는 점을 감안할 때 나는 여전히 될 수 있으면 선택권을 주려 한다. 모두가 자기가 읽고 싶은 부분만 읽는 식의 독해를 하기 때문에 서너 권의 비슷한 책을 읽히면 오히려 남의 소개글을 보면서 더 많은 것을 알게 되는 효과를 내기도 한다. 내가 쓴 책에 대해서는 쪽글만 내게 하고 따로 수업에 정리하거나 토론하는 시간을 가지지 않았다. 앞으로 각자 자기소개를 하게 될 텐데 교수도 저서로 소개를 한 셈이 된다.

❖ 조한의 수업일지 02

개념 작업
조작적 개념 | 감응적 개념 | 낯설게 하기 | 낯익히기

나는 초반에 많은 개념들을 풀고 펼쳐 놓는다. 자세한 개념 규정을 하지 않고 그냥 느끼고 감지하라고 던져 놓는다. 그 단어들이 학생들 머릿속, 또는 몸속 어딘가에 남아 있다가 교실 안을 돌아다니면서 영글어 갈 것이기 때문이다. 내 수업은 조작적 개념operational definition보다 감응적 개념sensitizing concept으로 사유하는 것을 가르치는 수업이고, 스스로 개념을 만들어 낼 사람을 키우는 수업이기 때문이다. 정확하게 정의를 내려 주지 않고 적당하게 내던져 놓은 개념들을 보면서 불안해하거나 불편해하는 학생들은 상당히 많다. 특히 입시 공부를 잘한 모범생들이 그러하다. 늘 정확하고 명료한 규정을 한 지식을 외우는 데 익숙한 이들에게 내 수업은 상당한 불안을 안겨 준다.

초반에 강의 계획서를 훑어 내려가면서 수업에 임하는 태도에 대해 짚고 넘어갔다. 수업 내내 이야기할 주제이긴 하지만 역시 초반에 따끔하게 머릿속에 '주입'을 해야 하는 점이니까 강단에 올랐을 때 이야기를 해 두었다. 습관은 쉽게 바뀌는 것이 아니지만 이 수업을 통해 학습하는 태도를 확실하게 바꾸어 보자는 것, '자기 주도적 학습'과 '배움 공동체'를 만들어 가자는 것을 강조했다. 이런 이야기는 '강요당하고 있다'거나 '세뇌당하고 있다'는 느낌이 들지 않도록 특별히 유의해야 한다. 계몽주의적 말투 자체에 너무나 진력이 나 있는 세대이므로 아무리 좋은 내용이라도 잔소리처럼 들리지 않도록 신선한 형태로 말 걸기를 해야 한다. 그러고는 가볍게 인류학에 대한 소개를 했

다. 강의실에서는 아주 짧게, 그러나 전자칠판에는 좀 자세하게 써 두었다.

1. **인류학은 타문화 연구로부터 시작한 학문으로, 질문을 찾는 학문이다.** 정해진 길을 가는 것이 아니라 스스로 질문을 찾아내고 길을 내는 것에 익숙해져야 한다. 타 사회에 장기 체류하면서 '발견과 발상' → '적용과 표현' → '인식과 통합' 이라는 세 단계를 거치며 공동체적 삶을 총체적으로 파악하게 된다. 이를 통해 삶의 다양성과 보편성에 대해 이야기할 수 있는 시민권을 갖게 된다.
2. **인류학의 방법의 핵심은 '낯설게 하기' 와 '낯익히기'. 곧 '적절하게 거리두기'** 다. 낯선 것에 호기심을 품고, 사회적 통념이나 규범을 그대로 받아들이기보다 뒤집어 보고 비틀어 보는 것이 중요하다. 현장에서 스스럼없이 더불어 지내면서, 동시에 위에서 전체를 조망하는 시선을 견지하는 방법론이다. 가장 '안' 에 있으면서 '안' 에 있지 않는 것. 경계를 넘나드는 것을 즐긴다.
3. **획일적 사고와 이분법적 사고에 갇히면 길이 안 보인다.** 다양성에 대한 인식이 중요하다. 남이 되어 보기, 상대의 입장에서 보기, 역지사지. 화성에서 지구별을 보는 시선. 어렵거나 불가능해 보이는 일이지만 부단히 그런 위치에서 사물, 현상, 사람을 관찰하고 소통하고 이해해 내려고 노력한다. 궁극적으로 소통의 세계는 '간주관성' 의 세계다.
4. **경험을 통해 배운다.** 사유는 적절한 경험을 바탕으로 한 행위다. 이 수업에서는 '공부' 를 하지 말고 배움의 즐거움을 맛보기 바란다. 머리가 아니라 몸으로 알고 싶은 것을 스스로 터득해 갈 것. 학생들은 한 학기 동안 직접 일을 만들고 발로 뛰어야 한다. '사고' 를 치고, 힘든 일을 해내면서 '일머리' 를 길러야 한다.

이즈음에 사이버 공간에 글이 올라오기 시작했다. 내가 가장 중요하게 생각하는 교수의 역할은 그런 시공간을 활성화해 내는 일이다. 이미 다른 학생들의 쪽글을 부지런히 성심껏 읽고 리플을 달 것을 당부했다. 다음 시간에도 계속 영어를 통해 우리 수업 안에 모여 있는 다양한 인간들, 그들의 역사의 지형을 그려 보는 시간을 가질 것이다. 수업에서 다룰 주제와 연결시켜 각자 자기소개를 하게 함으로써 서로를 익히면서 주제에 대해 접근해 들어갈 수 있으니 일거양득이다. 학생들도 어렵사리 각자의 '개구식'을 치르면서 데뷔를 하게 되면 곧 주체적으로 판을 만들 자세를 가지면서 교실 분위기가 들뜨기 시작한다. 약간 어수선해지기도 하고, 교수와 기 싸움 같은 것을 하려 드는 학생도 생긴다. 서로 기대감이 다른 것을 조정하느라 뿜는 기운들, 나는 이 기운을 즐기는 편이다.

교수가 하는 말과 비례해서 학생들은 수동적이 되기 때문에 일단 오리엔테이션이 끝나면 나는 가능한 한 강단에 올라가지 않는다. 강단에 오를 때와 아닐 때의 차이를 느껴 보시라. 강단은 그 자체로 대단한 권위를 부여한다. 강단에 올라가지 않는다는 것은 강의를 즐기는 교수에게는 상상하기 어려운 일일 것이다. 다행히 요즘 들어 나는 강의를 즐기지 않게 되었다. 학생 중에는 멋진 강의를 들으러 온 경우도 있기에 나는 내가 언젠가 그런 강의를 해 줄지도 모른다는 기대를 일찍이 포기시킨다. 스펙터클의 구경꾼이 되는 경향, 학원 수강생이 되려는 그 익숙함에서 벗어나게 하려는 것이다. 이 수업에서 즐거우려면 스스로 판을 만드는 데 참여해야 한다는 것을 초반에 분명히 한다. 중구난방 터져 나온 말을 교수가 마지막에 잘 정리해 주리라는 기대감도 포기시킨다. 예전에는 흘러나온 말을 잘 정리해 주는 일을 가장 중요한 교수의 역할로 삼았지만, 이제는 그것도 잘 하지 않는다. 잠정적 결론을 내리는 것도 학생 각자의 몫임을 분명히 할 때 학생들은 좀 더 적극적 학습자의 자세를 갖게 된다.

❖ 조한의 수업일지 03

수업 공동체 조율 작업

일회용 인간 | 역사적 인간 | 호칭 | 기억 | 공유

국가인권위원회에서 만들어 낸 야심작 「여섯 개의 시선」 중 박진표 감독의 「신비한 영어 나라」와 김성수 감독의 「영어 완전 정복」 도입부를 일단 함께 보았다. 초반에 '센' 자극을 주어서 이 교실에 들어올 때면 저절로 좀 다른 태도를 갖게 하는 것은 내가 자주 사용하는 수법 중 하나다.

학생들은 이미 내가 쓴 책을 읽었을 테고, 교수라는 기획자를 일정하게 알게 되어서 꽤 자연스럽게 분위기를 만들어 갔다. 일단 자기소개를 위해서 모두가 서로를 볼 수 있도록 자리 배치를 바꾸었다. 제대로 토론을 하려면 번거롭더라도 서로의 얼굴을 볼 수 있도록 해야 한다. 모두가 서로의 얼굴을 볼 수 있는 원 안에서 나도 그들 중 한 사람일 뿐이다. 둥근 것에는 아래, 위가 없고, 중요한 사람, 아닌 사람이 따로 없다. 이런 세팅에서 자기소개를 함으로써 수강생들이 서로의 얼굴을 익히고 수업의 주인이라는 느낌을 가지게 되면 자연스럽게 학습 공동체가 만들어진다. 종합관 303호실은 의자를 들고 이리저리 재배치를 할 수 있는 큰 교실이고 영상이나 인터넷 설비가 잘 되어 있다. 교실 세팅은 훌륭한 강의자 못지않게 중요하다. 몇 달 전에 어느 대학에 갔는데 대형 강의실의 의자는 모두 바닥에 못질을 해서 고정해 둔 것을 보았다. 그런 교실에서는 이런 실험을 할 수 없을 것이다. 만일 내가 21세기 대학을 평가하는 연구단으로서 그 평가 기준을 만든다면, 교실 세팅도 주요 기준으로 삼을 것이다.

자리를 바꾼 후에 자기소개를 시작했다. 마이크를 사용하도록 했고 앞에 나와서 말하게 했다. 요즘은 마이크 시설 등 학교 환경이 꽤 좋아져서 이런저런 실험을 하기에 참 편리하다. 사실 마이크를 사용하게 되면 나와서 말하는 것은 더욱 용기가 필요한 일이 된다. 그러나 노래방에 많이들 갔기 때문인지 전혀 겁내지 않은 이들도 꽤 있다. 노래방 마이크를 잡듯이 잡고 몸을 움직이면서 말하는 친구들이 많은데 대부분은 고학번들이다. 06학번들은 노래방도 잘 안 가는 모양이다.

역시 90명이 넘는 관객이 있는 무대는 힘을 받는다. 갈수록 고립되어 가는 시대에 학생들은 이런 '큰' 마당에 가 본 적이 별로 없기 때문인지, 많은 사람이 함께 있다는 분위기를 느낄 수 있다는 그 사실 자체를 즐긴다는 것을 알 수 있다. '대중' 앞에서 말하는 것을 사뭇 즐기기도 하고, '큰 규모'의 사람들이 모인 자리에 있는 것 자체, 곧 점점 더 멀어져 가는 '사회'라는 것의 일원이라는 사실을 즐기고 있는 것이다.

발표를 하라고 하면 학생들은 선뜻 나서지 않는 경향이 있다. 서양에서는 오히려 반대의 경우를 보이는데, 우리 대학생들의 경우는 특히 초반에는 아주 조용한 편이다. '나대는 것'을 경박하게 보는 우리 문화, 그리고 일단 정답을 찾아야 한다는 생각에 눈치를 보는 것, 그러니 실은 권위주의적 상황에서의 태업 등 이유가 다양할 것이라 생각하지만, 어쨌든 이것이 관행으로 굳어져 버려서, 말문이 터지게 하려면 상당한 '기술'이 필요하다. 나는 일단 스스로 긴장을 풀고 좀 오래 기다릴 자세로 버티는 전략을 쓴다. 물론 기다리는 동안 관찰을 한다. 그렇게 침묵 속에서 서로를 보는 것도 나쁘지 않은 시간이라 생각한다.

맨 앞에 앉은 씩씩한 복학생이 말문을 열면 서서히 이야기들이 이어지면서 마당극이 무르익는다. 마음을 열어 가는 기운이 감돌면 학생들은 덩달아 재치를 보이고 듣는 매너도 순식간에 좋아진다. 한 명 한 명 말이 끝나면 성의껏 박수도 치고, 조는 학생은 물론 없다. 서로를 바라보고 있으니 졸기도 어려울 것이고, 게다가 요즘 세대는 자기 또래가 이야기할 때는 더 예의 바르게 행동하는 편이다. 드러나지는 않지만 세대 간의 적대감이 존재한다는 것을 인정하는 것, 그래서 오히려 그 다이내믹스를 잘 활용하는 것이 교수 노릇을 하는 데 도움이 된다.

어떤 작은 특정 행동이나 말에 다 함께 와르르 웃기를 몇 번 하면, 우리 안에 '사회'라는 것이 만들어진다. 나는 학생들이 남의 이야기를 들을 때 나타내는 반응을 관찰하면서 학생들의 수업 참여 모습을 영상으로 찍은 후 함께 보는 것도 해 볼 만한 학습 방법이 되겠다는 상상을 하곤 한다. 어떤 지점에서 웃거나 지루해하거나 보이지 않게 특정인을 왕따시키는가? 그 현상을 가만히 관찰하면서 분석해 보면 사람들이 모이면 얼마나 빨리 '문화'가 형성되는지를 알게 된다.

자기소개 시간은 한없이 늘어질 수 있으므로 교수의 권위를 적절하게 사용해야 한다. 시간을 너무 낭비한다 싶을 때 나머지 90여 명의 시간을 지금 자신이 고려하고 있는지를 상기시키고, 자기 주도성과 자기 중심성이 어떻게 다른 것인지를 스스로 알아 가게 해야 한다. 요즘엔 자기 집에서만 공주와 왕자인 학생들이 많아서 학교에서는 꼭 이 차이를 알아 가게 해야 한다. 나는 각자 소개를 한 후에 캠퍼스에서 만나면 인사를 하라고 당부하는 것을 잊지 않는다. 이 말을 듣는 순간, 학생들은 갑자기 서로를 친하게 느끼면서 마음을 열게 되고 이 교실이 단순히 지식을 전수받는 곳이 아니라 서로를 돌보는 공간이라는 인식을 하게 된다고 한다. 같은 학과여서 수업을 매학기 들어도 인사 한번 해 보지 않는 학생들이 수두룩한 세상이다 보니 이런 작은 관여의 '명령'이 고마운 것이다.

초반에 교수는 이런저런 복잡한 학생들의 처지를 고려하면서 보이지 않게 지도력을 발휘해야 한다. 그것이 말없이 전해질 때 학생들은 신뢰감을 갖게 되면서 수업에 임하는 태도를 바꾼다. 학생들은 교수가 성의가 있는지, 그리고 자기편인지를 알기 위해 촉각을 곤두세우고 있으며, 때로는 테스트를 해 보기도 한다. 탈권위주의적 분위기를 초반에 만들어 내는 것은 아주 중요하다. 호칭에서부터 인사를 주고받는 작은 행위, '교수님'이라는 호칭보다 '선생님'이라는 호칭이 더 자연스럽게 나오는 분위기, 기존의 규범에서 벗어나도 좋다는 생각을 하게 되면 학생들은 훨씬 흥미를 보이면서 자기 주도적이 된다. 실제 주변에서 일어나고 있는 취업 설명회 등에 함께 참여 관찰을 가고 함께 관찰한 것에 대해 얼마나 다양한 서술과 해석이 가능한지를 알아보는 것도 수업 공동체를 만들어 가는 데 큰 도움이 된다. 공개된 공간에서 자기 드러내기가 어려운 학생들이 온라인에 정을 붙이기 시작한다.

말하기 좋아하는 친구들이 수업의 연장으로 자유게시판을 통해 이야기를 이어 가지만, 별도의 음악과 이미지 공유 사이트에서 좀 다른 이야기를 풀어 내 놓을 수도 있다. 사이버 공간에서도 크고 작은 마당극이 벌어질 수 있도록, 다양한 수준과 유형의 소통이 이루어지도록 보이지 않게 개입을 할 필요가 있다. 학생들은 수업 시간이 지나서도 뒤늦게 생각나는 것을 끄집어내기도 하는데 이것이 바로 기억을 공유하는 학습 공동체의 진면목일 것이다. 나는 간략하지만 적절하게 이야기를 이어 가는 코멘트를 다는 일을 부지런히 하는 편이다. 한 학기 동안 함께 참조 체계를 만들어 갈 집단이라는 확신을 갖게 되면 학생들은 단기적 계산 관계에 익숙해져야 했던 '일회용 인간'의 모습에서 빠져나와 신뢰로 이어질 '역사적 인간'으로 모습을 바꾸어 낸다. 이런 변신을 하는 학생을 보면 정말 행복하지 않는가?

'뻘소리'를 하지 않고 궁금한 것을 서로 나누는 시간을 이어 가는 것 자체를 학생들은 상당히 즐기는 편이다. 역으로 바깥 사회에서 그런 자리가 좀체 만들어지지 않는다는 말일 것이다. 특히 작은 규모가 아니라 큰 마당극 규모를 좋아하는 성향이 있다. 이들은 오히려 너무 작은 규모를 부담스러워하는 듯한데, 아마도 그것은 스펙터클 시대의 주민으로 커서 학생들은 오히려 약간은 큰, 그래서 아주 개인적 관계로 만나지 않아도 되는 상황, 약간의 연기를 하면서 자기를 드러내는 상황을 즐기게 된 듯하다. 그 가운데서 '스타'가 나오기를 기다리거나 스타가 되려고 시도하는 모습도 볼 수 있다.

 자기소개를 마무리하면서 앞으로 좀 더 깊이 알아 가고 싶은 주제들을 말해 보자니까 여러 가지 이야기들이 터져 나왔다. 반세계화 / 한국어 실력과 영어 실력의 상관관계 / 원어민 교사의 권력과 특혜 / 번역이 나쁘니 원서로 읽자? 아니면 번역을 잘하는 시스템을 만들자? / 영어가 재미있게 만든 ○선생과 교육 산업 / 점점 어려워지는 영어 영역과 쉬워지는 언어 영역은 무엇을 의미할까? / 언어를 통해 그 문화를 배운다는 것 / 포스트 할리우드 키드의 생애 / 다언어주의 / 기호, 도구로서의 영어… 각 주제에 관심이 있는 사람들이 자기들 나름의 위키 백과사전을 만들어 봐도 좋을 것 같다. 이렇게 계속 개념과 용어를 만들어 가다 보면 학생들은 어느새 철학자와 역사학자와 문인과 인류학자들이 되어 있을 것이다.

교실이 돌아왔다 2

내가 바라는 수업 이야기

◆◆　이 수업에는 서로에 대한 정보를 나눌 수밖에 없게 하는 장치가 두 가지 있다. 하나, 사이버 강의실의 자기 사진과 소개. 우리는 사이버 강의실의 개인 프로필에 자신을 잘 드러내 줄 사진과 짧은 자기소개를 올려야 했다. 고로, 사이버 강의실을 이용하다가 흥미로운 글을 발견하면 클릭 한 번으로 글쓴이의 얼굴을 확인해 볼 수 있었다. 다른 하나는 수업 시작 전에 자리를 둥글게 배치해, 수업 내내 서로의 얼굴을 마주 볼 수 있게 한다는 것. 이런 공간 배치를 통해 어쩔 수 없이 서로의 표정을 보고 낯을 익히게 되었다.

　처음에는 이런 규칙이 몹시 낯설고 어색했다. 수업 시간에 맞은편에 앉은 사람과 눈이 마주치는 것은 얼마나 어색한지, 또 프로필에 자기 사진을 올리라기에 남들이 못 알아볼 정도로 잘 나온 사진을 올렸다가, 사람들이 수업 시간에 나를 찾아볼 수도 있다는 생각에 뜨끔해서 조금 잘 나온 사진을 찾아 프로필 사진을 바꾸기도 했다.

　누가 말했던가, 사람은 적응하는 동물이라고. 두 주간의 자기소개가 끝나고 나니 어색하던 〈지시문〉의 수업 방식도 익숙해지기 시작했다. 물론 80여 명이 2주에 걸쳐 자기소개를 하는 동안 조바심이 나고 지루한 순간도 분명 있었다. '대형 강의에서, 왜 이리 지겹게 혹은 끈기 있게 자기소개를 해야 하는 거지? 이 둥근 형태는 뭐야, 이제 앞문을 열고 술래가 들어와 수건돌리기만 하면 되겠네.' 하지만 한 사람 한 사람의 이야기에 귀 기울이는 동안 앞 사람과 눈이 마주치는 것이 조금은 익숙하게 되었고, 내 앞에 앉아 있는 학생들에 대한 궁금증도 생겼다. 그리고 '자신을 잘 드러내 줄 수 있는 사진'이 무엇인지도 알 듯했다. 그래서 잘 나온 사진으로만 채워졌던 나의 프로필 사진은 따뜻함을 좋아하는 나를 가장 잘 드러낼 수 있는, 아이들을 안고 찍은 사진으로 바뀌었다.

선생님은 "이제 각자 속내 이야기도 들었으니 교정에서 만나면 서로 눈인사라도 하라."고 말하셨고 실제로 학생들은 딱히 선생님이 시켜서가 아니라 서로에 대한 관심으로 인사를 주고받기 시작했다. 물론, 이것도 익숙해지기 전에는 어색했다.

| 공지사항 | 전자철판 | 자유게시판 | 자료실 | Q & A |

글쓴이 : 혜영   등록일 : 2006/09/20
다른 수업에서 지시문 사람들을 마주치면

이제 인사를 합니다 끼약!
눈과 눈이 우연히 딱 마주칠 때면
어라? 하다가
아~ 하고

인사를 하게 되네요.
으아아

> 갑자기 친구 백 명이 생긴 기분이라 두근두근합니다.
> 기뻐요 ♬
>
> 운장   06/09/20 19:34
> 중앙 도서관에서 지나가는데,, 사람들이 모두 낯이 익고,,, 컴퓨터실 앞에 있는 사람이 지시문 사람들이고, 다른 수업에서 인사를 합니다. 저도...
>
> 한솔   06/09/20 19:39
> 진짜 다른 수업에서 지시문 번개 한번 해야 할 듯 ㅋ
>
> 윤정   06/09/20 19:48
> 앗 안녕하세요 핫핫 우리 아까 인사했어요! ㅋㅋㅋ
>
> 용락   06/09/22 13:10
> 이거 완전 유후~ 분위기군요. ㅋ

　　사이버 강의실에는 공지사항, 자유게시판, 공개된 쪽글 사이로, 팀 프로젝트, Q&A, 자료실, 한 장의 이미지, 소리 나눔터, 토론방, 밀린 쪽글방, 이렇게 열 개의 게시판이 열려 있었다. 역시 자유게시판에 가장 많은 글이 올라온다. 시험 기간이나 질문방에만 가뭄에 콩 나듯 글이 올라오는 다른 수업에 비해 우리 수업은 사이버 강의실이 매우 활성화되어 있는 편이다. 나는 계속 사이버 강의실을 들락거린다. 수업 구성원들의 신변잡기와 따끈따끈한 수업 후기를 볼 수 있는 자유게시판뿐만 아니라 그림 파일 게시판인 '한 장의 이미지'와 좋은 노래를 소개하는 '소리 나눔터'에 올라오는 글들은 또래들의 생각과 감정을 공유할 수 있어서 빼놓지 않고 읽었다. 선생님은 이렇듯 온·오프라인에서 수업 구성원들이 친해지는 모습을 보면서, 우리 수업이 마을 굿판과 비숱한 창의적 놀이판이 되길 바란다는 소망을 전자칠판에 적어 놓으셨다. 굿판이라, 이 수업 뭔가 신명나긴 한다.

| 공지사항 | **전자칠판** | 자유게시판 | 자료실 | Q&A |

글쓴이 : 조혜정   등록일: 2006/09/16

9월 19일 수업일지

2005년 연구년을 미국과 일본에서 보내고 돌아온 이후, 어떤 이유에서인지 학생들, 그리고 수업 공간을 좀 다르게 구성하고 싶어졌다. 학생들도 많이 변한 것 같고 수업도 역시 달라져야 할 것 같았는데, 어제 수업 중 한 학생이 한 말처럼 '마당극' 또는 '마을 굿' 비슷한 장이 되어도 좋을 것 같다. 갈수록 삶이 경쟁적이 되고 재충전이 어려워지고 있지만, 실은 '탈출' 할 곳이 별로 없다. 고향을 떠나 대단한 성공을 할 시대도 지났고 손쉽게 새 곳에서 새사람을 받아 주는 시대도 아니다. 오히려 이제는 각자가 선 자리에 마을을 만들고 함께 잘살아 가는 궁리를 해야 하는 후기 근대적 상황이다. 그래서 이번 수업, 다 함께 가 보려고 한다. 수가 좀 많아도, 북적대고 불편해도 말이다. 굿판에 가 보면 한 마당, 한 마당 구성이 있다. 그리고 재미있고 특징이 있다. 그러면서 전체가 또 다른 차원의 기운을 내면서 사람들을 엮어 낸다. 이 수업도 그러했으면 한다.

강의실에 들어오면 자연스레 책상을 마주 보게 돌리게 되고, 내 미니홈피에 접속하는 횟수보다 사이버 강의실에 접속하는 횟수가 더 많아질 즈음, 각자가 생각하는 '수업 공동체'에 대해 쪽글을 써 보라는 두 번째 과제가 나왔다.

| 공지사항 | 전자칠판 | 자유게시판 | 자료실 | Q & A |

글쓴이 : 정가영   등록일: 2006/09/15

두 번째 과제

이번 주에는 각자가 원하는 수업 공동체에 관한 생각을 써 봅니다. 하나의 키워드를 중심으로 글이 구성되면 좋을 것이고, 자신이 우리 수업 공동체에 바라는 것, 자신이 꿈꾸는 수업 공동체 등에 관해 다양한 이야기를 나눌 수 있었으면 합니다.

'수업 공동체' 이 단어를 한 번도 들어 본 적 없는 내겐 쉽지 않은 과제였다. 하지만 지금 우리가 종합관 303호에서, 사이버 강의실의 각종 게시판에서 만들고 있는 움직임이 수업 '공동체' 라는 것을 만들고 있는 과정이 아닐까 싶다. 공동으로 수업을 이끌어 나가고 있기도 하고, 둥그렇게 원을 그리고 앉으면 공동체(共洞)이 생기기도 한다. 그럼 어떤 수업 공동체가 좋은 공동체이려나. 놀기 좋아하는 대학생에겐 숙제 없고 출석 안 부르는 수업 공동체? 그래도 무엇보다 노는 것만큼 재미있는 수업이 좋은 공동체겠지. 그러자 〈지시문〉이 생각났다. 재주 많은 사람들과 함께 만들어 갈 이 수업 공동체를 예상해 보는 일이 즐겁게 느껴졌다.

•• 들어 보자 | 영화 06

첫 번째 쪽글을 읽고는 굉장한 충격을 받았다. '괴물들과 같은 수업을 듣는구나…' 첫째는 '이 수업에서 좋은 학점을 받기는 틀렸구나.' 하는 생각이 들었고, 둘째는 '내가 정말 부족하구나.' 하는 생각이 들었다. 다들 깊은 사고와 멋진 글 솜씨. 공개 쪽글에 올려놓은 내 글이 초등학생 일기 같다는 느낌이 들었다. 그래서 솔직히 말하자면 조회 수가 높으면 사람들이 더 많이 읽어 볼까 두려워서 글을 지우고 다시 올리기도 했다. 그렇게 같이 수업을 듣는 사람들에 대한 두려움으로 쪽글 제출 후 첫 수업에 들어갔을 때, 조한 교수님께서 자기소개 시간을 주셨다. 남들 앞에서 말하는 것에 큰 두려움이 없는 나였지만, 이번에는 왠지 처음으로 나설 수 없었다. 숨을 죽이고 누군가 나서 주기를 바라고 있는데 역시나 금세 누군가가 일어나 첫 이야기를 시작했다. 그리고 두 번째, 세 번째, 끊이지 않고 마이크를 쥐는 사람들.

한 학기 동안 수업을 들었지만, 이렇게 적극적으로 자신의 생각을 펼치는 사람들을 만나 본 적 없었다. 항상 이야기를 하는 편이던 나는, 누군가의 이야기를 듣는 것만으로도 지루함 대신 벅찬 감동을 느낄 수 있다는 것을 처음 경험했다.

고등학생 때나 대학에 들어와서도 수업 시간에 질문을 하거나 의견을 말하면 방해가 된다는 시선을 많이도 받아 온 터라 나는 이러한 자유로운 분위기가 당혹스럽기도 하고 반갑기도 했다.

학점이 못 나와도 좋다. 마이크를 못 잡아도 좋다. 이 사람들과 만나고 이야기를 하면서 많은 것을 배울 수 있겠구나. 내가 알고 있던 작은 세상에서 벗어나 조금 더 넓은 세계를 경험할 수 있겠구나. 쪽글을 읽고는 두렵기만 했는데, 점점 기대에 부푼다.

역시 다른 학생들도 이 수업에서 나와 비슷한 기대를 하고 있었다. 또, 유진은 사람들이 수업 시간에 '학점을 위한 도구나 수단으로서 참여하기보다는, 나도 한번 이야기해 보고 싶다.'는 자연스러운 욕구에서 참여하는 모습이 새롭다고 했다. 수업 내 최고 학번인, 그래서 많은 수업을 들어 본 정욱도 우리가 드러내는 자발성에 놀라워했다. 나를 비롯한 〈지시문〉 수업 구성원들은 자발성에서 어떤 희망을 본 것 같았다.

•• 강요되지 않은 자율성 속의 공동체에서 숨통 트고 함께 어우러져 본다는 것 | 유진 05

학생들이 자율적으로 개인적인 목소리를 내면서 의견을 교환하고 공동체를 구성해 나가는 모습은 실은 매우 자연스러운 광경이어야 하지 않나? 그러나 이 광경은 지금 우리에게 아주 신선하게 다가온다. 이것이 신선하게 느껴지는 것 자체가 우리가 처해 있는 교육 환경의 열악함을 그대로 드러내 주고 있다. 사실 이야기 마당을 펼쳐 보라고 교수님께서 멍석을 깔아 주셔도, 학생들이 쭈뼛쭈뼛하며 뚱하게 앉아 있기만 한 풍경에 익숙했던 나는 학생들이 이렇게 적극적이고 자율적으로 이야기하는 모습이 굉장히 놀라웠다. 그리고 상황 자체가 하나의 '공동체'를 전제로 하고 있다는 점에서 학점을 위한 도구나 수단으로서 참여하기보다는, '그저 나도 한번 이야기해 보고 싶다.'는 자연스러운 욕구로 이야기가 이어진다는 점이 날 매료시킨다.

•• 타인의 취향 | 정욱 99

예상을 깨고 수업 시간을 통해서 틈틈이 이어지는 개인들의 발표. 더군다나 놀라운 것은 교수님이 출석부를 보고 찍어서 시킨 게 아니라 자발적으로 자기 얘기를 하고 싶어서 나온 사람들이라는 점. 간혹 발표자의 의견에 이어지는 질문들. 꼬리에 꼬리를 무는 토론. 게다가 과열된 토론을 진정시키는 사람까지 나타났다. 갈 데까지 가 보는 것도 나쁘지 않겠다는 생각이 들었지만 시간은 정해져 있고 가야 할 길은 머니까 나름 시기적절했다는 생각도 든다. 더군다나 교수님이 아닌 학생들이 중재했으니 더욱 놀랍다. 교수님은 화두를 던져 주시고 학생들과 같이 토론을 지켜보시다가 가끔 학생들 의견의 포인트를 칠판에 적으신다. 가끔 학생들처럼 의견도 내신다. 나는 여기서 내버려 둬도 저절로 굴러가는 수업의 가능성을 보았다. 이 수업에서 교수란 존재는 지도자가 아니라 동반자라는 생각도 들었다.

'내버려 둬도 저절로 굴러 가는' 이 수업 방식이 재미있었고 적응도 나름대로 잘하고 있었지만, 그래도 글 잘 쓰고 말 잘하는 친구들이 많은 이 수업에서 기가 죽는 것은 어쩔 수 없다. 이때 나와 비슷한 심정으로 보이는 미진의 쪽글을 읽고 위안을 얻었다. 그래, 모두 배우고 있는 사람이잖아? 주눅 들지 말자.

•• '배우는 사람'이니까 學生이지 | 미진 05

영어에 대한 이야기에서 세계화에 대한 논의까지. 다들 아는 거 많고 똑똑하구나. 나는 저런 생각까진 안 해 봤는데. 솔직히 못 알아듣겠는 부분도 있네. 우와. 인디 애니메이션 영화제도 만드는구나. 대단하다. 독일어를 2년 만에 독파한 사람도 있네. 영어를 노래하듯이 배운 사람. 뮤지션이 꿈이었던 사람. 다들 내공이 장난이 아닌데?

그런데 좋다, 좋다, 하면서도 마냥 좋지만은 않고 왠지 모를 답답한 기분이 들었다. 형식과 내용 모두에 있어서. 나는 '그들'의 말하기가 상대방의 말을 잘라먹는 지경에 이르자 "그래도 사람 말하는데 뚝 잘라먹는 건 너무 하잖아요." 하고 소심한 한마디를 했을 뿐이었다. 나는 왠지 주인공이 아닌 관객이라는 느낌이 들었고 역시 '그들만의 수업이 될 뿐인가?' 하는 생각도 들었다.

지난 학기에 수업을 들은 친구가 "지시문 수업 그렇게 기대하더니 어땠어?" 하고 물었을 때, 솔직히 "좋긴 좋은데 나는 한마디도 못하겠더라." 했다. 나는 전혀 낯을 가리거나 하는 성격이 아니기 때문에 여러 사람들 앞에서 이야기하는 것은 문제가 안 됐지만—말은 할 수 있어도 도무지 할 말이 없다는 것이 이유였다.

"다들 나보다 똑똑한 것 같아. 나만 너무 평범한가 봐." 하는 내 푸념에 대한 친구의 대답은 이거였다. "그날 말한 10명 빼고 나머지 70명은 다 너랑 똑같은 생각하고 있을 거다."

학생들의 쪽글을 읽으면서 내 고민, 내 언어를 찾아낼 수 있을 것 같은 기분이 들기도 했다. 다른 학생들의 이야기를 듣고 쪽글을 읽으면서 내 생각이 명쾌해지는 것을 느낀다. 내 언어도 이렇게 다른 사람의 마음에 닿고 있을까?

•• 한번 더 고개 끄덕여 주는 공동체를 위하여 | 은희 06

'수업 공동체'. 교수님의 입을 통해 이 단어를 들었을 때 나는 굉장한 낯설음을 느꼈다. '와, 이거 재미있겠는데?' 하는 반가움도 있었지만, '이거 뭔가 너무 감성적으로만 흘러가는 거 아니야?' 하는 의심도 함께 들었다. 그랬던 거 같다. 대학교에 처음 발을 들여놓은 3월, 나는 대학교의 수업을 보면서 굉장한 혼란을 느꼈다. 잡지나 영화 등을 통해 보아 왔던 토론의 장, 교수님과 학생들의 진지한 지적 성찰의 공간…이라고 하기엔 그 수업 방식이 고등학교와 너무나도 똑같았달까. 교수님은 교재를 읽고 학생들은 필기를 하고. 난 그 속에서 뭔가 굉장한 답답함을 느꼈다. 내가 대학교에 대한 큰 망상을 가지고 있었구나 하는 일종의 '배신감'도 느꼈다. 그러고는 곧 그러한 수업에 적응해 나갔다. 그 속엔 일종의 '포기'도 있었던 것 같고, 나에 대한 '자책'도 숨어 있었다.

그러던 중 뭔가 재미있는 수업이겠다 싶어 친구도 없이 혼자 들어온 이 수업의 첫 시간에 교수님을 통해 '수업 공동체'를 만들어 가자는 제안의 말을 듣게 됐다. 처음엔 '뭔가 무리하는 거 아닐까? 이렇게 학생들이 많은데 어떻게 수업 공동체를 만들어…' 하는 걱정이 앞섰지만, 지금까지 있었던 몇 번의 수업 시간은 내 걱정을 여지없이 무너뜨렸다. 수업 시간이 끝날 때까지도 이어질 듯했던 무거운 침묵을 깨고, 하나둘씩 앞에 나와 자기 이야기를 꺼냈고, 긴장하고 이야기를 듣고 있던 나도 점차 사람들의 이야기 속에 자연스럽게 녹아드는 것을 느낄 수 있었다. 교단에 서지 않는 교수님, 누구누구 발표하라고 지명하지 않는 분위기 속에서 우리는 자연스레 각자의 자율 공간을 만들어 나가고 있었고, 어느새 과열된 분위기를 정리하는 몫조차 학생들이 맡고 있었다. 내겐 놀라운 경험이었다. 언젠가 보았던 케이블 방송 지오그래피 프로그램에서 아무리 작은 집단으로 나뉘고 나뉘어져도 생명체들은 그 각각의 자율성을 지닌 '공동체'가 된다는 것을 본 적이 있다. 쥐를 이용한 실험으로, 커다란 집단에 속해 있던, 공동체 내에서 특별한 지위나 개성을 가지고 있지 않은 쥐 몇 마리를 따로 다시 뭉쳐 놓으면 그 속에서 다시 그들만의 법칙이 생기고 자율성이 보장된다는 것이었다. 굉장히 흥미로운 내용이었기에 나는 지금까지도 일정한 수의 집단 내 사람들을 관찰하는 습관이 있는데, 이번 수업을 통해 이루어 가는 '수업 공동체'도 이러한 모습을 잘 보여 주고 있었다.

사람들 앞에 서게 되는 순간이 되면 '아, 틀리면 어쩌지?' '혹시라도 내가 부족해 보이진 않을까?' 하는 걱정에 발표가 단순한 '발표'로서 여겨지지 않았던 나에게, 서로의 이야기에 수긍해 주고 머리 끄덕이며 긍정해 주는 이 수업의 분위기는 감성적인 나를 울컥하게 만들 정도로 따뜻했다. 참 좋은 느낌이라고 생각한다. 아직 시작한 지 얼마 되지 않은 수업이고 정작 나는 아직 앞에 나가 본 적도 없으면서, 이 수업에 너무 큰 기대를 하는 것 아닌가 하는 생각을 하면서도, 기대에 부합하는 수업을 만드는 사람도 이 수업에서는 '우리'라는 생각을 하다 보면 나도 모르게 이 수업 시간의 분위기에 푹 빠져 있게 된다. '솔직해지자.' 수업 공동체를 만들어 가자는 제안을 듣고 내가 다짐한 것이 바로 이 수업 시간만큼은 나 자신에 대해 철저히 솔직해져 보자는 약속이었다. 그리고 그것은 내가 이 수업 시간을 통해 느끼는 '긍정'의 따뜻한 힘으로 생각보다 쉽게 진행되고 있다.

•• 오만과 편견 - 낯설게 바라보기 | 소나 06

여성주의 책을 처음 읽고 나서, 혼란스러운 마음에 선배에게 문득, 도대체 여성주의가 무엇이냐고 물었다. 내가 아주아주아주 좋아하는 선배는 '일상을 낯설게 바라보기'라고 이야기할 수 있다고 대답했다.

항상 있던 것들, 항상 생각해 왔던 것들, 익숙한 것들이 내 주위에는 너무 많다. 앞면에 떡하니 붙어 있는 답답한 칠판과 마이크를 붙잡고 쏼라쏼라 강의하는 교수님, A+를 향해 전진하는 멋진 학우 여러분들, 그리고 그 속에서 '학점 받으려고 대학 온 거 아닌데.' 하는 생각을 지속해 왔던 나. 대형 강의, 기독교와 현대 사회나 우주의 이해, 글쓰기 수업을 듣고 있노라면 나의 익숙함은 극단으로 치달아 끝끝내 학점이고 학교고 질식할 것 같은 숨막힘에 집에 오는 길을 너무나 멀고 험하게 만들어 버린다. 그래서 괜스레 조모임 견학 온 조교에게 화를 내기도 하고, 전체주의적이라며 수업 변경도 해 보고 다른 무언가를 꿈꾸며, 지독하게 똑같은 것들에 반항 아닌 반항을 하기도 했다.

같은 것은 싫다. 익숙한 것도 싫다. 나는 나를 끊임없이 변화시키며 나를 가슴 아리게 자극하는 것들에 목마르다.

강의실을 들어오기 전, 조한혜정 선생님의 수업에 대한 기대로 부풀었다. 무언가 다를 것이라는 막연한 희망과 함께. 그리고 강의실에 들어와 조금 실망했다, 단지 '사람이 많았' 으므로. 사람이 많은 지긋지긋한 1학년 '교양' 수업에서 교수, 조교, 조원들과 싸우느라 '교양' 잃고 있는 내게 조한혜정 선생님의 수업도 똑같은 생활, 똑같은 패턴의 반복이라는 생각이 스쳤다.

그러나, 아주 신기하게도 너무 신기하게도 수업을 듣는 사람들은 때때로 부딪치기도 하고 싸우기도 하다가 다시 또 즐거워하며 웃으며 자신들의 방식으로 공동체를 꾸리고 있었다.

난 내 오만과 편견들이 더욱더 부수어지는, 수업 내용의 모든 것이 내게 너무나 생소한, 그런 수업이 되었으면 좋겠다. 나뿐만 아니라 수업에 참여하는 모든 이들이 이 수업이 낯설고 낯설어 왜 그런지 왜 그렇게 되었는지 고민하고 고민해 나갔으면 좋겠다.

엉덩이가 들썩거리는 수업 공동체 | 무형 05

연희관의 구석에는 '우리사이' 반방이 있다. '우리사이' 라는 반의 이름은 누가 지었는지는 모르겠지만 정말 잘 짓지 않았나? 공동체를 뜻하는 '우리' 라는 말과 소통과 관계를 뜻하는 '사이' 라는 말, 내가 본 공동체 이름들 중 최고 가운데 하나다. 연희관 구석의 '우리사이' 반방에 가게 되면 들어가자마자 한 구절이 눈에 뜨인다. 누구나 봤을 법한 책 『어린왕자』의 한 구절이다.

"'길들인다'는 게 뭐지?"

어린왕자가 말했다. "그건 '관계를 만든다'는 뜻이야."(…)

"네가 오후 네 시에 온다면 난 세 시부터 행복해지겠지. 네 시에는 흥분해서 안절부절못할 거야. 그래서 행복이 얼마나 값진 것인가 알게 되겠지!"

〈지시문〉이라는 작다면 작은 수업 공동체에서 만들고 싶은 모습이다. 오고 싶어서 기대하게 만드는 수업 공동체. 서로를 길들이는 모습들을 볼 수 있는 수업 공동체. 자발적인 공동체. 그러기 위해서 재미있으며 소통하는 수업 공동체.

학생들은 고등학교 수업과는 무언가 다를 것이라 기대했던 대학교 수업이 다르지 않아서 실망하고 체념하게 되었다고 말했다. 대학 수업은 그들에게, '지성의 전당'을 위해서 달려왔던 지난날의 의미를 찾아 주지 못한 것이다. 하지만 학생들은 〈지시문〉 수업 공동체에서 이상적으로 여기던 수업의 상을 찾을 수 있을 것이라 기대했다.

〈지구촌 시대의 문화인류학〉 수업을 통해 몸에 소름이 돋는 충격을 받았다. 처음에는 '이게 어떻게 수업일 수 있는가, 등록금도 비싼데 조금이라도 더 배워야 할 판국에 웬 잡담을 듣고 있어야 하나.' 하는 생각이 들었다. 그러나 하나둘씩 다른 사람들의 인생 이야기를 들을수록 내가 모르던 세상, 나는 생각지도 못했던 다른 형태의 삶을 배워 가고 있었다. 그것은 지식의 습득과는 다른 형태의 배움이었다. 아직은 '이것이 어떤 앎이구나.'라고 정의하긴 어렵지만 분명 나의 뇌를 강하게 자극하는 배움임에는 틀림없었다. 그리고 이 수업에 점점 더 매료되어 가는 나를 발견할 수 있었다. 그 어떤 배움보다 재미있는 배움이자 성숙해 가는 과정임을 느낀다.

많은 학생이 암기 위주의 고등학교 수업에 지쳤고, 대학생이 되면 '열린 수업', '토론식 수업'을 할 수 있을 것으로 기대했는데, 1학기를 다녀 보니 실망이었다는 이야기를 했다. 하지만 대학을 다니면서 내가 느낀 그 상실감은 나만의 감정이 아니었다. 많은 학생들이 이 수업이 다른 수업과 다르다는 것을, 그리고 스스로가 다른 수업에서와는 다른 마음으로 수업에 참여한다는 것을 발견했고, 이 수업이 자신들이 바라던 그 수업이 되기를 기대하고 있었다. 물론, 당연하게도 모든 학생들이 같은 의견을 보인 것은 아니다. 소통, 열린 수업에 보이는 학생들의 높은 기대에 우려를 표하며, '소통하고 싶다'는 욕망에 의존해서 다른 환경에서 살아온 사람을 받아들이는 데 성공할 수 있을까를 고민하는 송이도 있었고, 〈지시문〉 수업 방식을 우려하는 재준, 기존의 교육 방식에 만족감을 표현하며 이상적으로 생각하는 새로운 수업 공동체는 있기 힘들다는 비관적 결론을 내린 수빈도 있었다. 내가 고민하던 문제를 아주 잘 정리해 준 글을 발견하는 것만큼이나 나와 생각이 다른 친구들의 쪽글을 읽는 것 또한 수업에서 얻을 수 있는 큰 즐거움이다.

•• 겉도는 소통에 대한 기우 | 송이 05

공개된 쪽글 게시판의 예닐곱 개 남짓한 글들을 읽으면서 나는, 나도 모르게 양 어깨에 힘이 들어가는 것을 느낄 수 있었다.

여태까지 고등학교에서 주입식으로 공부해 왔으니까, 이제 그런 건 그만하자. 소통을 하고 싶은데 대형 수업이라 아쉽다. 소모임 등이 아마 그 해답을 제시해 주지 않을까. 놀이(개인이 재미를 느끼는 일)를 접목해 보자. 친밀함, 소통, 열린 무언가.

그런데, 나를 포함한 많은 사람들이 '열린 것' 혹은 '소통'에 대해서 필요 이상으로 어깨에 힘이 들어가 있고, 조금은 추상적으로 생각하고 있는 것 같다. 우리가 이번 한 학기 동안, 과연 '소통하고 싶다'는 욕망에 의존해서, 나와는 전연 다른 환경에서 살아온 사람을 받아들이는 데 성공할 수 있을까.

그렇다고 내가 소모임이나 적극적으로 대화해 보려는 시도를 평가 절하하려는 것은 아니다. 다만, 우리가 평소 이상적으로 생각해 오던 형태의 소통을 설사 하지 못하게 되더라도, 조바심을 내지 않았으면 좋겠다는 나의 소망을 이야기하고 싶었다. 우리에게 정말 필요한 것은, 누군가를 이해한다는 것이 진정 고통스럽다는 것을 깊이 느끼면서도 소통 욕망을 놓지 않는 것이 아닐까 싶다.

내가 보고 듣고 읽은 사람이란, 특별한 계기가 아니고서는 쉽사리 변하기 어려운 존재들이다. 가정폭력을 습관적으로 휘두르는 사람이 쉽게 변하기 어려운 것처럼, 우리의 생각이 일상 속에서 습관적으로 발현되고 있기 때문에 우리는 매우 고집스러운 자아를 포기하기가 어렵다. 서로 다른 사람들이 제각각의 이야기를 하면서 어쩌면 죽을 때까지, 상치되는 어떤 특정 주제에 관해서는 접점을 찾지 못할지도 모른다. 그런데 대체 이런 걸 소통이라고 할 수 있나? 하며 어리둥절해하고 있는 나와 같은 사람들에게, 긴장을 좀 풀자면서 이렇게 이상한 글로 토닥여 주고 싶었다.

부디, 나와 다른 사람들과 '소통' 하기 위해서 함부로 그들에게 으름장을 놓으려 들지는 않기를. 또한, 그저 나와 맞는다고 생각하는 사람과 이야기하는 것을 소통의 전부라고 단정 짓기 않기를.

'열린 수업' 은 '열린' 것이라고 그저 받아들이게 했던 무언의 힘에 대한 불안이 다시금 부스스 일어나 나를 괴롭힐 것만 같아서 ― '이 모든 게 꾸며진 연극처럼 공허한 이야기만 되풀이하다 끝날지도 모른다.' 는 쓸데없는 걱정에서 ― 어쩌면 불필요할지도 모르는 말을 이렇게 길게 적은 것 같다. 부끄럽다.

•• 교실 문화의 필요성과 장단점에 관하여 | 재준 06

또한 우리는 아직 햇병아리 1학년, 나아가서는 2학년이기 때문에 우리는 우리가 무엇을 깊이 있고 조리 있게 주장할 수 있을 정도로 기본이 충분하지 않다. 그렇기 때문에 우리는 아직은 일방적인 수용과 계몽적인 수업을 잘해 내야 한다. 그러고 나서 충분히 기초가 쌓인 연후에 우리들의 생각을 말하는 것이 효율적이라고 본다.

사실 나는 아직 발표는 안 했지만 어떤 발표자들은 너무 자신의 신변잡기적인 일을 연결성이 없이 늘어놓다가 자신의 생각의 핵심에 도달하지 못하고 그냥 얼떨결에 나온 키워드에 대하여 깊이 있게 들어가지 못한 채 끝낸다. 교수님께서 키워드를 칠판에 쓰시는 것은 그 키워드에 대해서 발전된 생각과 깊이 있는 토론을 나누어 보고자 하시는 의도라고 생각한다. 그래서 간혹 진부한 생각, 기존의 생각에 반항적인 생각이 나와도 그것이 뻔한 반항적인 생각, 상식화되어 버린 의견으로 끝을 맺는 것이 아쉽다.

마지막으로 문화인류학의 자유로운 분위기에 젖어 다른 학문들의 수업 방식에 대하여 막연한 반감을 드러내고 태만을 부려도 옳은 방향이려니 믿게 될까 봐 두렵다. 이런 자유는 진정한 자유가 아니라 자유라는 이름 안에 자신이 해내야 될 의무와 기본적인 연습의 회피일 뿐이다.

난 이상이 없다 | 수빈 06

'수업 공동체'와 같이, 우리가 초등학교 때부터 강조하고 지향했던 소위 토론식 수업을 원하는 사람들은 중고교 교육을 비난하지만, 내 입장에서는 그러한 교육도 필시 '소통'이었다. 수업 시간에 스승에게 무언가를 듣고, 그에 대해 다시 생각하며 즉석에서, 혹은 시간이 지난 후에 질문하고 또다시 대답을 듣는 것, 그것은 과히 일방향이 아닌 쌍방향이다. 이에 이의를 제기할 수도 있다. 한쪽에서만 배움을 줄 뿐, 다른 한쪽은 그럴 수 없다는 것이 혹자의 의견이다. 과연 그럴까? 아니라고 생각한다. 혹자는 그저 지식 측면의 일부분만 이야기하고 있는 것이다. 선생님들은 우리에게 "오히려 내가 너희들한테서 배우는구나." 하고 자주 말씀하셨다. 이는 혹자의 의견에 대한 살아 있는 반례가 아닐까 생각한다. 하지만, 이것이 대학으로까지 이어져야 한다고 주장할 수는 없다. 우리가 얻었던 12년간의 교육은 소위 '미성년'이었기 때문이라고 생각한다. 미성년이기에 전달 객체의 입장이 더 컸다고 생각한다. 그러나 대학생은 성년 단계에 조금씩 발을 내딛고 있는 상태다. 그래서 지금까지와는 다른 무언가가 필요하다고 한다. 하지만, 솔직히 난 성년이라고 해서 왜 다른 새로움을 추구해야 하는지 아직 모르겠다. 이번 주 쪽글의 주제는 이상적으로 생각되는 수업 공동체이기에 그에 대해서 꽤 많이 생각도 해 보았지만, 문득 이런 생각이 들었다. '이상적이라는 것은 내 마음속에 진실하게 담겨 있는 추상적 생각을 글로 표현하기만 하면 되는 것인데도, 내 마음속의 이상을 만들려고 노력하는 게 말이 되는 건가?' 과제 때문에 없던 이상을 만들 순 없다. 없다고 일축하는 내 글에 대해서 누군가는 꿈 없이 현실에 안주하는 사람이라고 비난할지도 모르겠다. 하지만, 왜 새로움이 있어야 하는지조차 모르는 상태에서 이상을 노력해서 가지려는 것은 모순적이게도 그들이 줄곧 비난하는 고등학교 입시 교육의 병폐가 아니던가?

완소 〈지시문〉의 '원동력' 소모임의 시작

이상적인 수업 공동체에 대해 생각해 보라는 쪽글 주제와 함께 소모임을 확정하라는 공지가 사이버상에 올라왔다. 주로 교수님이 조원을 정해 주거나 친한 사람 몇 명이 모여 조모임을 꾸려 가는 것이 관행이었다면, 이 수업에서는 자유 주제, 자유 인원으로 소모임을 구성하라고 했다.

공지사항	**전자칠판**	자유게시판	자료실	Q & A

글쓴이 : 조혜정   등록일 : 2006/09/20
소모임 주제와 조 짜기

다음 주 일요일, 또는 화요일까지는 소모임이 확정되기를 바란다. 소모임은 ① 6~8명으로 구성, ② 지시문과 관련된 '수준' 있는 프로젝트를 해내야 한다.

그간 수업 중에 나온 주제들과 내가 추천하고 싶은 주제들

여자 친구를 찾습니다 / 한심족 / 거리좌판이나 지하철조 / 아무것도 안 하면서 돈 안 쓰면서 아날로그로 놀기 / 마을 굿 / 남자 페미니스트 / 신촌 속의 글로벌 사진 / 점 보기 문화 / 월경 페스티벌 / 운명에 대하여 / 대량 생산 대량 폐기 / 작은 음악회 / let it be 몸 풀기 / 적과의 동침 / 우리가 중고교에서 배운 것 / 논술고사 과외의 효과 / 과학고와 외고를 다녔다는 것, 엘리트 학교? / 페미니즘 / 복학생 / 취업 설명회 비교 / 북크로싱 / 이슬람 / 성적 소수자 / 1분 명상…

일단 사람 모으기 좋아하는 마인드를 가진 분이 게시판에 소모임 안을 올려 주고 다들 참여하도록 합니다. 일요일까지 올려 주고 월요일 자정까지 참가 의사 밝혀 주면 화요일 수업 후 소모임 토론이 가능하겠지요. 아이디어들은 무궁무진하지만 결정을 내리지 못하는 것이 그대들 세대의 문제이니까 결정을 내린 친구들이 일단 글을 올리도록! 또한 과잉 기대/욕심을 내지 않도록 유의할 것!!

나는 소모임이나 팀 프로젝트라는 말이 낯설어 눈치만 살피고 있었지만 뭔가 재미있는 일을 해 보고 싶은 욕구와 재미있는 일을 할 수 있을 것 같은 기대감에 들떠 있었다. 이때 비슷한 심정인 듯한 한 학생의 글이 자유게시판에 올라왔다.

| 공지사항 | 전자칠판 | 자유게시판 | 자료실 | Q & A |

글쓴이 : 다현   등록일 : 2006/09/14 01:08

팀프로젝트?

> 뭔가 여러 가지 소모임 같은 게 만들어지고 있는 것 같긴 한데요,
>
> 사실 팀프로젝트가 뭔지 잘 모르겠어요···;
>
> 소모임과 팀프로젝트는 같이 가는 건가요? 소모임에서 프로젝트를
>
> 짜서 발표하는 건가요?
>
> 죄송합니다; 아시는 분은 답 좀 해 주세요~ :)
>
> 지금은 아무 생각도 없지만 저도 뭔가 재밌는 걸 해 보고 싶네요 핫;;
>
> 지시문 너무 흥미롭고 재미있어요 히힛
>
> 감사합니다 ♡
>
> (사실 무슨 글이라도 써 보고 싶어서요! 으하하)

　이번에도 역시 적응 빠른 사람들이 먼저 나서서 사이버 자유게시판이나, 오프라인 강의실 칠판에 자신이 하고 싶은 주제를 올리고 조원을 모집했다.

　'성적 소수자의 다름과 같음 이해하기' '문화공동체 — 함께' '인디 애니 영화제 다락' 팀이 제일 먼저 구성되었다. 그 뒤로 '소비 프로젝트' '사진' '흐르는 그림 맞추기' '아날로그' '환경 운동' '이성 알기' '애처가' 등 주제가 제안되었다. 차차 구성원들이 모이면서 사이버상의 팀 프로젝트 방이 활기를 띠기 시작했다. 조모임에 대한 자율성을 인정해서, 여러 조모임을 할 수도 있었고 한두 명의 소수 인원으로 진행하는 소모임도 있었다. 이렇듯, 정해진 주제, 정해진 인원이 아니라 스스로 선택하여 즐겁게 열정을 쏟으면서 우리는 큰 공동체 안의 작은 공동체를 통해 수업 공동체의 가지를 뻗어 나갔다.

글쓴이 | 영화

❖ 조한의 수업일지 04

일시적 자율 공간

말하기와 듣기 | 탈토건과 탈근대 | 숨 고르기 | 정성 쏟기 | 학예회

아직도 팔짱을 끼고 구경하는 학생들이 있다. 오랫동안 마음을 닫았던 이들이 마음 문을 열기란 쉽지 않다. 더구나 '스펙터클 시대'의 관람객으로 멋진 쇼를 보아 왔던 이들에게 학예회는 어딘지 불편하고 어색하여 익숙해지는 데 시간이 걸린다. 하킴 베이 Hakim Bay가 말한 TAZ 일시적 자율 공간과 스머프들의 마을을 이야기하면서 교실이 곧 마을이며, 우리가 하는 것은 학예회이며 그러기에 즐거울 수 있다는 것을 넌지시 주입을 해 본다.

"이 교실을 마을로 상상하고 자신이 주민이 될 때 많은 것이 달리 보일 것이다. 1990년대 젊은이들을 위한 새 카페들이 들어서면서 '물'을 흐리는 사람들을 쫓아낸 때가 있었다. 입구에서 누군가가 보고 물을 버릴 것 같으면 되돌려 보냈는데 그것을 '뺀지 먹다'라고 불렀다. 이 수업에서 우리는 우리들이 생각하는 '물 좋은 곳'을 만들어 가는 것이다."

이런 식으로 기회 있을 때마다 학생들 사이에 끼어서 수다를 떤다. 서로를 신뢰하는 분위기, 한 동네 사람임을 느낄 수 있는 시공간이 만들어지기까지는 좀 시간이 필요하고 교수는 기다릴 줄 알아야 한다. 마치 부모가 기다릴 줄 알아야 하듯이… 불신 사회의 뿌리가 꽤 깊기 때문에 더욱 그러하다. 그래서 교수의 작은 몸짓과 말 하나 하나가 매우 중요한 시사성을 가진다.

학생들이 감 잡기 어려워할 것 같으면 나는 수업 전에 그날 생각할 개념 몇 개를 칠판에 써 둔다. 오가는 수다가 지루해질 때 칠판의 단어를 보면서 혼자

상념에 잠겨도 좋을 테니까… 강의 초반이나 끝에 3~5분 정도 압축적 정리를 할 때도 있는데 그 짧은 강의는 나중에 집에 가서 전자칠판에 자세하게 내용을 풀어서 올려 둔다. 관심을 가진 친구들은 열심히 읽을 테고, 잘못 알아들었거나 의문을 가진 친구들도 복습을 하게 된다. 나는 강의를 안 하는 대신 전자칠판 글에 강의 못지않은 정성을 쏟는 편이다. 전자칠판에 올리는 수업일지도 내용이나 문체에 신경을 많이 쓴다. 교수는 학생들로 하여금 토론을 하게 한 후 결론을 내리는 사람이 아니라 그들의 이야기가 이어지게 하는 사회자이자 연출자일 때 더 효과가 난다고 생각하기 때문이다. 전자칠판에 일지를 올리다 보면 하고 싶은 말을 권위적이지 않게 할 수 있어서 좋고, 수업 중 미처 언급하지 않은 것이나 빠뜨린 것을 자연스럽게 이어서 이야기할 수 있어서 좋다. 또 학생들은 자기가 품었던 의문을 시간을 두고 나눌 수 있어서 연속적 시간 감각도 갖게 되면서 더욱 열심히 수업을 하게 되는 것 같다. 어쨌든 '지속적인 관계' 또는 '시공간'을 찾기가 점점 어려워지는 신자유주의 시대에 이런 공간이 있다는 것 자체가 축복이라는 것을 학생들도 상당히 고마워하는 것 같다. 신문을 읽다가도 연결되는 기사가 나오면 즉각 연결시킨다. 물론 자유게시판에도 스스럼없이 들어가 수다를 떤다. 일하면서 노는 셈이다.

'배움 공동체'에 대한 오늘의 5분 강의

- 성급하게 일반화하기 전에 내부를 차분히 관찰하기. 관찰, 듣기의 힘을 느껴 보기 바란다. 특히 시시하고, 소소한 이야기들이 중요하다. 남의 말을 듣고, 이어 가다 보면 연결 고리들이 생기고, 깨달음의 지점에 도달하게 된다. 매우 소중한 순간들이다.

- 서로를 파악하고 조율해 가는 과정은 지난하다. 그러나 그것을 생략한다면 의미 있는 작업이 가능하지 않다. 그리고 그것을 하고 나면 자신의 소

통 능력이 한껏 키워져 있을 것이다.
- **내부의 차이에 주목할 것**. 그것을 위계 서열화하지 않고 '다양성'으로 인식하고 서로를 살려 내는 에너지로 만들어 가기.
- 이를 통해 '모두를 신으로 만들어 버린' 근대가 만든 바벨탑 안에 갇혀 있지 말고 후기 근대적 배움의 공동체를 우리 안에 만들어 가 보도록 한다. 배움의 공동체가 일시적 자율 공간일지라도, 그것을 자주 경험하면 조만간 '대안적 공공 영역'이 된다. (사토 마나부 교수의 『배움과 돌봄의 공동체』 참고)

"수업에 들어오면 1~2분이라도 조용히 숨을 고르는 것도 좋을 것이다. 소제목 하나를 달아도 정성껏, 창의적으로 달아라."

수업을 마무리하면서 나는 학생들이 수업 시간에 헐레벌떡 오지 않도록 노력하자고, 또 '정성'을 쏟는다는 것이 점점 힘들어지고 있지만 '정성'을 쏟는 습관을 가질 수 있도록 이 교실 사람들은 노력하면 좋겠다고 말했다. 개발 독재 시대에 길러진 토건주의적인 몸, 속도, 태도, 말하는 방식 내려놓기 / 빨리빨리 판단, 규정, 결론을 내 버리는 버릇을 내려놓기 / 요약 정리, 이슈, 논쟁, 일반화를 하는 습관을 생각과 느낌을 풀어내어 이야기하는 습관으로 바꾸어 가기. 이것은 곧 계몽주의, 경전주의를 벗어나 새로운 언어를 만들어 가는 움직임이다. 우리는 메시지가 분명하던 '이성과 합리와 건설의 시대', 대서사의 시대를 넘어서 말이 더는 유효하지 않은, 감성과 복합적 서사, 그리고 하이퍼텍스트의 시대를 살아간다. 따라서 중요한 것은 '내용이기보다 형식'이다. 새 술은 새 부대에 담아야 하는 것이다. 중요한 것은 내용에 대한 섣부른 합의가 아니라, 말을 이어 가는 것, 토론이 가능한 상황을 만들어 내고 유지하는 것이다. 교수가 판을 깔긴 하지만 전 과정은 학생들이 이 수업을 이번 학기 자신의 중요한 프로젝트로 삼고 그것의 기획 연출자가 되어야 한다. 자신이 주인공인 학예회를 만들어 가는 것. 수업 공동체 안에서 자기의 자리와 역할을 적절히 찾아내는 것이 바로 학습의 핵심이 될 것이다.

중고등학교 때 담임 교사나 할 이야기를 교수가 해서 좀 당황스러워하는 학생도 있지만 '강의실 붕괴'가 일어난 시대에 교수들도 담임이 되어야 하지 않나 생각한다.

❖ 조한의 수업일지 05

노아의 방주 또는
마을의 마당굿

소모임 주제와 조 짜기

이 수업에 들어온 한 학생은 이 수업이 독창적 아이디어를 내라는 경쟁의 장이라고 느낀다면서 '피 튀기는 수업'이라는 표현을 했다. "네 생각을 말해 봐. 밝은 표정, 웃음을 잃지 않고 참여 관찰을 해. 미처 다하지 못한 이야기는 게시판에 쓰고, 댓글 공동체를 만들어 봐. 좀 더 창의적이고, 좀 더 색다른 발상을 해 봐. 성찰적임을 증명해 봐." 뭐 이런 명령을 듣고 있는 것이다. 이 수업 역시 '자기 계발'을 명하는 신자유주의적 체제의 산물이라 느끼는 것이다. 이제 이들이 원하는 것은 '해방구'가 아니라 '피난처' 또는 정착할 마을인 듯하다.

그래서 교실을 경쟁 이전에 협동하는 시공간의 느낌을 가져갈 수 있게 하려고 했다. 좀 더 푸근하게 가는 것, 서로의 이야기를 듣고 상호 존중하는 '우정과 환대'의 자리를 마련하겠다는 것이다. 개인기를 자랑하는 콘테스트장이 아니라 '마당극' 또는 '마을 굿'이 제대로 펼쳐져야 하는 것이다. 학생들은 이제 탈출할 출구가 없다는 것을 알아차린 것 같다. 이제 이곳에서 마을을 만들고 함께 사는 궁리를 할 생각이 있는 것이다. 그래서 이 수업에서는 다함께 가 보기로 한 것이고, 수가 좀 많아도, 북적대고 불편해도 함께 가다 보면 길이 보일 것이라 믿기로 한 것이다. 굿을 보러 가면 한 마당, 한 마당 구성이 있고 모두 함께 참여하면서 기운을 돋우어 낸다. 개별 마당이 모여 전체가 또 다른 구성으로 기운이 모아진다. 굿에 대한 감각이 전혀 없는 학생들이라 어쩌면 굿 구경도 한번 가야 할 것 같은데, 지금 내가 상상하는 굿 자체가 사라진 듯해 난감하기도 하다.

어쨌든 우리 식의 마당극이 슬슬 무르익고 있다. 수시로 나는 연출가가 되거나 관객이 되거나 무대 장치를 바꾸는 일도 하면서, 또 강단에 올라가지는 않지만 여러 채널로 아래의 이야기를 던지면서 수업 공동체가 성숙해 가는 것을 관찰한다.

1. **교실 안의 차이들** 수업에서 나오는 다양한 이야기를 통해 우리 안에서 '비동시성의 동시성'을 보게 된다. 압축 고도성장을 한 사회가 만들어 낸 내부의 차이들. 그 차이들이 부정적 에너지가 아니라 긍정적 에너지가 되게 하는 것을 우리는 수업에서 실험한다.

2. **핫, 쿨, 웜** 막 들어온 05, 06학번과 복학생이나 4학년 02, 03학번들이 많이 다른가? 내가 보기엔 03, 04학번까지는 개성을 강조하고 '쿨'해지고 싶어 하는, 이른바 '서태지 세대'에 속하는 것 같은데 그 이후 학번은 좀 달라 보인다. 너무 말을 잘 듣고 절대 튕겨 나가지는 않을 것 같은, 그러나 좀 답답한 구석이 있다. 이번 학기에 자세하게 관찰해 볼 과제이다. 일본의 정신의학

자 오히라 젠*이 분류한 '핫, 쿨, 웜 세대' ★ 오히라 겐, 『새로운 배려 : 젊은 그들만의 코드』, 김인주 옮김, 소화, 2003.
중 웜 세대가 이제 나오기 시작한 모양이다.

3. **진리에 가까이 가는 두 가지 방식, 그리고 이야기 방식** 사회 과학이 '예술이냐 과학이냐arts or science?' 는 질문은 해묵은 질문이다. 이는 두 가지의 이야기 방식으로도 구분할 수 있다. 우선 과학은 법칙, 이론, 설명, 가설과 검증, 주장, 연역, 객관성, 강의라는 단어들과 친하다. 일반화, 체계화 top down를 하는 것인데 인류학에서는 이런 이론적 작업을 민족학, 에스놀로지ethnology라는 단어로도 말한다. 논지를 분명히 하고 이론과 연결하여 일반화하려는 노력이다. 통일된 한 목소리, 명료한 언어화가 중요하다. 반면 인문학, 또는 예술은 주절주절 이야기를 한다. 상호 이해가 목적이다. 서술, 묘사, 소설적 나열, 수다, 대화, 귀납적, 쌍방적, 듣기를 강조한다. 민속지, 민족지, 문화 기술지bottom up ethnography가 그런 유의 행위에 바탕을 두고 있다. 인류학적 감수성이란 곧 현실, 특히 일상에서 뭔가를 읽어 내는 것이다. 소설가처럼 세밀하게 관찰하면서 천문학자처럼 전체를 조망하면서 자신이 본 것을 그림을 그리듯 보여 주는 것이다. 이는 다중적 목소리들, 동상이몽의 가능성을 남겨 둔다.

이제 작업팀이 슬슬 만들어지고 있다. 2주 안에 팀 구성을 끝낼 것. 교수가 하는 가장 중요한 일은 마감을 정해 주고 그것을 지키게 하는 것이다!

❖ 조한의 수업일지 06

멀티테스킹과 순발력
각자 자기 나름대로 즐기면서 배운다 | 자율 | 다양성

지난 주 영어 이야기로 25명이 자기소개를 했고, 이번 주는 주제를 바꾸어 자신이 바라는 수업 공동체라는 주제로 마당극을 펼친다. 연고전 응원 연습 소리가 하도 커서 수업에 집중하기가 힘들었지만, 그냥 '멀티테스킹' 하는 분위기로 강행하기로 했다. 들을 준비가 되어 있는 학생들이 많아 초반에는 좀 처지던 수업이 곧 훌륭하게 물이 오른 무대가 되었다. 시간 배분이 늘 문제인데 '2분씩만' 하자고 했지만 마이크를 잡으면 시간 개념이 없어져 길어지곤 했다. 나중에는 '딱 1분' 으로 줄이자고 했는데 각자의 흐름이 있어서 2~3분씩 자기 흐름을 가져가고 있었다. 한번 말을 시작하면 2~3분이 나름의 호흡인 모양이니 그냥 그렇게 가기로 했다. 어쨌든 이제는 대부분이 '동상이몽' 을 하면서 다른 친구들의 이야기를 즐기기 시작했다.

흐름을 관찰하다 보면 대략 스무 명 정도가 이야기를 하면 한 주제에 대해 나올 만한 이야기들이 다 나오게 되는 것 같다. 지루해질 즈음에 주제를 바꿔줘야 한다. 좀 지루해진 나도 학생들처럼 잠시 딴짓을 했다. 이 학생들이 관심이 있어 할 소모임 주제들을 생각해 본 것인데, 대략 이런 소모임이 학생들이 하고 싶은 것일 듯하다.

- '달리 소비하기' 소모임 : 좋을 것 같다. 구멍가게 밀어 주기… 뭐 이런 것.
- 신경 끄고 살자, 귀차니즘, 묻혀 가기

- 1990년대 시대 문화, 청년 세대 문화에 대하여.
- 사투리와 표준말 : 마산 MBC 라디오에서 임나혜숙 국장이 경상도 표준말로 진행하는 프로그램이 있는데 그분과 연결해 보면 좋겠다.
- 남성 합창단을 하는 학생 : 남자들끼리 활동에 몰두하면 아예 여자 친구 사귀는 것이 불가능해진다는 '야구팬' 관련 영화가 있었는데 (「날 미치게 하는 남자 Fever Pitch」, 2005) 이 주제, 연구해도 좋겠다. 합창이 가져오는 절묘한 하모니의 감동을 일러 주고 싶어 하는 남학생을 보면서 좀 다른 '종자'들이 만들어지고 있다는 생각을 다시 했다. '몰입'하는 세대. 몰입하지 않으면 살기 힘든 세대.

3
교실이 돌아왔다

낯선 시선으로 바라보기

◆◆ 이번 주는 축제 기간이다. 들뜬 학교 분위기에 휩쓸려 축제를 즐기다 보니 수업에 조금 늦었다.

'뭐, 앞 뒤 구분 없이 둥근 마당을 만들어 놓고 진행하는 수업이니 늦어도 티가 안 나겠지.' 그런데 303호에 들어서자마자 마주친 것은 칠판에 무엇인가를 쓰고 계신 선생님과 열심히 받아 적는 학생들의 모습, 나는 〈지시문〉답지 않은 이 어색한 풍경에 다른 교실에 들어간 줄 알고 다시 나올 뻔했다. 문득 〈지시문〉 사람들도 다른 수업에서는 이렇게 공부하고 있을 거라는 생각이 들었다. 낯설음과 새삼스러운 감정을 느끼며 자리에 앉았다.

늘 묘한 웃음을 띤 채 책상에 앉아 학생들의 이야기를 들으시던 선생님이 오늘은 무슨 까닭으로 분필을 드셨을까, 나는 펜과 공책을 꺼내 들고 선생님의 강의에 집중하기 시작했다.

통시적 접근
— 진화론, 고고학과 체질 인류학, 인류 생물체의 진화와 사회 진화

공시적 접근

— 비교 문화론, 사회진화, 일상성, 문화학

낯설게 하기, 낯익히기, '감'을 잡는다는 것

선생님은 칠판 위에 몇 개의 단어들을 풀어 놓으셨다. 설명이 끝나고 질문을 받으셨다. "더 궁금한 게 있는 사람?" 교실에는 침묵만이 흘렀다. '질문이라니, 아직 되새김질도 못했는데!' 주변을 둘러보니, 다른 사람들도 별로 다르지 않은 것 같았다.

"조금 더 기다려 보자."

다시 자리에 돌아가 팔짱을 끼고 빙글빙글 웃음만 짓고 계시는 조한 선생님과 조용한 학생들. 선생님은 침묵의 시간을 참을성 있게 기다려 주셨고, 드디어 질문들이 조금씩 나오기 시작했다. 이 수업을 오로지 '조한혜정'이라는 이름만 보고 들어온 나는 이전까진 인류학에 대해 깊게 생각해 본 적이 없다. 그런 내게 이번 시간은 생판 모르는 문화인류학에 관한 조한 선생님의 말씀을 받아 적느라 정신없는 시간이었다. 좀 전까지는 다 나랑 비슷할 줄만 알았던 친구들의 입에서 높은 수준의 질문들이 이어지자 당황스럽기까지 했다.

그날 밤 사이버 강의실에는 쪽글 과제가 올라왔다.

| 공지사항 | 전자칠판 | 자유게시판 | 자료실 | Q & A |

글쓴이 : 정가영   등록일: 2006/09/19

세 번째 과제

'내가 찾은 인류학, 내가 알아 가는 인류학' 이 이번 쪽글의 주제입니다. 각자 서적, 논문,

> 영상, 웹 자료 등 자신이 검색할 수 있는 모든 자료를 동원해 '인류학이란 무엇인지'를 찾아내어 자신의 언어로 풀어내 봅니다. 제출 기한은 오는 일요일 밤 자정까지입니다.

  이번 주 수업은 그동안의 수업과 연결이 잘되지 않는 것처럼 느껴졌다. 이 과목이 문화인류학 교양 수업이니까 구색을 맞추려고 괜히 강의 계획에 끼워 넣은 것은 아닐까? 물론, 수업 시간에 이어진 친구들의 질문을 들으면서 나도 다른 친구들처럼 인류학에 대해서 알고 싶다는 생각이 든 것도 사실이지만, 고작 한 시간 설명해 주시고 며칠 안에 인류학이 뭔지 찾아내 자신의 언어로 풀어내라는 과제는 너무 어려웠다. 노트를 펴고 필기 내용을 훑어보았지만, 한 시간 수업하며 무작정 받아 적은 내용만으로 쪽글을 쓰려니 부족하기 짝이 없었다.
  '어떻게 하지…' 자기 주도적 학습도 이런 자기 주도적 학습이 없다. 이건 무인도에 데려다 놓고 '알아서 살아 봐라.' 하는 격이다. 무슨 글을 쓸지 막막해 고민이 된다. 인터넷 검색창에 인류학이라고 검색을 해 본다.
  문화 기술지, 참여 관찰, 사회적 진화, 낯설게 하기, 낯익히기 등. 일상에서는 잘 쓰이지 않는, 그러나 선생님은 수업 때마다 사용하셔서 나를 어색하게 만들었던 단어들이 문화인류학의 '용어'였구나. 선생님의 언어 습관이 독특한 게 아니라, 내가 '용어'들을 모르고 들어서 불편했던 걸 생각하니 이전까지 수업에서 내가 선생님 말씀을 잘못 알아들은 부분들이 있었을 거라는 생각이 들었다. 아, 공부 좀 할걸.
  문화인류학이라고 검색창에 쳐서 나온 자료들을 이것저것 스크랩해 두긴 했지만 글을 쓰려니 아직도 막막하다. 스크랩한 자료들을 봐도 모르겠어서 친구들의 쪽글을 읽으러 사이버 강의실에 들어갔다. 다른 친구들도 나처럼 축제로 바쁜 한 주였는지, 아니면 너무 어려운 과제 때문인지 마감 기한이 다 되어 가는데도 쪽글은 별로 올라와 있지 않았다.

•• 바로 옆에 있는 너부터 이해하기 | 나래 06

그래도 대학생이니 과제를 하려면 적어도 입문서 정도는 뒤적이고 글을 써야 할 텐데, 과제 공고 이후로 아르바이트와 연고전 때문에 도서관 문 앞에도 가 보지 못했기에, 나는 우리의 이웃 네이버 씨에게 물어보는 수밖에 없었다. 그러나 역시 인터넷은 양질의 자료를 찾을 수가 없었다. (…)

•• 루시와 루시의 아기, 인류학의 시작 | 예지 06

(…) 그렇다면 인류학이란 이런 인류의 조상, 영장류에 관한 학문을 말하는 것인가? 하는 의문이 또 꼬리를 이었다. 솔직히 말해서 어떤 개념에 관해 궁금해질 때 나는 다른 학생들처럼 그 개념과 관련된 책을 읽는다기보다는 네이버 검색에 더 먼저 손이 가는 편이다. 따라서 너무나도 단순하게 네이버 검색창에 '인류학'을 검색해 보았더니 나오는 설명, 아주 짧은 한 줄로 설명해 인류학이란 '생물로서의 인류와 그 문화를 연구하는 학문' (…)

•• 인류학적 방법으로 세상 읽기 | 나영 06

최고의 지식인 네이버 님께 여쭈었다. '인류학'이라고 자판을 두드린 후 채 몇 초 되지 않아 대답하셨으니, '생물로서의 인류와 그 문화를 연구하는 학문'이란다. '문화인류학'에 걸린 링크를 누르니, '인류의 생활 및 역사를 문화면에서 실증적으로 추구하는 인류학의 한 부문'이라는데 (…)

한 친구 역시 나 같은 생각을 했다. 그녀는 학생들이 올린 쪽글이 대부분 비슷비슷하다며, 아래와 같이 학생들의 글을 분석한다. 친절하게 정리된 글은 선생님의 〈수업일지〉를 보는 것 같다.

•• 관찰하기 | 소나 06

인류학이란 무엇인가? 라는 질문에 게시판에 올린 대부분의 글의 패턴은 이러하다.

1. 인류학에 대해 잘 모른다는 것을 강조한다. (대개 처음 이 수업을 들어본다거나 인류학이라는 이름이 딱딱하다고 이야기한다.)
2. '인류'라는 말에 사람과의 관계를 연구하는 학문이라는 요지의 글을 전개한다. (책을 인용하거나 서울대 인류학과 등 인터넷 사이트, 혹은 유명한 학자들의 말을 첨부하여 말한다.)
3. 나를 이해하고 너를 이해하는 서로를 이해하는 학문, 문화적 상대주의, 사람들을 알아가는 학문이라는 내용으로 자신의 이야기를 풀며 '좋은' 결론을 맺는다.
4. 앞으로 열심히 공부하며 잘해 보겠다고 다짐한다. (…)

그나마 올라온 쪽글들은 내용도 구성도 비슷비슷하다. 인터넷 백과사전에서 찾은 인류학의 정의로 시작하는 글들, 심지어는 인용하는 책마저도 레비스트로스의 『슬픈 열대』라는 똑같은 책이다. 이 책도 과제 때문이라기보다는 고등학교 때 논술 필독 도서라 다들 논술 준비하면서 읽었다고 했다. 그러고 보니, 21세기 대한민국 대학생들이 정보를 찾아내는 과정이 비슷하다 싶다. 나 역시 정보 검색을 주로 웹에 의존하고, 그중에서도 가장 찾기 쉬운 포털 사이트의 백과사전이나 블로그에 올라 있는 정보를 복사해서 과제를 해 왔다는 생각이 들었다.

나는 같이 수업을 듣는 친구에게 전화를 해 이번 주가 도대체 어떻게 흘러

가고 있는지 감이 잘 오지 않는다고 했더니, 친구는 "이때쯤 이런 걸 쓰라는 과제가 나올 줄 알았어."라고 했다. 지난 수업 시간에 조한에게 질문 세례를 퍼부어 나를 기죽게 했던 친구다. "너는 과제 어떻게 할 거니?" 그녀는 도서관에 가서 인류학에 관련된 책을 좀 찾아보고 글을 쓰겠단다. '이렇게 성실할 데가!' 그날 밤 사이버 강의실에 올라온 그녀의 글은 아프리카 주니 족의 여성 이야기를 읽고 나서 이 사회 구성원으로서 자신이 가진 성 정체감을 만들어 낸 역사적, 사회적 맥락을 질문하게 되었다는 내용이었다.

•• 결국은 내 이야기 | 명화 06

이런 주제가 던져질 줄 알았다. 나 자신도 슬슬 궁금해지던 터였으니. 나에게 '지구촌 시대의 문화인류학'은 무슨 의미냐? 도대체 나에게 '인류학' 무엇이냔 말이다.

　이 질문에 답하기 위해서 먼저 내가 〈지구촌 시대의 문화인류학〉이라는 수업을 택한 원인을 돌이켜 볼 필요가 있다. 분명 자기 나름의 인류학에 대한 정의를 가지고 이 수업을 듣기로 결정했을 터이니. 자, 그럼 나는 왜 이 수업을 택했는가? 수업 계획서에 적힌 수업의 소주제들이 마음에 들어서, 끝! 여기서 내가 도출해 낸 결론은 한 가지다. '정명화는 인류학의 정체에 대한 고민을 시작해 보지도 않았습니다.'

　하지만 이미 쪽글의 주제가 던져진 걸 어쩌랴. 나는 공책에 커다랗게 '인류학'이라고 썼지만 떠오르는 건 커다란 배낭을 메고 등산 모자를 쓰고 아프리카 오지를 탐험하는 백인 학자의 이미지뿐이다. 사전 지식이 절대적으로 필요했다. 결국 중앙도서관에 가서 책을 하나 빌렸다. 『낯선 곳에서 나를 만나다』(한국문화인류학회 엮음). 부제는 '문화인류학 맛보기'. 이 책은 다른 문화인류학 입문서들과 차별성이 있다. 개념이나 이론을 설명하기보다는 실제 사례를 다룬 글들을 여러 편 선정하여 읽기 편한 형태로 제시하고 있다는 것. 실제로 1장인 문화 상대주의부터 13장인 새로운 현장들까지, 듣도 보도 못한 흥미로운 이야기들이 빠짐없이 등장했다. 그 이야기들은 내게 새로운 세계였고, 책을 덮은 후에 가장 먼저 찾아온 감정은 놀라움이었다. 그리고 다른 것을 알아가는 즐거움이었다. 나와 다른 것은 언제나 나를 매료시키기에.

그런데, 도대체, 왜 내가 아프리카 주니 족이나 야노마모 족 사람들의 인성에 대한 이야기를 알아야 한단 말인가! 평생 그 사람들과 어울리거나 그들의 문화를 접할 기회조차 없을지도 모르는데. 이 책에서는 문화인류학에서 다른 세계의 문화를 총체적으로 파악하는 까닭을 "다른 문화를 통해 자기 문화를 더 잘 이해"하기 위해서라고 규정한다. 사람은 자신의 문화에 젖어 살아가기 때문에 자신이 속한 문화를 객관적으로 바라보기가 어렵다. 하지만 만약 그 사람이 다른 문화 속으로 들어간다면? 다른 문화 속에서 자신이 원래 속해 있던 문화는 '낯선' 것이기 때문에 다른 문화뿐만 아니라 자신의 문화까지도 객관적으로 바라볼 수 있게 된다는 논리다.

실제로 그랬다. 아나마트 인들의 연애에서 드러나는 남녀 사이의 게임은, 특히 여자들의 게임 법칙은 내 안에 내재된 억압을 깨닫게 했다. 그들처럼 남성에게 경제적으로 종속되지 않은 상태임에도 불구하고, 나는 여성이라는 나의 생물학적 정체성과 순결함이나 처녀성과 같은 (주입된) 사회적 개념을 연결지어 생각하고 있었기에. 아나마트 족 여성들이 남성들의 정복 게임에 비밀이라는 규칙을 지키며 동조해 주는 건 그들이 제공하는 경제적 이득과 사회 암묵적인 동의와 이상적인 여성상(남편의 외도를 모른 척하며 다른 남성의 접근을 허용하고 이를 비밀스러운 관계로 유지하는 여성)의 압력 때문이라는 분석이 가능하다. 그렇다면 내가 여성으로서 성적인 욕망의 표현뿐만 아니라 공개적인 자리에서의 성 담론 자체를 꺼리는 것은 어떤 사회적, 역사적 배경 때문인가? 이렇게 아나마트 족의 이야기는 결국 나 자신의 이야기로 돌아온다.

나는 문화인류학이라는 학문을 알아 가면서 이제껏 알지 못했던 (혹은 모른 척해 온) 깨달음을 얻었다. 절대적인 옳고 그름이란 존재하지 않는다는 것. 옳고 그름이라는 것은 특수한 사회적 상황이나 배경, 그리고 그 안에서 살아가는 사람들의 특수한 역사적 경험 속에서 만들어지는 것이기 때문이다. 당장 나에게 최고의 진리처럼 보이는 것들이 다른 이에게는 하잘것없는 거짓일 수 있다. 인간의 존엄성을 무시하는 행동은 나를 분노케 한다. 나는 어떻게 그럴 수 있느냐고, 그건 옳지 못한 일이라 외친다. 하지만 당장 사랑하는 이가 죽임을 당할 위기에 처한 사람에게 적에게 총을 겨누지 말라고 강요할 수 있을까? 나의 기준을 나와 다른 이에게 강요한다는 폭력. 다른 이가 어떤 문화적, 정치적, 역사적 배경 속에서 살아왔는가에 대한 총체적 이해를 통해서만 그 사람이 가진 가치관에 대해 이야기할 수 있을 테니. 그리고 그 이야기는 결국 내 이야기로 이어질 테니.

수업 시간이건 일상생활에서건 사람과 사람 사이의 '좋은 기운' 도 그렇게 만들어질 수 있지 않을까. 나와 다른 가치를 가진 이를 설복시키기보다는 서로가 다름을 감사하고 또 서로의 다름을 자유로이 이야기하는. 그는 나와 마주 보며 자신을 생각할 것이고 나는 그를 생각하며 나를 마주 보는. 아예 가치 판단이 없는 삶을 살고 싶은 것이 아니다. 다만 그 가치가 흘러나온 곳을 찾는 일을 소홀히 하지 말자는 말이 하고 싶었다.

그녀의 글을 읽다 보니, 인류학은 어떤 학문이라는 개념도 어렴풋이 잡히고, 왜 우리가 학기 초부터 이런 방식의 수업을 고수하고 있었는지도 알겠다. 학기 초부터 지금껏 해 온 활동이 인류학적 탐색이었던 것이다. 먼저 인류학의 즐거움을 맛보여 주고, '이런 게 인류학이란다.' 하고 설명해 주는 깜짝 파티. 우리는 이 과정에서 이미 작은 인류학자들이 되고 있었다. 나는 이번 과제를 하면서 앞으로 우리 수업이 어떻게 진행될지 예상할 수 있게 되었다. 〈지시문〉 수업을 통해 나의 관심은 '나' 에서 벗어나, '타인' 을 거쳐 '인류' 까지 나아갈 수 있을 것 같다.

선생님은 우리를 괜히 무인도에 풀어 놓으신 게 아니라 고등학교까지 십여 년을 오지선다 형에 익숙해 있다가 대학이란 공간에 들어서며 갑자기 너무 많은 선택지가 주어진, 그래서 더 선택할 줄 모르는 우리에게 선택의 기회를 주신 것이다. 자기가 하고 싶은 걸 선택했을 때 가장 재미있고, 많은 것을 얻을 수 있다. 사이버 강의실의 쪽글방만 봐도 그렇다. 각자가 하고 싶은 이야기, 잘하는 이야기들이 모여 단편적이고 일시적인 공부가 아니라 커다란 세계와 시간성을 이루고 있었다. 각자 서로의 이야기를 하고, 그 이야기들이 듣는 흐름 속에서 스스로 무언가를 챙겨 가는 것, 똑같은 것을 가르치지 않고 깨달음마저 각자의 몫으로 넘기는 이 수업이 나는 더욱 흥미로워졌다.

호모 사피엔스에서 호모 코기토 되기

목요일 수업 시간에는 「인류 오디세이」라는 다큐멘터리를 보았다. 인류의 진화에 관해 구석기 시대부터 지금까지 풀어놓은 영상이었다. 조한 선생님은 다큐를 틀기 전에 "재미없는 영화를 보지 못하게 된 스펙터클 시대의 소비자들한테 일부러 재미없는 영화를 틀어 주겠다."고 하셨다. 선생님은 장난스럽게 말하셨지만, 다큐의 내용은 장난이 아니게 지루했다. 네안데르탈 인, 호모 사피엔스 등등 고등학교 국사 시간 이후로 처음 듣는 단어들과 어설픈 그래픽 영상, 거기에 '진화'라는 과학 이야기까지. 꾹 참고 끝까지 보려고 했지만 결국 잠이 들고 말았다. 이삼십 분 정도를 졸다가 깬 것 같은데, 주변을 보니 나 말고도 자는 학생들이 많았다. 따뜻한 날씨, 지루한 영상에다 다큐를 보기 위해 커튼을 친 어두컴컴한 교실, 이 교실은 자기도 모르게 잠들기 위한 삼박자가 꼭 맞아떨어진 셈이다. 결국 나는 다큐의 시작과 엔딩 부분만 보았는데, 시작 부분은 털이 난 유인원들이 뛰어다녔고, 엔딩 부분은 인류 문명을 번성시킨 서구를 찬양하면서 끝이 났다. 다 보지 않았어도 내용이 상상이 되었다. 강자 생존, 서구 중심적인 시각의 다큐였겠구나. 선생님은 왜 이런 재미없고 뻔한 다큐를 보여 주려 하신 거지.

다큐가 끝나자, 선생님은 소모임끼리 모여 이 다큐에 관해 토론을 하고 내용을 정리해서 사이버 강의실에 올려 달라고 하셨다. 혹 너무 많은 성원들이 잠을 자서 그게 안 되는 소모임은 앞으로 소모임 활동을 어떻게 할 것인지를 토론해 보라고 덧붙이셨다. 우리 소모임은 수업이 끝나고 토론을 위해 건물 옆 잔디밭에 빙 둘러앉아 첫 만남을 가졌다.

"다들 다큐멘터리 잘 보셨어요?"

"그게 너무 재미도 없고 졸음이 와서…"

"그래도 뭔가 얘기해야 하지 않을까요."

혹시 오늘 다큐에 관해 토론 보고서를 올린 조는 더 높이 평가해 주시겠다는 것은 아닐까. 다큐에 대한 토론이 선택이었음에도 불구하고, 우리 소모임은 자연스럽게 다큐에 관한 토론을 진행했다. 다들 제대로 보지 않아서 할 말도 없을 텐데 어쨌든 이야깃거리는 나온다. 처음부터 끝까지 다 본 조원은 한 명밖에 없었는데도, 각자 조금씩 본 내용을 종합하니 다큐의 내용이 그려졌다. 아, 이런 게 협업의 장점이군!

다큐멘터리 내용에 관한 이야기를 나누다 보니 자연스레 지난주에 공부한 인류학의 개념들이 흘러나왔다. 이번 주 수업은 인류학에 대해 각자 공부를 해서 쪽글을 쓰고, 그것을 「인류 오디세이」라는 다큐에 적용해 보는 훈련 과정이 아닌가 싶다. 이렇게 지난번에 배운 것을 다시 되새김질하게 되니 할 얘기도 생기고 자신감도 생긴다. 수업에서 배운 내용들로 나의 일상을 바라보는 것도 이런 방식이라는 생각이 들었다. 또 그것이 자기를 성찰하는 방법일 테고.

토론의 내용을 정리해서 보고서를 올리는 것은 내 몫이었다. 저녁에 보고서를 제출하려고 사이버 강의실에 들어갔더니 모든 조가 이미 다큐를 보고 토론한 보고서를 올려놓았다! '보고서 제출' 버튼을 클릭하며 '다큐 토론을 안

했으면 큰일 날 뻔했다.'는 안도의 한숨을 내쉬었다. 하지만 다른 한편으로는 씁쓸하기도 했다. 지금 이 보고서를 올리면서 느끼는 안도감과, 꼭 해야 하는 과제가 아니었는데도 왠지 안 하면 뒤처질 것 같은 불안감, 그리고 경쟁의식. 그러고 보니 20년 정도를 살면서 '해도 그만 안 해도 그만'이라는 자율적인 선택의 상황에 놓여 본 기억이 별로 없다. 그래서 이렇게 무언가를 스스로 골라야 하는 상황들이 더 힘들어진 것은 아닐까.

•• 반쪽짜리의 좋은 다큐멘터리 필름! | 〈애처가〉 소모임

각종 고증을 거친 사실로 만들어진 '훌륭한' 다큐멘터리였기에 이 수업 시간에 소개되는 영광을 얻었을 것이다. 따라서 지난 수업은 고등학교 역사 시간에 접했던 '호모' 종들과 '네안데르탈 인' 등의 흔적을 영상을 통해 접함으로, 암기형 강의에 물든 우리들의 시각적 공백을 채우는 유익한 시간으로 받아들여야 했을 것이다. 하지만 마냥 수긍하고 고개 끄덕이기만 할 수 없었다는 점이 유감이라는 의견이 나오기 시작했고, 토론의 말미에는 모든 사람들이 고개를 끄덕이게 된다. 단, 그 다큐가 '훌륭한 것'이라는 이유가 아니라, 이 영상을 기획하고 연출한 사람들의 시각이 편향되었다는 의견에 동의하는 제스처로써!

우리가 이 영상을 보고 혹평만 하면 좀 미안하기에 칭찬을 먼저 좀 해야겠다. 이 영상은 '호모 사피엔스'에 관한 적지 않은 정보를 알려 준다. 동시대에 존재한 다른 종과는 달리 의식儀式과 매장을 하는 등 죽음에 대해 인지할 정도로 앞선 정신세계를 가지고 있었으며, 도구의 발달로 세력이 커졌고, 말을 할 수 있는 구강 구조를 가졌기에 의견교환을 했고, 예술과 교육에 힘쓰기도 했다는 점들이 그것이다.

그런데 이 다큐멘터리의 제목이 '인류 오디세이'이지 '호모 사피엔스'는 아니지 않은가! 지구라는 링 위에서 유럽의 네안데르탈 인과 아시아의 호모 에렉투스를 밖으로 던져 버린 승자라는 이유만으로 너무 편애를 받고 있다는 생각을 갖게 만들었다. 그들이 제시하는 인류의 역사와는 다른 가정이 성립될 수도 있지 않을까 하는 의문과 의견이 줄을 이었다. 이를테면 동물들처럼 싸움에서 이긴 자가 살아남는 적자생존의 법칙이 인간에게도 적용되었을 수도 있겠지만, 어쩌면 네안데르탈 인 등과 융화되면서 종의 결합이 평화적으로 있을 수도 있다는 의문을 가지는 사람도 있었고, 이 다큐멘터리 대로라면 아시아 지역에 살고 있던 호모 에렉투스를 밀어내고 갑자기 호모 사피엔스가 뜬금없이 나타나 아시아인의 조상이 되었다는 것(이 다큐멘터리는 호모 사피엔스가 인류의 조상이라고 보고 있기 때문에!)은 전쟁고아가 종전 후에 아무 어른에게나 붙어 동사무소에 부자 관계로 호적 신고해 달라고 떼쓰는 것처럼 어색해 보였다는 의견도 있었다.

그런 의문점과 그 논의를 한 차원 올려 이런 다큐멘터리가 어떻게 나올 수 있게 되었는지 그 원인을 분석해 나가다 보니, 결국 아시아인들의 인류학, 고고학 연구가 상대적으로 많이 미진했기 때문에 나타난 '인류학, 고고학계에서의 적자생존 법칙의 발현'이라는 진단이 나오게 되었다.

제작진이 그들 자신도 모르게(설마 알면서도 고의적으로 종의 우수성을 과시하는 어리석은 학자도 있을까?) 그어 놓은 경계의 바깥에 덩그러니 놓여야만 했던 우리이기에, 바로 우리는 이 영상을 통해 인류학의 연구 방식 중 자주 애용되는 '참여 관찰'이라는 방법론이 가질 수 있는 약점에 대해서 통감할 수 있었던 것 같다. 이 영상물은 우리가 앞으로 진행될 프로젝트에서 최대한 편향된 시각을 가지지 않기 위해 이래저래 노력을 들여야 한다는 공통된 합의를 얻게 해 준 것 같다.

중립된 시각이라는 것은 나와 다른 존재와의 지속적인 접촉과 진지한 소통 끝에 얻어질 수 있다고 생각한다. 완벽하게 중립적인 시각을 가지는 것은 부조리가 상존하는 세상에서 유토피아를 꿈꾸는 것과 같이 순진한 생각일지는 몰라도, 그 이상향이 인류의 마음 한구석에 희망이라는 이름으로 존재해 왔기 때문에 세상이 발전하고 진보해 왔듯이, 우리도 참여 관찰에 앞서 판단의 중립성의 필요를 인지하게 되었다는 점만으로도

'하품을 절로 유발하게 하는 성우의 목소리가 담긴 이 영상물'은 의미 있는 것으로 받아들여야 하지 않나 싶다. 따라서 이 다큐를 보여 주자고 조한 교수님께 밀어붙이신 조교님께 박수 쳐 드려 봅니다. 짝짝짝! (그래도 앞으로는 재미있는 것으로 보여 주세요. 남은 박수 짝짝짝~)

•• 앞으로 인류의 진화는? | 〈이성 알기〉 소모임

(…) 이 영상물에서 말하길, 빙하기 말엽에 살생하는 것을 '개척'의 과정이라고 표현했고 단기적 빙하기가 다시 도래했을 때는 농업으로 이를 '극복'했다고 했다. 그리고 자연을 길들인다는 말을 했다. 인류가 더는 진화할 수 없다는 맥락에서 살펴볼 때 "인간은 이제 자연을 완전히 지배하게 되었고 생물적으로 진화할 필요가 없게 되었다. 불편한 게 있으면 환경을 지배적으로 바꾸게 되었다."라고 해석될 수 있을 것 같다. 그런 의미에서 영상물에선 극히 좁은 범위의 진화를 다루고 있다고 생각된다. 다른 수업에서 배운 것인데, 진화에는 생물학적인 면도 있지만 사회적인 면도 있다고 들었다. 이제 생물학적 진화가 끝난 것이라면, 이제 인류에게 사회적 진화가 필요한 것은 아닐까. (…)

조한 선생님은 학생들이 다들 비슷비슷하게 이 영상에서 드러난 서구적 관점을 문제로 지적했다는 점에 주목하셨다. 선생님은 이런 우리를 보고, "정답을 때려 맞출 수 있는 귀재들"이라고 부르셨다.

어쨌든 보고서는 잘 써서 냈는데도 또 한 방 먹었다. 과정은 엉터리고 맞는 말만 곧잘 하는 그 태도에 대해 이야기하시는 조한 선생님은, 그렇게 정해진 답을 말하는 데 익숙해질 게 아니라 제대로 사유하는 법을 익히라는 말을 해 주고 싶으신 것 같다.

| 공지사항 | **전자칠판** | 자유게시판 | 자료실 | Q & A |

글쓴이 : 조혜정   등록일 : 2006/09/28

인류의 진화

대다수가 다큐 보는 동안 잠을 잤음에도 불구하고 토론 요약을 보면 나올 답들이 거의 비슷하게 다 나와 있다! "신통하기도 하여라~"라고 말해야 할지, 실망했다고 해야 할지…

    대한민국 일류대를 입학한 자들로서 무슨 말이 나와도 다 들은 적이 있으며, 어떤 문제가 주어져도 정답을 '때려 맞출 수 있는 귀재들' 임을 다시 한 번 확인하고 그간 논술 준비의 영향 또한 확인하게 됨!

    학생들이 여러 개념들을 연결하면서 실제로 그럴듯하게 말은 하지만, 확실하게 모르고 가고 있는 부분이 너무 많다. 실제로 자신들의 경험과 연결하는 훈련이 안 되어 있고, 그것은 실제 경험들이 적기 때문에 더욱 어려운 부분인 듯. 앞으로 수업을 통해 조금이라도 해결해 가야 할 과제.

    우리는 어떻게 보면 선생님이 쳐 놓은 장치에 걸려들고 있는 것 같다는 생각이 들었다. 정해진 강의 계획대로 한 학기를 진행하는 다른 수업과 다르게, 선생님의 수업일지는 수시로 수정되고 있었다. 이에 맞춰 사이버 강의실에 올라온 수업 계획서도 일정과 내용이 조금씩 수정되며 우리에게 공지되고 있었다. 학기 초 우리가 보았던 수업 계획서는 3주가량 지난 지금의 수업 계획서와 다르다. 선생님이 판을 짜는 기획자라면, 그 판은 수업의 진행과 발맞춰 매우 융통성 있게 진화하고 있는 것이다.

    문화인류학에 대해 알게 되면서 나는 이 수업의 또 다른 장치를 발견해 냈다. 우리가 무언가를 참여 관찰하고 세상을 바라보는 법을 배우는 이 과정을,

선생님 또한 참여 관찰하면서 전자칠판에 문화 기술지로 풀어내고 있다는 것이다. 액자식 구성으로 된 소설처럼 참여 관찰 속에 또 다른 참여 관찰이 진행되는 이야기. 이 수업에는 세 가지 시선이 있는 것 같다. 기획자인 조한의 시선, 수강생의 시선, 그리고 나의 시선. 시선을 바꿔 가며 이 수업을 들여다볼 수 있게 되니 〈지시문〉이 더 즐거워지기 시작했다. 인류학적으로 말하면, 낯설게 하기 / 낯익히기. 그리고 그것을 통해 '타자의 입장에서 상상하기'. 인류학에 발을 담그면서 선생님의 머릿속에 조금은 들어가 볼 수 있는 여유가 생겼다.

글손이 | 연지

❖ 조한의 수업일지 07

시간에 대한 감각
통시성과 공시성 | 인류의 진화

학생들이 자신이 인류의 긴 역사의 일부분이라는 느낌을 갖게 되는 것은 이 수업의 중요한 목적 중 하나다. '계통 발생'의 역사는 '개체 발생'의 역사 안에서 반복된다고 하는데 그것을 느끼게 되면 인류 사회에서 일어나는 모든 일에 관심을 갖게 되고, 그 거대한 역사 속의 자신을 앉히게 되면서 좀 다른 존재가 되어 간다. 자신이 잠시 하루살이처럼 살아가는 인생이 아니라, 긴 역사 속에 끈을 가진 존재라는 것을 알게 되는 것이다. 시계적 시간을 정신없이 쪼개며 찰나적 삶을 살아가는 현대, 교환 경제가 압도하는 고도 자본주의 사회에서 그런 긴 시간에 대한 감각을 갖기는 쉽지 않다.

제사를 지내던 조선 시대만 해도 시간을 순환하는 것으로 인식했다. 그래서 조상이 되기 위해 즐겁게 이승을 떠나기도 했던 것이다. 자신은 기나긴 인류의 역사가 만들어 낸 작은 산물이라는 것, 그 거대한 우주 안에서 누군가와 연결되어 서로에게 기대고 부벼 대기도 하면서 주어진 시간을 살아가는 것이 인생이라는 인식은 삶의 의미와 안정감을 더해 준다. 어느 날에는 온 세상이 자기 것인 듯 날뛰다가 다음 날 자신이 보잘것없는 존재일 뿐이라며 절망하는 현대인들의 조울증과 불안은 바로 시간에 대한 인식과 관련이 깊다. 오로지 혼자인 개체로서의 개인성을 강조해 온 근대를 사는 사람들은 자신이 사라지면 모든 우주가 사라진다고 착각하는 우주관을 갖게 되었고, 긴 시간성 안에 자신의 위치를 두는 것이 불가능해졌다. 인간은 사회적 동물이고, 사회 안에서 비로소 살아갈 기운을 얻는 존재인데 그것을 잃어 가면서 시름시름 앓고 있는 것이다.

시간에 대한 감각을 갖기를 바라면서 먼저 수렵 채취 사회에 대한 다큐멘터리를 보았다. 최근에 나온 괜찮은 다큐들이 있지만 오래된 전형적 다큐를 보기로 했다. 중고등학교 때 수업을 통해 보곤 했던 그런 유의… 나는 학생들에게는 아주 훌륭한 작품만 보여 주어야 한다고 생각지 않는다. 초기에는 좋은 것만 보여 주었는데 좋은 것을 너무 많이 보아 버린 요즘은 반면 거울을 통해 더 많이 배우기도 하기에 예전에 자신들이 아주 재미없어했던 것을 다시 보여 주면서 그것에서 뭔가를 배워 갈 수 있게 하는 것도 아주 좋은 학습일 수 있다. 생각해 보면 좋은 것만 보여 준다는 것은 전형적 계몽주의 시대의 학습법이 아닌가? 끊임없이 이상향에 가까이 가기 위해 부단히 노력하는, 엄밀하게 말하면 부단히 '좇아가는' 시대에 적합한 학습법이라는 말이다. 모두가 지향해야 할 훌륭한 모델이 분명할 때나 가능한 일이다. 딱히 한 길을 상정하기 어려운 지금 시대에, 그리고 계몽주의적 언설에 진력이 난 상황에서는 오히려 나쁜 것을 보면서 반성하고 각성하는 효과가 더 커진다. 결국 패러다임 전환기의 변화 속에서 학생들은 어디서나 배울 수 있는 능력을 키워야 하는 것 아닌가? 그간 배운 것을 벗어 버리거나 다시 고쳐 배워야 하는 일도 많을 것이다.

「인류 오디세이 : 호모 사피엔스」라는 다큐멘터리를 보여 주었는데 화면이 좀 흐릿하고 낯익은 성우의 톤은 바로 자장가였다. 어쩌면 중고등학교 담임이 일 없이 틀어 주었을 법한 영화, 왜 보는지 미처 파악하지 못한 채 보아서 더욱 지루한 영화를 대학 강의실에서 한 편 본 것이다. 막상 틀어 놓고 실은 나도 그 성우의 진부한 목소리와 더운 날씨에 기운이 빠졌다. 다들 힘들어해서 조별 모임도 활성화할 겸, 조별로 모여 토론을 하라고 했다. 물론 예정에 없던 일이다. 개별적으로 쪽글을 쓰고 토론을 해도 그리 좋은 이야기가 나올 것 같지 않아서 그렇게 즉흥적으로 한 것이었다. 이 주제로 조별로 토론도 하고 서로 친해지는 식의 두 마리 토끼 잡기.

조별로 정리하기로 한 토론이 사이버 게시판에 오르기 시작했는데 그 내용은 놀랍도록 잘 정리되어 있었다. 정보 사회의 학생들은 이미 너무나 많은 것을 주워들어서 다 알고 있거나 아는 척할 수 있다. 적어도 절반은 확실하게 내내 졸고 있었던 것 같은데 입시 공부의 위력을 여기서 또 보게 되는 것인가? 학생들은 핵심적 인류학 주제들을 다 꺼내 놓고 있었다.

> 선생이란 학생이 스스로
> 질문을 던지게 하는 사람이다.
> :: 소크라테스

2부 | 시대 읽기

가족, 추석, 이야기 ● 책을 통해 글로벌 시대와 대면하다
인류의 희망과 절망을 말하다 ● 저출산 정책을 두고 연애를 논하다

교 실 이 돌 아 왔 다 | 4

가족, 추석, 이야기

◆◇　우리는 서로 다르다. 서로 다른 사람들이 부딪치지 않고 함께 살기 위해서는 서로를 더 잘 알아야 한다. 그렇지만 우리는 사실 서로를 잘 모른다. 모르기 때문에 더 알고 싶지 않아 한다.

　이전 수업에서 우리는 자신의 영어 이야기를 통해 나를 드러내고, 남에게 귀 기울이는 법을 배웠다. 그리고 어떤 수업 공동체를 꿈꾸는지를 이야기하면서 서로 익명성을 띠고 있던 관계가 색깔을 지니기 시작했다. 막연한 '그 사람들'이 '아, 그 사람!'으로 가까워지는 관계 맺기 말이다. 그리고 처음에는 왜 하는지 모르고 무작정 따라했던 수업의 진행이 낯선 사람들을 만나고 관찰하면서 '인류학'을 훈련하는 과정이었다는 것을 알게 되었다.

　그렇게 여러 주제로 서로를 비춰 봄을 통해 우리가 서로에게 익숙해질 무렵, 추석이 다가왔다. 우리는 일주일 정도의 긴 추석 연휴를 보냈다. 〈지시문〉 수업은 수강생과 잠깐이나마 멀어지는 것이 서운했는지, 추석 기간 동안 해야 할 과제를 하나 내 줌으로써 추석 내내 생각할 거리를 주었다.

　과제 덕에 나는 추석 내내 이전과는 색다른 시선으로 우리 집 풍경을 바라보았다. 조금은 낯설게, 타자의 시선으로.

| 공지사항 | 전자칠판 | 자유게시판 | 자료실 | Q & A |

글쓴이 : 정가영   등록일: 2006/09/28

다섯 번째 과제

나의 추석 이야기
— 추석에 일어난 일들을 참여 관찰하여 한 편의 참여 관찰기를 씁니다.

전통과 현재가 교차하는 '명절' 풍경에는 흥미로운 지점들이 많지요? 의례로서의 '차례'라든가, 음식 만드는 풍경, 나의 할머니 할아버지에 관하여, 사촌과 나의 관계 등 다양한 소재들을 잘 살펴보도록 합시다. 서울에서 혼자 보내는 추석 또는 온 가족이 떨어져 지내는 추석 등 추석 사연과 자신의 관찰, 기술이 잘 묻어나는 글을 기대해 봅니다.

가족

밖에선

그토록 빛나고 아름다운 것

집에만 가져가면

꽃들이

화분이

다 죽었다

— 진은영, 『일곱 개의 단어로 된 사전』 중 「가족」, 문학과지성사, 2003

누구나 가족에 대해 서로 다른 감정을 가지고 있다. 진은영 시인의 시와 꼭 같다고 말할 수는 없지만, 내게 가족이라는 단어는 한마디로 설명하기 힘든 여러 감정들을 불러일으킨다. 그것은 단기간에 형성된 감정이 아니라 태어나면서부터 천천히 응축된 감정들이어서 그만큼 다루기 힘들 때가 많다. 우리 집은 겉으로 보기엔 화목한 대가족이지만 실상은 그렇지 않다. 소위 '노는' 동생과 부모님의 갈등이나, 친척 간의 다툼같이 작아 보이지만 결코 작지 않은 일들 때문에 늘 위태위태하다. 이런 가족에 관한 감정들을 추스르기 힘든 것만큼이나 가족에 관한 이야기를 입 밖에 내기도 항상 조심스럽다. 태어나면서부터 주어지는 첫 소속 집단인 가족과 개인은 결국 뗄 수 없는 존재다. 따라서 가족 이야기는 내 이야기가 되는 셈이다. 나는 내 가족 이야기가 다른 사람에게 어떻게 비칠까 두렵다. 나는 왜 이렇게 타인에게 나의 가족을 이야기하는 것이 어색하게 되었을까. 갑자기 서글퍼졌다.

'가족 이야기를 뭐라고 쓰지. 적당히 포장을 해야 남들이 보기에 괜찮은 가족 이야기가 나올 텐데.'

한참을 고민하다가 먼저 사이버 강의실에 들어가 친구들의 글을 읽어 보기로 했다. 가족의 이야기가 극히 개인적이라고 생각한 내 감정은 나만의 것은 아닐 것이다. 하지만, 친구들은 그들의 가족에 대해서 솔직하게 풀어내고 있었다. 이것이 〈지시문〉 수업의 힘인가.

왠지 억울한 | 슬지 06

아버지들이 번갈아 가며 제사상에 술을 올리고 절을 하고 있었다. 그동안 어머니들은 주방에서 조금이라도 늦게 준비하면 큰일 날 것처럼 바쁘게 들어오는 국그릇을 받고 나갈 물그릇을 준비하고 있었다. 그렇지 않을 때 어머니들은 주방에 장승처럼 꼿꼿이 서서 숨을 죽이고 있다가 숨 막히는 제사가 끝나면 제사상을 아침상으로 바꿔 차리기 시작하셨고, 아버지들은 양복을 편한 옷으로 바꿔 입으셨다. 드디어 큰 상에 온 가족이 둘러앉아 아침을 먹는데, 이상하다. TV 속의 추석처럼 즐겁지는 않다. 할아버지와 할머니께서 모두 일찍 돌아가신 데다 몇 년 전 큰어머니 중 한 분이 돌아가시고 큰아버지 가정이 어려워지면서 친척들 간의 관계가 틀어졌기 때문이다. 게다가 자식들이 다 비슷한 나이라 대학 입학 결과가 비교되기 시작하면서부터는 관계가 더욱 어색해진 듯하다. 오가는 대화는 "이거 좀 먹어 봐라. 그릇 좀 가져오너라. 많이 컸구나." 정도. 큰아버지께서도 어색함을 느끼셨는지, 갑자기 TV를 켜셨다. TV에서는 정말로 온 가족이 함께 모여 즐거운 추석을 맞이하는 모습이 나오고 있었다. 흐뭇하게 어린 손자들을 바라보시는 할아버지 할머니의 모습, 친척들이 옹기종기 모여 앉아 환하게 웃으며 이야기하는 모습, 아이들끼리 신나게 뛰어노는 모습들이. 갑자기 왠지 억울한 마음이 들었다. TV에서 하도 "행복한 추석 명절이에요~ 오랜만에 온 가족이 모여 앉아 오순도순 이야기도 나누고, 맛있는 것도 같이 해 먹고~ 너무 좋죠? 어머니들은 음식 하느라 힘드셨을 텐데 어머니들 안마도 좀 해 드리세요~" 하고 반복해서 그런가?

갑자기 '억울한 사람들이 얼마나 많을까' 하는 생각이 들었다. 추석이 꼭 그래야만 하고, 가족이 꼭 그래야만 한다는 법은 없는데, 억울하다는 감정이 들 필요가 없는데.

추석이 꼭 TV 드라마처럼 모두 모여서 즐겁고 시끌시끌한 분위기여야 한다는 법은 없는데, 드라마 같지 않은 추석에 얼마나 억울한 사람이 많을까라는 슬지의 작은 분노를 통해 내가 왜 나의 가족 이야기를 남과 나누기 힘들어하는지를 생각해 볼 수 있었다. 어떤 이상적 가족을 그려 낸다면, 거기에 어긋나는 것들은 비정상이 될 수밖에 없다.

하지만 내 가족 이야기는 조심스러우면서도 남의 가족 이야기에는 호기심이 동하는 법. 나는 계속 친구들의 쪽글을 읽어 내려갔다. 추석을 통해 친척과의 관계를 돈독히 하고 가족의 사랑을 느낄 수 있었다는 보람이의 이야기가 내 눈길을 끌었다. 슬지 주변엔 없었다는 그야말로 전형적인 가족 이야기였다.

•• 추석이 가르쳐 준 소중한 것들 | 보람 06

추석 연휴는 오랜만에 고향에 돌아갈 수 있는 기회를 주는 시간이다. 그렇지만 추석 연휴가 끝나자마자 바로 중간고사 기간이라서 안동에 있는 본가에 오지 못한 고등학교 2학년짜리 내 동생과 사촌 동생처럼, 나도 고등학교 때는 추석 때 시골에 내려가지 못하고 시험공부를 한답시고 혼자 집에 남아 있었다. 그 당시 한다던 공부는 안 하고 게임 하느라 3일을 휙 날려 보낸 나에게 추석은 모처럼 부모님 눈치 보지 않고 실컷 놀 수 있는 행복한 시간이었다. 이런 연휴가 시험 직전에 있어서 조상님들께 얼마나 감사했는지 모른다. 그때는 빡빡한 학교 일정에 대한 반발심으로 지금 생각하면 좀 철없이 그저 놀 수 있는 기회가 주어졌다는 것만으로 명절이 다가오는 것을 기뻐했는데 이젠 명절에 대한 생각과 명절을 보내는 내 생각이 많이 달라져서 이번 추석은 신선하면서도 조금은 어색한 기분으로 보냈다.

그렇지만 역시 추석뿐만 아니라 모든 명절을 더할 나위 없이 소중하고 또 소중한 시간으로 만드는 것은 모처럼 가족이 모인다는 사실이다. 이제 너무도 식상한 말이지만, 다들 각자 살아가기 바쁜 현대 사회에서, 모처럼 가족들의 얼굴도 보고 이야기도 하는 것은 가족이라는 존재가 나에게 얼마나 큰 것인가를 다시금 생각해 보게 한다. 오랜만에 명절을 가족들과 함께 보내는 나로서는 그러한 사실이 더욱 크게 느껴졌다. 어느새 많이 자라 버린 친척 동생들과 그만큼 많이 늙으신 친척 어른들을 보면서 시간의 흐름을 느꼈는데, 아마 그분들도 대학생인 내 모습에서 그러한 느낌을 받았을 것이다. 그리고 얼굴 보기 힘들어서 섭섭하시다는 말씀과 내 진로와 미래에 대해서 걱정해 주시는 말씀, 요즘 불편한 일은 없는지 배려해 주시는 말씀들, 교훈이 되고 삶의 빛이 되는 말씀을 해 주시는 분에게서 가족들의 사랑과 진심을 느낄 수 있었다.

일주일을 푹 쉬고 나서 들어선 〈지시문〉 수업 강의실. 추석 연휴 내내 휴식을 너무 잘 취하고 와서인지, 강의실 분위기는 조금 붕 떠 있었다. 선생님은 자신이 쓴 쪽글을 바탕으로 추석 이야기를 해 보라고 하셨다. 쪽글에서처럼 다양한 추석 이야기가 나올 것이라고 기대했는데 초반에는 '윷놀이를 하고 오순도순 모인 친척들이랑 송편을 빚고 재미있게 놀았다.' 같이 익숙한 이야기들이 주로 나왔다. 나는 조금 지루해졌다.

'좀 독특한 이야깃거리를 가진 사람들은 안 나오려나? 역시 그런 가족 이야기들은 많은 사람들과 나누기엔 민감한 걸까.' 이런 생각을 하고 있는데 흥미롭게 읽은 쪽글의 글쓴이 중 하나가 무대에 등장했다. 자신의 가족 이야기를 진솔하게 전하며 이번 추석이 가족의 깨어진 화목함을 스스로 되찾는 과정이었고, 이를 통해 가족을 더 소중하게 느끼게 되었다는 이야기를 해 주었다.

•• 우리 가족 추석 트렌드, 우리네들 사는 모양새 | 경란 05

내 삶에서 추석의 의미는 결코 한결같지 않다. 겨우 20년 살았을 뿐인데, 이토록 급격하게 변하기도 힘들 듯싶다. 어쩌면 20년도 그 변화를 담아 낼 수 있는, 나름대로 긴 시간인지 모른다.

하나, 바글바글, 행복하고 기다려지던 추석

사촌들과 나는 같은 또래다. 추석이면 모두가 학교에 가지 않으니 한자리에 모여서 놀 수 있다는 것은 큰 즐거움이었다. 사촌들과 함께 화약을 사다가 불꽃놀이를 하기도 하고, 큰집 노래방 기계에다 악을 써 가며 어른들 앞에서 장기 자랑을 하기도 했다. 또 어른들은 저녁마다 화투 놀이를 하고는 했는데, 아이들은 저마다 자기 부모 뒤에서 마음을 졸이며 응원을 했다. 고스톱 챔피언은 언제나 우리 아버지였는데, 딴 돈을 모조리 사촌들 용돈으로 줘 버리고 거기에 더 얹어 주는 아버지가 나는 못내 서운했다. 사촌들은 얘기꽃을 피우며 밤을 새웠다. 부산 고모의 딸들이 오면 늘 사투리 설전이 벌어지고는 했다. 우리네 전라도 사투리가 더 표준어에 가까운지, 그들의 사투리가 더 가까운지 신경전을 벌이기도 했다. 나의 추석은 그토록 정겹고 행복했다.

둘, 쓸쓸한 추석, 돈으로 얽히고, 재혼으로 깨진 가정

그러나 아버지가 돌아가시고, 어머니와 나는 다른 고장으로 이사를 갔다. 그리고 어머니는 새아버지를 만났다. 그러나 새아버지네 가족들을 그 전 가족들처럼 정답게 대하기는 싫었다. 나는 원래 인간관계에서 진짜 정을 주기까지 뜸을 들이는 편이다. 한데, 우리 큰집과도 사이가 어색해진 게 문제였다. 엄마가 다른 남자를 만나면서 우리 집과 큰집은 딴 식구들이 된 것이다. 거기에 돈 문제가 크게 얽히면서 우리 집안은 제대로 깨어져 버렸으며 나는 명절에도 큰집을 찾지 않게 되었다. 아버지 성묘를 가는 것도 혹시나 그 동네의 식구들과 마주칠까 봐 꺼렸고, 이런 나를 친척들은 야속하게 생각하는 눈치였다.

셋, 다시 회복, 올해

그러나 그렇게 부서진 집안을 마음 가벼이 볼 수 있었던 건 아니다. 어린 시절 가족에 대한 기억이 따뜻했던 만큼, 그것을 되찾고 싶은 마음도 강했다. 작년과는 달리, 나는 올해 학교 학생복지위원회에서 마련한 한가위 귀향단 버스를 타고 고향으로 향했다. 긴 추석 연휴에 일찍 출발해서인지 길도 별로 막히지 않았다. 연휴 초반에는 친구들을 많이 만났고, 드디어 추석 당일이 되었다. 나는 어머니께 올해 추석에는 꼭 성묘를 하자고 말했다. 유복자로 태어나 아버지 얼굴도 모르는 내 남동생과 아버지 산소를 찾은 뒤, 큰집으로 가자는 뜻을 전했다. 어머니는 많이 망설이는 눈치였지만 그래도 내 뜻을 존중해 주셨다. 큰집을 향할 때 손에 들고 있는 한가위 선물이 어찌나 어색했는지 모른다. 남의 집을 찾는 것처럼 무언가를 준비해 가야 하는 우리의 상황을 말해 주는 것 같기도 했다. 그래도 사촌 몇 명과는 싸이월드와 메신저로 연락을 몇 번 했기 때문인지 많이 어색하지는 않았다.

추석 분위기는 그 옛날과는 많이 달랐다. 작은아버지가 없어졌고 아버지와 고모가

돌아가셔서, 성묘해야 하는 산소는 늘고 모이는 식구는 줄었기 때문이기도 하다. 음식을 차리는 규모도 많이 줄었다. 엄마는 어른들과 얘기를 나누시고, 나는 사촌들과 컴퓨터로 영화를 다운받아 놓은 것을 보다가 못내 그 분위기가 적응이 되지 않아서 나락을 젓는다(추수한 벼를 햇볕에 말리는데 그것이 잘 마르도록 저어 줘야 한다)며 밖으로 나와 버렸다. 같이 나락을 저으러 나온 사촌 동생과 그동안 집안 돌아간 얘기를 하며 시간을 때웠다.

큰집으로 다시 들어가니, 나락을 가마니에 담아야 한단다. 농사일에 연휴는 없는 모양이다. 어머니께서 같이 일을 돕자며 나오라고 하셔서, 온 집안 식구가 일을 하러 출동했다. 큰아버지가 다리를 다치시고, 나머지 사촌은 직장이며 군대며 흩어진 탓에 남자는 고등학교 3학년의 사촌 동생 한 명뿐이다. 나머지는 다 여자. 나락을 담는 일은 재미가 쏠쏠하다. 어설픈 나의 일손을 사촌과 큰어머니가 빙긋 웃으며 바라보고, 같이 일을 하다 보니 그간의 불신과 서운함이 녹아내리는 느낌이다.

넷, 가족, 그 의미에 집착하기

요즘 가족 해체의 분위기가 너무 가속되는 것 같다. 동아리 사람들과 솔직한 얘기를 하다 보면, 이혼이며 돈 문제로 가정이 깨지는 일이 너무도 많은 것 같다. 그래서 나의 추석 이야기가 오히려 평범할 수도 있다. 그리고 황금 같은 휴가인 명절 연휴에, 어색해진 가족의 퍼즐을 다시 끼워 맞추려고 애를 쓰는 나 자신이 어리석게 느껴진 적도 많다. 탈 가족의 시대, 좀 더 자신에게 집중하려는 트렌드를 인지는 하지만, 나는 거부하겠다. 가족의 하나 됨에서 느낄 수 있는 사랑의 힘은 자신에게 집중했을 때의 이점보다 강하고 따뜻하다 믿는 까닭이다.

이 친구의 발표에 이어 지금껏 보내 왔던 가족과의 명절, 전형적인 명절에 회의를 품는 심화된 질문들이 나오기 시작했다. 농경 문화에서 시작된 전통적인 의미의 추석이, 과연 지금도 의미가 있을까?

나의 추석 이야기 | 승진 06

사실 나에게 추석이라는 것은 그다지 큰 의미가 없다. 적어도 전통적인 의미의 차례를 지내고 어쩌고 따위는. 나는 전통적인 것들의 의미를 아직은 모르겠다. 단지 몇 해 전까지는 추석 같은 명절엔 많은 친척들을 만나는 일에 어느 정도 흥미를 느끼며 보냈다. 그러나 외할머니께서 병들어 누우시고(할아버지께서는 내가 태어나기도 전에 돌아가셨다) 조부모님들은 그런 연휴 기간엔 자주 여행을 다니시게 된 뒤로부턴 하루쯤 외할머니 병원에 다녀올 뿐 추석에 친척을 만나는 일조차 뜸해졌다. 그러던 와중에 이번 추석에는 가족이 중국을 다녀오게 되었다. 중국에서 맞이하는 추석이라, 그런 문제의식은 언젠가부터 제기되었다. 추석이나 설날 등 민족의 대명절이라 불리는 연휴 기간에 해외 여행을 떠나는 사람들이 많다고, 전통이 무너지니 새롭게 바뀌니 하는 이야기. 나도 이번엔 그 무리 중 한 사람이 되었던 것이다. 그런 사람들 26명이(패키지 여행에 참여한 인원) 맞이한 추석날 저녁상에서 내가 느낀 것은, 나도 전통 명절로서의 추석에 관심이 있던 것은 아니지만, 추석의 의미가 조금씩 잊혀 간다는 점이다. 실상 몇몇 어른들은, 어느 분이 추석상이라고 술을 대접하시기에 그날이 추석이라는 것을 깨닫는 분들도 계셨다. 그렇게 그들은 명절이라기보다는 단지 9일짜리 대연휴라는 생각으로 추석을 보내고 있었던 것이다. 물론 나 또한 전통을 어겼네 어쩌네 하는 것으로 남들을 비판할 처지는 못 된다.

승진은 의문 없이 당연하게 받아들여 왔던 추석이 더는 '그냥' 받아들여지진 않는 시대가 왔음을 보여 줬다. 추석의 의의에 대해 회의하는 물음표가 던져지자, 빠르게 바뀌는 시대와 달리 변하지 않는 추석의 전형성에 대해서도 의문을 던지는 친구가 나타났다.

차례상, 너무 똑같은 거 아냐? | 경무 06

대한민국의 식문화는 바뀌어 왔어도, 추석 차례상만큼은 쉽게 바뀌질 않는다. 밥 대신 김밥 올리는 집은 없고, 과일이 몇 가지 추가되긴 해도 밤, 대추가 절대로 빠지지 않는다. 평소엔 별로 보이지도 않는 대추가 추석 때만 되면 너무 많이 보인다. 일상적이지 못하다. 좀 더 일상적인 차례상은 없을까. 가을이니까 전어도 구워서 올리면 좋겠고, 생선 맛있을 때니까 회를 올려도 좋겠다. 물론 옛날에는 차례상에 회 올리는 것 자체가 불가능했겠지만 지금은 충분히 가능하니까. 국만 올리는 것도 지겨우니 가끔 전골류도 가운데 올려 보고, 그냥 떡하니 사람 먹을 한 상 차리는 거라고 생각하면 안 될까?

전통은 있든지 말든지 상관없지만, 전통에 대한 집착은 싫다. 어떤 상황이라도 전통을 고수하려고 하는 건 전통을 인습으로 만들어 버리는 것과 다름없다. 상황에 맞게, 가장 좋은 방향을 선택하는 것이 좋은 방법이고, 그것이 어느 때건 꽤 괜찮은 방법이라면 전통이 될 것이다.

경무는 바뀌지 않는 차례상만큼이나 추석을 통해 모이는 '가족' 자체에 대해서도 회의적이었다. 수업 사람들에게 '과연 핏줄이 뭐길래 이렇게 명절마다 의무처럼 만나야 하는 것일까?' 하는 고민거리를 던져 주었다. 수업 초반 가볍게 이야기를 듣던 사람들은 한결 진지해진 표정으로 무대에서 흘러나오는 이야기들에 집중하기 시작했다.

친한 것이 핏줄인가, 친해야 하는 것이 핏줄인가 | 경무 06

전통적으로 추석이 무엇이라고 믿어져 왔든, 현재 추석의 기능이 무엇이냐고 말하면 '가족의 만남'이라는 대답을 얻을 수 있을 것이다. 다같이 모여서 이야기하고, 전을 부치고, 송편을 빚고, 밤을 깎는다. 다같이, 오랜만에 모여서. 그런데 뭐 하러 모여?

인류학자라면 추석에 대해 이렇게 평할지도 모른다. "한국에서는 서로 왕래가 뜸한 친척끼리 1년에 두 번 모이는 기간이 있다. 그들은 그날을 명절이라 부른다. 명절은 실생활에 바쁜 그들이 1년에 두 번씩 의례적으로 모이게 함으로써 혈연관계에 대한 유대감을 강화하는 수단으로서 작용한다."

나는 별로 혈연적인 유대감 같은 건 믿지 않는다. 억지로 모인 친척들보다도 평소에 가깝게 지내던 사람들과 음식 해 먹고 노는 게 훨씬 재밌고 좋을 것 같다. 친하지도 않은 사람들을 억지로 붙여 놓는 명절. 그리, 좋아 보이지는 않는다.

이번 추석에도 나는 내려갈까 말까 심각하게 고민했다. 엄마가 아프다고 해서 내려가긴 했지만, 일부러 가는 날짜는 늦춰 잡고 오는 날짜는 일찍 잡았다. 평소에 친하게 지내지도 않던 사람들과 일부러 친한 척해야 한다는 건 피곤한 일 그 이상도 이하도 아니다. 오히려 친척이기 때문에 돈을 빌려 달라고 하는 사촌 형을 보면 구역질을 넘어서 짜증을 느낀다. 왜 우리한테 그러지? 별로 친하지도 않은데 말이야.

혈연은 생각보다 '절대적인' 것은 아니다. 혈연관계를 강화해서 얻을 수 있는 이익 따윈 나에게 별로 떠오르지 않는다. 추석보다는, 연휴라고 생각해 버리고 싶은데.

나는 "혈연관계가 다른 인간관계에 비해 우위에 있어야 하는가?"라는 질문을 받는다면 뭐라고 대답할까? "예" 혹은 "아니오"라고 분명하게 답할 수 있을까? 무대 위에 이어지는 친구들의 이야기를 들으면서 쪽글을 쓰기 전보다 이 질문에 명확히 답하기 어렵다는 생각이 들었다.

•• 이번 추석 이야기 | 형준 06

올 추석에는 부모님께서 가족 여행을 떠나자고 하신다. 흔쾌히 승낙하고 따라나선다. 시간은 아주 많다. 모든 것은 정해지지 않았다. 참 오랜만에 경험해 보는 자유로움. 돌이켜 보면 항상 이것에 치이고 저것에 치이고, 치이는 인생이었다. 여유를 갖고 살라고 배웠음에도 그것을 막상 마음에 새기고 실천하지 못했음을 깨닫는다. 출발한다. 길이 막히면 방향을 튼다. 또 튼다. 또 틀고 또 튼다. 이상하군. 강원도가 고향인 사람이 이렇게 많았나. 차창 밖에서 느껴지는 공기 덩어리의 감촉이 새롭다. 주먹을 쥐었다가 펴 본다. 접촉면이 넓어져서일까 손이 뒤로 확 밀린다. 음, 역시 과학 시간에 배운 것은 맞는 내용이군. 이런 단순한 생각들의 연속. 여행을 이런 맛으로 하나. 시간이 흐르고 해가 진다. 식당에서 밥을 먹는다. 아, 가족이 이렇게 한 상에서 밥을 먹는 것이 얼마나 오랜만인가. 모텔 방 하나를 빌려서 눕는다. 벽으로 막힌 다른 공간에서 자던 가족 구성원이 한 방에 눕는다. 가슴이 뿌듯해진다. 이번 여행은 따라오길 잘했군. 언제부턴가 모이면 뭔가 어색하고 각기 제 할 일을 하던 몇 시간 전의 우리의 모습과 지금 우리의 모습을 떠올려 본다. 마음 한구석이 뿌듯해진다. 지난 여름 자전거를 타고 지나갔던 42번, 7번 국도를 따라 차가 움직인다. 감회가 새롭다. 밥을 함께 먹고 함께 자고. 그렇게 여유로운 여행은 끝이 났다.

지금쯤 다른 가족들은 성묘하랴 차례 지내랴 정신이 없을 것이다. 현재 우리 가족의 모습은? 모두 차에 앉아서 삼각 김밥을 뜯어 먹고 있다. 추수한 것에 감사 및 자축하는 의미, 조상님을 떠올려 보는 의미의 명절이나 모이기 쉽지 않은 친지와 만나는 기회는 잃었다. 한 번쯤은 이해해 주겠지. 대신 가족의 평화는 얻었다. 그래서 이번 추석 여정이 보람찼다고 느낀다.

이처럼 긴 연휴를 이용한 여행 이야기도 많이 나왔다. 경은이가 수업 시간에 나와서, 추석 내내 킬리만자로를 등반하느라 명절 준비만큼이나 진땀을 뺐다는 이야기를 해 사람들은 폭소를 터뜨렸다. 경은이 가족은 연휴에 킬리만자로에 갔지만, 조상님께 제사 지내는 것은 포기할 수 없어 그곳에서 차례를 지냈다고 했다. 모두가 키득거린 이야기였지만, 그 친구의 이야기는 지금 우리 사회의 과도기적인 특성을 잘 반영하고 있다는 생각이 들었다. 현대와 전통, 핵가족과 대가족 사이에서 절충을 찾은 것은 아닐까.

이런 식으로 추석과 가족을 연관해 참여 관찰을 하거나 명절의 현대적 의의를 생각하는 사람들이 있는 반면, 명절 노동을 여성에게만 부담 지우는 것에 분노하는 목소리도 있었다. 이것은 명절 때면 늘 지적되는 문제지만 고쳐지지 않는 고질병이기도 하다. 여성에게 집중되는 노동에 대한 이야기를 나누면서, 추석의 화목하고 아늑한 분위기 속, 그렇게 평화로운 추석이 유지되기 위해서는 어떤 희생이 숨어 있었나 엿볼 수 있었다. 유정은 변하지 않는 명절의 풍경에 대해서 이야기했고 은희는 자신의 가족은 이 문제와 관련해 몇 년간 갈등을 겪다가 이제 조금 평화를 찾았다고 했다.

•• 부엌과의 거리는 가족과의 거리예요 | 유정 06

2006년 10월 5일 목요일 오후, '우리 집 추석의 시작'

우리 집은 연휴 때 항상 추석이나 설날 바로 전날에 친가로 떠나기 때문에 이번 연휴는 집에서 빈둥거릴 시간이 많았다. 연휴 시작 하루 전인 4일 저녁 뉴스에는 캠페인과도 같은 소식이 소개되었다. 아내의 일을 돕는 남편이 출연한 것이다. 그는 아내의 음식 만드는 일을 도우면서 인터뷰에서 이렇게 말했다. "아내는 항상 해 왔을 텐데, 같이 해 보니까 많이 힘드네요. 그래도 함께 도와야죠." 그 뉴스를 보면서 아 무슨 저런 꿈같은 얘기를 하고 있나 하는 생각이 들었다. 지금 시골에 계신 할아버지도 할머니와 같이 저 뉴스를 보고 계시겠지 하며 조금이라도 민망한 표정을 짓고 계시긴 할까 하는 생각까지 들었다.

그리고 내려간 시골. 예상대로 변화는 없었다. 어머니는 짐을 풀자마자 바로 부엌으로 뛰어가셨다. 할머니와 고모는 벌써 음식 만들기에 한창이다. 조금이나마 일을 도우면서 느낀 것은 '우리 식구들 중 절반인 남자들은 과연 이 음식들의 재료가 무엇인지는 알까?' 라는 의문이었다. 바쁘게 돌아다니는 동안 할아버지는 뒷산의 밭들을 돌아보고 오신다. 동생과 아빠는 앞뜰에서 공을 찬다. 부엌 창문으로는 마당을 내다볼 수 있다.

비록 방충망 사이로 보이는 풍경이지만 말이다. 아들의 즐거운 웃음소리가 들릴 때마다 전을 부치시던 어머니는 밖을 내다본다. 저녁 9시도 안 되었는데 어머니는 피곤하셨는지 바로 잠이 들었다. 다음 날의 차례 때도 여자들은 너무나 분주하게 뛰어다녔고 밥을 먹을 때도 물을 가지러, 모자란 반찬을 가지러, 계속 부엌을 드나들어야 했다.

가장 슬픈 일이 차례가 끝난 뒤 마당에서 벌어졌다. 나이가 많은 데도 아직도 혼자이신 고모는 강아지를 매우 좋아하신다. 차례가 끝난 뒤에 고모는 이번에 새로 산 강아지에 우리 남매가 정붙이는 것을 도와주고 계셨다. 부엌에서 할머니가 "설거지 안 하냐." 소리를 지르셨다. "예. 가요~" 하고 일어서는 고모의 표정이 너무 피곤해 보였다. 결혼을 하지 않은 고모에게는 이번 추석이 조금은 쓸쓸한 명절일 텐데 가족 구성원 개인의 이러한 감정은 바쁜 집안일들에 밀려 무시당하고 있는 것 같다는 생각이 들었다. 명절의 원래 취지는 가족들이 모두 모여서 힘든 일이 있으면 서로 위로해 주고 기쁜 일이 있으면 기뻐해 주는 것일 텐데 너무 형식에 치우쳐 우리의 따뜻한 문화인 '정의 문화'를 잊게 돼 버린 것은 아닌지…

언제나 시골에 갈 때마다 느끼는 것이지만, 너무나 확고하게 정해진 역할들, 이 역할들은 오히려 가족들 간의 거리를 벌려 놓는다. 우리 집만 하더라도 아버지가 가사일의 거의 반을 맡을 정도로 많이 집안일을 도와주신다. 그러면서 가족 간의 대화도 굉장히 많아졌고 불만이 있다면 대화로 풀어 나가는 것이 우리 가족의 규칙으로 자리 잡게 되었다. 수십 년을 정해진 역할로만 살아오신 할아버지 할머니께는 당장의 변화가 너무나 어색할 수도 있다. 그러나 언제나 방 안에만 계신 할아버지와 대화를 나눈 적은 거의 없지만 할아버지는 손자, 손녀를 너무 예뻐하고 대화하고 싶어 하신다는 사실을 알고 있기에 변화는 필요하다. 많은 가정에서 역할 분담의 변화가 일어나고 있지만, 바로 우리 시골집에서도 지금까지 여성들의 희생과 고생이 얼마나 컸는지에 대한 자각이 필요하다. 그러한 자각과 조금씩이지만 천천히 이루어지는 변화가 있다면 가족들 간의 오해나 서러움이 많이 줄어들고 진정한 정의 문화를 이룰 수 있을 거라고 생각한다.

•• 당신의 추석은 안녕하십니까? | 은희 06

추석을 통하여 돌아본 나의 가족은 지극히 탈근대적이다. 그러나 단순히 탈근대적인 모습에 제한되지 않고 매우 이탈적이며, 또한 해체적이다. 그래서 과제로 내준 '관찰'과 '낯설게 하기'의 대상에 잘 들어맞는다고 생각한다.

 우리 가족에게 '추석'이 다가옴은, 그동안 화목이라는 이름 아래 서로가 서로에 대해 '눌렸던' 사회적인 '이상 지점'이 다시 수면 위로 떠올라 충돌하게 될 것임을 의미한다. 장남이라는, 부모님 제사를 주도해야 한다는 가부장적인 틀에 묶여 계신 아버지는 우리 가족에게 추석이 더는 '명절'이 아님을 괴로워한다. 그리고 어머니의 '추석 거부' 의사가 단순히 맏며느리로서의 힘든 일에서 유발된 반항이라 여긴다. 그렇기에 몇 년에 걸쳐 명절마다 일어나는 이러한 분쟁에서도 끝까지 전통을 끌어안으려 하신다. 그에 반해 어머니는 가장 최근의 사회 흐름에 속해 있는 나조차 때로 거부감이 일 정도로 '탈근대', 아니 '탈현대' 적이다. 그녀에게 부담감 혹은 거부감마저 가지고 만나야 하는 '남편의 가족'은 '우리 가족'보다 우선할 수 없다. 자신이 '못된 며느리'가 되었음에는 슬퍼하지만, 자신이 지금 전통과 시댁이라는 압제하에서 벗어나 '자기에게 열중하는 삶'을 사는 데 만족을 느낀다. 아버지와 어머니의 이런 생각 차는 그간 몇 년 동안의 명절을 '아프고 얼굴 붉히며' 지나가게 했다. 그러나 올해 들어서 우리 가족의 모습은 안정을 찾았다. 그것은 '해체의 인정'이었다. 서로에 대한 몰이해와 무관심에서 비롯된 방관이 아니라, 어머니와 아버지의 지속적인 대화의 결과로 서로의 '삶의 영역'을 최대한 지켜 주고 보전하는 데서 합치점을 찾았다. 어쩌면 그것은 개인의 공간을 최대한 지켜 주자는 탈근대적, 그러니까 어머니의 편에 더욱 가까운 것인지도 모른다. 그러나 '서로가 옳다고 믿는 것을 하게 하는 것' 이야말로 우리 가족이 이룰 수 있었던 가장 최선의 사회적 진화가 아니었을까 싶다.

 추석을 며칠 앞두고, 사이버 강의실에는 과제글과 함께 초대장이 하나 올라왔다. 조한 선생님은 추석이 시대에 맞게 변모하는 다양한 모습 중 하나로 자신이 꾸리고 있는 인사동 〈추석 달맞이 축제〉를 소개하셨다. 고향에 가지 않아 추석이 쓸쓸하거나 많은 사람들과 함께 보내고 싶은 사람은 누구든지 와서 즐기다 가도 좋다고 하셨다. 혈연도 지역도 뛰어넘어 인사동 대나무공원에 모인 사람들이 모두 어우러져 벌이는 즐거운 한판 잔치에 조한 선생님이 우리를 초대하신 것이다. 이 축제는 조한 선생님이 추석 달을 보러 인사동에 나갔다가 상점 문은 다 닫혀 있고 오갈 데 없는 외국인들만 서성이는 것을 보고 친구들과 시작하신 것이라고 했다. 6년 전부터 조한 선생님이 센터장으로 있는 하자센터에서 주관을 하면서는 공식 행사로 자리를 잡아 가고 있다고 했다. 하자센터 사이트에 들러 보니 이런 초대말이 있었다.

> 매년 하자센터가 추석을 맞아 혼자 명절을 맞아야 하는 사람들과 함께 즐겁게 추석 명절을 보내기 위해 만들어 왔던 작은 축제인 달맞이 축제가 올해도 있는 것 모두들 아시지요? 많은 사람들이 명절을 맞아 고향으로 가거나 친척집으로 내려가거나 하는 것 같은데요, 시간 되는 사람들은 24일, 25일에 함께 축제에 참석해서 음식도 같이 나눠 먹고 공연도 즐기고 할 수 있으면 좋겠네요. 특히 24일에는 음식을 나누어 드리는 등 함께 도울 수 있는 일들이 있을 터이니 많이 와 주세요. 준비를 함께 해 줄 사람들은 6시까지 미리 와 주면 고맙겠고요!

추석은 결국 자신의 생활방식에 따라 다르게 지내는 명절이 되고 있다. 제사를 엄격하게 지내는 집안은 그런 식으로, 외국인들과 어울리면서 한가위 달을 즐기고 함께 행복해하고 싶은 이들은 축제를 기획하면서.

전자칠판에는 추석에 관한 쪽글을 읽고 나서 쓴 조한 선생님의 글이 올라와 있었다.

| 공지사항 | **전자칠판** | 자유게시판 | 자료실 | Q&A |

글쓴이 : 조혜정　　　　　등록일: 2006/10/10

인류의 진화와 문화적 적응

여전히 '신성한' 것, 의례가 존재하는 것에 감사하는 이들이 늘고 있는 것은 외로운데 자기 편, 또는 울타리가 있다는 것에 대한 감사 혹은 모든 것이 선택뿐인 세상에 '해야만 하는 것을 하는 것, 무서운 사람이 있는 것'에 대한 감사인가?

　　쪽글과 수업을 통해 친구들이 추석을 보낸 다양한 이야기들을 들으며, 모두가 21세기 대한민국이라는 같은 시간, 같은 공간에 살고 있지만 참 다르게 살고 있다는 생각이 들었다. 몇 주 전 얘기했던 영어 이야기만큼이나 추석에 대한 이야기들도 천태만상이다. 문화인류학을 열심히 배우고 나면 바로 이런 다양성을 한 원리로 묶어 낼 능력이 생겨나는 것일까? 선생님은 "일단 현실의 풍부함과 다양함을 있는 그대로 받아들여라." 하셨다. 나는 선생님의 말을 새기면서 성급하게 일반화를 할 생각을 접어 두기로 했다.

　　조한 선생님이 하신 또 다른 이야기, "답은 칠판에 있는 것이 아니라 또래의 이야기, 또래의 성찰 속에 이미 담겨 있다."는 말이 조금씩 와 닿는다. 소통을 통한 배움이다. 친구들은 그저 자기 명절, 가족 이야기를 말했을 뿐인데 그 이야기들은 문득 나는 어떻게 구성된 존재인지를 묻게 만들고 있었다.

　　나는 왜 우리 가족들이 이렇게 살고 있는지, 덕분에 좀 알게 된 것 같다. 공부해라, 나중에 커서 무엇을 했으면 좋겠다 등등. 우리 부모님이 내게 바라시는 것들도. 왜 그분들이 그런 생각을 하고 계셨는지도 조금은 알 것 같다. 이 수업의 친구들에게도 더 정이 가기 시작했다. 그들이 남에게 드러내기 힘들 수도 있는 '개인사'들을 펼쳐 보여 준 덕분인 것 같다.

　추석 참여 관찰 쪽글로 사이버 강의실의 게시판은 좀 더 생동감이 넘치기 시작했다. 쪽글들은 더욱 말랑말랑해졌고, 평균 조회 수도 높아졌다. 일요일까지 각자가 글을 올리면, 화요일 수업 시간까지 서로의 글을 읽으며 이번 주제에 대한 생각을 나누고 심화시키는 토론의 장으로 활용할 수 있어 좋았다. 사이버 강의실은 교수님-학생의 관계가 아니라 학생-학생을 맺어 주는 열린 학습의 공간으로 명실공히 자리를 잡아 갔다. 교수님 한 사람의 입에서 나오는 것들을 받아 적는 것이 아니라 서로가 서로의 이야기에 귀 기울임으로써 배우는 장 말이다.

　앞의 달맞이 축제 초대장을 온라인으로 보내신 것처럼 사이버 강의실은 글 제출용이 아닌 다양한 방법으로 이용되기 시작했다. 재미있는 쪽글을 쓰는 사람에게는 고정 팬도 생겨서 '그분은 왜 쪽글을 빨리 안 올리시지?' 궁금해지기도 했다. 자유게시판에는 "나 너무 힘들어요."라는 제목의 글부터 "한잔 한 김에 푸념 좀 늘어놓으려고요." 하는 내용까지 다양한 글들이 올라왔다. 그리고 그런 글들엔 서로를 격려하고 위로하는 댓글이 꼬박꼬박 예닐곱 개 이상씩 달렸다. 급기야 수업을 위한 온라인 사이트에 상주하는 '지시문 폐인'까지 생겨났다.

글쓴이 | 연지

❖ 조한의 수업일지 08

추석 참여 관찰

농경 사회 | 산업 사회 | 정보 사회 | 핫 | 쿨 | 웜

추석이 있는 가을 학기면 나는 영락없이 추석 관찰기를 써 오게 한다. 학생들이 자신의 일상을 관찰하는 데 익숙해질 즈음, 추석 의례를 관찰해 오라는 것은 안성맞춤의 과제다. 가족사와 일상사가 잘 드러나는 추석의 시공간을 관찰해 오라고 하면 아주 흥미로운 이야기들이 오가고 3~4 세대가 모이는 추석 명절을 통해 시간성에 대한 감각도 익히게 된다. 또한 어쩔 수 없이 가족 이야기를 하게 되면서 이를 계기로 학생들은 갑자기 더 친밀하고 솔직해진다. 창의적이 된다는 것은 자기 드러내기나 남과 만나는 것이 편할 때 가능해지는 일이다. 실수를 해도 괜찮다는 우호적 분위기가 있을 때 가능하다.

학생들은 이제 자신의 일상을 관찰하는 데 익숙해지고 있다. 구경꾼 학생들도 줄어들고 학습에 가속도가 붙는 모양이다. '눈팅족' 들이 지시문 폐인이 되고 마니아가 되어 가는 모습도 보인다. 제목이 매우 촌스럽지만 꽤 괜찮은 교수법 관련 저서인 『미국 최고의 교수들은 어떻게 가르치는가』에서 켄 베인은 학습의 단계를 넷으로 나누고 있는데, 이제 상당수의 학생들이 바로 그 최고의 단계에 진입하고 있는 것이다.★ 베인이 말하는 네 단계는 다음과 같다.

★ 켄 베인, 『미국 최고의 교수들은 어떻게 가르치는가?』, 안진환 · 허형은 옮김, 뜨인돌, 2005, 65-66쪽.

    1. 수용적 인지자   정답 찾기, 정답을 머릿속에 저축해 두는 식의 학습 단계.
    2. 주관적 인지자   모든 것은 '의견' 에 불과하다. 자기감정에 따라 판단하고

교수가 마음에 들지 않으면 아무것도 안 배운다.

3. **절차적 인지자** 공부를 게임처럼 한다. 학업 성취도를 판단하는 기준을 알고 그 기준에 맞게 공부한다. 영민한 학생이지만 교과 과정을 벗어난 학습을 해내지 못한다.

4. **몰입적 인지자** 자기 주도적이고 창의적인 학습을 하려고 노력하면서 자신의 사고를 성찰하고 계속해서 수정해 간다. 이 단계에서 '분리적 인지자'는 개념으로부터 자신을 분리시켜 생각하며 항상 회의적인 입장을 가지며 누구하고든 논쟁할 자세가 되어 있는 유형이고, '연결형 인지자'는 다른 이의 생각을 반박하려 들기보다 거기서 취할 점을 취하고 상대에 동조하면서 새롭게 개념을 만들어 가려는 유형이다.

학생들은 이제 네모난 박스에서 나와 비뚤게 가기도 하고 곡선으로 가기도 하면서 연결형 인지자가 되고 있다. 〈지시문〉 수업에 '팬덤'이 생기고 있다는 것은 공동체가 생기고 있다는 증거이고, 막 공동체적 감각을 갖게 된 이들은 수시로 그 공동체의 존재를 자축하고 싶어 한다. 가족과 일상사가 좀 더 잘 드러나는 추석 이야기를 계기로 우리 수업은 명실공히 서로서로를 잘 아는 공동체를 이루어 가게 된 것이다.

물론 학생들이 다 잘하고 있다는 것은 아니다. 어느 수업이나 잘 따라오는 학생, 전혀 감을 못 잡는 학생, 어중간하게 서성이는 학생들을 만나게 된다. 애초부터 교수가 시도한 실험적 학습 공동체 수업에 적극적으로 참여하면서 감을 확실하게 잡은 경우가 있는가 하면, 열심히 하고는 싶은데 계속 자신감을 갖지 못하고 서성이면서 끝까지 교실에서 발언을 제대로 하지 못한 것이 학기가 끝나도 상처로 남는 경우가 있고, 늘 '눈치'를 보면서 수업에 수동적으로 반응하거나 포기해 버리는 경우가 있다. 특히 쪽글을 보면 이런 성향이 두드러지게 나타나는데 ① 성찰적인 글쓰기 훈련을 확실하게 하고 있는 유형, ② 논술식 전형적 글쓰기에서 탈피하지 못한 유형(자기 생각은 없이 정반합으로 정리, 1학년 중에 많음), ③ 보고서를 제때 쓰지 못하면 일단 제목만이라도 올려 둔다거나 교재를 읽지도 않고 남이 올린 쪽글방 글을 보고 추려서 자기 글처럼 낸다거나 기사 검색 등으로 짜깁기를 하는 등 불성실한 숙제형 유형을 보게 된다.

켄 베인(2005: 62-63)은 이에 대해서도 학습 동기의 분류를 통해 언급한 바 있다. 그는 세 가지 종류의 동기를 이야기하는데 하나는 대상을 복잡하고 세세한 부분까지 이해하려는 동기, 다른 하나는 다른 이들보다 잘하려는 동기, 다른 하나는 실패를 두려워한 나머지 한 주제를 깊이 파고드는 데 전력을 하지 않으며 그럭저럭 낙제를 면하는 정도만 공부를 하는 유형의 동기라고 했다. 마지막 경우는 '학습 수행 기피자'로 불리는데 이런 동기로 학습하는 자는 주로 간단한 암기력에 의존하려 든다고 한다. 대학 입시에 어느 정도 성공을 거둔 경우는 첫 번째나 두 번째 동기로 공부를 했겠지만 두 번째 동기가 더 강했을 것이다. 제대로 공부를 하려면 첫 번째 동기가 필요한데, 그렇게 만들기 위해 가장 중요한 것은 학생들의 능력을 믿어 주는 것이라고 생각한다. 학생들이 배우고 싶다는 것을 확신하고 그들의 능력, 특히 소통과 창의적 능력을 한껏 길러 줄 수 있어야 한다는 것이다.

수업 중에 간단히 추석이라는 명절의 진화와 농경 사회에서 산업 사회로의 이행에 대해 언급했다. 이를 통해 '사회 진화'에 대한 개념을 일단 입력시켜 둔 것이다. 긴 시간에 걸친 사회 변화에 대한 감각. 이것은 내가 이 수업에서 학생들이 꼭 가져갔으면 하는 것이다. 자세한 이야기는 전자칠판에 메모를 남겨서 그 주제가 마음에 드는 학생들이 스스로 찾아보게 했다. 아래는 추석에 대해 전자칠판에 올린 메모.

> **추석을 통해 본 농경 사회, 산업 사회, 정보 사회로의 사회적 진화**
>
> 전근대 → 근대 → 후기 근대
>
> 전통 → 현대 → 초현대 / 전통
>
> 구식(미신) → 신식 → 초신식 / 구식
>
> 비합리 → 합리 → 초합리 / 비합리
>
> 집단주의 → 개인주의 → 초개인주의 / 집단주의?
>
> 보수(수구) → 진보(개화) → 신보수 / 제3의 길?
>
> 귀속 지위 → 성취 지위 → 다시 귀속 지위 / 신분제?
>
> 다 같이 엉켜 가는 핫 hot → 개인주의적 쿨 cool → 함께하는 웜 warm

농경 사회적 관습은 구식이고, 전통적이고 비합리적이고 집단주의이고 보수적인 것이었다. 산업 도시화된 관습은 신식이고, 현대적이고 합리적이고 개인주의적이며 진보적인 것이었다. 그러나 지금 초현대, 후기 근대로 가면서 이 이분법이 깨지고 있다. 그래서 우리 수업 학생들의 글에서 보듯 때로 아주 헷갈려하기도 한다. 제사는 허례허식이고 가부장적이고, 농경적 집단주의의 잔재일 뿐이라고 한 적이 있었다. 특히 개신교로 개종을 한 사람들에게는 제사를 두고 갈등이 적지 않았다. 일제 때 단편 소설들을 보면 그런 이야기들이 많이 나온다. 그런데 이제 한 사이클이 돈 것 같다.

할아버지 할머니 세대와 손자녀 세대가 만나듯 압축적 사회 변화를 하고 있는 한국 사회는 지금 '전통'과 화해하고 있는가? 학생들은 어떤 위치에 서 있는가? 오래 구식이었던 집안은 지금은 신식이 되는 단계를 생략하고 초신식이 되어 있는 것일까? 일찍이 개화한 신식 집안은 지금 구식을 너무 쉽게 버려 버린 것을 후회하고 있는가? 추석에 모인 가족을 보면서 실제 '가족 없음'을 깨닫고 자기 주도적으로 자신에게 맞는 대안 가족/마을을 만들고 가고 있는 사람들은 누군가?

1980년대 나라에서는 '국풍' 이라는 것을 일으켜 국가 문화를 만들어 내려 했고 그때 '전통' 의 옷을 입혀 국민들에게 어필하려고 했다. 관제문화. 물론 군사 독재 시대의 문화적 기획은 크게 성공하지 못했다. 1990년 초반 「서편제」 영화가 나올 즈음, 전통은 '후진 것' 이라는 생각이 빠르게 바뀌어 갔다. 네 마리의 용 중 한 마리가 된 한국. 한국인들은 자부심에 가득 찼다. "우리 것은 좋은 것이여~~" 전통은 '비서구' 적이고 자주적이고(신토불이) 좋은 것이 되었다. 그리고 그 임권택의 영화는 전통을 그리워하는 매우 '근대적' 인 영화였다. 당시 유행하던 서태지의 노래들만큼, 대중 매체와 국민들은 「서편제」와 서태지를 좋아했다.

그리고 2000년대. 점점 바쁘고 외로워진 사람들은 다시 가족을 찾기 시작하고 가족에 대한 감사의 마음을 갖기 시작하는 것 같다. 이미 부담스러울 대로 부담스럽고 거리를 두는 법을 알았으므로 그렇게 되는 경우도 있고, 기강이 너무 없는 세상이라 기강을 잡는 가부장이라도 있는 것이 좋다고 생각하게 된 경우도 있을 것이고, 세상이 점점 살벌해지고 별로 좋아질 전망이 보이지 않으므로 가족에게라도 기대야 할 것 같다고 결론을 내린 경우도 있을 것이다. '만나면 싸워도 가족과 친척은 없는 것보다 낫다.' 는 것을 알게 되었달까… 물론, 이것은 가족이 뭔가를 자신에게 줄 수 있는 형편에 되는 계층에 국한된 결론일 것이다.

이번 학기 추석에 대한 토론을 보면서 다시 던지게 되는 질문 한두 개:

1. **부계 조상 제례는 부계 사회의 관습이다.** 이런 사회는 남성 중심성이 강

하고 제사는 정치적 단합을 위한 의례이기도 하다. 동시에 영적인 것과 관련된 남성들의 미학적·감정적 시공간이기도 하다. 일과 경쟁 속에 파묻힐 것을 강요당하는 요즘 남성들에게 의례, 기도하는 시간, 놀이하는 시간이 절실해지고 있다. 제사는 그런 면에서 남성들에게 아주 멋지고 유익한 놀이와 명상과 심미적 시공간이 될 수 있다. 여성들에게 동의를 끌어낼 수만 있다면… 가능할까?

2. **지금 05, 06학번들은 00학번들보다 한결 효자 효녀들이다.** 추석 모임에 기꺼이 참여하고 즐기고 있음을 볼 수 있다. 일류 대학을 막 입학했다는 것과도 관련이 있을까? 아니면 점점 더 비빌 언덕이 필요하다는 것을 느끼게 된 세대여서?

내가 매년 참여하는 〈인사동 달맞이〉 행사를 홍보했다. 추석에 갈 곳 없는 이들을 위한 10년째 지속된 달맞이 축제인데 좀 다른 추석을 상상할 수 있게 만드는 자리다.

교 실 이 돌 아 왔 다

책을 통해 글로벌 시대와 대면하다

◆◆   추석 이야기를 하고 보니, 이제 완연한 가을이라는 생각이 든다. 아침 저녁, 가을 공기는 차갑지만 밉지 않은 가을 냄새가 난다. 쌀쌀하기는 하지만 아직 시릴 정도는 아닌 그런 가을 냄새. 거리의 가로수들도 빨갛고 노란 단풍으로 물들었다. 빌딩들 사이로 멀리 보이는 서울의 산도 울긋불긋, 언제 여름이었나 싶다.

여름의 끝자락에 시작한 학기가 이제 가을의 중간까지 왔다. 교실 뒤에 앉아 바라본 학생들의 모습이 단풍으로 물든 가을 산을 보는 것 같다. 모두들 다른 색색이지만, 그래서 조화로운 느낌. 다른 수업 같았으면 이름도 모르고 관심도 없을 사람들일 텐데, 이제는 한 명 한 명이 이야기를 가진 사람들로 느껴진다. 교실에서 이런 생각을 하다니, 선생님이 말한 '수업 공동체'가 이런 느낌인가.

이번 수업의 주제는 세계화. 선생님은 전통과 현대, 전통 – 근대 – 후기 근대탈근대, 세계화와 전지구화 등의 키워드를 연상하며 토머스 프리드먼의 『렉서스와 올리브나무』를 읽고 쪽글을 쓰라는 과제를 주셨다.

프리드먼은 문화적 전통을 의미하는 '올리브나무'와 세계화와 그에 따른 변화들을 의미하는 '렉서스'의 비유를 통해, 세계화라는 거대한 변화가 문화적 전통과 부딪치며 만들어 내는 전지구적인 긴장과 갈등을, 직접 보고 들은 사례들을 통해 풀어낸다. 세계화에 관해 알고 싶은 사람들에게 널리 추천되는 책으로, 2000년 미국의 『뉴욕 타임스』, 아마존이 뽑은 경제 경영 베스트셀러다. 다만 원작의 부제가 "글로벌라이제이션 이해Understanding Globalization"임에 비해 한국어판에는 "세계화는 덫인가, 새로운 기회인가"라는 부제가 붙어 있다. 이런 부제는 독자들이 세계화에 관해 다양하게 생각해 볼 가능성을 좁힌다는 생각이 들었다.

나의 걱정은 기우였을까, 혹은 선생님이 던져 주신 키워드 때문이었을까. 학생들은 세계화를 주제로 다양한 이야기들을 쏟아 냈다.

•• 저 좀 탈근대시켜 주세요 | 윤정 06

'전통과 현대, 근대와 후기 근대, 세계화와 전지구화'란 키워드를 연상하며 쪽글을 써라? 그 전에는 학생들의 반을 재워 버린 공포의 다큐멘터리를 봤고, 관심 있는 사람들만 보라고 해 뒤늦게 찾아 본 「불을 찾아서」에서는 인간보다 고릴라의 모습에 가까운 털이 숭숭 난 사람들이 뛰어다녔지. 『렉서스와 올리브나무』를 읽고 도대체 난 무슨 생각을 해야 하는 걸까. 주말 내내 쪽글에 대한 부담감에 시달렸고 이 글을 시작하기 직전까지도 두 시간 넘게 빈 문서의 흰 공백만 쳐다보고 있었다. 이번 쪽글은 왜 이렇게 시작하기조차 힘든 거지? 이 질문에 대한 답을 깨달음과 동시에 난 쪽글에 어떤 이야기를 해 나갈지 갈피를 잡았다. 이번 쪽글이 유독 어려웠던 이유는 뚜렷한 주제가 정해져 있지 않기 때문이었다. 주어진 주제에 대한 훌륭한 논술 답안을 작성하는 데 익숙한 나는 던져진 키워드들에 대한 이야기를 어떻게 풀어 나갈지 갈피를 잡을 수 없었다. 하루 종일 난 한 편의 글을 만들어 내야 한다는 부담감과 스트레스에 어쩔 줄을 몰랐다.

난 무남독녀 외동딸이다. 남들이 우스갯소리로 하는 말 그대로 '곱게' 자랐다. 고3 때 "나 공부 안 해!" 하고 어이없이 뛰쳐나가 몇 시간 방황하고는 갈 데 없음을 절실히 깨달아 제발로 기어들어 온 걸 빼면 이렇다 할 반항 한번 해 본 적 없다. 고등학교 때까지만 해도 난 내가 정말 '모범 답안'이라고 생각했다. 아빠와 차를 타고 가다가 옆으로 머리를 노랗게 물들인 중국집 오빠를 아빠가 한심하다고 하면 나도 같이 한심해했다. 언제부터였는지는 모르겠지만 어느 순간부터 난 '노랑 머리=한심'이 절대 아님을 알았고, 아빠와 생각이 달라도 모범 답안일 수 있음을 알았고, 또 항상 모범 답안이 아니어도 괜찮다는 걸 깨달았다. 그렇지만 난 여전히 19년 동안 몸에 밴 부모님과의 '근대스러운' 구조를 거역하지 못해 통금을 지키고, 대화를 시도하다 부모님과 말이 통하지 않는다는 생각이 들면 입을 닫아 버린다. 자기변명으로 보일 거라는 걸 알면서도 '핵가족화되는 시점에서 사람들이 대가족에서 안정감을 찾는 거랑 비슷한 거예요. 거역하기 불안하다고요.' 하고 말하면 더 구차해 보일까.

프리드먼은 세계화 시대는 끊임없이 변하고 있고 그 변화를 따라오지 못하는 사람은 낙오될 거라는 식의 논리를 폈는데, 난 살아남으려면 어떻게 해야 하는 거지? 난 변화도 무섭고 남들과 다른 것도 무섭다. 난 곱게 길들여진 전형적인 근대 인간인 것 같은데 탈근대하려면 반항아가 돼야 하는 건가? 세계화가 곱게 보이지만은 않고 시장주의 경쟁 원리보다는 분배가 중요하다고 생각하지만, 책을 읽고 나서 내가 걸 수 있는 시비는 '올리브와 렉서스의 균형 잡기라니 너무 진부하지 않아요?' 정도다. 주제 잡기부터 순탄치 않았던 이번 쪽글을 마무리하는 지금도 내 머릿속엔 '그냥 다른 사람들이랑 비슷하게 세계화 얘기 쓸 걸 그랬나? 내 생각이 이번 쪽글의 의도랑 맞기는 하는 건가?' 이런 불안감이 가득 차 있다. 끊임없이 평준화되어 남들 속에 묻혀서 같이 가려 하고 지금까지의 나의 상태에서 벗어나길 겁내는 날, 누가 좀 '탈근대' 시켜 주세요.

고민의 흔적이 묻어나고 재미있게 이야기를 풀어낸 이런 글들이 나는 마음에 든다. 윤정의 "곱게 길들여진 전형적인 근대 인간" 이야기를 재미있다고 생각하면서도 마냥 웃고 있을 수만은 없는 것은, 그것이 윤정만의 이야기가 아니라 내 이야기이기도 하기 때문이다. 대학 입학을 위해 주입식 교육에 길들여졌고, 정해진 대로 시키는 대로 해 왔기 때문에, 나는 그리고 우리는 종종 전형적이고 따분하게 보이나 보다. 언젠가 조교님들은 우리의 쪽글이 "따분한 논술 답안 같다."는 말을 했고, 선생님은 우리들이 "말은 그럴듯하게 하지만, 확실히 알고 하는 것 같지 않다."고 하셨다.

당시 선생님과 조교님들이 말한 '그럴듯한, 따분한, 논술 답안 같은 말' 이 무엇인지 계속 머릿속을 맴돌았다. 우리는 배움이라는 것을 스스로의 삶과 연결시킨 지식이 아니라, 암기해야 할 무엇으로 '처리' 해 버리고 있으며, 말은 그럴듯하게 하지만, 실제 행동과 말은 다른, 정해진 답을 말하고 있는 것은 아닐까.

아래 글에서 명화는, 그런 다분히 정답에 가까운 생각에 길들여진 스스로의 모습을 의심하고 있다. 명화는 자신이 중간 어디쯤의 답을 적당히 찍어 낼 수 있는 '균형적 관점' 에 길들여져 있다고 말하며, '균형' 에 집착하는 자신의 모습에 의문을 던진다.

•• 올리브나무를 들이받은 렉서스 | 명화 06

(…) 세계화가 어떤 체제 안에서 이루어져야 하는지도 명확하다. '생활수준 향상에 가장 효과적인 체제가 무엇인가에 관한 한 역사적 논쟁'의 답은 결국 '자유 시장 자본주의로 판명' 나는 것으로 끝을 맺었기 때문이다. 프리드먼은 자유 시장 자본주의라는 체제가 권력자의 선택 폭을 펩시와 코카콜라로 제한함으로써 정치 영역을 위축시키고 독자적 문화와 충돌하여 이를 소멸시키는 역할을 수행할 수 있다는 것을 인정하면서도 결국 자본주의의 손을 들어 준다.

결국 자유 시장 자본주의라는 하나의 논리 아래 이루어지는 세계화는 누구도 피할 수 없는 것이 되며, 개인의 생존을 위해선 이에 순종할 뿐만 아니라 누구보다 앞서 가야 한다. '창조적 파괴'를 끊임없이 이루는 자만이 생존할 수 있는 세상. 렉서스와 올리브나무의 정면 충돌, 올리브나무는 힘없이 뿌리 뽑히지만 렉서스는 범퍼 하나 망가진 데 없이 깨끗하다.

"자기 자신의 정체성, 그리고 언제든 돌아가 쉴 수 있는 자기 집을 박탈당하는 것만큼 사람들을 분노케 하는 것도 없다."

지난 수업 시간에 추석과 관련해서 자주 논의된 '진화' 개념이 떠올랐다. 개체가 생존할 수 있게 변화해 간다는 진화. (내가 이해한 바로는) 그것이 어떠한 가치관의 진보든 퇴보든 진화라는 것은 개체들의 생존에 이로운 방향으로 이루어져야 한다. 프리드먼은 렉서스와 올리브나무 사이의 균형을 잘 잡아야 세계화 시대에서 살아남을 수 있다 했다. 하지만 지금 현재 살아남은 건 올리브나무가 아니라 렉서스가 아닌가.

경제적 효용의 논리로 운영되는 정치적 결정에 의해 올리브나무로 대표되는 우리의 뿌리, 이 세상에서 우리가 차지하고 있는 위치와 존재 의미, 배의 닻과 같이 우리를 한 곳에 정착하게 해 주는 가치들은 상처받고 있다. 최근 이를 극명하게 보여 준 것이 미군 기지 확장을 위해 평택 대추리 농민들의 집을 강제 철거한 사건이 아닌가 한다. 거대한 미국 시장 수출과 수입, 정치적 군사적 힘이 막강한 미국과의 우호적 관계라는 이익은 렉서스가 추구하는 가치다. 그리고 오랜 세월 가꾸어 온 마을, 마을 사람들이 함께 꾸려 온 공동체, 그 공동체만의 작은 문화는 올리브나무가 상징하는 가치다. 이렇게 보면 관계는 명확해진다. 그야말로 렉서스가 올리브나무를 들이받아 밀어 버린 것이다. 다시 말하면, 물질적 실체적 부가 모든 이들이(혹은 모든 권력이) 죽고 못 사는 최고의 이데올로기가 되면서, 렉서스와 올리브나무가 서로 충돌하는 경우 십중팔구 렉서스의 손을 들어 주게 된 것이다. 이러한 논리는 비단 국제 사회에서 국가와 국가 간, 국가와 민족 간의 충돌이 일어날 때뿐 아니라 한 국가의 정치 체계 내에서도 강력한 힘으로 작동하게 된다.

'다양성'이라는 특성은 인류의 생존에 지대한 영향을 끼친다. 다양성 없이는 그 시대의 주류 가치를 뛰어넘는 변혁이 일어날 수 없다. 인류 모두가 '통합'된다면 (전염병에 걸린 닭들이 집단사하는 것처럼) 시시각각으로 변하는 위협적인 환경에서 멸종할 위험은 당연히 증가하게 될 것이다. 점점 더 광역화되어 가는 인간망 속에서 자신만의 정체성과 자신만의 부족, 자신만의 공동체를 더욱더 갈망하게 되는 요즘 사람들의 모습은 렉서스를 과도하게 추구하다 지쳐 올리브나무를 찾게 될 인류의 모습을 예견할 수 있게 한다. 그러나 언제나 해답은 '균형'인 것일까. '통합'과 '다양성'이라는 이분법적 사고 속에서 나는 또 '균형'이라는 한 해답으로만 한정 지으려 하는 게 아닌가!

명화의 이야기를 읽으면서, 선생님이 지난 수업 시간에 강조한 '낯설게 하기'와 '스스로 질문을 찾아보기'가 생각났다. 앞서 윤정이 말한 '곱게 길들여진' 스스로의 모습에 질문을 던지고 있는 것이다. 스스로를 낯설게 하며 질문을 던지고 성찰하며 답을 찾아내는 것, 그것이 명화가 발견한 배움을 '처리'해 버리지 않는 태도라는 생각이 들었다. 명화의 달라진 모습에 부러운 마음이 들어, 나도 더 많이 생각해 봐야겠다는 조금 유치한 다짐을 했다.

•• 올리브나무를 찾으러 갔던 두바이에서 목격한 렉서스 | 승환 06

(…) 중학교 때 독특한 친구가 하나 있었다. 이 친구의 별명은 '훈방'이었다. 훈방이라는 별명의 정확한 의미는 잘 모르지만, 얼핏 어렸을 적 기억을 회상해 보면 그 친구가 굉장히 고지식하고 전통적인 가치를 추구하는 사람이어서 붙은 별명으로 기억한다. 그 친구의 아버지는 한의원을 하시는 분이었고, 어머니는 무형 문화재로 지정된 분이셨다. 가정의 영향 탓인지 중학교 때 우리의 전통적인 가치라든지 예절 같은 걸 굉장히 중시하는 친구였다. 평소에 학교 끝나면 보통 아이들이 캐주얼 청바지에 면 티셔츠나 후

드 티셔츠 등을 입고 다닐 때, 그 친구는 종종 개량 한복을 입고 다녔다. 학교에서 친구들이 선생님에 대해 이러쿵저러쿵 이야기를 하면, 다가와서 "옛부터 제자들은 스승님의 그림자도 밟지 않는 법이야." 하고 따끔한 충고를 하던 그런 친구였다. 굉장히 고지식하고 괴짜 같은 존재였다. 그래서 나와 다른 친구들은 "훈방이~ 훈방이~" 하면서 놀리곤 했다.

　중학교 졸업 후 훈방이 소식을 알 수 없었는데, 얼마 전 그 친구를 만날 기회가 있었다. 중학교 때 친하게 지낸 친구를 만나기로 했는데 훈방이도 같이 나온 것이다. 당연히 어렸을 적 기억만 남아 있던 훈방이의 이미지는 5년 전 그 상태에 머물고 있었다. 그런데 내 앞에 등장한 그 친구는 놀라운 광경 자체였다. 나와 다른 친구가 지하철을 타고 청담역 앞에서 기다리고 있는데 그 친구는 '렉서스'를 타고 나타난 것이다. 그뿐이 아니다. 이 녀석은 무지 변해 있었다. 디앤지 시계를 찼으며, 구찌 스니커즈를 신고 있었고, 아르마니 셔츠를 입고 있었다. 거기에 훈방이에게서 나는 은은한 냄새는 불가리 블루였다. 더 충격적인 사실은 중학교 때 그렇게 샌님 같던 녀석이 영어로 계속 나불나불대는 여자 한 분을 옆자리에 태우고 있었다. 만나자마자 반갑게 "야, 훈방아, 오랜만이야!" 하고 인사하려던 생각이 여지없이 무너졌다. 그 친구의 세련된 모습과 렉서스가 뽐내는 위용에 나와 다른 친구는 완전히 압도되고 말았다.

　우리 일행은 술자리로 이동해 오랜만에 못 다한 이야기를 나누었다. 훈방이 녀석의 이야기를 들어 보니 두바이로 유학을 다녀왔다고 한다. 그리고 올해 미국 대학에 진학할 예정이라는 말까지 해 주었다. '두바이로의 유학', 그것이 훈방이 녀석을 이렇게 변화시킨 것인가? 내 마음속에는 그러한 의문이 계속 커지고 있었다. 하지만 직접적으로 훈방이에게 "너 유학 가서 이렇게 사고와 가치관이 변한 거냐?" 하고 물을 수 없었다. 술집 앞에는 훈방이의 렉서스가 위용을 계속 뽐내고 있었기 때문이다. 잠시 뒤 훈방이는 자신이 유학하며 겪은 경험을 이야기해 주었다. 그 친구의 이야기를 요약하면 한마디로 세계화는 당연한 것이고 그에 적합한 능력을 갖춘 사람만이 앞으로의 세상을 헤쳐 나갈 수 있다는 것이었다. 자신은 두바이에 체류하면서 두바이가 세계적인 도시로 거듭나는 것을 목격할 수 있었으며, 세계화를 바로 눈앞에서 체험할 수 있었다고 한다. 때문에 우리나라도 시급히 두바이와 같이 영어를 공용화하고, 세계적인 자유 무역 국가로 거듭나 세계화의 중심에 서야 한다는 게 훈방이의 지론이었다. 나는 평소 세계화에 대해 관심이 많은 편이었다. 그런데 훈방이의 변화된 모습을 보며 세계화란 걸 직접 피부로 느끼게 되었다. 외제 차를 몰고 세계적인 명품을 휘감고 있으며, 중간 중간에 영어를 쓰는 그의 모습은 그가 간직하고 있던 올리브나무를 송두리째 뽑은 채 렉서스로 대표되는 세계화라는 이상향을 향해 달려가는 한심한 모습이었다. 한마디로 그의 렉서스는 올리브나무를 뽑아서 만든 결과물이라 할 수 있는 것이다. 훈방이와의 만남은 나에게 세계화란 무엇인가에 대한 의문과 자각을 하게끔 만드는 경험이었다.

    훈방이 녀석과의 만남 잊힐 즈음, 나는 그 훈방이가 유학 시절을 보내고 세계화의 중심지라 일컫던 두바이를 여행하게 되었다. 고등학교 친구와 일정을 잡고 두바이로 떠나면서 나는 아랍의 고유한 전통과 문화에 대해 체험할 수 있다는 기대감에 부풀었다. 바로 아랍의 올리브나무를 볼 수 있다는 설렘이 나를 사로잡았다. 하지만 장시간 비행 끝에 도착한 두바이의 모습은 내 기대에 크게 어긋났다. 그곳에는 아랍의 올리브나무라고 할 수 있는 것이 없었다. 단지 세계 어느 대도시에서나 흔히 볼 수 있는 그렇고 그런 렉서스만 존재했다.

    나는 실망했다. 그러한 신식 고층 건물들과 세계 어디서나 볼 수 있는 그 흔한 풍경들. 도심지에 즐비한 백화점, 맥도날드, 호텔 등등. 서구보다 더 서구적이라 할 만했다. 내가 원하는 이슬람 전통의 올리브나무는 어디 간 것인가? 나는 문득 내 기억 속에서 다시금 희미해지던 훈방이 녀석과의 기억이 되살아났다. "두바이는 세계화의 중심 도시로, 우리가 와서 배워야 할 점이 많은 장소야."라던 훈방이 녀석의 말. 나는 속으로 녀석의 말을 비웃어 주었다. 세계화의 중심지면 뭐 하나, 그들만의 고유한 문화와 전통은 어디에서도 구경할 수 없는데. 뿌리째 뽑힌 올리브나무 위에서 렉서스를 운영하고 있으면 뭐 하냐는 생각이 들었다.

　개량 한복에서 명품 셔츠로 바꿔 입은 훈방이의 모습을 상상하고는 한참 웃다가, 문득 훈방이의 모습이 내가 되고 싶은 모습은 아닌가 하는 생각이 들었다. 영어를 유창하게 하고, 해외 이곳저곳을 여행하며, 미국의 대학에서 공부하고, 세계화의 혜택 속에서 글로벌하게 살고 싶은 나의 욕망. 거기다 렉서스까지 타면 더 좋겠다. 세계화 시대에 내가 살아가고 싶은 모습이 훈방이의 모습이고, 어쩌면 이것이 영어 공부에 매달리는 우리 대학생들의 모습이 아닐까 하는 생각이 들었다. 나 또한 명화가 말했던 것처럼, 렉서스와 올리브나무 사이의 균형이 답이라고 외치지만, 실제로 올리브나무에는 관심도 없는 것은 아닐까. 시간을 두고 생각해 볼 문제다.

　세계화-반세계화라는 익숙한 문법으로 책을 읽고 글을 쓴 학생들도 몇 명 있었다. 세계화에 적극 참여해야 한다고 쓴 친구들은 "세계화는 거부할 수 없는 전 지구적 흐름이기 때문에 도태되지 않기 위해서 적극적으로 경쟁에 참여해야 한다."는 의견이었다. 이런 생각은 논술 준비, 신문, 인터넷 등을 통해 많이 들어 왔기 때문에 재미가 없다. 차라리 반세계화를 외치는 친구들의 의견이 신선했다. 아래 글을 쓴 지현은 대학에서 점점 더 찾기 힘들어지는 '운동권' 학생이다.

•• 살고 싶다 | 지현 05

　어느 곳에선 미국의 군사 세계화를 위한 전쟁 기지 건설에 반대한다며, 여태껏 살아왔던 자신의 삶을 지키고 싶다며 울부짖는 사람이 있고 어느 곳에선 동료에게 밥과 물을 전달하고 싶다던 건설 노동자가 경찰의 방패에 머리를 찍혀 죽었다. 어느 곳에선 단전된 방 안에서 촛불을 켜고 잠들었다가 화재가 나 목숨을 잃은 여중생이 있다.

한편 TV에선 '자연 친화적'인 아파트를 보며 감탄하는 골프 천재 소녀 미셸 위가 나오고, 참으로 '여유롭고' '세련된' 삶을 살아가고 있는 이들이 브런치를 즐기고, 한 노동자가 비참할 정도로 조용하게 죽어 가는 동안에도 평소와 같이 북적대는 문과대에서 누구도 그 노동자의 이야기를 꺼내지 않는다.(혹은 못한다.)

이 두 풍경 속에 내가 있다. 이 얼마나 그로테스크한가. 철저하게 장막으로 나뉜 두 가지 풍경 속에서 난 고민한다. 그리고 분열한다. 어떤 것이 진실일까, 나는 누구일까.

세계화는 분명 기회일 수도 덫일 수도 있다. 그건 세계화를 받아들이는 사람이 자신이 누구에게 동일화하고 있느냐에 따라서 달라지는 것이다. 우리는 누구에게 동일시하고 있을까? 많은 사람들이 후자의 '여유롭고' '풍족한' 삶에 자신을 대입시켜 그려 본다는 것을 잘 안다. 나도 그랬으니까. 하지만 내가 그런 삶을 살아가는 과정 속에서 무수히 많은 사람들을 밟고 올라서야 한다면, 내가 누군가의 삶을 송두리째 흔들어 놓고 파괴하는 흐름에 동참해야 한다면, 그리고 사실 그들을 억압하는 구조 안에서 나 역시 자유로울 수 없다면…

너무 극단적으로 세상을 바라보는 것 아니냐, 이분화된 시각 아닐까 스스로 많이 생각해 보고 의심도 해 보았지만 아무리 생각해도 경찰에 맞아 죽는 노동자가 있어도 더는 분노하지 않는 이 세상은 정상이 아닌 것 같다. 억울한 죽음에 대해서 분노하는 건 내가 유별나게 착한 사람이기 때문도 아니고 유별나게 도덕적이어서도 아니다. 단지 그 사실을 알게 되었고, 분노라는 감정은 너무나 자연스럽고 당연한 거다. 하지만 지금 이 세상은 분노하는 나를 이상하게 쳐다본다. 그냥 네 갈 길 가라고. 다른 사람이야 어떻든. 그래, 나도 그러려 했다. 하지만 이게 다른 사람의 일이 아니라는 것. 인간이 인간에 대한 최소한의 예의를 갖추지 못하게 하는 현실, 이 현실에 대해 분노하고 저항하겠다는 거다. 그리고 그들이 만들어 놓은 그야말로 폭력적인 이분법 속에서 '운동권'인 나를 피하지 않을까 몇 번이고 주저하면서도 끝끝내 함께했으면 좋겠다고 얘기하는 것이다. 영화 속의 주인공의 말처럼 난 뭔가 되고 싶은 게 아니라 그저 나의 감정에 충실하며, 나의 행복이 다른 사람들의 권리를 앗아 가지 않았으면 좋겠다고 생각하며 그저 살고 싶은 거다.

누군가의 말대로 달리는 기차 위에 중립은 존재할 수 없다. 침묵이나 무관심은 암묵적인 동의로 해석될 뿐이다. '객관적인 시각을 견지하라' 는 말은 고도의 정치술이다. 무지나 침묵은 동의와 협조를 의미할 뿐, '잘 모르겠다' 는 말로 입장을 유예하는 것이 어떤 의미인지, 어떤 효과를 낳는지 생각해 봐야 한다. 그것은 결코 자유로움이 아니다. 눈을 감는다고 해서 '정치' 에 자신이 개입되어 있지 않은 것이 아니다. 달리는 기차 위에 내가 있다면 그리고 그 기차가 이 사회 대부분의 사람들을 벼랑 끝으로 몰아 가고 있다면, 기차에 브레이크를 걸어 모든 사람들이 살 수 있는 세상을 만들어 가고 싶다. 많은 권리들이 서로 양립할 수 없는 사회가 아니라 권리의 충돌이 더 많은 권리를 만들어 내고 확장시킬 수 있는 세상 속에서 그저 살고 싶다.

세계화가 누군가에게는 기회인 동시에 누군가에게는 무덤이라면, 나는 당당하게 말할 수 있다. 우리, 이 세계화에 반대해야 하지 않겠냐고. 그들이 강요하는 빈곤과 폭력을 양산하는 세계화가 아닌 우리들의 세계화로 만들어 가야 하지 않겠냐고. 세계화되어야 할 것은 평범한 사람들의 고통과 죽음이 아니라 자유, 평등, 연대와 같은 보편적인 가치들이 아니겠냐고.

지현이 밝힌 것처럼, 대학에서 운동권은 점점 사라져 간다. 이런 추세가 세계화가 조장한 '불안함' 과 연결된다는 말을 선배들에게 들었다. 신자유주의로 대표되는 경제적 세계화가 우리 사회의 경쟁을 심화시키고, 불안감을 조장한다. 취직은 어렵다고들 하고, 앞으로 무슨 일을 해야 할지는 모르겠고, 주위는 영어다 학점이다 인턴이다 매달리는데 아무것도 안 하면 나만 뒤처질 것 같아 불안하다. 이런 환경에서 사회 문제를 고민하는 것은 뭔가 손해 보는 느낌이다.

수업에 빠지고 술을 마시러 갔다는 90년대 학번 선배들의 이야기는, 이제 그야말로 호랑이 담배 피던 시절 이야기처럼 들린다. 지난 축제 기간의 오전 9시 경제학 수업 시간. 보통은 꽉 차는 강의실이 몇몇 자리가 비었을 뿐, 대부분의 학생들이 출석을 했는데 교수님이 수업에 오시지 않았다. 전화로 연락된 교수님은, 축제 때는 당연히 휴강 아니냐고 했다. 그 수업을 재수강하는 복학생들의 말을 들어 보면, 자기네 때는 1학년들이 이러지 않았다며 놀라워한다. 대학생들에게, 술자리에서나 가끔 듣는 졸업한 선배들의 이야기는 이제 무용담이 되었다.

"어떤 것이라도 좋으니, 교실 앞에 나와 세계화에 관한 자기 생각을 말해 보세요."

쪽글을 쓴 다음 수업 시간, 수업 시작과 함께 선생님이 말하셨다. 전 세계적으로 확산되는 자본주의와 그에 따른 불평등, 논란이 되고 있는 신자유주의적 정부 정책, 아이팟으로 미국의 팝 음악을 듣고, 일본의 애니메이션을 부담 없이 보는 문화의 변화 등 세계화에 관한 이야깃거리는 정말 많다. 그래서 나는 이번에도 학생들이 어떤 이야기를 들려줄까 기대했으나, 아무도 자리에서 일어나지 않았다. 이야깃거리는 많지만, 세계화라는 주제가 너무 거대하고 복잡해 보여서 무슨 말을 어떻게 해야 할지 자신이 없다.

모두들 조용하다. 〈지구촌 시대의 문화 인류학〉 수업이 아닌 것만 같다. 나는 학생들의 이런 반응에 조심스레 선생님의 눈치를 살폈는데, 선생님은 이번에도 아무렇지 않아 하신다. 다들 선생님에게 '이 어색한 침묵을 해결해 주세요.' 하는 눈빛을 보내도, 선생님은 여전히 학생들이 나오기를 기다리신다. 아, 역시 선생님의 내공이 보통이 아니다. 이 정도 어색한 침묵에는 꿈쩍도 하지 않는다. 그러면서 선생님은 몇몇 학생들과 순서대로 눈을 마주치시는데, 나랑도 눈이 맞았다. 여느 때처럼 약간의 웃음을 머금은 눈빛이지만, 오늘은 보통 때와는 달리 나에게 뭔가를 요구하시는 것 같다. '앞에 나와서 이야기 좀 하지.' 나는 너무 빠르지도 그렇다고 너무 느리지도 않을 정도로 선생님의 눈길을 슬쩍 피하며, 공책에 뭔가를 적으며 생각하는 척을 했다.

교실에 흐르는 어색한 침묵에 모두가 몸이 꼬일 무렵, 선생님이 드디어 일어나신다. "운장이가 '마당극'을 열어 보는 게 어때." 운장은 심리학과 02학번인데, 지난번 학생들끼리 영어 교육에 관해 논쟁이 붙었을 때 중간에 나서서 조정을 한 적이 있다.

선생님만큼, 운장도 뜬금없다. 선생님과 몇 마디 주고받더니 교실 앞에 나와 "교실 오른쪽 끝은 렉서스, 왼쪽 끝은 올리브 나무라고 생각하고, 각자 공감하는 정도에 따라 칠판을 중심으로 둥글게 앉아 보세요." 한다.

"아, 귀찮은데…" 뒤에 앉은 학생이 투덜댄다. 나도 귀찮다. 근데, 사실 귀찮은 것보다 움직여 보라는데 어디로 가서 앉아야 할지 모르겠다. 뭔가 갑자기 어려운 문제가 던져진 것 같은 느낌이다. 정확히는 모르겠는데, 어딘가 부담스럽다. 그래서 책상을 끌며 조금 움직이는 척을 하다 교실이 어느 정도 정리가 되기에, 나도 그냥 중간 어디쯤에 앉아 버렸다.

고개를 들어 교실을 보니, 렉서스와 올리브나무 중간쯤에 대다수가 모여 앉고, 교실 양 끝 쪽인 렉서스와 올리브나무 쪽에는 각각 일고여덟 명이 줄지어 앉았다. 재미있게도, 올리브나무 쪽에 앉은 학생들은 서로 잘 아는 것 같다. 학내에서 학생회를 하는 친구들과 페미니즘 공부를 하는 친구들이 대부분이다. 저 학생들은 자기 생각도 분명하게 가지고 있는 것 같고, 교실 앞에 나와 말도 곧잘 하는 친구들이다. 평소 자기 입장을 가지고 자신 있게 의견을 이야기하는 모습이 부러웠다. '나는 그냥 아무 데나 앉았는데…' 그리고 그 반대편, 렉서스 쪽에 앉은 학생들은 교실 앞에 나와서 이야기를 잘하지는 않지만, 쪽글을 통해서 자기의 생각을 분명하게 밝히는 학생들이다. 영어 공부를 열심히 하고, 외국계 회사에 들어가 '글로벌'한 삶을 살고 싶어 하는 것 같다. 지난번에 얼핏 이야기를 들으니, 2학년인데도 학점이나 영어 점수 관리에 열심이라고 한다. 저 학생들을 보고 있으면, 뭔가 뒤처지는 것 같아 불안하다. '아, 나도 저렇게 목표를 가지고 열심히 해야 하는데…'

자리를 옮기고 난 후, 스스로 가운데 가 앉은 학생들조차도, 대다수의 학생들이 가운데 몰려 앉은 사실에 궁금해했다. 나 역시 그랬다. 운장도 흥미로웠는지 중간쯤에 앉은 학생들을 보면서 "여러분이 왜 그곳에 앉았는지 이야기해 보세요."라고 말했다. 다시 침묵이 이어졌고, 나는 이번에도 운장과 눈이 마주치지 않기 위해 뭔가를 생각하는 척을 했다. '대학생이 되었음에도 고쳐지지 않는 이 소심함과 의견 없음이 나를 렉서스와 올리브나무 중간쯤 어디에 앉게 한 건 아닐까?' 하는 한숨이 나왔다.

선생님을 살짝 곁눈질해 보니, 여전히 지켜만 보신다. 학생들의 침묵과 사회자로 '지목된' 운장의 어색한 미소가 교실을 맴돌았음에도 불구하고, 예의 그 묘한 미소를 지으며 앉아 계신다. 지난번에 어떤 학생이 조한 선생님의 수업 방식을 교수인 어머니께 이야기하니, 어머니가 "거저 드신다."고 말했다는 이야기가 생각난다. 수업에 신경을 많이 쓰시는 것 같은데, 이럴 때 보면 별로 신경을 쓰시지 않는 것 같기도 하다.

"제가 이야기해도 되나요?" 올리브나무 쪽에 앉았던 용락이 먼저 이야기해 보겠다며 침묵을 깼다. 용락은 학교 교지를 만드는 교지 편집위원이다. 평소 책도 많이 읽고, 사회에 대한 소신 있는 이야기를 계속해서 들려 준 똑똑한 친구다. 용락은 이번에 어떤 이야기를 할까.

중도 집단이 이렇게 커져 버린 이유가 뭔지 생각해 봤는데요, '렉서스'와 '올리브나무'가 그 자체로 많은 해석이 가능한 은유적 표현이었다는 사실이 한 요인으로 작용

했다는 생각을 했어요.

프리드먼은 세계화의 은유적 표현에 렉서스를 놓고, 그 반대편에 전통문화를 놓죠. 전통문화의 은유적 표현으로 올리브나무를 선택하고요. 그런 분류는 세계화에 반대하는 길은 오로지 전통문화로 돌아가는 것뿐이라는 인상을 사람들의 머릿속에 심어 주는 효과가 있는 것 같아요.

음, 맞는 것 같다. 용락의 설명은, 내가 자리를 옮길 때 느꼈던 그 '부담감'을 어느 정도 설명해 준다는 생각이 들었다. 하지만 그게 전부가 아니라 아직 뭔가가 더 있다는 생각이 들었다. 의미 있는 설명이지만, 내가 자리를 옮기며 느낀 그 부담감의 정체를 밝히기에는 부족한 것 같다. 용락이 자리로 들어가고, 다시 약간의 침묵이 이어졌다. 궁금했다, 지난 "영어로 자기 소개하기" 시간에 그렇게 교실 앞에 나와서 똑똑하게 이야기를 잘하던 학생들이 오늘은 또 왜 이렇게 눈치만 보고 있을까. 교실 뒤편에 앉아 있던 한 학생이 일어났다. 조금은 심각한 표정을 하며 걸어 나온 연순은 스스로가 "중도를 택한 이기주의자"라며 이야기를 시작했다.

저도 용락 씨가 말한 것처럼, 올리브나무와 렉서스가 의미하는 게 정확히 무엇인지 잘 모르고 있는 것 같아요. 그렇지만 일단 올리브나무가 전통을 의미하는 거고 렉서스가 신자유주의 논리에 따른 세계화를 의미하는 거라 받아들이고 얘기를 시작해 볼까 합니다.

저는 처음에는 올리브나무 쪽에 앉아 있었어요. 수업 시작할 때 그 자리를 잡아서 앉아 있었기 때문이기도 했지만, 왠지 올리브나무라는 말이 더 좋거든요. 그래서 거기에 앉았어요. 그렇지만 가운데 앉기 시작하는 사람들을 보면서 저도 가운데로 자리를 옮겼어요. 이유를 말하자면 그래요, 저는 렉서스가 탐나는 사람이거든요.

렉서스는 분명 탐납니다. 그리고 렉서스가 표방하고 있는 논리도, 그것이 제게 혜택을 주기만 한다면 탐나는 논리예요. 신자유주의라, 그거 이래저래 장사를 잘하면 되는 것 아닌가요? 장사 잘해서 제게 떨어지는 돈이 많으면, 그럼 전 좋아할 거예요. 거창하게 세계 반대편의 사람에 대한 고민으로 괴로워하기 전에, 눈앞에 놓인 돈을 보고 렉서스를 찬양할 겁니다. 예, 저는 속물이에요.

그렇지만 저는 올리브나무도 좋아합니다. 예를 들면 이런 거예요. '전통'이라고 위에서 규정해 놓았으니 전통 이야기를 해 볼까요. 저는 경복궁에 가는 걸 좋아해요. 중학교 때는 경복궁에서 시작해서 창경궁으로 끝나는 궁궐 투어를 정말 많이도 했더랬죠. 저는 또 안동 하회마을도 좋아해요. 거기 있는 한옥들을 보고 있노라면 기분이 좋아져요. 그런데 그러다가, 거기 어디서 플라스틱 바가지라도 하나 보게 되면 괜스레 불쾌해져요.

예, 저는 분명히 플라스틱 바가지를 쓰며 살아요. 어디 그뿐이에요? 종이컵, 나무젓가락, 뭐 그런 것들 수도 없이 쓰면서 살죠. 아까도 말했지만, 저는 렉서스도 탐내요. 아이고, 이렇게 멀리까지 갈 것도 없어요. 당장 '아이팟나노'가 갖고 싶습니다. 세계화된 시장에서 꾸준히 매출을 올리고 있는 애플사의 상품입니다. 하지만 하회마을에서 아이팟나노를 조우하고 싶지는 않습니다. 여행객이 귀에 꽂고 있는 거 말고요, 그 동네 주민 분들이 너도나도 귀에 아이팟나노를 꽂고 있는 걸 상상하면 몸서리쳐집니다. 더 끔찍한 건 그곳에 렉서스가 판을 치는 거예요. 그걸 위해 도로는 포장되고. 가정해 보는 것조차 싫어요. 그 동네는 좀 보존되었으면 좋겠어요. 솔직히 말하자면, 저는 렉서스를 타고 다니다가, 쉬고 싶으면 안동 하회마을을 찾고 싶습니다. 그러니까 올리브나무가 사라지는 건 싫단 말이에요.

그러니까 저는, 뭐 다 떠나서 정말 이기적인 사람인 것 같습니다. 그리고 정말 이렇게 살면 안 되겠다는 생각을 가지고는 있지만, 여전히 렉서스가 갖고 싶습니다. 그리고 또, 올리브나무 그늘 아래 쉬고 싶습니다. 그래서 저는 중도를 택했습니다.

연순의 긴 이야기가 끝나자, 내 옆에 앉았던 윤정이 "나는 선택조차도 하지 못하고 처음 앉았던 자리 그대로 앉아 있었는데, 연순이 말한 내용이 바로 내 이야기인 것 같다."고 옆의 친구에게 이야기한다. 이제야 어렴풋이 알 것도 같다. 처음 자리를 옮기라고 했을 때, 느꼈던 그 부담과 압박감. 내가 신자유주의 세상에 살고 있다는 것을 알고는 있었지만, 그것이 내 삶과 어떻게 연결되리라고는 한 번도 생각해 본 적이 없었다. 그런데, 그런 나에게 어떤 지점을 선택을 하라고 하니 "균형에 곱게 물든, 배움을 '처리' 하는 전형적인 근대 인간"인 나는 당황스러웠던 거다.

오늘 수업은 이렇게 나를 혼란스럽게 만들어 놓고, 아영의 이야기로 마무리되었다.

세계화가 싫다는 것은 아니에요. 세계 각국의 문화를 즐길 수 있고, 또 저는 외국어 공부도 좋아하니까요. 하지만 세계화에 따라오는 여러 가지 연쇄적인 문제들 역시 간과할 수 없다고 생각해요. 그래서 저는 중도를 택했다고 하지만 역시 싫습니다.

예전에는 손바닥만 한 한옥에서 늙은 부부 둘이 손발 맞춰 가며 떡 빚는 모습을 그대로 보여 줬던 소문난 옛날 떡집이 형광등 불이 새하얗게 들어오는 넓은 조리실에 푹푹 김을 내뿜는 스테인리스 기구와 하얀 가운에 하얀 모자를 쓴 직원들로 가득한 '명품' 떡 생산소로 변한 모습을 보면 뭔가 전통을 지키면서 세계화에 동참하고 있다는 느낌은 들지만. 내가 좀 아날로그적이라서 그런지도 모르겠지만 뭐, 사실 내가 세계화를 약간 꺼리는 이유는 거시적으로 부의 분배 문제 같은 것이 아니고, 그냥 저 떡집 얘기처럼 주변에 있던 소소한 행복들이 변해 버리는 게 싫어서 그런 거예요. 나도 세계적인 무언가가 되고 싶고, 많은 사람들에게 인정받고, 가능한 한 많이 즐기고 살고 싶어요. 렉서스의 혜택을 듬뿍 받으면서요. 하지만 문화적 획일화 문제를 해결하기 위해서, 젊은 엘리트인 우리가 뭔가 나서야 해, 라고 생각은 하지만, 세계화와 현실의 벽은…

그래서 나는 방황하는 젊은이, 세계화를 해일로 받아들이게 된 부유 생물이 되어 버렸다고 생각해요. 슬픈 현실이죠.

'부유 생물'에 대한 비유는, 세계화라는 파도 앞에 마주한 나와 친구들의 무기력한 모습을 진정 잘 비유한 표현이라는 생각이 들었다. 파도에 따라 이리저리 떠다니는, 자유롭게 움직여 보라는 말에도 자신 있게 움직이지 못하고 어디로도 가지 못해 중간 어디쯤 앉은 우리의 모습. 그렇게 나는 앞으로 내가 살아갈 지금보다 더 삭막해질 것만 같은 세상에서 이러지도 저러지도 못하고 떠다니고 말 것 같아 불안해졌다. 나는 어떻게 살아야 할까.

글쓴이 | 아성

❖ 조한의 수업일지 09

영국 의회식 토론의 시도

신자유주의 | 세계화 | 토론의 형식

최근 토론 위주의 수업을 하게 되면서 나는 딱딱한 텍스트보다 최근 베스트셀러가 된 책들, 그리고 이미지를 통해 공유가 쉬운 영화를 주 교재로 선택하고 있다. 요즘 학생들은 너무 비판적인 책도 읽기 힘들어하기에 베스트셀러 유에 속하는 『렉서스와 올리브나무』를 읽히기로 했다. 개인적으로 열심히 살면서 많은 성취를 거둔 한, 전형적 우파 성향의 지식인, 전형적 미국 문필가가 쓴 책이라 할 수 있다. 그 책을 읽으면서 글로벌라이제이션에 대한 운을 떼기로 했다. 책을 읽히면 긴장을 하는 것이 모범생들의 습성인지라 이번에도 다들 집중해서 책을 읽고 토론할 준비가 된 듯했다. 사회를 내가 보지 않고 앞에 앉은 운장을 불러서 해 보라고 했다. 운장은 수업 초반에 수업이 지지부진하자 개입해서 그만하자고 말한 학생으로, 글을 읽어 보면 상당히 균형 감각이 있고 앞에 나와서 사회를 보는 일에 전혀 긴장할 타입이 아니어서 사회자로 적합할 것 같았다. 그는 프리드먼의 책에 크게 공감하는 사람은 오른쪽, 마음에 들지 않는 사람은 왼쪽으로 옮겨 앉아서 토론을 하자고 제안했는데, 실은 내가 그에게 사회를 부탁하면서 귀띔을 한 것이기도 하다. 엉덩이가 무거울 줄 알았는데 다들 생각보다 순순히 선뜻 자리를 옮기고 있었다. 승효만 눈을 흘기면서 "선생님, 왜 이러는 거예요?" 원망스러운 표시를 하면서 자리를 옮겼다. 원, 이렇게 말들을 잘 들을까? 그런데 모두가 우르르 중간에 몰려 앉았고, 토론은 생각보다 잘 진행되지 않았지만, 자유게시판에도 토론이 한바탕 일고 있는 것 같고, 어쨌든 몸을 움직이게 하는 것 자체로 수업은 또 다른 참여적 분위기를 만들어 냈다.

프리드먼의 책을 읽은 후 잠시 한국에 스타벅스를 들여온 정진구 전 스타벅스 대표의 특강을 들었다. 그분의 입지전적 이야기는 프리드먼의 논의와 일맥상통할 것이고, 그런 사례로 아주 훌륭한 경우이기 때문이다. 그분의 이야기에 감동을 받은 학생들이 적지 않았다. 특강 강사를 모실 때 나는 나름의 원칙이 있다. 수업에서 진행 중인 이야기와 아주 긴밀하게 연결되며 체험적 지식을 만들어 내는 분을 주로 모신다. 요즘은 너무 연배가 많은 분의 사례는 학생들이 잘 연결을 못해 내는 경우가 더러 있다. 10년 정도 선배들을 초대하면 언어도 비슷하고 좀 더 쉽게 감정이입을 할 수 있어서 좋지만, 좀 '낯선' 분을 만나 상호 이해의 지점을 찾아가는 것도 아주 좋을 것이다. 단 60, 70대 어른들 중 입지전을 이야기하거나 계몽주의적 어투가 심한 경우는 피하는 것이 좋다. 기획 특강이 가장 효과가 나는 경우는, 학생들이 팀을 이루어 자체적으로 기획하고, 다른 학생들을 초대하고 특강 진행 후에 강사와 식사를 하면서 더 많은 이야기를 나눈 후 팀이 기록을 올리게 하는 경우다. 작은 특강을 기획하더라도 다양하게 홍보하고 포스터도 만드는 등 주도적인 사업을 벌이도록 장려하여 일머리를 익히는 기회를 갖게 하면 그 학생들은 한 학기 충분히 훌륭한 학습을 한 셈이다.

서로 신뢰하는 언어 공동체가 형성되면 갑자기 새로운 인식을 해 가는 모습을 보게 된다. 각자 동상이몽을 하면서 배우고 듣고 하지만 스스로 깨치는 대단한 학습의 장이 펼쳐지는 모습이 보이기 시작한다. 자기와 다른 생각을 하던 사람들을 배척하던 태도가 180도 바뀌면서 다른 의견에 오히려 귀를 기울이게 되고 다양한 것을 섭렵하려는 태도를 가지게 되는 것이다. 공동체 성원들만이 공유하는 코드도 생기고 스타도 생겨나며, 일종의 공동체 구성에 따른 안정감과 힘을 느끼게 된다.

중간시험을 통한 점검

> ◆ 2006년 2학기 지구촌 시대의 문화인류학 중간고사
>
> 세 문제 가운데 두 문제를 선택해서 답안을 쓰면 됩니다.
> 1. 정진구 대표님과 프리드먼 씨는 둘 다 세계화를 이야기하면서 올리브나무를 이야기한다. 나는 두 분이 매우 유사하다는 생각을 하는데 그대들은? 유사하다면 어떤 점에서인지 써 보시오.
> 2. 추석에 돌아본 자기 가족을 '사회적 진화'의 틀로 해석/해부해 보시오.(그것에 대한 감이 안 생기면 '렉서스와 올리브나무'의 개념으로 풀어 보아도 됨)
> 3. 이 수업은 교수의 강의가 아니라 학생들의 언어로 주제를 풀어 가 보려는 실험을 하고 있다. 반 학기가 지났는데, 20명 규모에서나 가능한 그런 실험이 90명 규모에서 가능할까 하는 질문을 던지게 된다. 이 질문에 답하고 자기가 교수라면 남은 반 학기 동안 어떻게 수업을 끌어갈지 생각해 보시오.

중간시험 기간에 글쓰기를 했다. 학생들은 이런 자유로운 토론 수업은 시험을 안 보는 것이 맞다고 생각하지만 나는 꼬박꼬박 중간고사 기간에 글쓰기를 하게 한다. 시험지를 앞에 놓고 한 시간 동안 집중해서 자기와 대면하는 시간을 갖는 것이다. 중간고사 글쓰기는 그간 흩어 놓은 것들을 스스로 정리하게 하는 아주 좋은 기회이자 수업 중간 평가도 할 수 있는 기회다. 주관식 글쓰기 주제를 정할 때 가장 고심하는 부분은 학생들이 글을 쓰면서 재미있어하도록 해야 하고 교수 역시 읽으면서 즐겁게 배울 수 있어야 한다는 점이다. 역

시 학생들은 '맛있는' 글들을 써 내 주었다. 중간고사 답안을 시간 가는 줄 모르고 읽는 선생, 그는 얼마나 행복한 선생인가? 여기서 3번 주제, 곧 그간의 수업 진행에 대해 쓰라고 한 답안 여섯 편을 골라 보았다.

● 반 학기를 달려왔다. 90명의 학생들이 때로는 부끄러워하고, 때로는 논쟁을 하고, 때로는 담담하게 이 수업을 만들어 왔다.

처음 '일시적 자율 공동체'라는 제안을 듣고는, 낭패다 싶었다. 보나마나 한 학기 내내 사람 앞에서 말 잘하는 몇몇이 수업을 주도하겠거니 여겼다. 그러나, 처음부터 예상이 빗나갔다. 아무도 쉽사리 나와서 자기 이야기를 하지 못했던 첫 시간, 조용하게 보이는 한 여학생이 나와 조용하게 자기 이야기를 말하는 데서 나는 호기심이 생겼다. 무엇인가 될 수도 있겠다고 생각하게 됐다. 그리고 지금까지 이루어져 온 낯선 수업들. 그러나 나는 처음보다는 훨씬 부드러워지고 편안해진 우리 수업의 분위기를 보며 '그동안 틀 속에 갇혀 살았구나.' 하는 생각을 하게 되었다. 다수는 함께 공동체를 이루기 힘들다는 생각이 나의 생각이 아니라 주입된 틀이 아니었을까 생각하게 되었다. 그리고 그러한 과거의 틀에 대한 일종의 '반항'처럼 나부터라도 이 커다란 공동체에 함께하고 싶다고 생각했다.

그런 것이다. 서로를 '공동체'라 부른 그 첫 수업부터 이 90명은 이전의 90명이 아니었다. 우리는 마음을 열었고, 사람을 긍정했다. '따뜻한 소통', '따뜻한 어울림'이라는 무의식적인 각자의 바람들이 고개를 들고 나왔다고 생각한다. 딱딱하고 남 일은 신경 쓰기 싫어하는 우리의 문화 속에서 정작 우리가 원했던 것은 '소통'이 아니었을까 한다.

반 학기가 남았다. 우리는 조금 더 허물어지고 허물어지기를 바란다. 무엇보다 중요하다고 생각하는 것은 '제안'의 힘이다. 서로의 이야기에 귀 기울이고, 서로의 무의식을 발현할 수 있는 '이야깃거리'를 우리 속에서 이끌어 내는 것. 그것이 남은 반 학기를

조금 더 '공동체적인' 우리로 만드는 데 도움을 주지 않을까. | 은희 06

● 20명이 아니라 90명이 하기에 의미 있는 수업이라고 생각한다.

학생들은 말한다. 수업의 인원을 줄여 달라고. 교수는 말한다. 수업의 질을 향상시키려면 그 수가 적어야 한다고. 당위의 문제에서 이 둘은 모두 타당하다. 그러나 현실에서 이것이 해결되는 것은 뼈를 깎는 고통과 노력으로도 쉽게 이루어지지 않는다. 방법은? 90명이 할 수 있는 '무언가'를 만들면 된다. 그 실험의 성패 여부는 사실 중요하지 않다. 중요한 것은 이러한 시도 자체와 그 안의 여러 모습들이다. 사이버 강의실은 비록 90명을 모두 포괄하진 못하고 있긴 하지만 소통의 장으로서의 역할은 분명히 하고 있다. 수업에서 다 하지 못한 여러 스펙트럼이 사이버 강의실에서 분출되고 있기에.

프리허그Freehug 운동을 시도하려는 움직임이 사이버 강의실에서 진행되고 있다. 다른 곳에서 이루어지는 숱한 활동들, 프리허그나 책 나누기, 명상하기. 이러한 일을 해 보았으면 하는 이야기가 나올 때 그것을 문화인류학의 관점에서 바라보고 실제로 정규 수업 시간에 해 보았으면 좋겠다.

이야기가 나오고 서로 이야기해 보는 시간이 충분히 확보되었으면 좋겠다. 하나의 자극이 되는 것이 (머리보다 몸을 움직여야 한다는 말처럼) 분명 또 다른 이야기를, 담론을 이끌게 되리라는 생각이다. 사실 이러한 말들과 생각은 이미 교수님이 그렇게 하시려던 것들이라는 생각이 든다. 그렇다면 결론은 무엇일까. 지금 이대로 유지될 수 있도록 하는 것이 아닐까. 자극과 장을 제안하고 뜻 맞는 사람끼리 모이고, 토론해 보는 일이나 당연하도록 항상 이 방식을 고수하는 것. 그것이 바라는 점이 될 수 있을 것 같다.

| 소나 06

● 90명 규모에서 하는 '언어로써 주제 풀이'는 마치 고대 그리스의 시민 200명 규모의 아크로폴리스에서 실행되는 직접 민주주의와 비슷하다고 생각했다. 불가능할 것 같은

느낌에서 특히. 하지만 의외로 진행이 잘되고 있는 듯하다. 상당수의 다양한 의견들이 제시되어 머릿속에서 생각들이 다양한 색의 비눗방울처럼 형성되는 느낌이랄까. 무엇보다 그 의견들이라는 것이 어떤 '~주의'를 언급하거나 어떤 이론을 차용해서 내뱉는 현학적인 구술형이 아니라 각자의 개인적인 사례를 언급하면서 그에 대한 자신의 감상을 덧붙이는 형식이어서 더욱 어떤 '틀'에 들어가지 않은 생각을 할 수 있게 되는 것 같다. 하지만 어느 경우에도 자신의 의견을 피력하는 자리에서 토론이 발생하는 것은 막을 수 없는 일. 토론이란 것은 원래 어떤 민감한 사안에 특정한 시각을 갖고서, 타인이 그 민감한 부분을 꾹꾹 짜를 때 그 타인과 의견을 교류하면서 제법 뜨거운 열기를 발생시킨다. 그래서 주변 인물들은 그 안에 쉽게 휩쓸리거나, 그 열기에 빠지지 않기 위해 노력한다. 이 점에서 90명 규모의 수업이 득을 보는 것 같다.

원래 그 의견을 교환하는 자리는 의견을 교환하는 자리로 끝나면 좋은데 20명 규모에서는 그 20명이 통째로 토론의 열기에 휩쓸려 토론을 중재해 주고 자리를 정리해 줄 사람이 쉽게 나타나기 힘들다. 설사 휩쓸리지 않은 사람이 있다한들 그 토론을 멈추기란 힘든 일일 것이다. 인간은 '사회적' 동물이니까. 그런 점에서 90명 규모의 이 수업은 성공했다고 할 수 있지 않을까 싶다. | 아영 05

● 강의 초반에도 느낀 것이지만 이 수업은 사람이 정말 많다. 이런 실험적 수업을 해 나가기에는 다소 많은 편이다. 반 학기가 지나면서 이에 따른 한계가 슬슬 드러나는 게 아닐까 생각한다. 그러나 이렇게 많은 사람이 수업에 참가하는 것 또한 재미있는 일이다. 흔하지 않은 일이기도 하고. 내 의문은 이것이다. '꼭 모든 사람이, 모든 사람 앞에서 이야기하고 소통해야만 하는가?' 사람들 중에서는 소수의 사람들과 소통하는 것을 좋아하는 사람도 있고 여러 사람 앞에서 자신의 의견을 말하는 것을 좋아하는 사람도 있다. 여러 취향을 가진 사람을 모두 꼭 끌어 나가야만 할까? 우리 수업은 특정한 방향으로 나가는 게 아니라 그냥 이 수업 공동체 안에서 학생들이 얼마나 다양한 방식으로

소통하는지를 보는 것 자체가 의미 있다고 생각한다. 어떤 이는 공개적인 발표 시간에 어떤 이는 자유게시판에서, 어떤 이는 소모임에서. 이런 식으로 소통의 다양화를 보면 되지 않을까. 교수님이 내 생각처럼 수업 공동체에서 벌어지는 현상들을 보시려는 건지, 어떤 유익하다고 생각하시는 쪽으로 이끌어 가시려는지 모르겠지만 나는 이 상태 그대로, 그러나 교수님이 내부에서 또는 외부에서의 조언자로서 관찰자로서 수업 공동체를 바라보시면 된다고 생각한다. | 윤경 06

● 몇 시간에 걸쳐 많은 학생들이 자기소개를 하고 앞에 나가 자신의 생각을 풀어 놓았다. 90명이나 되는 학생들이 언제 다 얘기를 하며, 그런다고 교실 안의 '익명성'이 누그러질 수 있을까 하고 생각했던 것이 사실이다. 하지만 반 학기를 보내고 이렇게 '중간시험'이라는 명목하에 이 글을 쓰면서 드는 생각은 이번 수업에서 우리들의 언어가 쏟아지고 있음을 분명히 느낀다는 것이다. 우선 한 사람씩 나가서 발표를 하면서 우리는 얼굴을 익히고, 이름을 기억하고 생각을 공유할 수 있었다. 물론 그 가운데도 이야기를 꺼내 놓지 못한 사람도 있고 이름도 모르는 사람도 적지 않다. 하지만 학생들의 언어가 다른 때보다 많이 교실을 울리면서 처음에 주저주저했던 사람들도 슬슬 목소리를 내기 시작하는 것 같다(사이버 강의실에서 발표를 하지 못한 학생의 솔직한 고백이 담긴 글을 보았다).

'가능하겠어?' 이런 생각에 주저했던 것을 시도할 때 그 자체로 '가능'이 시작되는 듯하다. 다 떨구고 몇만 가는 신자유주의적 시대에서 다 같이 가자는 교수님의 의도는 학생들 사이에서도 어느 정도 공유된 듯하다. 그렇다면 남은 반 학기는? 이제야 우리들의 언어가 좀 더 많이 흘러나오기 시작했다(사이버 강의실이 불타오르기 시작한 것도 요 근래인 듯). 수업을 끌고 나가셔야 하는 분은 교수님이지만, 지금처럼 충분히 같이 이야기하고 들으면서 같이 걸어 나가 보면 어떨까 하는 생각이 든다. 주제를 풀어 나가는 가운데 가끔씩 질문도 던져 주시고 그동안 접하지 못한 것도 보여 주신다면 90명이라는 학생들의 기가 교실 안에서 흘러넘치지 않을까 싶다(사실 수업을 들으면서 교수님이 수업을 '이끌어 간다'는 생각보단, '어, 교수님이 우리 곁에서 같이 걸으면서 재미있는 이야기를 해 주시네?' 하는 느낌을 받았다).

〈지시문〉 사람들끼리 많은 이야기를 나누고, (같이 제인 구달의 강의도 들으면서) 생각을 나누는 '마당극'이 남은 반 학기에도 계속될 수 있을 거라 생각한다.　| 새별 06

● 사실 나는 이러한 실험이 성공하기를 진심으로 바라지만 아무런 기여도 하지 않고 있는 사람이다. 학생들의 언어로 주제를 풀어 간다니. 하지만 현재까지는 조금 긴 워밍업의 시간이었다고 생각한다. 우리는 서로를 알고 말을 트는 데 오랜 시간을 들였고 또 최근 논점으로 부상된 '신자유주의'나 '세계화'에 대한 공동체적 관심사를 만드는 데도 정말 많은 노력을 들였다. 이것이 교수님이 의도한 방향인지는 모르겠지만 칠판에 '신자유주의와 전통적·지역적 가치' 하는 식의 주제를 던져 주고 논점을 제시해 주는 방식이었다면 한 시간 안에 나왔을 화두가 반 학기가 지나고서야 던져진 것이다. 하지만 나는 이 방법이 만족스럽다. 그 문제가 얼마나 우리의 삶에 닿아 있는지를 인식하지 않은 논의는 공허한 입씨름에 불과하다고 생각한다. 이 논점이 나오기까지의 진통 과정에서 나는 왜, 지금, 우리가, 여기에서, 이런 이야기를 해야 하는가를 충분히 인식할 수 있었다. 너무 조급해하지 않았으면 하는 바람이다. 아, 또 한 가지 얻은 것은 듣는 것, 이기려는 말하기를 그만두는 것, 관찰하는 것의 즐거움이다.

교수님의 고민을 해결하는 데 도움이 될 만한 '수다'가 떨고 싶었는데, '수다'란 목적을 지니지 않아도 가치 있다는 것 또한 느꼈기에 죄송하다는 말은 하지 않겠다. (괜찮죠?)
　　　　　　　　　　　　　　　　　　　　　　　　　　　　　　　| 명화 06

교실이돌아왔다 | 6

인류의 희망과 절망을 말하다

◆◆ 지난 시간 『렉서스와 올리브나무』를 읽고 토론을 하는 사이 세계화, 신자유주의 같은 추상적인 개념들이 사실은 우리의 삶 깊숙이 놓여 있는 현실이라는 것을 깨닫게 되었다. 나는 그 개념들에 대해 어느 정도 알고 있었지만 사실은 피상적이었고, 내 삶과 관련시켜서 생각해 본 적은 한 번도 없었다. 하지만 수업을 들으며 머리로는 이해했어도 내 몸은 쉽게 움직여지지 않았고, 시대를 보며 느끼는 불안함은 잘 극복되지 않았다. 그리고 그것은 '내가 뭘 어쩌겠어?' 하는 막연함으로 변해 있었다.

그런 사이 자료실에는 읽을거리가 두 편 올라왔다. 자료실에는 매주 평균 하나씩 우리가 참고할 만한 논문이나 기사 자료들이 올라온다. 학생들이 수업과 관련된 내용을 자발적으로 찾아 올리기도 하고, 조한 선생님이 학생들이 생각하는 데 도움을 주기 위해서 올리시는 자료들도 있었다. 평소 선생님의 시선을 더 잘 이해하고 싶은 마음에 자료들을 꼼꼼하게 읽었는데, 이번에는 신자유주의에 관한 자료들이 올라와 있었다. 지난 시간의 주제와 내가 스스로에게 던졌던 질문, '세계화 시대에 나는 어떻게 살 것인가?'라는 질문에 아직 답을 가지지 못했는데 이번에는 더 어려운 주제가 되리라는 생각이 들었다.

KTX승무원에 관한 교수진의 성명서

KTX 승무원의 성차별적 불법 고용은 우리 사회 비정규직 노동 문제와 여성에 대한 성차별이 집약되어 있는 상징적 사건입니다. 이 문제가 어떻게 풀리는가에 따라 앞으로 우리 사회 비정규직 문제의 방향이 정해질 것입니다. 이 사건에 대한 노동부와 철도공사의 태도를 보면서 우리는 깊은 우려와 절망감을 떨칠 수 없습니다. 노동부는 스스로가 만든 법을 어기고 있으며, 공기업 철도공사는 국가인권위원회의 성차별적 고용을 개선하라는 권고를 완전히 무시하고 있습니다. (…)

철도공사 경영진은 KTX 여승무원을 정규직화를 포함한 성차별 개선 조치를 취하라는 국가인권위원회의 권고를 거부하고 있습니다. 3만 명이 넘는 직원을 고용한 공기업이 국가인권위원회의 최소한의 권고조차 받아들이지 않는다면, 우리 사회의 다른 여타 사업장에서의 부당한 인권 침해나 성차별 개선, 그리고 여성 노동권 확보는 기대하기 어렵습니다.

철도공사와 노동부의 태도는 우리 사회가 더 이상 용인하여서는 안 되는, 용인할 수 없는 수인 한도를 넘어선 것입니다. 철도공사와 노동부의 태도에서 우리는 최소한의 합리성이나 법적 정당성을 찾아볼 수 없습니다. 저임금 여성 비정규직을 비용 절감의 일차적 대상으로 삼는 정부 정책과 공기업 경영은 약자에게만 희생을 강요한다는 점에서 비도덕적일 뿐 아니라 양극화를 촉진한다는 점에서 반사회적입니다.

KTX 여승무원에 대한 성차별적 불법 고용을 해결하기 위한 최소한의 조치는 여승무원들을 직접 고용하는 것입니다. 이는 현실적으로 가능한 것으로 거듭 확인되고 있습니다. 이미 지난 4월에 철도공사는 승무원 업무의 정규직화를 고려한 바 있으며, 공기업 경영 평가 결과 공사 임직원에게 지급된 1천여 억 원에 달하는 성과급의 20분의 1에 해당하는 비용만으로도, 혹은 철도공사가 전·현직 임직원에게 무료로 지급한 KTX 탑승권 비용만으로도 승무원들을 직접 고용할 수 있으며, 올해 초 현재 500여 명 여유가 있는 정원으로도 충분히 승무원들을 정규직화할 수 있습니다.

KTX 여승무원들에게 이제 또다시 추운 겨울이 찾아오고 있습니다. 그들이 더 이상 차가운 시멘트 바닥에서 겨울을 나지 않도록, 노동부와 철도공사는 10월 31일까지 KTX 여승무원 직접 고용에 대한 약속을 할 것과 그러한 약속을 이행할 계획을 발표하기를 요구합니다.

— 2006년 10월 25일 강남훈 교수외 197명

카지노 자본주의의 폐해

생선 횟집 상호명으로도 알려진 '바다이야기'가 우리 사회에 암세포처럼 번지고 있는 '카지노 자본주의'에 대한 경종을 울리고 있다. 영국의 『파이낸셜 타임스』는 최근 사설에서 도박 산업을 통해 재정 수입을 늘리는 '카지노 자본주의'가 일부 국가들을 중심으로 확산되고 있다고 주장한 바 있다. 우리나라의 사행 산업은 지난 90년대 이전까지만 해도 일제 강점기부터 존재했던 경마, 1969년 옛 주택은행에서 발매를 시작한 주택복권의 2종에 불과했다. 그러나 90년대에 들어서 국내 취약 산업 육성, 지방 재정 지원 등을 목적으로 경륜, 경정, 카지노, 새로운 복권들을 위한 관련법이 마련되고 운용 기관이 구성돼 사행 산업의 성장세가 빨라졌다. 특히 최근에는 '음반 비디오 및 게임물 등에 관한 법률' 개정안을 근거로 사행성 게임장이 무분별하게 허용됨에 따라 국내 사행 산업 시장 규모가 급격히 증가했다.

사행 산업의 급속한 성장은 단기적으로는 해당 산업에서 투자와 고용을 증대시키는 긍정적 효과를 가져올 수 있다. 더욱이 사행 산업으로부터 공공 부문으로 이전되는 자원이 제대로 활용된다면 사양 산업이나 재원 자립도가 낮은 지방 정부 그리고 취약 계층 등에 대한 지원을 통해 경제 양극화 해소에도 큰 도움이 될 수 있다. 그러나 중·장기적으로 볼 경우 사회 비용이 경제적 이익을 초과해 사행 산업의 성장은 경제 사회 발전을 저해하는 원인으로 작용할 가능성이 크다.

우선 사행 산업의 확산은 고용을 축소시키고 성장 잠재력을 약화시킨다. 사행 산업에 대한 투자 증가는 이 부문에 대한 취업을 증가시키는 고용 증대 효과가 있지만 도박 등 사행업에 빠져 일확천금을 꿈꾸며 취업을 포기하는 경우를 감안하면 오히려 고용 인구를 위축시키는 결과를 초래할 수 있다. 또한 공인된 사행 산업 시장의 확대는 사회 내 사행 심리를 만연시키기 때문에, 경제 내 음성적 불법 도박 산업을 동시에 확대시키는 결과를 초래하게 된다. 이는 필연적으로 탈세 등을 통해 지하 경제 규모를 급증시키는 원천이 되게 마련이다. 불법적이지만 막대한 경제적 이권을 지닌 지하 경제의 확대는 단속 회피와 이권 확보를 위한 업주 - 공무원 간의 뇌물 공여 수수 등의 부정부패를 확산시키는 첩경이 된다. 사행업의 발전에 의한 배금주의 확산, 지하 경제 확대 그리고 부정부패의 만연이 우리 사회에 미치는 가장 심대한 악영향은 근로 의욕과 윤리 의식을 마비시키는 점이다. 건전한 경제 정신의 실종은 우리 경제의 장기적인 성장 잠재력을 근본적으로 약화시키는 원인으로 작용한다. (…)

— 유병규, 『파이낸셜 뉴스』 2006년 9월 18일

    이 수업을 들으며 의식적으로 내가 살고 있는 사회에 관심을 가지려고 노력하고 있는 중인데, 사실 우리 사회가 썩 좋게 돌아가고 있는 것은 아닌 것 같다. 원래 시사에 깊은 관심도 없고, 관심을 기울일 시간도 없었는데 짬을 내서 접하게 되는 현실은 암울하다. 차라리 모르는 게 낫다 싶다. 괜히 알아서 골머리만 앓는 것 아닌가. 모르면 모르는 대로 마음 편하게 살 수 있을 텐데. 마음이 무겁다. '아는 것은 상처받는 것이다.'
    버스를 타고 집에 가는데 창밖으로 보이는 풍경이 낯설다. 광화문 역 앞에 촛불을 든 사람들이 서 있다. '웬 촛불 집회? 요즘도 무슨 일이 있나?' 거의가 여자다. 플래카드도 보인다. "KTX 여승무원 문제 해결을 위한 촛불 문화제", 방금 읽고 온 기사가 머리를 스쳐 간다. 방금 사이버 강의실에서 읽고 온 자료들은 바로 교문 앞에서 버스를 타고 광화문을 지나다 보면 만날 수 있을 정도로 가까운 현실이었던 것이다. 모르면 눈에 띄지도 않았을 텐데, 역시 알면 상처받는 게 맞는 것 같다.

KTX 여승무원들은 전형적인 신자유주의의 피해자다. 서비스직, 비정규직, 게다가 여성이기까지 하다. 분명 나와의 교집합도 많다. 그러나 여전히 나와는 동떨어진 공간에 사는 이질적인 사람들의 이야기로 느껴진다. 게다가 아는 것이 부족하고, 무엇이 옳은지도 판단하기 어렵다. 아까 앞에서 한 말은 수정하련다. 아는 것은 상처받는 것, 그렇지만 가끔은, 아는 것이 힘. 그렇다고 상처받는 것은 힘이라는 공식은 성립하지 않는 것 같다. 지금 나는 힘이 없으니까. 아, 몰라서 힘이 없는 건가?

잘은 모르지만 '고용의 유연화'를 위해 위탁 고용은 어쩔 수 없는 것일지도 모른다. 분명 누군가에겐 도움이 되는 게임일 것이다. 생각할수록 머리가 아팠고, TV 속의 심각한 다큐 프로나 정치 토론을 보는 것 같아 억지로 생각을 끊는다. 집에 도착해서 씻고 또 사이버 강의실에 접속해 보니 자유게시판에 한탄하는 글 하나가 올라왔다.

| 공지사항 | 전자칠판 | 자유게시판 | 자료실 | Q & A |

글쓴이: 경무　　　　　등록일: 2006/11/13
요즘 제일 많이 하는 말이…

모르겠다는 말인 거 같네요.
정말 모르겠어요.(또 썼다) 내가 이걸 왜 하는지, 뭘 하는지, 해도 되는 것인지, 하지 말아야 하는 것은 왜인지… 수업 얘기가 아니라 그냥 요즘 그러네요.
맞는지, 틀린지, 내가 선택한 것인지, 아니면 누군가가 선택해 주는 것인지, 그러다 보니

> 까 선택은 자신 있게 하지만 불안하고.
> 아… 그러니까 잘 모르겠어요. 하고 싶은 말이 뭔지, 내가 갖고 있는 생각이 뭔지. 잘 모르겠군요. 아아아악!!

경무가 쓴 짧은 글을, 여러 번 반복해서 읽었다. 자료실에 있던 무거운 주제의 글 두 편을 그냥 포기한 것은 아마 내 심정이 경무와 같아서였을 것이다. 뭐가 옳은 것인지, 이런 상황을 어떻게 받아들이고 대처해야 할지 어렵다 못해 귀찮아졌다. 그러던 중, 선생님은 "희망의 이유"라는 이름으로 학교에서 열리는 '침팬지의 어머니' 제인 구달 여사의 특강에 모두가 함께 가자고 제안했다. 마침 특강 시간이 우리 수업 시간과 겹쳤다. 구달 여사는 인류의 미래는 우리가 노력함으로써 바꿀 수 있다는 논지의 이야기를 했다. '희망의 이유'는 먼 곳에 있지 않고, 바로 우리 인류에게 있다는 이야기였다. 나는 그녀의 이야기가 맞다고 생각했지만 뭔가가 환해지는 느낌, 어떤 짠한 느낌을 받지는 못했다. 그녀의 답은 너무 당연한 답이라고 생각되었고 참신함이 떨어졌다. 그녀의 말을 조금 바꾸면, 지금 내가 느끼고 있는 이 문제에 대한 답 역시 내가 노력하면 찾을 수 있다는 말이 되기 때문이다. 그날 저녁에 사이버 강의실에는 특강에 관한 글들이 올라왔는데, 아래는 시원이 올린 글이다.

(…) 제인 구달이라는 세계적으로 저명한 동물학자가 강연을 한다는 커다란 포스터가 백양관에 붙었습니다. 난 또 그런 묘한 기분이 들었습니다. '이런 거 한 번쯤은 가 봐야지.' 하는 자본주의적 사고. '경험이 많아야 좋다는 것은 필연 자본주의의 산물'이라는 송두율 교수의 지적처럼 역시 난 자본주의가 만든 모범생이니까요. 특히 대학생들에게는 그 말이 더욱더 힘을 발휘해요. '대학생은 이것저것 해 보는 게

남는 거야.' 하는 무시무시한 말. 난 이런 무시무시한 말을 받아들여 제인 구달의 강연장으로 향했죠. 〈지시문〉 수업에서 간다고 했지만, 수업을 빼고라도 갈 의향이 있었어요. 이렇게 가게 된 제인 구달의 강연장에서 나는 서론과 결론만 듣고 나머지 시간은 아마도 졸았던 것 같아요. 별 다른 감흥과 소름 돋을 만한 메시지를 얻어서 돌아오지는 못했고, 이 또한 기대가 너무 큰 탓이었을까요? 제인 구달이라는 명성이 나에게 무언가 혜안을 안겨 주리라고 생각했죠, 아니 기대했죠. 그러나 나의 기대는 철저하게 무너졌습니다.

학생들은 이 글에 '동감'이라는 댓글을 10개 정도 달았다. 물론 나도 기꺼이 등수돌이에 동참했다. 다음 날 이 글을 클릭해 보니, 조한 선생님의 의미심장한 댓글이 달려 있었다.

"아직도 메시지 들으러 다니냐? 참여 관찰을 하면서 자기 생각을 숙성시켜야지…"

선생님의 댓글을 읽으면서 '뜨끔' 했다. 우리는 이 수업을 통해 메시지를 찾는 연습을 하고 있는 것이 아니라, 먼저 스스로 질문을 던지고 생각을 정리해 보는 연습을 하고 있었기 때문이다. 시원 역시 조한 선생님의 댓글을 보고 같은 생각을 했는지, 다시 긴 글을 올렸다.

•• 넌 지금 왜 하고 있니 | 시원 06

잊고 있었다. 수업 시간에 그렇게 들었지만 막상 자기 생각을 실제 생활에 도입하기란 쉽지 않다. 게다가 20년 가까이 조한이 얘기한 메시지만 쫓아다닌 우리에게는 더욱 그렇다. 아니 나에게는 절실하다. 메시지가 부족한 사회가 아님에도 불구하고 나는 메시지를 구한다. '왜, 그것이 필요한지'라는 질문은 생략되어 있다. 그저 하라니까 하는 것이고, 하면 좋을 것 같아서 하는 것이다. 메시지는 그렇게 소비되고, 소비 불가용 메시지를 만났을 때는 실망과 함께 다른 메시지를 찾아 헤맨다. 선생님의 이 뜨끔한 메시지는 그간 늘어져 있던 나의 마음에 조그마한 불씨를 밝혔다.

선생님의 수업 일지에 이런 문구가 있었다. "왜 그런 조사를 하는지." 지금 사회에서 우리에게 '왜'라는 질문은 의미가 없다. 더구나 그 질문이 나를 향한 것일 때는 더욱 의미가 없어진다. 의미가 없기보다는 그럴 여유를 주지 않는다. 2주 전쯤, 서울대학교에 마르크스의 『자본』 강의를 들으러 갔다. 6주 강의였는데, 난 한 번 가고는 그만두었다. 대학 YMCA 간사 누나가 나에게 한 조언 때문이었다.

"요즘 사회에서 사람들은 『자본』을 소비하는 경향이 많아. 비단 『자본』이라는 책뿐만이 아니지, 친자본주의적 사상이든지, 반자본주의적 사상이든지, 사회주의 사상이든지 사람들은 그걸 소비해. '『자본』 정도는 한 번쯤 읽어 봐야 지식인이지.' 하는 말이 '왜'라는 질문을 상실케 하는 것이지. 넌 그런 의미로 『자본』을 만나는 게 아니었으면 좋겠다."

'나'는 병렬적으로 나열된 무수한 경험으로 구성된 인간이 아니다. '왜'라는 질문을 통해 얻어 낸 경험이 주는 메시지와 감으로 이루어진 것이 나다. 이번 수업의 절반이 지난 지금, 내게 남은 과제는 '참여 관찰', '왜'라는 질문을 일상화하는 것이다. 이것이 아무래도 지금의 수업에 이르기까지 얻어 낸 문제의식이 아닐까.

특강을 들은 다음 수업 시간, 우리는 「핸드메이즈」라는 영화를 봤다. 이 영화는 폴커 슐렌도르프 감독의 1990년 작으로 20세기 말 길리아드 공화국을 배경으로 한다. 무분별한 중절 수술과 핵 화학물질의 오염으로 대부분의 여성들이 불임 상태가 되었고, 정부는 가임 여성을 컴퓨터로 관리하면서 강제적 수용 시설을 거쳐 정신 개조 후에 우수한 남성의 가정으로 보낸다. 이 가임 여성들은 '핸드메이즈'라고 불린다. 그들은 빨간 옷만 입어야 하고 베일을 쓰며 바깥출입이 통제된다. 다른 남자와 간음하거나, 임신하지 못하면 공개 처형된다. 그들은 임신을 위해 남자, 본부인과 함께 특별한 성의식을 치러야 하고 남자와의 농도 짙은 사랑 행위는 금지되어 있다. 정부의 '핸드메이즈' 제도를 거부한 주인공은 가족과 함께 캐나다로 탈출하나 실패, 핸드메이즈 훈련소인 '적색 센터'을 거쳐 사령관의 집으로 보내진다. 하지만 주인공은 사령관의 운전기사와 사랑에 빠지고 제국을 탈출한다는 내용이다.

영화는 미래의 삶에 대한 나의 상상을 부수어 놓았다. 나는 장면마다 나오는 충격적인 모습에 놀랐다. 그리고 정부가 출산까지도 통제하는 그런 미래가 올지도 모른다는 생각을 할수록 더욱 절망스러웠다. 이런 생각은 나뿐만이 아니었는지, 대부분의 학생들이 진지하게 영화를 봤다. 나의 미래는 희망적인가? 아니면 절망적인가? 이런 질문을 스스로에게 던지다가, 올리브나무인가 렉서스인가 선택하지 못하고 주저하다 가운데에 앉았던 생각이 번쩍 들었다. 이번 주 쪽글 쓰기도 버거웠지만, 그렇다고 어느 중간쯤을 어중간하게 택하지는 말아야겠다는 다짐을 했다.

| 공지사항 | 전자칠판 | 자유게시판 | 자료실 | Q & A |

글쓴이 : 조혜정 등록일 : 2006/11/08

이번 주 쪽글

학기 후반부는 후기 근대적 삶, 인류의 미래에 대한 대안들을 이야기해 보면서 감을 잡아갈 것이다. 일단 지난주와 이번 주는 「핸드메이즈」와 제인 구달의 특강을 자료로 인류의 암울한 미래와 '희망'에 대해 운을 떼는 시간이다. 그래서 이번 주 쪽글은 「핸드메이즈」 토론과 제인 구달의 특강, 그 외 자료실에 올라 있는 두 가지 자료들을 골라 읽으면서 자기가 이 수업을 들으면서 갖게 된 문제 의식을 심화하는 글을 쓰면 된다.

암울한 인류의 미래에 대해: 대단한 사람이 아니라도 좋아 | 혜영 06

노트의 거의 모든 페이지에는 '무슨 질문을 던질 거야?' 하고 씌어 있었다. 질문이야 많지. 그런데 잘 구조화가 안 된다. 얘기들이 조각난 채로 그림이 그려질 듯 말 듯하다. 수업의 큰 화두인 세계화, 인류의 생존, 페미니즘. 수업 때에는 어쩐지 신나게 들었지만 막상 쪽글을 쓰려고 보면 그건 '내 것'이라기보다는 '조한의 것'. 내 더듬이로 찾아가는 이야기가 아니었다. 어쩌면 그냥 내가 좀 지친 것일 수도 있다. 판 그리는 것에 지쳤다고나 할까.

이번 쪽글의 주제도 거창했다. 인류의 미래와 희망에 관련된 얘기였던가. 「핸드메이즈」도 있고 제인 구달도 있지만, 인류와 관계된(혹은 관계없는) 모든 것들은 사실 죄다 인류의 미래와 관련이 있다. 과연 인류의 '암울한' 미래는 「핸드메이즈」의 배경인 '잘못되어 가고 있는' 길리아드 공화국의 모습과 얼마나 다를까? 비슷할 수도 있고, 아닐 수도 있지만 뭔가 틀림없이 암울하다는 건 느낄 수 있다. 그건 눈치로 알 수 있다.

눈치, 감. 그래, 이거다. 인류가 살아남을 수 있던 비결은 바로 다른 동물들보다 뛰어난 '감'에 있는 게 아니었을까. 날씨가 추워지지 않을까, 이걸 땅에 뿌리면 같은 게 열리지 않을까 등등. 눈치 빠르고 감 좋은 사람이 일 잘하고 잘 살아남는 것은 옛날이나 지금이나 마찬가지다. 지금의 인류가 불안에 처해 있는 건, 감이 녹슬었기 때문이다. 지금까지 해 오던 방법이 먹히지 않는다. 이건 줄 알았는데 저거다. 세상이 삐거덕거린다. 통하려면 감이 잡혀야 하는데, 엉뚱한 전파만 온다. 제인 구달의 특강도 마찬가지 경우다.

나는 구달 할머니의 강연을 들으며 '할머니 그런 얘기는 이제 그만'이라고 말하고 싶었다. 당최 감이 잘 오지 않는 얘기다. 모두가 노력하면 세상이 바뀌어요. 인간의 기대. 자연의 힘. 어린 사람들의 힘. 인간은 뭐고 자연은 뭐고 어린 사람들은 누구며 힘은 또 무엇이란 말인가. 이제 막연한 기대를 품게 만드는 말은 그만 듣고 싶다. 아니, 무작정 그만 듣고 싶다기보다는 이제 그걸 어떻게 해야 하는지, 아니면 적어도 자기는 어떻게 해 왔다는 얘길 듣고 싶다. 책 읽으면 다 나오는 그런 얘기 말고.

한국까지 와서 침팬지 인사까지 가르쳐 준 구달 할머니에게는 정말 고마우면서도 미안하지만, 내게 와 닿는 희망의 이유가 있다면 그건 밥하고 청소하는 소소한 삶에서 결코 소소하지 않은 행복을 느끼는 사람들이다. 대단한 사람이 아니라도 좋다. 지구를 구하는 세일러문이 아니라도 좋다. 다정한 사람이 이웃을 구한다. 그런 다정함은 전염된다. 그게 희망이 아닐는지.

혜영은 "당최 감이 잘 오지 않는 얘기"라고 했다. 그리고 희망은 돌아오지 않을 것이라고도 했다. 그녀는 구달 여사의 이야기 대신, 소소한 삶에서 구체적으로 보이는 희망을 듣고 싶어 했다.

한편으로 희망을 찾아가는 이야기들도 이어졌다. 희망이라면 가느다란 새끼줄이라도 잡고 싶다는 심정을 이야기한 유진, 경험의 순간 자체가 희망일지 모른다는 예나, 다양한 시선과 역할을 각자 잘 실행하길 바라는 마음이 구달 박사 같았던 미진의 이야기가 그랬다.

•• 희망도, 이유도 없을지라도 | 유진 05

나는 가족과의 대화를 아예 단절해 버렸다. 명절 때 남녀가 식사를 따로 하는 집안에서 장남으로 자라서 사회적 성공을 이룸으로써 권위의 최고봉에 다다른 아버지에 대한 반발심, 교수님께서 자주 언급하시는 '매니저 엄마'의 전형인 어머니에 대한 반항심과 그로 인한 이탈감은 정말 말로 표현할 수 없었다. 난 가족이라는 공동체부터 국가라는 공동체까지 모두 벗어나고 싶었다(어쩌면 가족보다도 더 당연한 현상이었다.).

사춘기를 겪으면서 나에게는 공동체에 대한 애착이 결국 사라져 버렸다. 나와 친한 친구들은 나를 엄청난 개인주의자라고 표현하면서, 넌 나중에 조직 문화에 편입하기 힘든 스타일이라고 말한다. 가족, 학교, 동아리, 국가 등 나의 소속을 정의하는 모든 단체와 공동체, 집단에서 나는 '돌봐지기를' 거부했다.

　개인적으로는 이렇다고 치자. 그렇다면 좀 더 거시적으로 볼 때는? 그 또한 그다지 희망적으로 보이지만은 않았다. 머리가 굵어지면서, 그리고 이런저런 학문적 이야기들을 접하면서 난 현재에 대한 비판에 익숙해졌다. 자본주의에 대한 비판, 권위주의에 대한 비판, 마초적 분위기에 대한 비판, 그리고 세계화에 대한 비판. 비록 지금은 한물 간 이야기이기는 하지만 『1984』 같은 경우만 해도 그렇고, 얼마 전 본 「핸드메이즈」도 그렇고 사회가 이런 식으로 굴러가다가는 이런저런 식의 암울한 미래를 접하고 말 것이라는 소식들뿐이다. 현재에 특별히 만족하지 못하는 사람은 이미 지나가 버린, 돌이킬 수 없는 과거를 지나치게 아름답게 미화해 회상하거나, 미래에 대한 단꿈을 들이쉬며 살아가기 마련인데, 딱 내가 그랬다. 세상은 나로 하여금 달달한 앞날을 기대하게 내버려 두지만은 않았다.

　'희망의 이유?' 희망에도 이유가 있을까? 앞으로 희망이 있을 것이라고 믿고 싶지 않은 사람이 있을까? 유토피아가 될지, 디스토피아가 될지에 대해서 합의점을 찾지 못하고 불협화음이 난다고 해도, 다들 믿고 싶지 않을까. 거기에 대한 해결책이 '돌봄 공동체'인지 사실 난 확신이 잘 서지만은 않는다. 그냥 뭐든지 믿고 싶을 뿐이다. 이유가 없을지라도. 영화 「핸드메이즈」를 보고 구역질이 나고, 저런 사회가 도래하지 않을 거라는 확신은 없다고 해도, 어떻게든 아등바등이라도 대고 싶은 절박한 심정이라고밖에는.

• 젊음의 이유 | 예나 06

　구달 여사를 이 수많은 청중 앞에 세울 수 있었던 힘은 무엇일까? 20대 초반의 수많은 눈과 귀 앞에, 그녀의 모습은 그 자체만으로 일종의 '희망'이었을지 모른다. 하지만 갑자기 이런 생각도 든다. 세계적으로 유명한 한 사람을 이렇게 가까이에서 볼 수 있고, 그의 이야기를 경청할 수 있으며, 또 '그녀의 이야기를 듣고 느낀 점을 표현하고 공유할 수 있는 지금 이 순간 자체가 희망이 될 수 있지는 않을까?' 하면 지나치게 낙관적인

가? 하지만 나는 이러한 순간을 그냥 지나치고 싶지는 않다. 행복은 멀리 있지 않다고 했던가. 나도 가까운 곳에서 희망의 실마리를 찾고 싶어 하는 것 같다.

희망이라는 것은 정말 일체유심조一切唯心造의 문제다. 어떠한 관점으로 어떻게 사물을 바라보느냐에 따라 희망의 존재 여부는 달라질 수 있다. 그리고 그에 따라 환경도 바뀐다. 환경이 희망적이냐 절망적이냐는 별로 중요하지 않다고 생각한다. 제인 구달의 말처럼, 우리가 젊기 때문이다.

• 내 위치에서 찾는 '희망의 이유' | 미진 05

(…) 제인 구달의 특강이 있었다. 나는 그날 선약이 있어서 앞부분만 듣고 나가야만 했는데, 내가 앞부분을 조금 들은 바로는 뒷부분의 내용도 크게 다르지는 않았을 것이라고 생각했고 게시판을 들어와 보니 역시 그랬다. 특별할 건 없는 낙관적인 '희망의 이유'. 그러나 그녀가 말하기에 힘이 되는 '희망의 이유'. 사실 나는 그날 대강당을 꽉 메운 학생들을 보고 깜짝 놀랐다. 〈지시문〉 수업에서 만나는 사람들처럼 통찰력이 있는 사람들은 소수라고 생각했었는데, 그래도 제인 구달이라는 이름에 이렇게 많은 학생들이 모였다는 사실에 묘한 느낌을 받았다. 어릴 적 책에서만 보던 제인 구달 할머니가 머리를 곱게 묶고 침팬지 인형을 들고 내 눈앞에 나타나 홍~홍~거리면서, 어쩌면 흔할지도 모르는 '희망'이라는 단어를 이야기하는 것 자체가 젊은 지식인들을 이렇게 모이게 한다는 것이…

"새로운 논의, 다 맞아. 그런데 그거 엘리트들만의 논의 아니야? 아직 뭔지도 모르고 시작도 안 되고 자기 앞길만 급급한 친구들이 내 주위엔 수두룩하단 말이야. 다 같이 가야지. 똑똑하고 아는 사람들만 가면 어떡하나." 했던 나의 괜한 걱정. 그 사이에서 나도 그냥 따라 갈까 아니면 좀 늦더라도 모두 같이 가야 할 것인가 또는 길 같은 것 그냥 못 본 척하고 그냥 이대로 편하게 주저앉아 버릴 것인가? 모호한 정체성을 가지고 우물쭈물하고 있는 나에게 제인 구달의 강연 내용 — 정확히 말하면 제인 구달의 강연 그 자체, 제인 구달 할머니의 이야기를 들으러 모인 사람들의 그 모습 — 이 내 고민의 실마리를 조금이나마 찾아 준 듯하다.

완전히 똑똑하지도, 그렇다고 아무것도 모르지도 않는(눈을 떠서 이미 봤는데 못 본 척하고 다시 감아 버릴 수는 없는) 내가 싫어하던 이 모호한 정체성은 이제 내가 좋아하는 나의 장점이 되었다. 그래, 생각해 보면 나는 상당히 다양한 종류의 사람들과 소통이 가능한 사람이었을지도 모른다. 모두를 설득하고 이해시키지 못했다고 해서 새로운 논의를 멈출 수는 없는 것이리라. 새로운 생각과 논의와 길을 만들어 가는 사람이 있고, 그것을 따라가는 사람이 있고, 그 사이에서 다리 역할을 하는 사람도 있고. 희망찬 미래를 만들어 나가기 위해 각자 자신의 역할을 알고 그 역할을 다해 나가는 사람들이 각자의 위치에 있다는 것, 그리고 그 안에 나도 있다는 것이 소박한 내 희망의 이유라면 이유랄까.

KTX 사건은 「핸드메이즈」의 현실판마냥 비극적이지만, 분명 해결이 가능한 것이라고. 해결의 가능성이 있기에 현실은 영화처럼 오롯이 비극적인 것만은 아니라고 말하는 유진과 서로에 대한 사랑으로 비극적인 상황을 극복할 수 있을 것이라고 말하는 송이의 글을 읽으면서 지친 마음을 조금 추스를 수 있었다.

• 나는 아직 사필귀정을 믿는다 | 유진 06

세상에는 언제나 지배자와 피지배자가 존재한다. 누가 지배자이고 누가 피지배자인지에 대해서는 시대와 지역에 따라 차이가 존재했지만, 시대와 지역을 막론하고 지배자와 피지배자 사이의 구분이 없었던 적은 없었다. 계급은 지배자와 피지배자를 구분하는 대표적 기제였으며, 출신 국가와 재산은 지금까지도 지배자와 피지배자를 구분하는 기제로 작용하고 있다. 그러나 계급, 출신 국가, 재산에 관계없이 거의 모든 시대와 지역에서 여성은 피지배자였다.

그런 의미에서 영화 「핸드메이즈」의 핸드메이드들과 KTX 비정규직 여성 승무원의 처지 역시 크게 다르지 않다. 그들은 피지배자이며, 지배자의 부당한 횡포에 분노한다. 그들에게는 원하는 것이 있지만 그것을 얻기란 쉽지 않아 보인다. 그렇다면 그들은 포기해야 하는 걸까?

영화와 현실은 모두 '아니다'라고 말한다. 「핸드메이즈」에서 피지배자인 핸드메이드들은 자신을 도구화하려는 지배자인 정부에 반발해 자신의 삶을 구제하기 위해 탈출을 시도하거나 자신의 욕망에 따라 지정된 남자가 아닌 다른 남자와 잔다. 그들은 KTX 비정규직 여성 승무원들처럼 조직적이며 적극적인 행동을 하지는 않지만 각자의 위치에서 작은 반란을 꿈꾼다. 그들 개개인의 행동이 정부의 전복에 직접적인 영향을 끼치는지에 대한 논의는 차치하더라도, 어쨌거나 그들은 지배자의 부당한 횡포에 쉽게 자신의 삶과 욕망을 포기하지 않는다. 그들은 모든 위험을 감수하면서라도 자신의 삶을 구제하고자 하며 욕망에 충실하고자 한다. 그들의 현실은 비극적이며 그들의 미래 역시 쉽게 달라지지 않을 테지만, 그들은 자신을 쉽게 포기하거나 방치하지 않는다. 피지배자가 지배자의 횡포에 자신을 체념하지 않는 것, 모든 변화는 이것으로부터 시작된다.

반면 KTX의 비정규직 여자 승무원들은 핸드메이드들보다 조직적이고 적극적으로 행동한다. 그들은 파업을 선택한다. 그러나 이 시대의 또 다른 지배자로 군림한 거대 기업은 그들을 탄압한다. 그들은 핸드메이드들처럼 자신의 삶을 구제하고 욕망에 충실하기 위해 투쟁하고, 그들의 투쟁에는 영화 「핸드메이즈」에서와는 달리 지원자들이 존재한다. 「핸드메이즈」의 닉은 국가 전복을 위해 싸우지만 이것이 핸드메이드들을 위한 것이라는 언급은 어디에도 없다. 「KTX 승무원 고용 촉진을 위한 교수 모임의 성명서」에서 알 수 있듯이 여승무원들에게는 그들의 삶과 욕망, 나아가 그들 이후의 사람들의 그것을 지지하는 지원자들이 존재한다. 그리고 지원자들의 수가 늘수록 그들의 투쟁은 힘을 얻을 것이기에 그들의 미래는 핸드메이드들보다 덜 어두워 보인다.

KTX 비정규직 여성 승무원에 대한 성명서가 주인공의 독백으로 채워지는 영화의 마지막 장면보다 덜 비극적으로 보이는 것은, 그들의 상황이 영화에서처럼 어둡고 비극적임에도 불구하고, 그 속에 정의에 대한 믿음이 담겨 있기 때문일 것이다. 나는 아직 사필귀정을 믿는다.

•• 미래, 구체적인 | 송이 05

　　초등학교 동창 중 한 놈은 얼마 전까지 성인 오락실에서 일을 했다. 그 아이는 공고를 나와 오토바이에 미쳐 살다가, 여자를 만나려면 돈이라도 있어야 되겠다는 생각으로 그 일을 시작했다. 초등학교 졸업 이후 7년 만에 만난 나에게, 그래도 자신이 하는 일을 조금씩 조심스럽게 표현하려 노력하면서 그 아이는 말했다. 자기는 인맥을 만들고 있는 중이라고. 오락실에 오는 사람 중에는 말만 하면 다 아는 거물들도 꽤 있는데, 그 사람들이 하루에 오락실에서 쓰는 돈은 정말이지 어마어마하고, 오는 사람은 계속 와서 안면을 트고 지내는 사이가 되었단다.

　　그 아이와 만나던 날, 팬시점에 잠깐 들러서 이런저런 물건을 구경하다가, 호신용이라고 쓰인 액세서리를 보고 농담하면서 나는 혼자 깔깔거렸다. 엄지를 제외한 나머지 손가락 모두를 길게 감싸는 쇠로 된 그것에 대해서 그 아이는 미간을 좁히며 진지하게 말했다. 오락실을 실질적으로 운영하는 조직원들은 실제로 칼 조각을 거기다 붙여서 사람을 해치는 데 사용한다. 웃을 일이 아니다.

　　(…) 한탕 해 보겠다고 밤새워 오락실에서 손님들의 비위를 맞추는 그 녀석이나, 한 몫 챙겨 보겠다고 오락실 기계 앞에 충혈된 눈으로 꼼짝 않고 앉아 있는 사람들이나, 제 멋대로 사회의 규율을 재단하며 칼을 가는 사람들이나, 다들 제정신이 아니다. 학교의 테두리를 벗어나면 정말이지 살벌한 현실과 만나게 될 거라는 어른들의 엄포는 거짓이 아니었다. 건전한 경제 정신, 수요와 공급의 원리에 충실한 개인과 같이 일반화된 개념 속에, 그토록 오묘하고 독특한 개인들은 들어갈 자리가 없다. 그저 사회의 병적인 요소,

사회 재활이 필요한 요소로 치부될 뿐이다. (…)

한 명의 온전한 개인으로 인정받으려 하는 승무원들의 목소리가 들리지 않는 이유는, 관리자들이 정말로 악덕하거나 권력욕에 환장하는 무리여서라기보다는, 더 근본적으로, 각자 다른 방식의 사유 구조를 바탕으로 행동하고 있기 때문이 아닐까?

「21세기 10대 여성 임파워먼트를 위한 비전과 과제」 속에서 '가정적인 돌봄과 상호 학습의 원리가 살아 있는 작은 공동체'가 대안으로 등장하는 이유도, 나는 위와 같은 맥락에서 이해했다. 진부하지만 나에게는 전부인 고뇌들을 대체 어디에 털어놓을 수 있단 말인가 하며 괴로워하는, 고립된 광장의 개인들에게 필요한 것은 실질적인 사람들의 온기일 거다. 자의식 과잉의 시대에, 제각각 자기가 보고 싶고 볼 수 있는 만큼만을 보며, 무소불위의 권력 앞에서 힘없이 고꾸라지며 피해 의식을 키워 가는 개인이 제법 많은 세상, 병적인 활력과 구기력함이 동시에 공존하는 현 세상에서, 미래를 꾸려 나가야 하는 살아남은 사람들은, 수전 손택의 말처럼 '타인의 고통을 감지할 수 있는 감수성'을 길러야 한다. '휴머니즘'의 기치를 내거는 것도 좋지만, 여전히 지나치게 구조 중심적인 논의와 추상화가 난무하는 상황에서, 그에 대한 견제의 목소리로 철수와 영희와 바둑이를 사랑하자는 식의 주장을 하는 나 같은 사람도 있어야 하지 않나 하는 생각이 든다.

이번 주 수업을 시작할 때, 자료실에 올라온 '신자유주의'에 관한 자료들을 읽으며 나는 차라리 이 슬픈 현실을 외면하고 싶었다. 말하자면 KTX 승무원에게 일어난 일은 나에게는 벌어지지 않을 일인 것 같은 느낌, 자료를 허구로만 그냥 제시문으로만 읽어 내고 싶은 느낌. KTX 여승무원 문제도 픽션으로 처리해 버리고 싶었다.

이런 우리에게 「핸드메이즈」와 조한 선생님의 댓글은 현실을 직시하지 않으려는 자신을 바라보지 않으면 안 되게 만들었다. KTX 승무원 문제와 카지노 자본주의의 문제가 그저 쪽글을 쓰기 위한 제시문이 아닌 내가 살고 있는 이 시대의 반영이라는 것 말이다. 다시 KTX 승무원 관련 글과 카지노 자본주의 칼럼을 꼼꼼하게 읽으면서 내가 살고 있는 시대와 연결을 시켜 보았다. 막상 연결해 보니 금방 직장을 그만둔 사촌 언니 문제이기도 하고 몇 년 후 내 문제일 수 있다는 생각이 든다. 숨을 고르면서 다시 토할 뻔했던 「핸드메이즈」 장면들을 떠올려 본다. 선생님이 종종하시는 말처럼, 뭔가 아주 다른 그림으로 세상 흘러가는 것을 파악해야 하는 시대임이 틀림없다. 이런 이야기를 시원하게 누가 설명해 주면 좋겠는데… 선생님은 계속 고민거리만 던져 주기로 작심을 한 모양이니, 나는 내 나름으로 답을 찾아봐야 할 것 같다.

조한 선생님 책에서 읽은 말이 기억이 났다. 어느 책의 머리말이었는데, 아들이 초등학교 시절 어느 날 학교에서 환경에 대해 배우고 와서 선생님한테 물었단다.

"세상이 이렇게 무서운데 엄마는 뭘 믿고 날 낳았어?"

나는 그 머리말이 잊히지 않아 나중에 선생님한테 여쭤 보았다.

"그때 선생님은 뭐라고 대답하셨어요?"

선생님이 답해 주셨다.

"너 낳을 땐 이 정도까지 될 줄은 몰랐어."

소모임 시간, 친구들과도 이번 주 수업 이야기를 나누어 본다. 워낙에 충격적인 주제라, 막막하다고 했다. 우리가 어떻게 할 수 있을지 감이 안 온다고 했다. 내 안에 남아 있던 불안감은 다른 이도 함께 느끼고 있다는 사실을 확인하기 시작하면서 조금씩 사라지기 시작했다. 시작이 반이다. 모두가 문제를 인식하기 시작했으니 반까지는 아니더라도 3분의 1은 왔나 보다. 나는 제안을 했다.

"얼마 전에 버스 타고 가다 보니까, 광화문 역 앞에서 'KTX 여승무원 직접 고용을 위한 촛불 문화제'를 하고 있더라. 우리 다 같이 거기에 가 보는 건 어떨까. 제인 구달 선생님도 말씀하셨잖아. 작은 것부터 해 나가면 세상이 바뀔 거라고."

이제 겨우 3분의 1 올라간 희망의 게이지를 우리 스스로 채워 보기로 했다.

글쓴이 | 운장, 영화

❖ 조한의 수업일지 10

영상 시대 지식인 감독들

전환기 | 암울함 | 선각자 | 유쾌한 영화

아주 많은 자극들이 두어 주일 안에 던져졌다. 아마도 학생들은 아주 헷갈려 하거나 아주 신이 나 있을 것이다. 때마침 우리가 공부하는 것과 연결이 되는 KTX 사건 경과, 그리고 카지노 자본주의라는 타이틀의 칼럼이 보여서 자료실에 올렸다. 그리고 수업 시간에 함께 「핸드메이즈」를 보았다. 이 영화는 보기에 괴로운 영화이지만 너무나 탁월하게 시대를 그려 낸 영화다.

    전환기에 시대의 아픔, 시대의 모순을 절묘하게 파악해 내는 사람은 아무래도 소설가와 영화인들인 듯하다. 그래서 나는 영화를 부지런히 보는 편이다. 요즘은 학기 중에 하는 일 없이 늘 분주하여 영화도 제대로 볼 수 없기에 방학 때 몰아서 본다. 유럽 등지에서 만들어진 영화를 포함한 명작과 최신작들을 보다 보면 지구 구석구석에서 나와 아주 비슷한 고민을 하고 있는 사람들, 어느 정도 해법을 찾은 이들이 있다는 것을 알게 되면서 위로를 받기도 한다. 우리가 일상적으로 극장에서 볼 수 있는 영화들 가운데 이런 훌륭한 사회 과학 교재가 있다는 것은 얼마나 다행인가? 절로 감탄이 나오는 영화를 보다 보면, 시대의 성찰을 촉구하는 교실은 조만간 인문 사회 과학 강의실에서 극장으로 옮겨 가는 것이 아닐까 하는 생각이 든다. 조만간 교양 과목을 이런 절묘한 영화만 모아 보여 주면서 새롭게 구성을 해 볼까 하는 생각도 있다. 찰리 채플린의 「모던 타임즈」는 오랫동안 사회 과학 입문 과목의 단골 영화였다. 그렇다면 후기 근대의 고전 리스트에는 어떤 것들이 들어갈까? 국가가 세상을 마음대로 떠다니는 금융 자본에 압도당한 글로벌 자본주의 시대, 근대 말기에 그간 형성된 체제가 붕괴하는 징후를 피부로 느끼게 되는 위험 사회를 잘 보여 주는 영화들을 뽑아 보았다.

일단 최근에 금융 자본이 지배하는 사회의 투기적 성격을 드러내는 좋은 영화들이 대거 나오고 있다. 좀 오래된 작품으로 올리버 스톤 감독의 「월 스트리트」1987가 있다면, 2000년대 들어서 벤 영거 감독의 「보일러 룸」2000, 에드워드 즈윅 감독의 「블러드 다이아몬드」2006, 토니 길로이 감독의 「마이클 클레이튼」2007을 들 수 있을 것이다. 기업 이윤을 극대화하는 것이 모든 목적의 상위를 차지하게 되는 세상에서 정치인과 변호사와 공무원들이 지하 조직과 하등 다를 것 없는 일에 종사하게 된 '화이트 컬러 범죄' 시대를 잘 파헤친 영화들이다. 앤드류 니콜 감독의 「로드 오브 워」2005는 특히 무기상인 주인공(니콜라스 케이지)이 "세상에 마지막까지 살아남을 사람은 바로 우리들이지."라고 말하면서 세상을 움직이는 힘은 좌파도 우파도, 양식 있는 정치가도 지식인도 아닌, 돈 버는 것을 목적으로 하는 무기상임을 강조하는 탁월한 영화다. 국가 권력이 국민을 위한 것이 더는 아님을 보여 주는 또 다른 영화로 지구 온난화와 대기 오염 문제를 풀 수 있는 전기 자동차 개발 프로젝트의 좌절의 과정을 GM 자동차 회사의 배후 이야기로 담아 낸 크리스 페인 감독의 「누가 전기 자동차를 죽였는가?」2006가 있으며, 마약을 재배하는 사람과 약물 중독자들을 검거하는 집단이 실은 한 통속임을 드러내는 「스캐너 다클리」2006(키아누 리브스를 포함한 배우들이 애니메이션으로 나온 것으로 유명해진 영화)도 최근에 나온 암울한 시대상을 탁월하게 그려 낸 작품이다.

폴커 슐렌도르프 감독의 「핸드메이즈」는 이중에서도 걸작이다. 암울한 군국주의 사회에 대한 마거릿 애트우드의 소설 『시녀 이야기』를 영화화한 것이다. 앤드류 니콜 감독은 우주 탐사 프로젝트에 참여하는 소수 정예 만능 인간이 주도하는 사회를 「가타카」1997라는 영화를 통해 그려 내고 있는데, 이는 과학 기술이 세상의 문제를 해결하리라고 믿는 것에 대해 심각한 문제 제기를 하는 영화다. 사실상 이런 영화 속의 사회는 공상 속의 세상이 아니라 우리 곁에 매우 가까이 다가온 현실이다.

그리고 그 현실은 일상 속에서도 그대로 나타난다. 교통사고나 테러 등 도저히 이해되지 않는 사건으로 사랑하는 사람들을 잃은 사람들이 모여 마을을 이루어 사는 상황을 그린 나이트 샤말란 감독의 「빌리지」2004나, 평화롭게 보이는 작은 마을이 실상 엄청난 이기심과 폭력의 공간임을 보여 준 라스 폰 트리에 감독의 「도그 빌」2003, 예상치 않은 재앙이 수시로 일어나는 시대에 '유연하게' 살아남은 '보통 사람의 카리스마'를 그린 코엔 형제가 만든 「위대한 레보스키」1998와 「파고」1997도 탁월한 작품이고, 봉준호 감독의 「살인의 추억」2003과 2006년 초에 대박을 터트린 「괴물」, 이창동 감독의 「밀양」2007도 이런 이해 불가능한 시대를 그린 영화들이다.

점점 암울해지는 시대에 나름의 해법을 제시하려는 영화가 없지 않다. 종말적 시대를 성매매 여성과 뜨내기의 감수성으로 그려 낸 마이크 피기스 감독의 「라스베가스를 떠나며」1996를 비롯해, 삶의 피폐함 속에서도 사라지지 않은 측은지심을 그린 월터 셀러스 감독의 「중앙역」1999, 복서의 꿈을 이루려 최선을 다하다가 죽어 가는 젊은 여성과 코치의 아름다운 관계를 다룬 클린트 이스트우드 감독의 「밀리언 달러 베이비」2004, 하루아침에 어처구니없는 일을 당해도 위로받을 곳 하나 없다는 것을 알게 된 중상층 백인 주인공이 멕시코계 가정부의 도움을 받으며 기운을 차리는 폴 해기스 감독의 「크래쉬」2004, 브레드 피트가 전화를 받으며 우는 장면이 인상적인 곤잘레스 이나리투 감독의 「바벨」2006 등은 '낯선 존재'와의 '우정'을 통해 구원받는 사람들을 그린 영화들이다. 호주의 여성 감독 사라 와트가 만든 「룩 보스 웨이즈」2005, 동성애자 아버지의 양로원을 찾아가서 화해하는 이누도 잇신 감독의 「메종 드 히미코」 2005, 핏줄이 섞이지 않은 이들이 오히려 제대로 된 가족적 관계를 형성해 가는 것을 보여 주는 김태용 감독의 「가족의 탄생」 2006 역시 '적대와 무시와 모욕'을 넘어선 '우정과 환대'의 공간의 출현을 예고하는 영화다.

시대에 대한 새로운 인식을 심어 가는 데 영상 언어는 막강한 효과를 낸다. 그래서 나는 세계의 지식인계/영화계를 주목하면서 그 '천재들'의 작품을 수시로 활용하는 편이다. 드디어 한국도 사람들이 아이 낳기를 기피하거나 낳을 수 없는 상태로 가고 있다. 「핸드메이즈」는 암울한 인류의 미래, 아니 현재를 그린 영화다. 나는 우울해하는 학생들을 보면 한껏 유쾌한 영화를 보여 주고 싶지만 어쩔 수 없다. 예방주사는 빨리 맞을수록 좋지 않은가? 끝없는 자본 축적이 가능해지면서 투기 자본이 전 지구를 '자유롭게' 이동하며 국가까지도 변형시켜 버리는 '신자유주의' 시대에 대한 본격적인 학습이 이루어져야 할 때다. 디스토피아에 대해 알고 싶어 하는 사람들은 별로 없지만, 다행히 대학에는 현실을 직시하려는 학생들이 아직은 꽤 있다.

학생들의 이야기가 점점 진솔해지면서, 스스로 자신이 기피하고 싶어 한 것이 무엇인지를 파악하게 되고, 시대와 직면할 용기를 갖게 된다. 글로벌 시대의 경쟁과 투기 자본주의 사회의 성격, 만성적 청년 실업 문제 등은 학생들이 때로 기피하고 싶어 하는 주제다. 그러나 그 관련해서 잘 만든 영화를 함께 보면서 그것이 절망만은 아님을 일러 줄 수 있다면 이야기는 빠르게 진전된다. 삶 자체를 드러내거나 그런 이야기를 듣는 것이 점점 더 불편해지는 시대지만, 수업에서는 고스란히 불편과 불안을 경험하게 해야 하며, 그것을 다함께 하기 때문에 이야기가 되고 위로가 되면서 해법을 찾아 나서게 되는 것이다. 개별 학생들은 초반에 자신의 불안과 불만을 교실에서 터트리기도 하지만, 차차 분풀이는 교실에서 하는 것이 아니라 글이나 말로 승화시키거나,

아니면 개별적으로 친구나 소모임 자리를 통해 푸는 것임을 알아 가게 된다. 그리고 교실 자체가 '우정과 환대'의 시공간이 되기 위해 스스로 노력하게 된다.

❖ 조한의 수업일지 11

유토피아, 디스토피아
제인 구달 박사의 강연 | 대학 밖 학습

마침 우리 수업과 겹치는 시간에 대강당에서 체질인류학자이자 인류의 미래에 대한 강의를 하면서 세계 순회 강연을 하는 제인 구달 박사의 강연이 있어서 함께 가 보기로 했다. 특강 제목은 "침팬지의 어머니 제인 구달 여사가 들려 주는 희망의 이유." 많은 면에서 우리 수업과 적절하게 맞아떨어진 제목이다. 수업을 하면서 주변을 둘러보면 이렇게 수업에서 하려는 작업과 아주 절묘하게 맞아떨어지는 강의나 이벤트들이 적지 않다. 대강당으로 가면서 학생들과 이런저런 이야기를 나누었는데, 새로운 자극만 자꾸 던져지는 것을 그들은 불안해했다. 이 수업의 의도가 스스로 질문을 만들고 자기만의 화두로 삼아 깊이 사유해 들어가는 것이라고 말하면서 모른 척했지만 내심 내가 너무 많은 자극만 주고 정리를 해 주지 않는 것은 아닌지 미안해지기도 했다.

학부 대학에서 주최한 것으로 이화여대 최재천 교수가 신촌 지역 대학 연계 활동을 활성화하고 싶어서 기획했다고 하는데, 흥미롭게도 서대문에 있는 이화여고 등 고등학생도 꽤 많이 와 있었다.

◆ 내가 제인 구달의 강의를 들으면서 흥미롭게 본 주제, 질문들

1. 아날로그 식 강연: 앨 고어의 강연과 매우 대조적. 스토리텔링
2. 처음에는 침팬지와 인간의 공통점을 강조(도구 사용, 유머 감각, 15년을 기억해 내고 400가지 사인을 기억함)하다가 인간 중심주의를 비판, 침팬지와 개와 모든 동물들, 그리고 자연과의 연결을 이야기한다.
3. 차이의 강조 : 인간의 두뇌(무서운 맹수들을 물리쳐 온 능력, 미래를 예측하고 중지를 모으는 능력, 위기를 감지하는 능력: 지속 불가능한 라이프 스타일로 살아가는 현대 '선진국 국민들'의 문제) + 정신의 힘 + 자연의 치유력 + 눈빛(물에 빠진 침팬지의 "도와주시겠어요?"의 눈빛을 읽은 남자)
4. 멸종 위기, 측은지심, 그리고 개인들의 결정decision making : 물 전쟁, 석유 전쟁, 그리고 기후 변동 — 어떤 세상을 물려받고 또 물려줄 것인가? 〈뿌리와 새싹 운동〉, '측은지심'의 회복이 시급하다.
5. 제인 구달, 그녀는? 침팬지의 어머니? 글로벌 시대의 선생, 예언자 군에 속함. 73세에 세계를 돌아다니며 1년에 300회 강연을 하는 사람. 지구촌이라면 지구촌의 스타와 스승도 있어야 하는데 그가 바로 그런 사람 중 한 명. 체질 인류학자로서 침팬지에 관한 한 제인 구달의 말은 권위를 갖는다. 오랫동안 현장에 가서 침팬지와 함께 살면서 참여 관찰한 사람이므로… 장기 체류한 인류학자들의 말, 그들이 한 말을 믿는다는 것, 그것은 신뢰에서 나오는 것이다.

이날 공지사항에 우편물로 도착한 유네스코 주최 국제회의에 대한 정보를 올렸다. '제도의 덫' 또는 '속도의 덫'에 빠진 학생들이 그곳에 가기 어려울 것이라는 사실을 알고 있지만, 제목이라도 보면서 세상 돌아가는 것을 파악하라고 부지런히 공지들을 올리는 편이다. 언젠가 자신들도 중요한 정보들을 공

유하는 것을 즐기는, 초대하는 인간들이 되기를 바라면서 그리 한다. 사실 나는 대학에서 한 학기에 한 과목 정도는 대학 밖에서 하는 심포지엄이나 다양한 지적 자극의 자리에 가서 학습을 해서 보고서를 써 내면 학점을 주는 제도를 마련해야 한다고 생각한다. 대학이 사회에서 도태되지 않으려면 특히 자기 주도적 수업 학점 제도를 마련해서 학생들로 하여금 탐구의 영역을 넓히고 참여하면서 배우는 학습 능력을 한껏 키워 갈 수 있게 해야 한다고 생각한다.

교 실 이 돌 아 왔 다 7

저출산 정책을 두고 연애를 논하다

◆◆ 이번에는 선생님이 마당극에 손님을 초대했다. JSC라는 학회에서 활동하는 학생들이었다. JSC는 금융, 경제, 인문 사회의 세 분야를 공부하며 학자의 꿈을 키우는 학생들이 모인 동아리다. 이번에 〈JSC 인문 사회〉에서는 출산율이 낮은 현재의 상황을 해결하기 위한 방법을 연구했다. 조한 선생님은 이들이 쓴 논문을 우연히 읽게 되셨는데 학부생 연구인데도 매우 치밀하고 열심히 했고, 우리 수업과 맞닿는 지점이 있어 좋은 토론거리가 될 것 같아 초대했다고 하셨다. 사이버 강의실에는 미리 JSC의 연구 논문이 올라와 있었다.

그들의 연구 내용과 결론은 간단했다. 사람들은 수익보다 손실에 민감하게 반응하기 때문에 출산을 장려하기 위해 인센티브 정책뿐 아니라 페널티 정책을 도입해야 한다는 것이었다. 즉, 아이를 낳지 않는 사람들에게 세금을 부과하는 방식이 출산율을 높이는 데 효과적이라는 논지였다.

나는 공강 시간에 컴퓨터실에 들러 논문을 인쇄해 군데군데 밑줄까지 쳐가며 읽고 수업에 들어갔다. 수업 시간이 거의 다 되어서 내 옆에는 아람이 와 앉았다. 다른 일을 하다가 급하게 와서 몸만 왔다고 했다. '누군가한테 뭘 더 주는 인센티브 정책이랑 가진 걸 빼앗는 페널티 정책이랑 뭐가 다른 걸까?'

나는 JSC 학생들이 발표하는 논문의 전제를 벗어나지 않고 그 안에서 이런저런 의문들을 품고 있었다. 그런데 옆에 앉은 아람은 JSC 학생들이 연구 내용을 발표를 하는 동안 점점 표정이 굳어졌지더니 나를 보면서 화를 냈다.

"와, 어떻게 저렇게 말하지? 저 사람들은 가족이나 아이를 수량적인 개념으로만 보고 있는 거잖아. 애를 낳고 기르는 건 나인데, 내 삶도 계산 가능하다고?"

아람은 그 전제 자체를 문제 삼고 있었다. 나 역시 JSC의 발표가 너무 비인간적이라는 생각에 동의했다. 저출산이 노동력 수급의 측면에서 중요한 국가의 문제이기는 하지만, 저 사람들은 여성에게 아이를 낳고 기르는 것이 어떤 의미인지 생각해 보지 않은 것 같다. 여자가 아니라서 그런가? 나는 남자가 아니라 남자들의 생각은 잘 모르지만, 어릴 적부터 자기가 미래에 꾸릴 가족에 대해 상상의 나래를 펼치곤 했다. 알고 보니 내 친구들 중에도 그런 친구들이 많아서, 우리는 서로 어떤 가족과 함께 살아갈 것인지 예쁜 색을 입혀서 이야기를 나누곤 했다. 어떤 사람을 만나서, 아이를 몇 명 낳고, 어떤 가치관을 중요시하며 양육할 것인지. 어떤 친구는 자기가 좋은 부모가 될 자신이 없기에 평생 독신으로 살겠다고 선언했다. 그때 우리는 열여덟이었는데, "너 능력 안 돼서 결혼 못할 것 같으니까 미리 선수 치는 거지?" 하며 웃기도 했다. 그런 개인들의 이야기들이 생략되고, 출산을 노동력 재생으로 보고, 안 낳는 사람에게는 벌을 주자는 JSC의 이야기는 사람 냄새가 안 나는 이야기라는 생각이 들었다.

"종이랑 펜 좀 빌려 주라."

"나 논문 출력 안 했는데, 좀 보여 줄 수 있을까?"

"나 여기 뭐 좀 적어도 돼?"

JSC의 발제를 듣는 내내 불쾌해하던 아람은 계속 내게 이런저런 이야기를 하더니 급기야는 내 인쇄물을 빌려 가서 무언가를 깨알같이 적기 시작했다. 나는 괜히 아무것도 안 적고 있는 내 손이 민망했다.

연못 안에서 노닐던 내 생각도 아람 덕분에 점차 윤곽을 잡아 갔다. 그러자 '국가'가 '출산'에 개입한다는 점 때문에 지난 수업 시간에 보았던 영화 「핸드메이즈」가 떠올랐다. 물론 JSC가 제안한 페널티 정책은 영화 속의 '국가의 역할'과는 '정도 차이'가 컸지만, 나는 그때의 충격에 덧붙여 '출산'에 국가가 '개입'하는 것에 대해서 다시 생각해 보게 되었다. 선생님은 이런 연결고리 때문에 JSC를 우리 수업에 초대하신 건가?

그렇게 이런저런 생각에 빠져 있는 사이 발제가 끝났다. 아람은 여전히 무언가를 적고 있었다.

이어진 질문 시간에는 출산율이 낮은 것이 과연 문제인지부터 출산 문제를 국가에서 정책으로 다뤄야 하는지 이해할 수 없다는 것까지 다양한 질문들이 쏟아져 나왔다. JSC의 연구에는 출산의 주체인 여성이 빠져 있다는 점이 비판의 주를 이뤘다. 맞아. 이 논문을 연구한 사람들 중 여성인 친구가 있었다면 논문이 좀 다른 방향으로 흘러갈 수도 있었을 것 같다. 질문의 답변이 끝나기도 전에 대여섯 사람이 손을 들었다. 계속해서 날카로운 비판의 화살을 던지는 학생들의 반응에 당황한 발제자는 "이 수업이 여성학 수업입니까?" 하고 짧게 물었다. 짧은 시간 정적과 불편한 기운이 흐른 뒤 미처 마무리할 시간도 없이 수업이 끝났다. 격한 분위기에서 진행된 마당극이었다.

바로 그 다음 날 아람의 "여성학 수업입니까?"라는 제목의 글이 자유 게시판에 올라 있었다. 질문 뒤 이어진 정적의 의미를 잘 보여 주는 글이었다.

| 공지사항 | 전자칠판 | **자유게시판** | 자료실 | Q & A |

글쓴이: 아람   등록일: 2006/11/29
여성학 수업입니까?

  섹스와 젠더가 관련되면 문제들은 너무나 쉽게 '다른 차원의 것'이 되고 '여성주의'에서 다뤄야 할 것이 된다.
  나는 어제의 토론에서 여성과 관련되어 제기된 문제점들이 실은 '사회학적 접근입니까?'라는 말로도 충분하다는 생각이 든다. 아니 특히나 출산이라는 문제를 다루는 것이라면 꼭 여성주의가 아니어도 괜찮았다.
  경영학이든 통계학이든 그 어떤 학문 분과든(그들의 입장에 서더라도) '출산'이라는 문제를 다루었다면 저출산과 관련된 대책에서 실질적으로 가장 큰 영향을 받을 여성에 대한 고려는 반드시 그리고 '당연히' 필요하다. 그 문제에 대해 고민하고 정책 방향을 제시하기까지 하신 분들이 그 정책의 실질적 대상을 고려하지 않았다는 것은 '경영학적 통계학적 마인드'로 보아도 나로선 이해가 되지 않는다. 그리고 이들이 전제한 많은 것들 중 가장 치명적인 문제였던 (무한 반복하지만) "낳지 못하고 낳지 않는 사회에 살고 있는 '개인'의 삶"에 대한 이해 부족은 그분이 한 "여성학 수업입니까?"라는 질문 속에 많은 부분 답이 있다고 생각한다.
  저출산이 문제라면 어디가, 왜 문제인가, 문제는 왜 발생했는가에 대해 고민하고 그것을 푸는 것에서 출발해야 한다. 위에 대한 바른 이해와 고민이 없는 그들의 정책은 그다지 옳지 않고, 심지어 유효하지도 않을 가능성이 크다. 낳지 않는 사회, 낳기 어려운 사회다. 정책의 대상자는 주로 지금의 20~30대의 사람들(이 수업을 듣는 우리들)이며 실제로 그들의 삶의 주기와 생활에 가장 큰 영향을 받을 대상들은 여성들이다. 이들은 결혼을 해도 적은 수의 아이를 갖는 것이 보통일 것이며 결혼을 하지 않을 가능성도 높다. 그리고 저출산은 소득의 문제만이 아니다. 중산층이라도 세 명 키울 돈을 한 명에게 투자하는 것이 더 낫고, 저소득층은 아이를 적게 갖는 것이 생활에 편하다. 다양한 삶을 살지만 출산에 관련돼서는 대부분이 적게 낳는 선택을 하고 있는 것이다. 이러한 현상들을 제대로 파악한다면 '어떻게든 출산을 하게 하자.' ('출산율을 높여야 한다.' 는 참 고상한 말이다.)는 것이 해결책이 되는가에 대한 고민이 들 것이다.

다시 말해 출산율 저하의 문제는 가정이나 개인에게 책임을 돌리는 인센티브나 페널티를 준다고 해결될 수 있는 문제가 아니라 삶의 영역의 문제에서, 돌봄 공동체의 가치에 대한 이해와 그 회복, 생성 조건들을 살피는 일에서부터 접근해야 하는 것이다.

처음에 인센티브 정책과 페널티 정책이 결과적으로 같은 것이 아니냐는 의견들이 나왔다. 나는 '절대' 아니라고 생각한다. 인센티브 정책이나 페널티 정책이나 경제 성장과 출산율을 강하게 연관시키고 심지어 인과 관계를 세우는 등 개개인 여성의 삶에 대한 이야기는 '더 큰 중요한 문제'들로 인해 무시되거나 배제된 채 여성의 재생산 능력을 도구화하는 공통점이 있다는 것에는 동의한다. 근본적으로 같다는 말은 이런 점에 대한 지적이었을 것이다. 그러나 인센티브나 페널티나 근본적으로 같다는 것과 페널티와 인센티브 정책이 같다는 것은 별개의 문제다. 특정인이 1을 더 갖는 것과 나머지 사람들이 -1이 되는 것은 같지 않다.

직접적인 인센티브나 페널티 정책 모두 각 가정의 자녀 수를 '양적인' 수치로 계산해서 개인에게 실시하는 것이다. 아마도 직접적인 인센티브 정책의 '수혜자'는 적어도 자녀가 두세 명 이상 있는 가정이 대상이 될 것이다. 그런데 현대 사회에서 이 정도의 자녀 수는 소위 키울 능력이 있는 사람들만 택할 수 있다.(요새 애 세 명 낳으면 야만인, 혹은 '부의 상징'이라고 한단다.) 따라서 인센티브 정책은 실제로 이미 있는 사람들, 인센티브 없어도 키울 능력되는 사람들에게 플러스로 '더' 주는 정책일 가능성이 크다. 정책적으로 '도' 이런 인센티브를 직접 받게 될 대상들이 자녀를 양육하는 데 특별한 도움을 받게 되는 것은 아니란 이야기다.

하지만 그 대상이 상당히 모호한 페널티 정책은 더 치명적이다. 자발적 비출산과 비자발적 비출산의 경계는 과연 무엇인가. 이런 식의 모호한 경계는 실제로 비혼 가정 대부분에 불리하게 작용할 가능성이 높으며 출산하지 않는 여성에게 페널티를 주는 식이 될 가능성이 높다. 페널티의 대상이 되는 여성들의 삶이 유형화하기 힘든 훨씬 다양한 스펙트럼을 갖는다는 것은 그 정책이 '여성 피해자'를 만들 것이며 따라서 인센티브 정책보다 더 위험한 이유다. 출산이 가정의 문제지만 여성의 재생산 능력에 대한 이해 정도가 지금과 같다면 편리한 규제 대상이 되는 것은 여성일 테니 말이다.

아니, 사실 이런 인센티브 정책이나 페널티 정책이 있다고 해서 애를 낳는 것을 선택할 사람들은 없다.

정말 해결책을 원한다면 개인들이 아이를 갖고 싶다고 생각할 수 있는 삶의 조건들을 구성하기 위해 힘쓰는 것이 나을 것이다. 그런데도 저출산 해결책이라며 인센티브, 페널티를 준단다.

사실 어떤 방식이든 출산에 대한 개입과 규제만으로도 정부는 얻을 것이 있지만, 이런 식으로는 정부도 개인도 원하는 것을 얻을 수 없다.

아람의 의견에 공감을 표하는 댓글이 많이 달렸다. 사이버 강의실에 열기가 후끈하다. 다 내가 종이와 펜을 빌려 준 덕분 아니겠어. 다들 발표를 들으며 많은 생각들을 했나 보다. 대부분 여자 수강생들은 아람의 글에 속이 시원하다고 했다.

하지만 발제자에게 충분한 배려가 없었다는 점에서 수업 후에 좀 우울했다는 의견도 있었다. 아람 역시 발표를 준비한 두 사람이 〈지시문〉 수업을 듣는 수많은 사람들의 질문을 받는다는 건 당황스러운 일이었음을 언급했다.

그 다음 수업 시간에는 그즈음 한국을 방문해서 일본 사례로 '저출산' 관련 세미나를 했던 도쿄대 우에노 치즈코 교수의 자료를 보면서 저출산에 관한 이야기를 이어 갔다. 우에노 치즈코 교수는 인구 현상에 대한 직접적·정책적 개입은 효과적인 저출산 대책이 될 수 없으며, 제대로 된 가족 정책, 여성 정책, 아동 정책이 필요하다고 말했다. 고립해서 아이를 키우지 않고 가족 지원 센터를 만드는 방법 등을 그 대안으로 들었다. 지난번 JSC는 정부가 어떤 문제를 해결할 때는 모두를 존중해 주기란 어렵다는 전제를 바탕으로 했다면, 우에노 치즈코 교수의 생각은 좀 달랐다. 그렇지, 국가도 결국 개인들이 만들어 낸 구성체다. 그러니까 충분히 정책도 인간적일 수 있다. 누군가에게 혜택을 주고 안 주는 JSC의 방식이 제로섬이라면 아이를 낳고 싶은 환경을 만드는 우에노 치즈코 교수의 생각은 윈-윈이라고나 할까.

저출산 상황과 관련된 두 번의 수업이 끝난 후, JSC와 우에노 교수의 연구 발표를 비교해 보고 저출산 주제를 모두의 관심사인 연애, 결혼과 연결해 자신의 삶, 한국의 삶, 지구촌의 삶을 정리해 보라는 열두 번째 과제가 나왔다.

| 공지사항 | 전자칠판 | 자유게시판 | 자료실 | Q&A |

글쓴이 : 조혜정   등록일 : 2006/11/30

열두 번째 쪽글

우에노 교수가 사용한 개념들과 JSC 팀이 사용한 개념들을 보면 얼마나 다양한 방식으로 저출산 문제가 다루어질 수 있는지 쉽게 알게 되었을 것입니다. 우에노 교수의 답이 맞다, 더 낫다는 차원 이전에 문제를 짚어 내는 그 사람의 경험, 의도, 접근 방법에 대해 생각해 보는 것도 피상적인 사고를 피하는 한 방법입니다. (…)

저출산과 연애, 결혼을 연결시키면서 그것을 자신의 삶, 한국의 삶, 나아가서 지구촌의 삶까지 각자 나름의 방식으로 정리해서 글을 써 주시면 됩니다.

많은 학생들에게 출산은 연애와 직결되는 문제였던 것 같다. 저출산 '문제'로서가 아니라 구조적 문제이자 자기 자신의 문제라고 여기는 것 같았다. 또한 추석 참여 관찰기를 쓴 이후로, 수업 구성원들은 자신의 이야기를 솔직하게 풀어내는 데 익숙해져 있었다. 사적인 이야기라고 여겨지는 연애에 관한 에피소드들이 그대로 올라오고 있었다. 여느 때보다 공개 쪽글의 조회 수가 높은 점도 흥미로웠다. 격한 분위기의 종합관 303호를 상기하면서 쪽글을 읽어 나갔다.

•• 나의 연애 이야기 │ 미진 05

나는 내가 감성적이기보다는 이성적이고 냉철한 사람이라고 스스로 정의 내리고 또한 실제로도 그런 인간형이라고 생각했다. 그래서 학창 시절 한두 번의 가벼운 연애는 항상 '미안. 연애는 내 체질이 아닌 것 같다.'는 나의 일방적인 종료 선언과 함께 '초단기'로 끝나 버리곤 했다. '연애 지상주의의 온상'인 대학에 와서도 마찬가지였다. 연애 '질'을 하는 대다수의 그들을 보면서 겉으로는 "좋겠네. 부럽다."고 했지만 사실 속으로는, '나 혼자 살기도 바빠 죽겠는데 어떻게 저들은 서로의 삶에 저리도 깊숙이 관여하며, 하루에도 열두 번씩 오르락내리락하는 감정의 기복을 겪으며 귀찮게 사는 것일까?' 생각했다. 내게 연애는 원래 나를 위해 주어져 있는 내 시간을 '들여서' 해야 되는 '그 무엇'이었으며, 스킨십조차도 내겐 '찝찝한 그 무엇'의 이미지로 자리 잡고 있었다. 물론 할 일 없는 주말 저녁에 혼자 드러누워 '외로움'이라는 원초적 감정을 느낄 때도 있었지만, 해결책으로 '이성'이나 '연애'라는 것을 생각해 본 적은 없는 사람이었다.

이랬던 나. 올해 초, 정말 오랜만에 연애를 하게 되었다. 몇 번 만나지 않았는데도 '서로에게 뭔가 당기는' 감정이 내 안에 있다는 것에 신기해하며, 순식간에 시작되고 진행된 연애였다. 그러나 연애가 진행되면서 물론 좋기도 했지만, 시간이 얼마간 흐르자, 두 사람 사이에 발생하는 '감정 노동'에 이끌려 다니는 내 모습이 (어쩌면 당연한 것인데도) '나답지' 않다고 생각하며 '연애'라는 내 삶에서 비정상적인 요소를 없애고 다시 '원상 복귀'해야겠다고 느꼈다. '그래도 이번엔 꽤 오래 버텼다. 이쯤 했으면 됐지.' 하는 생각과 함께, 나는 또다시 "그동안 즐거웠어. 우리 연애 이제 그만!" 하고 종료 선언을 해 버리고 말았다. 그러나 이게 웬일. 나이 좀 먹고 한 연애라서 그런지, 쌍방적인 감정의 교류를 너무 확실하게 느낀 연애라서 그런지, 왜 그랬는지는 몰라도 하여튼 나는 연애 종료 선언을 하고 난 이후, 연애 진행 중이던 그 시간을 무척이나 아쉬워했다. '나답지 않게 왜 이러지. 역시 연애가 나를 망쳐 놨어. 괜히 했다. 조금 버티면 감정이 예전처럼 돌아오겠지.' 하는 수십 번의 다짐 후에도 나는 그 따뜻했던 순간을 매일 그리워하고, '종료 선언'을 외치던 그 순간을 매일 후회했으며, 결국은 연애가 진행된 딱 그만큼의 기간이 더 지난 후에야 '아이고 이거 큰일 났다.' 싶어서 인생 최초로 자존심을 다 버리고 "진짜 미안한데 내 말 취소. 그냥 다시? 그 전처럼? 어떻게 안 되겠니ㅠㅠ"를 한 바가지의 눈물 콧물과 함께 외치고 말았다. 물론 그 친구는 연애 중에도, 연애 후에도 너무나 '냉정'한 내 모습에 이미 '정이 떨어져' 마음이 돌아선 후였다. 아, '있을 때 잘해.'라는 말이 절실하게 와 닿는 순간이었다…

　이 수업에서 여러 가지 주제를 다뤘지만 그 와중에도 항상 공통된 논의가 있었다. 돌봄, 공동체의 영역으로 돌아가자는 말이다. 아마 열 번째 쪽글에 이런 글을 썼던 것 같다. 나는 돌봄의 가치, 공동체로 돌아가자, 이런 거 무슨 소린지 모르겠다고. 머리로는 이해해도 내 가슴속에서, 삶에서 안 느껴진다고. 나는 아직 '근대'적인 사람인가 보다고 말이다. 그런데 지금 연애 이야기를 써 가면서, 그게 무슨 말인지 갑자기 알 것 같았다.

　기준이 생겼기 때문일까. 연애는 내 것이 아니라고 생각했던, 차가웠던 나는 이제 따뜻한 연애를 꿈꾼다. 나는 매일같이 "가부장제의 온상, 두 집안 간의 경제 계약인 '결혼'을 할 생각은 없다." "내 개인적인 삶을 포기해야만 하는 이 구조적 맥락에서 아이를 낳고 싶은 생각도 없다."고 외치는 사람이지만 결혼은 안 하더라도 살 부비며 같이 '살' 누군가는 있었으면 좋겠다고 생각하고, 길에서 아장아장 걷는 아가를 보면 꼭 한 번씩 안아 보고 뽀뽀까지 해야 직성이 풀리는 사람이기도 하다.

  수업의 말미에 와서야 느낀다. 돌봄. 공동체. 돌아감. 이것이 남의 이야기가 아니었음을. 어쩌면 정말 인간이 '미래'라는 것을 꿈꾸고, 갖고 있는 존재라면 누구나 내포하고 있을 가치일지도 모른다는 것을 말이다. 저출산이 문제인가? 내 생각대로라면 '아이 안 낳겠다!'고 똥고집을 피우는 '여성' 혹은 '개인'이 문제가 아니다. 따라서 문제의 해결책도 '개인'에 초점이 맞춰진 인센티브나 페널티 가지고 해결될 문제가 아니다. 돌봄, 공동체라는 인류의 원초적인 감수성조차 '그건 내 것이 아닐 것'이라며 막아 버리고 말게 하는, 무서운 출산과 육아의 과정이 놓인 불편한 사회적 맥락과 시스템에 대한 성찰, (아니 성찰은 충분히 있었으니) 제도적 수정이 필요하다. 그렇다면 굳이 낳아라, 낳지 마라 하지 않아도 (우리도 모르게) 따뜻한 공동체를 꿈꾸고 있는 우리들은 행복하게 애를 낳을지도 모른다.

•• 문제는 쉽지만 답은 어렵다 | 경은 06

  '소녀가 자라나 어른이 된다. 자신을 너무나 행복하게 해 주는 남자를 만나 사랑에 빠진다. 남자와 평생을 함께할 것을 약속하고 결혼을 한다. 자신과 남자를 닮은 아이를 낳고 사랑한다. 아이의 동생들을 낳아 규모 있고 균형 잡힌 공동체를 이룬다. 아이들은 사랑받으며 자라나 또다시 부모와 같은 과정을 거친다.' 이 아름다운 이야기는 왜 현실에서는 좀처럼 일어나지 않을까? 왜 여성들은 결혼을 하지 않으려 하고, 하더라도 왜 더 늦게 하려 하고, 왜 결혼을 해도 아이를 갖지 않으려 하고, 아이를 낳아도 왜 한 명만 낳으려고 할까? 원하지 않아서는 아니다. 위의 이야기는 거의 모든 여성들의 꿈이기에, 원하는 사람들만 성취해도 저출산 문제는 일어나지 않을 것이다. 문제는 원하는데도 다른 여건 때문에 선택하지 않는 사람들이 많다는 것이고, 따라서 그 '다른 여건'이 문제다. JSC에서는 그 다른 여건을, 조한 선생님의 표현을 빌리면 '위에서' 바꾸려는 해법을 모색했다. 그리고 수업 시간에 나왔던 반박, 특히 출산을 하는 당사자에 대한 '이해'가 없다는 이야기가 있었다. 왜 여성들이 아이를 낳지 않으려 하는가에 대한 이해가 있어야만 '폭력적이지 않은 방식으로' 여성들에게 아이를 낳게 할 수 있다는 것이다. (…)

연애는 사회가 고의적으로 장려하지 않아도 이미 많이 이루어지고 있다. 그리고 연애는 성을 동반하기 때문에, 본성적으로 결혼과 출산을 지향한다. 때문에 결혼과 출산이 여성에게 부여하는 페널티 — 이것이 페널티인 이유는 두 가지로 분리해 이해할 수 있는데, 결혼과 출산이 여성을 직장인에서 가정주부로 전환시킨다는 것과 가정주부가 직장인보다 사회적 지위가 낮다는 것이다 — 를 해소한다면, 연애결혼을 통해 자연스럽게 저출산 문제는 해결될 것이다. 하지만 모든 가치가 돈으로 치환되는 현대 자본주의 사회에서 수입도 없고 승진의 기회도 없는 가정주부의 사회적 지위를 직장인과 동등하게, 또는 그 이상으로 높이는 것은 거의 불가능해 보인다.

하지만 현재를 생각하지 않고 이상만을 그려 본다면 문제 자체는 그리 어렵지 않다. 직장을 그만두고 아이를 돌보는 것이 여성에게든 남성에게든 패배감을 불러일으키지 않고, 사회적으로 고립하지 않고 공동으로 아이를 키우면서 시너지 효과를 가질 수 있으며, 육아에 충분한 수입이 보장되고, 아이가 자랐을 때 재취업의 기회도 보장되면 굳이 아이를 낳지 않으려 하는 사람은 없을 것이다. 이를 위해서는 사회적 지위가 없어져야 하고, 기업에 얼마나 도움이 되느냐가 수입을 결정하지 않아야 하고, 내 아이만 잘나길 바라는 부모들 간의 경쟁심도 없어져야 한다. 나는 이것이 내가, 한국이, 지구촌이 지향해야 할 방향이라고 생각하지만, '어떻게 나와 한국과 지구촌의 삶으로 연결할까?'의 문제는 쪽글을 쓰는 동안뿐 아니라 평생 고민해야 할 것이라는 생각이 든다.

미진과 경은의 글을 읽으면서 나 역시 아이를 낳을 미래에 대해, 서로를 돌보는 삶이 가능한 세상에 대해 생각해 본다. 국가 정책이란 게 뭘까? 개인에게 경제적 이익 혹은 불이익을 주는 방향으로 출산을 유도하기보다는 출산과 육아를 할 수 있는 환경을 만들어 주어야 한다는 것은 너무 당연한 상식 아닌가? '낳아야 한다', '낳지 않겠다'는 상반된 입장을 가진 윤경과 정훈은 결혼과 출산에 대한 가치관의 차이를 분명하게 보여 주었다.

•• 어떻게 아이를 안 낳으려고 할 수 있지? | 윤경 06

　　머리로 생각하며 글을 쓴다면 저출산 문제는 사회 구조적인 문제로 어쩌고저쩌고~ 그런 내용이 될 것이다. 하지만 저출산 문제를 생각할 때 내가 머리가 아닌 가슴으로 느끼는 것은 '어떻게 아이를 안 낳으려고 할 수 있지?' 다. 주위 사람들과 이야기할 때나 논리적으로 말해야 할 때 나는 분명히 '낳든 말든 개인의 선택인데 금전 문제나 사회 문제로 개인이 원하지 않는 선택을 해야 하는 지금의 상황은 문제가 있다.'는 입장이다. 그러나 솔직해져 보자. 내 속마음을 까놓고 말하면 어떻게 생명을 낳고 기르는 그런 놀라운 일을 금전 문제나 사회 문제로 포기하는지 어쩔 때는 화가 난다. 화가 난다기보다는 이해할 수 없다고 해야 하나? 아무튼 나는 그렇다. 오늘 내 얘기의 주제는 아마도 연애, 결혼 이런 거 다 제치고 저출산이 될 것 같다.

　　저출산이 사회의 존망을 결정짓는 중요한 문제다 뭐다 하는 건 솔직히 하나도 신경 안 쓴다. 원래 인간은 자신이 처한 현재 상황이 제일 중요한 법인데 내가 지금 사회의 존망을 몸으로 느끼고 있는 것도 아니니 당연한 일이다. 그것보다는 아이를 기름으로써 느끼는 개인의 행복에 초점을 맞추게 된다. 출산과 양육이라는 중요한 일을 꼭 현실의 잣대로 일일이 재 봐야 하는 건가? 나는 출산과 양육이라는 경험을 함으로써 생명의 소중함과 신비를 자신이 직접 느껴 보는 것이 개인의 정신적 성장에 필수적인 일이라고 본다. 그렇기 때문에 출산과 양육 또한 인생을 살면서 넘어야 할 한 관문이라고 생각한다. 선택이 아니라 필수적인. 그래서 나는 출산과 양육을 하지 않고 여유 있게 사는 것보다 아이 낳아서 쪼들리고 힘들지라도 키우는 게 더 낫다고 생각하는 쪽이다. 많이 낳자고 하는 게 아니라 한 명은 낳자는 말이다.

물론 출산과 양육이 너무나 중요한 문제이고 아이를 낳고 땡이 아니라 낳아서 잘! 기르는 것이 더 중요하기 때문에 금전적 문제를 고려해야 한다고 생각할 수도 있다. 하지만 교육비로 엄청난 돈을 쏟아 붓는다고 아이가 잘 자랄까? 전혀 아니다. 적어도 내 주변은 그렇다. 집에서 남부럽지 않게 용돈 주고 과외 시켜 주고 한 내 친구들, 정에 굶주려 있다. 아이 키우는 데 돈도 중요하지만 그보다 오백만 배 중요한 게 관심과 애정이다. 사랑해 줄 자신이 없다고? 아이가 생기면 모성과 부성이 생기는 게 사람의 본능이다. 아, 물론 아이를 가져도 모성이 생기지 않는 모성 거부증이나 기타 정신적 문제가 있는 경우는 제외다. 그러나 보통 사람의 경우, 일단 자기 아이를 가지면 사랑할 수밖에 없다고 생각한다. 그리고 그럴 때 내가 주는 사랑보다 내가 아이로 인해 받는 기쁨이 더 크다. 나처럼 속 썩이는 경우가 80%인 애도 가끔 있지만.

사랑해서 결혼하고 부부가 되면 일단 사회적으로 아이를 가져도 되는 관계라는 인정을 받는 거다. 나름대로 멍석까지 깔아 줬는데 안 낳는 건 너무하잖아.

•• 결혼, 까칠하게 응답하기 | 정훈 05

지금보다 좀 더 어렸던 때에는 사랑하는 한 '여자'와 나를 닮은 자식들과 함께 사는 것이 꿈이었던 것 같다. 그때는, 그러니까 적어도 고등학생 시절만 하더라도 당연히 그리 해야 한다고 생각했다. 그런 내 '이상'에 처음으로 금이 가게 된 데는 몇 가지 이유가 있다. 첫째, 어떤 특정한 사람과 굉장히 오랫동안 함께한다는 것이 내게는 힘들 수 있다는 사실을 알게 되었기 때문이다. 나는, 그러니까 좀 속되게 말한다면, 좀 빨리 질리는 사람이다. 사람에게도, 취미에도 흥미를 쉽게 잃고 다른 것을 찾아 헤매는 경향은 일반적으로 나를 설명할 수 있는 부분이다. 당연하게도, 사랑이라고 흔히들 말하는 감정에도, 다른 이들보다 감정의 회전이 훨씬 빠른 편이다. 좋아할 때는 미칠 듯이 빠져들었다가, 시간이 지나면 언제 그랬냐는 듯 차분해진다. 이런 내가 과연 법적 제도적 결합인 결혼이라는 것을 견뎌 낼 수 있을까? 둘째, 내 사회적 꿈과 결혼이 양립할 수 없기 때문이기도 하다. 나는 학교를 졸업하고 언론사에 취직해 일하기를 희망한다. 물론, 난 잘은 모르지만 흔히들 알고 있기에 언론사는 정신없이 바쁘고, 가정에 신경을 쓸 수 없는 직장 중 하나라고 한다. 그런 '언론인'의 이상을 꿈꾸는 나에게 '가정에 충실한 가족의 구성원'이라는 딱지는 역시 어울리지 않는다. 셋째, 나의 배우자가 될 사람이 겪게 될 온갖 불합리를 눈 뜨고 볼 자신이 없기 때문이기도 하다. 지극히 경상도적인 우리 집에서 이른바 '가문의 맏며느리'가 어떠한 행실을 요구받고 그에 따르기를 강요받을지 눈으로 보지 않아도 훤하다. 만약, 내가 평생을 사랑할 수 있는 사람을 만나서, 가정에도 충실할 수 있는 타협점을 찾는다고 해도, 과연 그러한 광경을 견뎌 낼 수 있을까?

백 번 양보해서 부모님과 주위의 성화에 못 이겨 어찌어찌 결혼을 하게 된다고 하자. 그렇게 된다고 해도, 아마 난 결혼이라는 것에 그다지 큰 의무감을 갖지 않을 것이며, 더더군다나 아이를 낳아 기르는 일 따위는 절대로 없을 것이다. 물론, 가끔은 나와 내가 사랑하는 사람을 닮은 아이가 있다면 좋을지도 모른다는 생각을 할 때도 있다. 하지만, 역시 그 '사랑스러운 아이'는 나와 내 배우자의 삶을 지나치게 구속할 것이다. 그로 인해 가정에서의 행복을 찾을 수도 있지만, 역시 그로 인해 사회적 행복을 놓치는 부분이 생길 것이다. 나는 그것을 견딜 수 없다.

행복한 결혼과 출산, 육아를 꿈꾸는 누군가가 보면 내 글은 지나치게 부정적이고 이른바 '까칠한' 글일지도 모른다. 하지만, 결혼과 출산, 육아가 개인에게 의무로 짐지워져서는 안 되고, 어디까지나 개인의 선택에 맡겨진 문제라는 나의 인식에는 어느 정도는 분명히 동감할 수 있을 것이라고 본다. '나 같은 사람도 있다.'는 것이 이 사회에 다양성의 폭을 넓히는 측면에서 다가갈 수 있었으면 좋겠다.

두 사람 모두 개인의 선택에 맡겨야 한다고 이야기했다. 윤경은 조한 선생님이 자주 인용하는 '돌봄' 이라는 가치를 소중히 여겨야 한다고 자신의 언어로 풀어 놓고 있었다. 정훈은 자신이 선택하게 될 직업에 의해 혹여나 돌보지 못할 가정을 미리 걱정했다. '까칠한' 언어로 풀어냈지만, 이미 그의 머릿속에는 따뜻한 돌봄을 생각해 보고 있는 것 같았다.

네 멋대로 해라 | 명화 06

지구와 국가의 계획 속에서 개인은 소외되고 사용할 수 있는 일개 개체로 몰락한다. 개개인이 행사하는 삶의 결정권이 온전히 주어지는 곳이 있기는 할까? 지구촌에서 앞서 나가기 위해 국가는 바람직한 가족상, 그 가족에 편입된 개인상을 요구하는데. 조한 선생님이 이야기한 자동차 운전석에 아버지, 조수석에 어머니, 뒷좌석에 토끼 같은 자식 둘이 바로 그 상일 것이다. 이 그림을 벗어날 용기 있는, 아니 괴짜이고 개인주의적인 사람은 불행하다. 이 완벽한 가족상이 가지는 힘은 개인이 스스로 불행하다고 느끼든 말든, 아니 그러한 성찰마저 방해할 만큼 강력하다. 차를 몰고 다닐 여력이 되는 중산층에 이성애자가 아니면 사회에서도 국가에서도 이미 소외되고 마는 것이다. 광고에서건 드라마에서건 행복한 사람들은 그들이다. 이제는 정책에서도 그들만이 존재한다. 아이를 낳지 않기를 선택한 이들은 그가 여력이 되건 그렇지 않건, 육아를 삶의 귀중한 가치로 생각하건 말건 간에 '국력을 생각하지 않는 파렴치한 이기주의자' 가 되고 만다. 이제 페널티를 받아야 할지도 모른단다. 자신에게 가장 강력하게 영향을 끼치는 삶의 형태, 공동체의 형태마저 국가가 지정해 준다. 이러한 문화와 국가 정책의 힘은 사실은 이러한 형태를 벗어난 공동체가 매우 많이 존재함에도 불구하고 마치 온 지구가 아버지, 어머니, 자식 둘의 4인 가족으로 구성되어 있는 것처럼 느끼게 만든다. 아프리카 대륙의 한 부족에서는 일부다처제가 일반적인 풍습이며 프랑스에서는 수많은 동성애자 커플들이 소박한 가정을 꾸리며 살고 있다. 이들의 삶이 열등하거나 비주류인 형태로 보이게 만드는 힘, 그렇게 함으로써 개인의 선택권을 한 가지로 제한하는 힘.

내 이야기로 마무리하자면, 나는 결혼하고 싶지 않고 육아는 하고 싶다. 결혼이라는 법적 구속력을 가진 관계가 부담스럽지만 어머니와 자식이라는 튼튼한 끈은 가지고 싶다. 국가의 출산 장려책이 짜증 나는 것은 내가 온전히 결정할 수 있는 내 몸뚱아리 하나와 내가 맺는 관계들마저 국가가 개입한다는 생각에서이다. 결혼을 할 것인지, 아이를 가질 것인지는 내 삶에 지대한 영향을 끼치는 결정들이며 나는 온전히 나 자신을 위한 선택을 하고 싶다. 내가 아이를 갖고 싶어 하는 것은 대한민국의 국가 경쟁력을 위해서가 아니란 말이다! 내가 결혼을 하기 싫어하는 것은 대한민국의 기반인 가족이라는 것의 가치를 파괴하기 위해서가 아니란 말이다! 같은 관점에서, 나에게 낭만적 사랑을 강요하지도 않았으면 좋겠다. 이상적이고 바람직한 연애라고 생각하는 행위들을 나에게 요구하지 말아 주었으면. 내가 그러한 행위들을 하지 않는 것은 그 사람을 사랑하지 않아서가 아니라 사랑하는 방법이 달라서라는 것을 알아 주었으면 좋겠다. 그러니까 제발, 내 멋대로 살게 해 주세요.

•• 연애 전선 이상 무 | 혜영 06

나 _ 언니

언니 _ 왜?

나 _ 애 낳을 거야?

언니 _ 응.

나 _ 몇이나?

언니 _ (잠깐 생각하다) 딸 하나 아들 하나.

나 _ 왜?

언니 _ 그래도 늙어서 같이 목욕탕 가서 때 밀어 줄 자식은 필요할 것 같아.

나 _ 성별이 다른 건, 아빠와 엄마를 모두 고려한 선택?

언니 _ 당연하지. 그리고 오빠를 낳을 거야.

나 _ 왜?

언니 _ 어쩐지 여동생을 보호해 줄 것 같으니까. 그리고 될 수 있으면 나이 차이가 많이 났으면 좋겠어. 미연의 사고를 방지해야지. 오빠 친구들은 집에 못 오게 해야지.

나 _ 그러셔. 근데 만약에 바람과 달리 딸이 먼저 나오면 어떡할래?

(언니, 두 손바닥으로 볼을 누르며 곤란한 표정을 짓는다. 나, 낄낄댄다.)

언니 _ 그래도 딸 하나에 아들 하나. 누나는 남동생을 내키는 대로 대할 것 같아서 별로지만.

나 _ 그럼 딸 둘 아들 둘은 어때?

언니 _ 절대 안 돼.

나 _ 왜?

언니 _ … 하나에 3억이래. 내 때엔 한 5억쯤 되겠다. 내가 부자야? 내가 오프라 윈프리쯤 되면 후보 선수까지 스무 명짜리 혼성 축구단을 만들겠다만. 돈이 있다면 싱글맘도 괜찮지.

나 _ 아빠가 다 다른 축구단이라. 그저 묘하게 고전 소설 중에 뭔가 생각나…

우리의 대화는 계속되었다. 너무 길어서 다 적지 못하겠다.

아이를 낳는다는 것에 대해서도 그랬다. 나는 내가 아이를 낳는다는 생각을 전혀 해 본 적이 없다. 대신 언니가 낳은 아이들에게 좋은 이모가 되어 주겠다는 것을 언니와 약속했다. 그러니 '마음 편히 낳고 싶은 만큼 낳아.' 라고. 언니는 아이를 정말 잘 키우고 싶다고 말했다. 돈이 없으면 낳지 않겠다는 얘기는 아이가 하고 싶은 일을 뭐든 시도해 볼 수 있게 도와주는 부모가 되고 싶다는 얘기다. 위에서 알아차렸겠지만, 언니의 미래의 계획은 나름대로 상당히 구체적이다. 그리고 엄청 주관적인 판단이지만, 아마 자기가 설계한 대로 살 것이다.

나는 지금까지 언니가 인류의 미래에 대해 고민하는 걸 본 적이 없다. 물론 내가 안 보는 데서 했을 수도 있지만 어쨌거나 내가 본 바로는 없다. 그렇지만 언니는 아이를 낳고 싶어 한다. 돈이 없으면 돈을 모아서 아이를 낳겠단다. 언니는 인류의 미래를 걱정하는 것이 아니라 자신의 미래를 생각할 뿐이다. 그러나 크게 봤을 때 언니는 저출산이라는 현재의 상황에 대우 긍정적인 해결을 가져다줄 수 있는 선택지를 고른다. 이러한 개인의 선택들이 모여 사회의 흐름을 만들어 내겠지만, 사회의 문제를 모든 개인들이 자신의 문제로 느끼지는 않는다. 그리고 사회적으로는 문제가 될 만한 상황 속에서도 개인들은 선택을 한다. 그런 선택들이 또 흐름을 만든다.

저출산이 문제가 되는 것도, 저출산을 문제로 삼는 자들의 주장을 빌리자면, 노인을 부양할 세금을 짊어질 젊은이들의 머릿수가 부족해지기 때문이다. 어이는 없지만 말은 되고 무엇보다 행등이 된다. 자기에게 최선을 다하는 것이 자기가 속한 시공간에 최선을 다한다. 묘하게 자유주의와 통한다. 아닌 게 아니라 같다.

우리 언니에겐 저출산이 대세라는 얘기는 아무 짝에도 쓸모없는 정보다. 내가 아는 한, 언니는 앞으로도 계속 자기가 좋아하는 사람과 연애를 하고, 언젠가는 결혼을 하고, 자기와 남편을 닮은 아이를 낳고, 집을 꾸미고 아파트 반상회를 하며 신나게 살아갈 것이다. 자기가 좋아하는 것, 자기 손이 닿는 것에 애정을 쏟으며 말이다. 내겐 그런 언니가 참 멋지다. 가끔은 대책 없다고도 생각하지만, 어쩌면 이런 사람들이야말로 계속 살아남아 인류를 존속시키는 것 아닌가 싶기도 하다. 모든 인간이 인류를 걱정하며 살길 바라는 것이야말로 참 우스운 일일지 모른다. 이상하게 내가 손만 대면 모든 문제는 결국 개인의 애정이 답이라는 쪽으로 쏠린다. 내가 아직 갈피를 잡지 못한 건가. 근데 나쁘지 않다. 이게 내 스타일이란 소리니까.

나는 대학에 들어오기 전만 해도 혜영의 언니와 비슷한 부류의 사람이었다. 결혼은 '꼭' 해야 하고 출산은 능력이 된다면 '많이' 하고 싶고 '반상회'

에 꼬박꼬박 나가며 '아줌마'들 사귀면서 도란도란 지내는 것이 인생의 둘도 없이 중요한 가치라고 생각했다. 그러나 지금은 생각이 많이 바뀌어서 명화와 생각이 비슷하다. 결혼은 법적 구속력을 가진 관계라 부담스러워서 싫고, 그래도 '자식'은 낳아 보고 싶다. 열여덟 때 독신 선언을 한 그 친구와 조금 비슷해졌다. 그러고 보니 '같은' 사회 환경에 속에서도 개인은 저마다 다른 '선택'을 한다는 것을 알 수 있다. 이 글들을 읽으면서 "다양한 '가치'를 추구하는 사람들은 개개인의 가치 판단에 따라 '선택'을 하며 사회를 잘 굴려가지 않을까?" 란 생각이 들었다.

때마침 자유 게시판에는 흥미로운 글이 하나 올라왔다. "결혼에 대한 질문 — 결혼이 무엇이라고 생각하나요? 결혼은 왜 하는 걸까요?" 머릿속에서 혜영 언니와 같았던 예전의 '선택'을 상상해 보았다. '결혼을 하면 어떨까?'

이 글에는 20개가 넘는 댓글이 달렸고, 소정의 댓글을 보면서 나도 모르게 웃음이 났다.

공지사항	전자칠판	**자유게시판**	자료실	Q & A

글쓴이: 수정　　　　　등록일: 2006/11/19

결혼에 대한 질문

결혼이 무엇이라 생각하시나요?

결혼은 왜 하는 걸까요?

예전부터 궁금했던 질문들…

^ ^; 이상한 질문도 다 한다고 생각하실지도 모르겠네요.

근데 진심으로 궁금한… 허허

사람마다 결혼에 대한 견해가 다르겠지요.

여러분의 생각이 듣고 싶어서 이렇게 질문을 올려 봅니다. ㅎ

참고로 저는 이런 생각까지 했었음;

=〉사랑하면 결혼한다는 앞뒤 안 맞는 논리하에 감추어진, 족쇄 성격의 사회 제도적 음모다!(ㅡㅡ;;)

소정   06/11/20 00:12
결혼하고 싶다고 생각하긴 하지만 "결혼은 struggle이다."("당신의 주말은 몇 개입니까」, 에쿠니 가오리)라는 말에 동의하게 돼요.

한솔   06/11/20 00:19
소정// struggle이라는 단어, 개인적으로 좋아해요 :) 막 바득바득 애쓰는 게 느껴지는 단어라서 ㅋㅋ 정말, 결혼이 struggle이라는 말에는 동의할 수밖에 없는 것 같지만, 세상에 struggle 아닌 건 또 있을까요? ㅋ

맞아. 결국 결혼은 사랑의 문제든, 낳을 아이의 양육 문제든 '바득바득' 애쓰며 살아가야 하는 문제인 거다. 갑자기 댓글에 달린 소설이 궁금해져 검색을 해 보았다. 그런데 내가 자연스레 인정했던 바득바득과는 달리 작가가 쓴 이 표현에는 로맨스의 냄새가 난다. 나는 다시금 피식 웃음이 났다.

이런 의미든 저런 의미든 결혼은 스트러글^{struggle}인 거군!

저출산 문제로 시작한 연애와 결혼 이야기들이 줄줄이 이어지면서 나는 우리 세대가 가진 인간관계에 대한 생각들을 알아 가는 것 같다. '사람들이 서로를 끈끈하게 엮고 있는 관계에서 자유로워지는 것이 좋은 것일까?' 하는 질문에 대답하기 어렵다는 새별과 한창 연애에 빠져 있어 다음 일은 생각하기 벅차다는 용락의 이야기. 일정한 나이가 되면 결혼을 하고 출산하는 것이 당연했던 과거와 달리 결혼과 출산이 '선택'의 문제가 되어 버린 시대의 혼란스러움이 느껴졌다.

• 결혼에 대한 질문 | 새별 06

"새별이는 커서 결혼할 거야?"

"아니~ 나는 결혼 안 하고 평생 엄마 아빠랑 살 거야."

어렸을 때, 누구나 한 번쯤은 들어 보았음직한 상투적인 질문을 받을 때마다 누구나 해 보았을 상투적인 대답으로 응했던 기억이 난다. 그렇다면 지금은 결혼을 할 거냐는 질문을 받았을 때 나는 어떤 대답을 할 수 있을까. 결혼 안 하고 평생 엄마 아빠와 살 거라는 대답까지는 아니어도 너무나도 쉽고 당연하게 "응. 할 거야." 하고 말할 것 같지는 않다.

할 필요가 느껴지면 할 수도 있겠지만 반대로 굳이 할 필요가 느껴지지 않는다면 하지 않아도 상관없는 것. 필수가 아닌 선택? 이것이 나를 비롯하여 요즘 사람들이 가지고 있는 결혼에 대한 생각이 아닌가 싶다. ('결혼은 미친 짓이다.'라고 말하는 사람들도 생각나고…)

출산에 대한 생각도 시들시들한 것은 마찬가지. 갈수록 아이를 낳는 것을 '당연하게' 받아들이는 사람들이 적어지고 있다. 아예 낳지 않겠다는 사람들, 많으면 두 명까지 낳는다는 사람들이 대부분이다. 주위 또래 친구들의 생각을 들어 보아도 아이를 키우느라 자신의 삶을 희생해야 할 것을 생각하면 아이를 낳고 싶은 생각이 별로 들지 않는다는 경우가 많다.

나는 그동안 이러한 결혼, 출산에 대한 (과거에 비해) '시들시들함'을 자연스러운 흐름, 추세 정도로 생각했다. 결혼이라는 것에 얽매이고, 자식을 낳아 대를 잇는 것에 집착했던 과거와는 달리 그런 것들에 '쿨' 해지는 모습은 멋있어 보이기까지 했다. 하지만 저출산이 정말 '문제'라고 많은 사람들이 입을 모아 걱정하는 요즘이라 그런지 그러한 '쿨'함에 대한 단순한 나의 호의를 돌아보게 된다. 사람들이 결혼을 하는 것, 자식을 낳는 것, 그동안 우리를 옭아매고 있었던 끈끈한 관계에서 한없이 자유로워질 때 우리는 더 행복할 수 있을까?(…)

아직 한 번도 '특별하게' 얽혀 있는 관계를 경험해 보지 못한 나이기에 더욱 대답하기가 어려운 것 같다.

•• '영원한 사랑'을 믿지 않는 세대에 대한 소고 | 용락 06

글을 시작하기에 앞서 별로 이성적이지도 않고 타당한 견해가 담겨 있지도 않을, 한 달 전에 봤어도 한심하다고 생각했을 내 글에 대해 변명 좀 해야겠다. 지금 내 사랑은 진행 중이다. 패나 긴 짝사랑도 두 번 경험했고, 누군가를 좋아하기 위해 애써 본 적도 있었지만 이번 같은 만남은 처음이다. 첫사랑에 빠져 있는 것이 아닐까, 생각하는 중이다. 게다가 만남은 아직 한 달을 넘지 않았다. 이 와중에 사랑과 결혼과 저출산에 대해 이성적인 성찰을 담은 글을 내놓으라고 하는 것은 — 물론 내 본래의 역량 탓이 가장 크겠지만 — 무리다. 심지어 연애라는 말마저 부정 탈까 봐 입에 선뜻 담지 못하는 바보 같은 스물한 살 남자아이에게 "저출산과 연애, 결혼을 연결하면서 그것을 자신의 삶, 한국의 삶, 나아가서 지구촌의 삶까지 각자 나름의 방식으로 정리해서 글을 써 주세요."라는 과제는 너무 잔인하다. 변명은 여기까지.

왜 신은 세상 모든 연인을 화투 패처럼 딱딱 맞아떨어지게 만들어 놓지 않았을까 열 받던 때가 있었다. 짝사랑을 너무 길게 한 탓이었을 게다. 당시 나는 신을 만나면 복부에 혹을 꽂아 주고 턱에 어퍼컷을 넣어 주고 싶다고 생각했다. 물론 지금이야 바짓가랑이를 붙잡고 '저, 저기 로또라도 한 장…' 뭐 이렇게 빌고 싶지만 말이다. 돌아서서는 분명 소원을 들어 주지 않은 데 대해 안타까워하며, '나 참 세상 더러워서'를 중얼

거리며 바닥에 침을 뱉게 될 것이고. (…)

　사실은 별개인 영원과 사랑을 연결짓다 보니 자꾸만 결혼과 출산에 대한 환상을 갖게 된다. 물론 지금 내가 좋아하는 여자아이에게 내 생각을 납득시키고 싶은 마음은 없다. 그 아이는 말한다. 결혼하지 않을 것이며 아이를 낳지 않겠다고, 아이에게 매이는 삶은 끔찍하고 가정에서 발생할 수 있는 폭력을 상상하는 것도 끔찍하다고. 나도 전혀 기대를 갖고 있지 않다. 벌써부터 그런 먼 미래의 일을 상정하고 집착하고 할 정도로 어리석지는 않다. 그저 환상을 갖고 있을 뿐이다. '뭐, 때로 그렇게 살아서 행복해질 수 있는 사람들도 있겠지.' 정도의 환상. 수업 중의 말 한마디가 떠오른다. "그렇게 해서 행복해질 수 있는 사람들은 한 20% 정도밖에 안 될 거라고 보는데…" 지당하신 말씀. 모두가 그렇게 해서 행복해질 수는 없다. 연애와 결혼 안에서 행복할 수 있는 극소수의 사람도 존재할 것임은 분명하지만 모두가 그런 식으로 행복해질 수 있다는 믿음은 하나의 이데올로기다. 그리고 우리는 그런 이데올로기에서 막 벗어나기 시작한 세대가 아닌가 생각한다.

　그럼에도 사람들은 살아가기 위해 안정적인 토대를 필요로 하는 것일까. 행복한 가정을 대체할 만한 다양한 모습의 공동체를 각자가 찾아야 하는 것일까. 아니면 그저 개인으로 부유하며 삶은 애초에 안정적인 토대에 놓일 수 없음을 인정하는 자세가 필요한 것일까. 어느 쪽으로 가야 할지는 모르겠다. 중요한 건 결국 자신에게 솔직한 상태에서 행복해지는 것이 아닐까 그저 짐작해 볼 뿐이다. 여전히 연애 이데올로기에 사로잡혀 있는 내게 그 다음 일을 생각하는 일은 벅차다. 애초에 그런 걸 결정하고 산다고 해서 그대로 살아지는 것은 아닐 테니, 언젠가 해야 할 때가 오면 그때가 되서 고민하겠다는 변명으로 질문에 대한 답을 회피하려 한다. 글을 읽는 여러분이야 '나도 한때 저랬지.' 하고 코웃음을 치시든, '그걸 벗어나야 한다니까.' 하고 격분하시든.

　혼란스럽기만 한 학생들에게 부모가 가치 주입자로 등장한 경우도 있었다. 부모가 기획하는 연애와 결혼에는 경제적 능력, 학벌 등의 문제가 개입됐다. '기획하는 부모들'★은 선택을 유보한 학생들의 혼란을 가중하기도 했고, 자신의 가치관을 자식에게 주입하는 데 성공하기도 했다.

★ '기획하는 부모들'이란 표현은 수업 중에 선생님이 종종 소개하는 단어로 요즘은 '매니저 엄마'라는 단어로도 사용되고 있다고 한다. 성공하는 자녀로 만들기 위해 연예인 매니저처럼 자녀의 시간을 관리하면서 학교, 학원 등 학습을 주선하고 총괄 관리하는 부모를 의미한다. 그들은 자녀의 학습만이 아니라 생활 설계까지 해 준다.

•• 엄마, 아빠 비법 좀 가르쳐 주세요 | 예람 06

연애 혹은 사랑에 완전 숙맥인 내가 얼마 전에 잠시, 소위 '썸씽'이 있었다. 정말 '조건'은 '완벽'한 사람이었다. 완전 명석하고 우수한 머리에, 큰 키에, 잘생긴 얼굴에, 겸손하고, 괜찮은 집안(?). 흠 웰… 영화 「가타카」에 나오는 우수한 인자로 구성된 사람이랄까. 큭. 하지만 어딘지 모르게 '필이 꽂히지 않았다!' 오 마이 갓, 이런. 그래서 감히 내가 발전해 가는 관계에 선을 그어 버렸다.

이 사실을 알게 된 우리 어머니는, 정말 20년 동안 살면서 한 번도 나에게 그런 적이 없었는데… 심지어는 공부 때문에도 그런 적은 한 번도 없었는데… 우리 어머니는 며칠 동안 잠을 안 재우면서 나를 설득했다. 밤 12시가 되어야 피곤한 몸을 이끌고 돌아와 이제 한숨 자려고 하면, 방으로 들어와 새벽 2시까지 얘길 하자고 하질 않나, 인터넷 기사를 뒤져서 그 아이의 사진을 찾아보질 않나, 정말 힘든 나날이었다. 그러다가 내가 순종하질 않자, 일주일간 나와 얘기를 하지 않으려고 하셨다.

세상에… 물론, 그것 때문만은 아니었지만, 그 일이 시발점이 되었다.

우리 엄마의 생각 속에는, '연애=결혼=출산'이었기 때문이었다. 우성 인자를 가진 사람이니까 손자, 손녀에게 도움이 될 거란 생각이었을까. 어쩌면 비약적인 상상일지도 모르지만 일부분 그런 측면이 있었을 것이다. 엄마에게 하고 싶은 말, 그래, 나도 '마지막 연애=결혼=출산'에는 동의를 해요. 하지만, 마지막 연애는 아니었고, 아무 느낌이 없었다고요!

JSC 발제가 끝나고 팀 프로젝트를 하는 친구들과 모였다. 과제가 주어진 것도 아닌데 모여서 수업에 대해 오랜 시간 수다를 떨었다. 가사와 직장 일을 병행하면서 슈퍼 우먼으로 이중 노동을 하고 있거나 도중에 직장 일을 포기하고 가사에 매달려 있는 선배들을 지켜보면서 여성들에게 불합리한 사회 구조 속에서 '결혼'을 하고 싶지 않다는 생각을 갖게 됐다는 이야기가 많았다. 결혼과 출산을 상상할 때 개인의 욕망과 사회 구조의 충돌을 경험하는 것은 우리뿐만 아니라 많은 여성들의 공통된 고민일 것이다. 그네들에게 이야기하고, 그네들의 이야기를 들으면서 내 포지션도 더 명료해졌다. 이날 모임 덕분에 나는 열두 번째 쪽글을 아주 쉽게 쓸 수 있었다. 역시 많은 사람들과 이야기를 나누는 것은 그 사람을 알아 가는 것과 동시에 나를 알아 가는 길인 것 같기도 하다. 참 고맙다.

글쓴이 | 영화, 운장

❖ 조한의 수업일지 12

카지노 자본주의
파시스트 사회의 신분제 | 노동 | 성 | 사랑

이제는 관심사를 심화시키는 것이 중요한 시점이다. 이번에 수업이 글로벌 자본주의 시대의 유토피아와 디스토피아로 가고 있고 특히 똑똑한 일군의 여학생들이 페미니즘과 연결해서 몰고 가는 분위기가 있는데,「핸드메이즈」를 보면서 한창 물이 오를 느낌이다. 마침 KTX 여승무원 사건이 진행 중인지라 비정규직과 유연 노동, 젠더 문제까지를 잘 볼 수 있을 것 같아서 그 주제로 특강을 듣기로 했다. 영화만 보면 영화에서 그칠 수 있지만 주변에서 당장 급박하게 진행되고 있는 일과 연결시킬 때 학생들은 현실을 직시할 수밖에 없다. 현실 문제가 너무 복잡하고 또 바쁘다 보니 외면하고 싶어 하는 눈치가 역력하지만, 대학 때 이런 문제에 대해 제대로 고민해 보고 창의적이고 윤리적으로 사고하는 법을 안 배우면 언제 배우겠는가? 솔직히 나도 요즘에는 너무 많은 복잡한 사회 문제들이 한꺼번에 터져서 모른 척 지나가고 싶을 때가 적지 않다. 취사 선택을 해서 내가 건질 수 있는 것만 관여하는 것을 원칙으로 세우고 있다. 살아남기 위한 방편으로 말이다.

KTX 여승무원 해고 사건을 처음부터 계속 지켜보면서 수시로 개입하고 연구를 해 온 이화여자대학고 여성학과 조순경 선생님을 모셔서 영화 못지않은 일들이 바로 코앞에서 벌어지고 있다는 이야기를 들었다. 그리고 우연히 대학원 수업에서 저출산 문제를 이야기 하다가 학부 JSC라는 학부생 심포지엄에서 나온 발표 자료를 보게 되었는데, 우리 수업에 초대하고 싶어졌다. 학부생들이지만 매우 전문적인 톤으로 문제 해결을 해 가려는 노력이 돋보이는 논문이었고 그 접근 방법이 매우 '도구적'이고 '조작적operational'이어서 우리 수업에서 강조해 온 소통·합리적 접근과는 큰 대조를 보이는 글이었다. 팀으로 만든 프로젝트 논문이었는데 마침 사회학과 4학년 학생도 연결이 되어 있다고 하면서 기꺼이 수업에 와서 발표를 해 주기로 하였다. 발표자들이 좀 당황할 일이 벌어질 수도 있겠지만 아직 학부생이고 그들도 공부 중이니 좋은 학습이 되리라 생각하고 자리를 마련했다.

간단히 말하면 그들의 주장은 아이를 낳는 여성들에게 인센티브를 주는 것만이 아니라 아이를 낳지 않는 여성들에게 페널티도 주어야 한다는 것이었고, 전형적으로 '위에서 아래로' 문제를 해결해 보려는 엘리트주의, 전문가주의가 느껴지는 논문이었으며, 그날 발표 역시 비슷한 분위기에서 이루어졌다. 예상대로 우리 수업에서는 페널티를 주겠다는 발상에 대해 여학생들이 상당히 심하게 비판을 했고, 발표를 해 준 학생은 당황스러워하면서 막판에 "이 수업이 여성학 수업입니까?"라고 말해서 더욱 분위기가 싸늘해졌다.

내심 인문 사회 과학 교수로서 응용 학문 분과에서 종종 주제에 대한 물어야 할 기본적 질문의 단계를 생략하고 답을 성급하게 내리려 할 때 어떤 오류를 범하게 되는지를 잘 보여 준 시간이 되어서 소기의 목적을 달성할 것이긴 한데, 초대한 학생들에게는 좀 미안한 생각이 들었다. 토론이 그것보다 좀 덜 공격적으로 풀릴 수는 없었을까 고심하던 차에 벌써 수업 게시판에는 그들이 우리 수업에 와서 '깨진 것'이 못내 마음에 걸린다는 글이 올라와 있었다. 우리 수업에서 그런 '예의 바르지 못한 일'을 한 것에 기분이 상한 것이다. 아마도 한 학생에게만 해당되는 감정은 아니었을 것이다. 많은 학생들이 실은 초대한 발표자들을 제대로 대접하지 못하고 '억압'하게 된 것에 대해서는 일종의 미안함이 있었던 것 같다. 그것은 어쩌면 우리가 애초부터 이 수업 공간을 어디까지나 신뢰와 초대의 공간으로 만들려고 노력한 때문이었을 것이다. 우리는 이 수업의 장을 '우정과 환대'의 공간으로 만들어 내고 싶어서 노력을 했던 것이고, 누구도 예외 없이 환대를 받았어야 하는데 그들을 조금이라도 불편하게 만든 것은 룰을 어긴 것이다.

예전 같으면 나는 그런 것에 전혀 미안해하지 않을 사람이다. 오히려 그런 것에 신경을 쓰는 학생을 보면 '착한 여자 콤플렉스'가 있기 때문이라면서 그 학생에게 그런 것에 너무 신경을 쓰면 큰 것에 신경을 쓰지 못한다고 타일렀을 것이다. 실제로 세세하게 배려하고 관심을 기울이고 남에게 상처를 주지 않으려는 태도는 진리나 정의로움에 가까이 가는 데 도움이 되기보다 방해가 되어 왔다. 한편 나는 초대받은 학생들도 좋은 경험을 했을 것이고 그것을 좋은 경험이 아니라 나쁜 감정으로 받아들인다면 그것은 그 학생의 그릇이 작아 그런 것일 뿐이니 신경 쓸 필요가 없다고 했을 것이다. 그러나 실제로 수업에서 서로 인사하라, 돌보고 배려하는 배움의 공동체를 만들라고 강조하면서 '우정과 환대의 공간'을 단들자고 해 놓고 이런 일이 벌어졌으니 불편해하지 않는 사람이 문제일 것이다. 늦었지만 불편했던 이들에게 미안하다고 말하고 싶다.

마침 봄 학기에 일본 도쿄대 우에노 치즈코 교수가 일본의 저출산 정책에 대해 발표를 해 준 논문과 파워포인트 자료가 있어서 다 함께 살펴보았다. 근대화 과정이라는 것은 문화적 특수성에 따라 달리 나타난다기보다 보편적인 현상을 낳는 편인데 저출산 문제를 보면 더욱 그런 점을 보게 된다. 일본도 GNP 1만 달러가 넘고 여성들이 경제적 자립을 하게 되면서 출산율이 급격히 떨어졌다. 딱히 여성들의 생각 때문이 아니라 삶의 스타일 자체가 달라져서 남성들 중에도 꼭 자녀를 가져야 한다고 생각하지 않는 비율이 생겨나는 한편, 사회 구조는 점점 더 출산과 육아를 해내기에 어려운 조건으로 가는 과정에서 자연스럽게 저출산 사회로 가게 되는 것이다. JSC의 논쟁에서 활발하게 이어 온 이야기들은 종래 연애 이야기로 발전하면서 수업은 아주 활기차게 진행되었다. 결국 저출산 문제는 몇 년 후 자기들 문제가 아닌가? 교실에는 이제 '널부러져' 있는 학생들은 없는 것 같다!

학생들은 그간에 벌어진 시장 중심 사회로의 이행, 특히 신자유주의 구조 조정이 문제인 이유를 알아 가고 있을 것이다. 시장이 모든 종류의 공동체 활동에 우선하는 자본주의 운행 메커니즘을 제대로 파악해야 하는 이유도 알아 갈 것이다. 비정규직, 파견직의 안정성, 단순 임금 문제보다 삶의 안정성 차원에서 풀어야 하고 저출산 역시 그 맥락에서 풀어야 할 문제인 것이다. 학생들이 마음을 단단히 먹으면서 알차지는 모습이 보인다.

수업 게시판에 아래의 내용으로 몇 가지 도움이 될 말을 적어 두었다.

세상은 아주 크게 바뀌고 있고 계속 바뀔 것이다. 그것도 안 좋은 방향으로. 근대의 쇠퇴기이면서 전환기는 다 그렇다. 구체적으로 이 시대 특성인 신자유주의적 전환기의 윤리는 '무한 경쟁의 긍정', '사회적 정의에 대한 거부', '개개인의 책임하의 적자생존'을 강조하는 방향으로 나가고 있다. 전지구화 와중에 국민의 이탈이 가능해졌고, 파산이 가능해진 상황에서 위기감을 느낀 '국가 공동체'는 국가도 경영의 대상이라면서 효율 중심의 국가 경영을 하겠다고 기존의 공동체적 기반과 함께 새로 생길 공동체적 기반 마련에 제대로 투자하지 못하고 있다. 기업은 유연한 노동을 강조하면서 '성장 없는 고용 상태'를 문제시하지 않는다. 성장만을 강조하는 와중에 비정규직과 언더클래스를 양산하고 있고, 그 변화의 속도는 사회 구성원들을 불안에 쫓기게 한다.

그러나 쉬운 해결책이 나올 것 같지 않고 해결을 해낼 주체도 불투명하다. 따라서 변화를 무서워하기보다 변화를 타는 것이 낫다. 전환기를 (사는 것을) 인정하고 즐기는 것. 변하는 것이 싫다, 힘들다고 느낄수록 더 힘들 것이다. 기존의 사고방식대로 생각하고, 중간만 가면 되었던 시대가 이제 아니다. 기존의 전제를 의심하고 적절한 전제를 만들어 내는 것. 텍스트를 넘어서 하이퍼텍스트를 읽어 내는 훈련이 필요하다. 신자유주의가 명하듯, 무한 경쟁에 뛰어든 파편화된 개인의 생존으로 삶을 상상할 때 개인적으로나 사회적으로 제대로 된 해법이 나올 수 없다. 자기 계발서를 계속 읽다가 시간을 다 보내게 될지도 모르고 '창의적이 되는 기법'에 대한 매뉴얼만 읽다가 한 번도 창의적이 되어 보지 못한 채 어느 날 갑자기 지구상에서 사라지고 싶어질 수도 있다. 상층부로 가든, 하층부로 가든 가능한 한 자신의 선택이 무엇인지를 알고 거대한 흐름에 틈새는 낼 수 있으면 한다. 자신이 가진 자원, 성향, 희망 등에 대해 좀 더 현실적 인식이 필요하고 그를 바탕으로 삶을 기획해 가야 할 터인데, 그것이 제대로 가는 기획이라면, 혼자의 투쟁이 아니라 더불어 가는 길일 것이다. 자기에게 맞는 새로운 '부족 local tribe'을 만들어 내는 과정일 것이다. 훌륭한 준거 집단을 만드는 것은 대학 때 해야 할 가장 중요한 일일 것이다. 한국의 근대화의 한 특성인 평준화, 평균주의, 다 같이 가야 한다는 강박에서 벗어나 자기와 다르게 생각하는 사람들을 만나는 즐거움을 만끽할 수 있기 바란다. 전에 이야기한 '핫'하고 '쿨'하고 '웜'하다는 감수성의 차이에 대해서, 그리고 작은 습관, 일상의 중요성도 간과하지 말아야 할 것이다. '의지적 인간' '합리적 근대인'으로 남아 있기에는 우리가 살고 있는 대중 소비 사회, 지식 정보 사회, 글로벌 자본주의 체제는 너무 복잡하고 비합리적이다. 의지로 바꾸어 내려고 버둥거리기보다 조건 자체를 바꾸어 보는 것, 문체 자체, 말하는 형식 자체를 바꾸어 보는 노력이 더 효과적일 것이다.

3부 | 강의실 유목민의 '마을' 만들기

부족 안의 부족, 마을 안의 마을 ● 다시 기운을 모으다

교실이 돌아왔다 | *8*

부족 안의 부족,
마을 안의 마을

◆◆ 학기의 막바지가 다가오면서 소모임 활동에 불이 붙는다. 기말 발표가 다가오고 있어서일까, 시험 공부를 하기 싫어서일까. 전자인지 후자인지 확인할 도리는 없지만 우리는 이미 꽤 친해진 터라 이 만남이 즐겁기만 하다. 학기 내내 꾸준히 소모임 활동을 해 왔기 때문에 매우 좋은 결과물을 낼 수 있으리라는 생각이 든다. 하지만 우리가 만나서 한 소모임 활동이 '친밀감'을 쌓는 시간이었기 때문에 학기 내내 수다만 떨다가 별 성과는 못 낼 수도 있다는 조바심도 든다. 소모임 성원들과의 교류를 통해 얻은 건 분명히 많다. 뒤에서 누가 쫓아오는 양 급하기만 하던 마음이 좀 여유로워지기도 했다.

　어제도 모임, 오늘도 모임, 심지어 한 시간이나 걸리는 학교까지 굳이 나와서 주말에도 모임. 이렇게 소모임에 열성적이 된 나를 보면서, 수업 초반의 나 자신을 떠올려 본다. 소모임 제안 글이 올라오고, 그 소모임에 참여하겠다는 답글들도 여러 개 달리며 〈지시문〉 수업의 소모임 구도가 어느 정도 짜일 때까지도 나는 어디에 참여해야 하나 고민을 하고 있었다. 다 재미있어 보여서 어느 하나를 선택하는 것이 망설여지기도 했고, 아는 사람 없는 소모임에 들어가면 혼자 꿔다 놓은 보릿자루 같을까 봐 친구들이 어디에 들어가는지 보고 결정하려는 일종의 눈치작전이기도 했다. 선생님께서 말씀하신 '결정을 내리지 못하는 것이 그대들 세대의 문제'라는 말은 나 같은 사람을 가리키는 말이려나. 갈팡질팡하는 사이에 내가 점찍어 둔 '편안한 페미니즘'과 '이성애 연구' 소모임은 조원 마감을 끝내서 들어갈 수 없게 되고 말았다. 아, 매도 먼저 맞는 게 낫다고. 그냥 확 질러, 들어갈 걸 그랬다.

| 공지사항 | 전자칠판 | 자유게시판 | 자료실 | Q & A |

글쓴이: 윤경   등록일: 2006/09/19
'아날로그를 생각하다' 조원을 모집합니다!

안녕하세요. 아까 수업에서 '아날로그를 생각하다'라는 모임에 대해 소개한 윤경이라고 합니다. 만나서 반가워요.

이 모임을 만들게 된 계기는 아까 말씀드렸듯이 '세상이 너무 삭막하다고 느껴서'이고요. 모임 목적을 거창하게 얘기하면, '디지털 사회에서 낯설 수도 있는 아날로그적인 일, 문화들을 접해 보고 체험한다. 그리고 이를 즐기고 마는 것이 아니라 디지털 사회의 편리함을 다시 느끼기도 하고? 현대 사회(디지털 사회)의 어두운 면에 대해 비판할 수 있는 의식도 길러 본다.'인데, 이렇게 말하면 너무 재미없잖아요? 사실 이번 기회에 여러 사람들을 만나서 편하고, 재미있고, 의미 있게 놀아 봤으면 합니다.

모임 주제가 지금 사회에서 하기 힘든 아날로그적인 일들을 해 보자는 것이니까 교수님이 말씀하신 '낯설게 하기'의 범주에 드는 행동들을 많이 해 볼 수 있을 것 같아요. 활동 내용은 친구랑 일단 몇 가지 생각해 둔 게 있고요. 사람들이 모이면 더 구체적으로 상의해

> 보기로 해요. 모임 제목에서 이야기하는 아날로그라는 게 수동적인(능동/수동할 때 수동 말고 자동/수동할 때 수동이요), 약간은 느리고 여유 있는, 사람과 사람 간의 소통이 중심이 되는 그런 행동들을 모두 포함하는 거니까 부담 갖지 마시고 관심 있으시면 답글 달아 주세요~ :)

내가 눈치작전을 펴고 있던 소모임은 페미니즘, 이성애 연구, 그리고 이 아날로그에 관한 소모임이었는데 이 수업을 같이 듣는 친구도 나처럼 갈팡질팡 하더니 막판에 아날로그 소모임에 들어가겠다고 했다. 이미 정원인 여섯 명을 두 배나 초과한 열두 명이 이 모임에 참여할 의사를 밝혔지만, 나는 그냥 눈 딱 감고 소신 지원했다. 집에 와서 우리 소모임에 누가 있나 확인해 보니, 법대, 상대, 인문대, 사회과학대, 다양한 학부에다가 06학번 여학우가 조장이고, 군대에 다녀온 02학번 복학생 선배도 있었다. 왠지 재미있을 것 같다.

첫 번째 아날로그 소모임의 만남

학교 앞 약국 건물의 저녁 일곱 시는 그리움이 가득한 곳이다. 누군가를 기다리는 사람들로 가득한 그 장소에 나도 그리움과 설렘을 안고 서 있었다. 오늘은 '아날로그를 생각하다' 소모임의 첫 번째 회식 날이다.

그동안은 다들 시간이 맞지 않았다. 서로가 가능한 시간을 조율하는 동안도 꽤 오랜 시간이 걸렸지만, 어느 시간을 정해 놓고 불참한 사람에게 페널티를 주기보다는 모두 참여할 수 있는 시간을 정하는 것을 택했다. 그러자 수업시간을 쪼개서 「불을 찾아서」를 보고 토론한 잠깐의 시간을 제외한 최초의 전체 소모임은 학기 중반이 되어서야 가능했다. 허나 실제로 직접 모이지 않은 시간 동안에도 우리는 게시판에서 서로에 대한 정보를 이미 어느 정도 나누고 있었다. 수업 시간 앞뒤로 서로 소식을 물어 가며, 소모임 게시판에서 활발하게 움직이고 있었다. 우리는 삶 속에서 아날로그적 감수성을 회복할 수 있는 활동을 하고, 매주 소모임 게시판에 후기를 남겨 왔다. 결국 자기 삶에서 아날로그를 실천한 후기는 자신을 반영하고 있었기 때문에, 만나기 전에 '아, 이 사람은 이런 취향의 사람이구나.' 하는 상상이 어느 정도 가능했다. 우리가 실천하고, 후기를 통해 소통하고 있었던 미션들은 다음과 같다.

1. 추석 기간 동안 핸드폰, 인터넷 사용하지 않기.
2. 아날로그적 감성을 자극하는 맛집 찾아가기.
3. 손으로 편지 쓰기.
4. 『디지로그』 읽고, 「데니스는 통화 중」 보고 토론하기.
5. 시간을 내서 미술관, 음악회에 가 보기.

같은 미션을 진행하면서도 저마다 느낀 것, 의미를 부여하는 방식들은 퍽 달랐다. 몸으로 직접 실천해 본 미션들로 우리가 생각하는 아날로그에 대해 어렴풋하게 느껴 갈 무렵, 이 불확실하고 몽글몽글한 느낌이 어떤 개념인지 명확하게 만들어 보자는 이야기가 나와서 오늘 모임이 열렸다. 첫 모임이고 친해지는 것이 무엇보다 중요하다는 암묵적 동의를 모두들 하고 있었기에, 서둘러 아날로그의 개념에 대해 이야기를 꺼낼 생각은 하지 않았다. 밥도 못 먹어 가며 소모임 발표를 해야 하는 수업이 대학에는 너무나 많다. 그런 삭막함이 이런 모임의 시작을 만들었는지도 모른다.

아날로그 소모임 공간은 바쁜 생활 속에서 잠깐이라도 숨 돌릴 틈을 만들어 주는 '일시적 자율 공간' 또는 조한 선생님이 얘기한 부족의 모습이었다.

그것을 만들고 싶어 하는 이들이 서로 다른 이들을 배려해 주려고 애쓰는 모습은 아날로그 소모임의 힘이 된다.

열세 명의 대군단이 드디어 약국 앞에 모이고, 우리는 삼겹살집으로 향했다. 삼겹살을 느긋하게 먹고 나서, 우리는 고기 냄새가 사라지지 않은 그곳에서 이야기를 시작했다. 『디지로그』 책을 열심히 읽은 영준이가 책에 대해 질문을 던졌다. "이어령 선생님은 디지털과 아날로그 둘 사이 중간적 입장을 보여 준 것 같아. 책에서 말한 애플 컴퓨터의 한 입 베어 먹은 사과 로고처럼 섞여 있는 상태가 '디지로그'라면, 우리가 소모임을 통해 보여 주려는 '아날로그적인 삶'과는 다른 것 같아."

"그 책과는 조금 다른 방식으로 우리는 아날로그라는 삶의 방식을 실천해 봤던 거지. 기계적 의미를 벗어나서, 선택될 수 있는 가치 개념으로 바뀐 셈이야. 그런 면에서 디지털과 아날로그는 개념상 구분될 수 있는 것이라는 말에 동의해." 윤경이 말했다. 예지도 "디지털이라는 것은 가치적인 의미에서도 따뜻함을 상실했다고 생각해. 즉 디지털이라는 매체 속에서는 정서적인 가치를 느끼기가 너무 힘들다는 거지."라고 정서적 측면의 디지털과 아날로그의 차이점을 말했다.

우리는 우리가 '아날로그적'이라고 추상적으로 느끼는 것을 구체적으로 정의해 보기로 했다. 미션을 통해 각자가 느낀 것을 되살려 보며 공통점을 찾아 정리해 보기로 했다. 첫 번째로 시도한 핸드폰, 인터넷 사용하지 않기 경험에 대해 슬지가 쪽글에 썼던 이야기를 꺼내 놓았다.

•• 핸드폰의 노예 | 슬지 06

핸드폰을 끄고 책장에 조심스럽게 올려놓은 후 밖으로 나갔다. 집에 있으면 아무리 핸드폰을 꺼 둔다고 해도 한 시간에 한 번씩은 꼭 켜 보기 때문이다. 혹시라도 문자가 왔나? 전화가 왔나? 하는 생각에 절대로 가만두지를 못한다.

  미리 친구에게 핸드폰 연락이 안 될 거라고 말해 놓기도 하고, 친구 전화번호도 종이에 써 갔지만, 약속 시간에 늦은 바람에 친구를 만나느라 너무나 고생한 하루였다.

  지하철을 타고 가는데 어디선가 진동 소리가 들렸다. 나는 내 핸드폰인 줄 알고 가방을 뒤적였다. 주머니를 뒤적이다가 곧 내가 핸드폰을 두고 나왔다는 사실을 깨달았다! 얼마나 나 자신이 어이가 없던지! 더 어이가 없던 것은 그런 상황이 한 번이 아닌 것이다. 핸드폰 진동 소리가 들릴 때마다 몇 번이고 나는 가방과 주머니를 뒤적거렸다.

  온종일 핸드폰 생각만 났다. '아. 내 핸드폰, 핸드폰, 핸드폰!' '난 진짜 핸드폰의 노예인가 봐.' '미션 오늘 하지 말고 내일 할걸.' 이런 생각들로 가득 찼다.

  하루 살았는데 이렇게 벅차다니.

  아날로그로 살기는, 말처럼 쉽지는 않을 것 같다.

우리는 이미 너무 디지털에 익숙해져 있어서, 디지털이 없는 때에 정말 속수무책의 인간이 되어 버린다는 것을 체험을 통해 느꼈다. 영화에서처럼 전기를 사용하지 못하거나, 큰 재앙이 닥친다면 우리는 그런 상황 속에서도 제대로 된 생존 방식을 택할 수 있을까? 디지털과 떼려야 뗄 수 없어진 우리, 하지만 디지털이 없어서 편안함을 느낀 친구도 있었다.

•• 유선 전화로 엄마 눈치 보며 전화하던 그때 | 예지 06

10월 6일, 사촌 오빠를 만나기 위해 잠깐 전화를 쓴 것 말고는 2일부터 오늘까지 핸드폰과 컴퓨터와 떨어져서 지낸 지 5일째 된다. 핸드폰을 가지고 있을 때는 수시로 문자 왔는지, 연락이 왔는지 열어 보고 확인하던 습관이 있었는데 핸드폰이라는 것을 아주 머릿속에서 지워 버리고 살 수 있었던 5일이었다. 남자 친구에게도 애초에 추석 연휴에 끄고 지낼 테니 연락하지 말라고 말해 뒀기 때문에 더욱 편한 마음으로 핸드폰을 잊어 버리고 지낼 수 있었다. 하지만 한 가지 아쉬운 것은, 집 전화는 전혀 울리지 않았다는 것이다. 난 누군가가 우리 집으로 전화해, 내가 유선 전화기로 전화를 받게 되길 기대하고 있었다. 하지만 아무도 없었다. 오늘 다른 수업 조모임이 있어서 어쩔 수 없이 핸드폰과 컴퓨터를 켜게 되어 확인했지만, 고등학교 친구들도 모두 핸드폰으로 연락을 취하려던 흔적들만 남아 있을 뿐 아무도 나에게 집전화로 전화를 하지 않았다.

그러고 보니 내가 이 아이들 집으로 전화를 먼저 걸어 볼 생각을 하지 않았다. 걸려 오기만을 기다리고 있었다니, 뭔가 너무나 수동적인 아날로그 생활을 한 게 아닐까? 하여튼, 다른 수업 때문에 전화기와 컴퓨터를 다시 켰지만 지난 5일은 정말 알 수 없는 편안함을 느낀 날들이었다.

의도적으로 핸드폰을 사용하지 않은 시간 동안 불편함이 어느 순간을 넘으면서, 과거의 일부와 조우하며 조금 다른 기운을 느끼게 되었다며 즐거워하는 예지의 이야기에서 '아날로그'라는 단어는 따뜻함을 전해 주는 심리적·정서적인 키워드가 되고 있음을 다시 확인시켜 주었다. 주체할 수 없을 정도로 빠르게 돌아가는 현실 속에서, 핸드폰을 사용하지 않는 것은 삶을 느리게 만들어 줬고, 느린 삶이 편안함을 주었다. 예지는 디지털적인 세상은 너무 삭막하다고 했고, 대부분 동의하고 있었다.

그런데 수빈이는 디지털도 꼭 삭막하지만은 않다며, 쓰기 나름이라는 말을 했다. 손으로 직접 써 봤던 아날로그 편지에 대한 경험과 항상 자판을 두드려 이메일을 쓰는 디지털의 경험을 이야기했다.

•• 다행인 편지 쓰기 | 수빈 06

중학교 때, 제가 지금까지 단짝으로 지내고 있는 친구가 있는데 무척 친해지던 때였어요. 그 친구는 정말 편지 쓰는 걸 좋아해서 중학교 때 그 친구에게서 받은 편지를 세면

3년 중 1년 분량은 받았던 것 같아요. 전 거의 답장한 기억이 없는데 그 친구 편지를 보면 항상 마지막에 '답장은 필수'라고 적혀 있었고.

'답장은 필수'에서 '답장 안 하면 때릴꼬야~'에서 '답장 없음 죽는다'로 서서히 강도가 세졌던 추신이 생각나네요.

(…) 편지 쓰는 것도 상당히 뿌듯한 기분이 많이 들지만, 이메일도 그에 못지않아요. 자판을 누르고 화면에 글씨들이 채워지는 것을 볼 때마다 내 마음이 잘 전해지는 것 같고. 손이 안 아프니 잡다한 것들까지 더 많이 써지기도 하고. 쓰고 나서 전송하면 기분이 맑아지는 느낌이 듭니다.

이쯤에서 우리는 더는 불필요한 논쟁을 하지 않기로 했다. 디지털과 아날로그라는 추상적인 개념을 우리끼리 억지로 분리하고 임의적으로 만들 이유는 없는 듯했다. 'A는 B다.'라고 정의하지 않아도 '말하지 않아도 아는' 느낌이 있으니까. 그 느낌을 공유하고 있으니까 괜찮다. 그리고 굳이 대단한 결론을 낼 필요도 없다 싶었다. 대신에 이 두 가지의 주제를 가지고 보여 줄 수 있는 다양한 모습을 보여 주는 방식으로 앞으로의 소모임을 꾸려 나가기로 의기투합했다. 우리는 개별적으로 사이버 강의실을 통해 이미 많은 이야기와 의사소통을 하면서, 소모임 활동을 통해서는 아날로그적인 소통을 회복하는 연습을 하고 있었다. 수빈이 말대로 우리는 사이버 게시판에서 키보드를 통해 디지털적인 소통을 하면서도 이렇게 따뜻한 아날로그를 연구하고 있지 않은가.

언젠가 선생님이 개념 규정에 급급해지면 현실을 제대로 파악하는 데 오히려 방해가 된다면서 중요한 것은 '조작적 개념'이 아니라 '감응적 개념'이라고 하신 말이 떠올랐다. 어디까지나 이론이나 개념은 현실을 잘 읽어 내기 위한 도구인다. 현실에 대한 문제의식이 분명할수록 그 도구를 잘 찾아서 활용할 수 있지만, 반면 현실에 대한 문제의식도 없이 우선 개념만 만지게 되면 시간 낭비만 하게 될 가능성이 높다는 것이다. 나는 무언가를 공부할 때 확실히 알아야겠다는 생각으로 두꺼운 책부터 사서 읽기 시작하다가 지쳐서 포기한 경험이 많다. 철학이나 경제학 같은 학문뿐만이 아니라 음악에까지 그 개념 규정병이 도지곤 했다. 언젠가는 힙합 계보표를 만들겠다고 어느 평론가의 두꺼운 책과 역사책을 보조 자료 삼아 80년대부터 순서대로 공부하듯 음악을 듣다가 질려 버린 적도 있다. 아날로그에 대한 개념을 규정하겠다고 모여서 낑낑댔지만 결국 결론은 '각자 몸으로 익힌 그 느낌이 바로 아날로그' 라는 대단찮지만 본질적인 것이었다.

예지와 윤경이는 영화 「데니스는 통화 중」을 본 이야기를 해 주었다.

"급하게 전화를 해야 할 때, 길거리에 있는 공중전화에서 전화를 돌이켜 본다면 늘 문자와 핸드폰을 달고 사는 우리 삶은 혁신적일 수 있어. 하지만 전화기에 심하게 의존하다 보면 「데니스는 통화 중」에서처럼 오히려 직접 상대를 만나서 연애를 하는 대면적인 관계가 부담스러워지는 건 아닐까? 난 자장면 배달부 아저씨가 집에 와도 부담스러워서 동생한테 돈 내라고 쥐여 주고는 현관문을 열기 전에 방으로 쏙 들어가 버려.

아날로그와 디지털 중 무엇이냐는 주제보다는 우리가 왜 과거의 것들을 사용해 보고 싶었냐는 점이 중요해. 느리게 하는 삶, 몸으로 하는 활동들이 그리웠던 것은 아닐까? 그렇다면 디지털 세상의 총아인 우리들이 아날로그에 관심을 가지는 것은 우리가 누려 왔던 디지털 생활과 상반되기 때문에 '모르는 것에 끌리는' 것일까, 아니면 근원적 그리움일까."

아날로그 소모임의 활동들은 점점 더 개인화되어 가는 현재에 대한 반감, 그래서 현재와는 다른 과거의 방식의 소통을 경험해 보고 싶었던 것이었다. 신자유주의 시대는 우리를 빠르고 경쟁적인 삶의 바퀴 속으로 밀어 넣고 있다. 경쟁에서 이기기 위해서는 빨라진 삶에 적응하고 만족할 줄 알아야 하고,

프랭클린 다이어리든 구글 플래너든 붙잡고 삶을 스스로 관리할 수 있어야 한다. 관리하는 삶 속에선 현대인은 밥도 건전지 넣듯 급하게 먹어치운다. 삼각김밥과 샌드위치로 밥을 대신하고, 학교 생활권을 벗어날 시간도 모자라 불평을 하면서도 학교 식당에서 밥을 사 먹는 것이 우리의 현재다. 맛집 찾기는 그만큼 가까운 곳에서 먹을 만한 것을 찾기 어려운 우리의 각박한 현실을 보여주는 것일 수도 있다. 점점 바빠져 가는 우리의 삶이 맛집에 찾아가 여유 있게 한 끼 식사를 해결하는 모습과 이어져 만족을 주는지도 몰랐다. '사람다운 속도'로 지내는 시간을 되찾고자 다짐하면서, 우리는 서로의 기운을 받고 즐거워졌다. 맛있는 음식을 나눠 먹었던, 그때마저도 다들 시간이 안 맞아 둘로 나눠 진행했던 '맛집 찾아가기' 미션에 대한 기억을 끄집어냈다.

•• 맛집 찾아가기 | 윤경 06

2차 미션! 사실 제가 소모임에서 제일 해 보고 싶던 일이었죠.. 가장 신나는 '과제' 였어요. 오늘 저녁은 김치찜이었죠. 버스에서 내려서 생각보다 쉽게 ㅇㅇㅇ식당을 찾아갔습니다. 푹 익어서 부드러운 김치에 결 따라 살살 찢어지는 돼지고기를 싸서 먹는 그 재미… 하얀 밥에 김치랑 고기를 얹어서 김에다 싸서 한입에 먹으니 진짜 행복이 밀려왔습니다. 배가 좀 차니 식당 주변이 눈에 들어오기 시작했는데 식당 이름 그대로 외관은 한옥이었고, 내부도 흰 벽지에 장판이 깔린 것이 좀 허름한 분위기였습니다. '저희 집은 오래된 맛집입니다.' 라고 이야기하는 듯한 그런 느낌이었달까? 장사가 잘되어서 확장을 했는지 구조가 좀 복잡하고, 저희가 앉은 데는 마침 복잡한 구조의 한구석이라서 아주머니들이 잘 신경 쓰지 않으셨어요. 구수한 아주머니들의 인심을 기대했는데 아쉬웠어요. 항상 하는 생각이지만, 어딜 가든지 유명해지면 서비스는 그에 반비례하나 봐요. 그것만 빼면, 아~ 정말 맛있었습니다.

　외관이나 형식이 아날로그적이어도 그 정신에 사람들이 찾는 정감이나 온기 같은

게 없다면 마찬가지입니다. 그것처럼 우리 활동도 아날로그적인 체험에만 치중하다 보면 나중에 허전할 것 같아요. 모습만 아날로그적이라고 해서 아날로그적인 체험이 되는 것이 아닌 듯해요. 디지털이든 아날로그든 수단을 떠나서 사람들이 서로 소통한다는 게 참 중요한 것 같아요. 현대인들이 아날로그에 대한 향수를 갖고 있는 것도 디지털 세계에서 진정한 소통을 경험한다는 것이 점점 어려워지는 것 같아서 아닐까요.

윤경이 말에 자신도 소통 능력이 부족한 걸 느끼고 있다는 맞장구를 친 조원들이 많았다. '서로 소통하는 법을 배우는 것도 〈지시문〉 수업과 소모임에서 얻을 수 있는 것들 중 하나가 아닐까?' 하는 생각을 했다. 또 윤경이는 "아날로그 향수를 느끼기 위해 한 활동들이 실은 아주 친밀한 관계, 예를 들면 가족이 함께할 수 있는 소통의 모습이 아닌가?"란 이야기를 했다. 개인화되기 이전의 관계로 돌아가 본 것이다. '아날로그'는 이렇게 과거의 것으로 돌아가기, 역발상을 통한 낯설게 하기 연습의 일부였다. 윤경이와 맛집을 찾아간 그 날, 다섯 사람이 즐거운 소통의 연습을 하면서 얼마나 장난치고 떠들었던가.

한참 웃다 보니 소모임의 고문을 자처하는 복학생 운장이 우리가 이야기한 것들을 정리하고 있었다. 삼겹살집에서 이야기한 것들이 언제 우리에게 필요한 이야기들이 될지 모르는 일이라면서 적기를 멈추지 않았다. 나는 운장이 필기로 정리하는 내내 나래가 사이버 강의실에 올려놓았던 세 번째 편지 쓰기 감상문을 생각하고 있었다. 마침, 나래와 눈이 마주쳤다. 생긋 웃었다. 나래와 나는 유년기에 같은 연예인을 따라다닌 사이다. 물론 그 연예인을 열심히 따라다니던 그때는 서로를 돌랐지만, 같은 기억을 공유하고 있다는 것만으로도 마음의 벽이 허물어질 수 있었다. 나를 보고 웃고 있는 나래와 이야기를 나누고 싶어서, 편지 얘기를 다시 해 달라며 나래에게 아날로그적 삶의 모습은 어떤 것인지 들어 보았다. 이렇게 화제를 꺼내고 이야기를 나누는 것도 다 소통하는 연습이야.

•• 편지 쓰기 | 나래 06

중학교? 아니 초등학교 때부터 난 편지 쓰기를 참 좋아했고, 쓰지 않아도 이쁜 편지지 모으기를 좋아했다. 중학교 때는 정말 본격적으로 편지를 쓰기 시작했다. 그때부터 모은 편지가 두 박스가 넘는다. 모은 편지들은 주로 화장품세트 박스에 모으곤 한다. 대학에 들어와서 편지와는 거리가 먼 일상을 살았다. 지금은 싸이월드에 교환일기를 쓰고 있지만 예전과 같이 속마음까지 다 쓰는 것은 아니기 때문에 일기장에 '피곤해' 이렇게 한마디 쓴다든지, 이민을 가 있는 친구와도 메신저로 연락을 하긴 하지만 역시 손 편지를 받아 그 애의 흔적을 봐야지 그 애가 진짜 살아 있는 느낌이 나서 안심이 된다.

혼히 디지털로 대변되는 인터넷은 편리하고 연결되어 있다는 걸 바로바로 느낄 수 있어서 접속해 있으면 그 사람과 내가 한 공간에 있음을 느낄 수는 있다. 하지만 깊이 교감하기는 힘든 것 같다. 그리고 나의 흔적을 사람들에게 줄 수 있다는 것도 편지의 큰 매력이다. 다시 편지지 모으기를 시작하고 싶다. 편지가 아니라도 엽서 쓰는 것도 괜찮았는데. 하지만 난 또 혼자 있는 것이 익숙하지 않아서 오늘도 메신저에 접속한다. 또 하찮고 영양가 없는 대화를 하면서 자정을 넘기고 말 것이다. 그러면서 내가 살아 있음을 느낄 것이다. 편지도 좋아하지만 메신저도 아직은 벗어날 수 없는 소통 중독인 나!

오늘 저녁은 따뜻한 이야기가 있었다고 해야 할까? 80명이나 되는 대형 강의에서 만난 사이였지만, 작은 소모임 안에는 시끌시끌한 리더도 있었고, 대단한 책벌레도 있었고, 좋은 추억을 사진으로 남겨 주는 사진사도 있었고, 의무감을 느끼며 정리를 잘해 주는 복학생도 있었다.

테이블을 둘러보니 따뜻한 감정이 스며들었다. 지금 분위기는 무척 즐겁지만, 처음부터 소모임이 이렇게 잘 굴러가기만 한 것은 아니었다. 몇 개의 미션은 정해진 기한까지 안 올라오기도 했다. 때로는 미션 자체에 대해 반론을 제기하는 사람도 있었다. 우리가 하고 있는 활동이 아날로그를 찾는 활동이 맞는지 근본적인 회의를 품는 글이 올라오기도 했다. 그럴 때는 그 조원의 말에 귀 기울이고 소모임의 진행 방향을 다시 수정하려고 노력했다. 그 노력의 일환으로 우리는 선생님을 찾아갔다. 우리 조가 활동을 잘하고 있는지, 앞으로의 방향성에 대해 해 주실 말씀이 없으신지 여쭙는 우리들에게 선생님께서는 "잘하고 있다, 이 과정 자체가 학습이다."라며 웃기만 하셨다. 선생님의 격려는 힘이 되긴 했지만 막막했고, 며칠 동안 내부에서 열띤 토론이 벌어졌다.

그만큼 많은 시행착오가 있었고, 때로는 삐걱대기도 했지만, 서로가 서로를 신뢰하고, 돕고, 기다려 주었다. 그래서 이렇게 소모임이 잘 굴러 가게 된 것 같다. 다양한 사람이 모였고, 각자가 좋아하고 잘하는 것이 달랐고, 서로에 대한 믿음과 애정이 있었기 때문에 이 소모임에서는 누가 나누어 주지 않아도 저절로 역할 분담이 이루어졌다.

나는 잘 나서지도 못하고 잘 정리하는 편도 아니지만 이 소모임에서만큼은 다른 조원들한테 책임을 미루고 싶지 않았다. 이 모임의 따뜻한 느낌이 수업 바깥에서도 힘이 되어 주고 있었다. 이런저런 수다를 떨다 보니 꽉 찼던 배는 꺼졌지만, 마음은 몇 배로 차올랐다. 기분 좋게 집으로 왔다.

기말 과제 발표 준비

학기말이 다가오자 도서관 6층 세미나실은 학생들로 북적였다. 먼저 도착한 조장 윤경이는 진득하니 눌러앉아 수업이 끝나거나 공강 시간에 속속들이 도착하는 친구들에게 해낼 수 있는 만큼의 역할들을 맡기고 있었다. 나는 아날로그 팀의 재촉하지 않는 모습이 가장 사랑스럽다. 특히나 이렇게 지쳐 있는 학기말에 서로를 위해 힘을 내 주는 사람들과 함께할 수 있다는 것은 행운이다.

이전에도 기말 발표 준비를 위한 모임이 몇 번 있었다. 어떤 식으로 발표를 할까, 어떤 이야기를 담을까 몇 번의 의논을 거쳐 방향을 잡았다. 발표 방향만 잡은 것이 아니라 그동안 무기력하고 지쳐 있던 내 마음도 잡았다. 고마운 마음에 힘을 내서 발표의 얼개를 내가 맡기로 했었다. 13명이 한 학기 동안 진행해 온 소모임 활동의 결산을 내는 것은 쉽지 않았다. 우리는 소모임 외부 사람들에게 보여 주는 발표와 더불어 내부 사람들이 그동안 함께해 왔던 시간과 글, 추억을 간직할 수 있는 책을 만들기로 했다. 그동안 쓴 글과 찍은 사진, 후기와 롤링 페이퍼를 합쳐 조원들과 조한 선생님의 몫, 이렇게 세상에 열네 권만 존재하는 『아날로그를 생각하다』라는 책이 탄생했다.

발표의 전체 틀을 정리하기로 했던 나는 사실 많이 걱정했다. 뚝딱하고 정답이 나올 통계 작성도 아니었고, 논리적으로 잘 정리된다고 잘했다 싶을 수 있는 작업도 아니었다. 우리가 해 온, 벌려 놓은 마당을 충분히 호소력 있게 이야기해 낼 수 있는 것이 중요했다. 13명의 다양함을 보여 줄 수 있는 4가지 분류를 통해 마지막으로 아날로그 조의 프리즘, 색깔을 보여 주기로 했다.

오늘은 나래와 형준이가 발표에 쓸 준비물을 갖고 왔다. 다른 테이블에서는 노트북을 켜 놓고 프리젠테이션을 준비하느라 한창이었는데, 우리 테이블에는 형준이가 2절 종이를 떡하니 올려놓았다. 그러고는 다들 이상하게 쳐다보는 시선을 뒤로 하고, 크레파스와 각종 펜을 꺼내 놓고 글씨를 쓰기 시작했다. 제목을 쓰는데, 생각보다 글씨를 잘 쓰는 형준이를 칭찬하기도 하고, 처음으로 진지해진 승진이를 보고 놀라기도 했다. "누구 글씨는 초딩이래요." "수업 갔다가 다시 올게." 즐겁고 자유로운 분위기 속에 멋진 협업 작품이 완성되었다.

며칠 후 발표 시간, 우리는 한 사람이 한 장씩 커다란 전지를 들고 있었다.

우리가 발표하는 동안 활동을 묶은 소책자를 친구들이 돌려 보게 둥글게 모인 원 사이로 흘려보냈다. 전지를 든 조원 사이를 차례로 옮겨 다니며 조장인 윤경이가 발표를 했고, 우리는 뿌듯하게 발표를 마칠 수 있었다. 조한 선생님은 어김없이 전자칠판에서 코멘트를 해 주셨는데, 내가 발표 준비를 하면서 고민하던 바로 그 점을 신통히 짚어 주셔서 감사했다. "고맙습니다."

| 공지사항 | 전자칠판 | 자유게시판 | 자료실 | Q & A |

글쓴이 : 조혜정   등록일 : 2006/12/13

12월 12일 팀 발표

우리는 이렇게 늘 '분류'를 하면서 산다. 옷도 제대로 분류를 해 두면 제대로 입을 수 있고(어젯밤에 엉클어진 옷들을 정리했다), 던져 두면 다 쓰레기가 된다. 아날로그 팀이 마지막 부분에 정리한 네 그룹핑〈예술, 화음, 조화〉〈행동, 기획, 진행〉〈무기력, 천천히, 탐사 중〉〈촌철살인, 통찰력, 스태프〉, 유용한 분류다. 애써 갈등과 차이를 없애려 하기보다, 팀 안에서 갈등을 자아내거나 흥미를 잃게 하는 부분을 알아내고, 그와 관련된 의미 있는 차이를 찾아본 후 그 차이를 상호 보완적으로 연결하면 훌륭한 팀워크를 만들어 낼 수 있다. 기본적으로 아날로그 팀은 모든 것이 돈과 숫자와 기계적 관계로 환원되는 것에 대한 반감을 가진 이들의 모임이었을 것이다. 어떤 특정 팀을 선택할 때 이미 그들은 어떤 경험을 가지고 어떤 경향성 때문에 그쪽으로 기울게 된다. 아날로그적이라는 말을 후기 근대적 맥락에서 선택한 이들과 근대적 맥락에서 선택한 이들이 모여 있었기에 혼선도 있었겠지만 나름대로 그 차이를 인지하면서 좋은 팀워크를 만들어 낸 것 같다. 일단 하고 싶은 것들을 다 해 보았으니까 실은 문제가 없었던 것이지. 정이 담긴 음식점 찾아가서 먹기, 생산자와 직접 연결하기 등등을 해 보다가 이론적으로 영화를 보면서 고민도 해 보는 등등

> 프로젝트 안의 프로젝트들이 풍성했고, 그것들을 모두 즐겁게 좋은 에너지를 받으면서 수행했으므로 이 팀은 실로 잃은 것이 없다!

그 이후

아날로그 팀은 학기가 끝나고도 자체 신년회를 열 정도로 돈독한 사이가 되었다. 그때의 좋은 감정들이 그네들을 보이지 않는 끈으로 이어 주어 2007년 10월에는 학교에서 진행하는 〈인문학 특성화 사업단 스터디 팀〉 공모에 지원을 해 소모임에서 나누던 '아날로그'에 대한 학습을 심화하는 작업을 하고 있다. 첫 번째 소모임 구성원 모두에게 연락을 했는데, 그때의 좋은 기억을 가지고 있던 친구들이 긍정적인 답을 보내 2008년 4월까지 6개월간 〈아날로그를 생각하다 시즌 2〉라는 이름으로 세미나를 진행했고, 그 기록을 블로그★에 남겼다. 내부 세미나를 정리해 2008년 2월 29일 공동 심포지엄 발표를 마쳤고, 4월 초에는 2박 3일 동안 중국 상하이 탐사를 다녀왔다. 공부한 정보들은 크리에이티브 커먼스 Creative commons ★★ 형태로 공개해 놓았다. 현재는 시즌 2의 상하이 보고서를 마무리하고, 전체 내용을 정리한 논문을 수정하고 있는 중이다. 모두들 서두르지 않으며, 첫 소모임을 시작했을 때의 문제의식을 놓치지 않은 채로 자신이 하는 일들과 연결을 하는 느슨한 연대 관계를 유지할 것이다. 서로의 존재를 감사하게 인식하며 계속해서 긴 학습의 끈을 이어 나갈 생각이다.

★ 아날로그 팀 블로그(http://analog-pool.tistory.com)
★★ 저작권자가 자신의 저작물에 대한 이용 방법 및 조건을 표기하는 일종의 표준 약관 형태, 아날로그 소모임의 저작물은 저작자 표시—변경 허락의 형태다.

글쓴이 | 운장, 연지

❖ 조한의 수업일지 13

'가닥 잡기'와 '감 잡기'

핵심 개념 | 절실한 질문 | 열성을 다하기 | 상호 신뢰 | 소통의 힘

조별 프로젝트 중간발표를 하면서 학생들이 제대로 '가닥'을 잡고 공동 작업에 들어가도록 챙기는 시간을 가졌다. 발표를 시켜야 팀 연구 활동이 활성화되니까 중간발표를 챙기는 것은 교수의 아주 중요한 일이다. 그때그때 방향을 잡을 수 있도록 면담 시간을 열어 두는 것이 도움이 된다. 최근의 학생들의 경향을 보면 아주 흥미로운 주제들을 찾아내기는 잘하는데, 실제 작업하는 것을 보면 피상적인 수준에서 이것저것 다 건드리다가 제대로 마무리를 못하고 마는 경우가 허다하다. 예를 들어 애처가 팀이라면 애처가의 개념을 잡기 위해 일단 정보들을 포괄적으로 살핀 뒤에 핵심 개념의 변화를 분석하면서 동시에 현장에 직접 가서 참여 관찰이나 심층 면접을 해서 현상에 밀착해 들어가야 하는데, 개념만 잡으면 뭔가가 된다고 생각해서 마냥 책만 뒤지고 있거나 아니면 무작정 현장에 뛰어들어 면접만 하는 그런 식이다. 소모임은 정말 자기에게 절실한 주제, 정말 알고 싶은 문제를 선택하고, 그럴 때는 이미 어떤 질문을 해야 할지 마음속에서 저절로 질문들이 나와야 한다. 특히 인터뷰 연구는 연구 대상이 신나서 말해 주고 싶은 질문을 찾아내야 하고, 질문을 던질 때도 연구 대상자가 질문자의 의도를 파악한 후에는 막힘없이 이야기를 알아서 풀어내면서 자기 머릿속에 있는 것을 그대로 풀어 놓게 해야 한다고 수없이 일러 주었다. 아래는 학생들에게 해 준 피드백이다.

1. **이슬람**   영화, 문학, 음악 분야를 섭렵하는 것은 좋은데 그래서 모아 보려는 이야기는 무엇일까? 각 지역의 산물이 글로벌 상품화되는 것을 연구해 볼 수도 있고(그럴 때 대개는 지역에서는 인기가 별로 없는데 글로벌 시장에서는 인기다. 그때 글로벌 소비자는 누구고 그 상품을 만들어 내는 팀은 누구일까?) 아니면 세계적으로 '공동의 적'으로 인지되는 분위기 속에서 이슬람의 삶을 새롭게 보는 시선에 대한 실마리를 던져 줄 수도 있을 것이다. 예를 들어 히잡/베일 쓰기에 대한 고정 관념 등.

2. **문화**   문화 산업이 만들어 낸 '문화'의 단순한 소비자가 되는 것 외에 문화를 소비, 향유한다는 것에 대한 조사라면 그냥 음악회를 하나 만들어 보는 방법도 있지만, 그보다는 그런 움직임들을 일단 조사해 보는 방법이 있다. 최근 한겨레신문에서 가정집에서 하는 음악회에 대한 기사를 본 적이 있다. 아주 대단한 음악가들이 출연하는 것이었고 입장료가 3천 원이었던가… 검색을 제대로 해서 찾아볼 것. 조촐한 언플러그드 연주회를 학기 말에 교실에서 하는 것은 언제나 환영.

3. **호모포비아**   당사자일 때와 아닐 때 차이가 많이 난다. 흑인 문제를 백인이 다룰 때나 여성 문제를 남성이 다룰 때의 한계 같은 것이 있다. 그 지점을 분명히 알고 들어가지 않으면 현장을 보기도 어렵다. 누군가를 위해서 해 주는 연구나 호기심으로 하는 연구는 좋은 결과가 나오지 않을 뿐만 아니라 누구에게도 도움이 되지 않는다. 아주 가까운 이들의 문제이기에 자신의 문제이기도 한 사람들이 지점을 명확히 해서 질문을 잡아 가기 바란다.

4. **아날로그**   그간 해 본 여러 가지 미션들, 그 경험들을 어떻게 시대를 짚어 내는 이야기로 만들어 낼 것인가? 핸드폰 안 쓰기, 허름한 집에서 밥 먹기, 편지 쓰기 등등은 아주 기발한 아이디어다. 내가 자료실에 목포 살리기에 대해 올린 글도 참조할 것.

5. **다락**   일머리 익히기, 그리고 크리에이티브 커먼스 개념과 연결하면 수업에서 오간 이야기들이 좀 더 잘 이해될 것이다.

6. **이성 알기**   영화「봄날은 간다」,「미소」,「결혼은 미친 짓이다」,「바람난 가족」유는 현재 30대, 기성세대와는 좀 다른 삶을 원하는 여자·남자들의 상상 속에서 나온 이야기들이다. 때로 같은 영화를 두고 남녀간 기호가 아주 다르게 나타나기도 한다. 그 다른 반응의 지점을 알아보는 것은 의미 있는 시도일 것이다. 소설『아내가 결혼했다』를 예로 들면 기분이 아주 나빠서 끝까지 읽지 못했다는 여성 독자들이 적지 않다. 실은 30대를 대상으로 한 영화나 소설들은 그 시대의 아주 특이한 부분을 드러내고 있고, 20대 초반이 이해하기 어려울 수도 있다. 오히려「케이트 앤 레오폴드」을 함께 보면서 토론해 볼 수도 있을 듯(내 연구실에 DVD가 있으니 보고 싶다면 연락하고…).

7. **이스포츠** E-sports   두 명밖에 안 되면 좀 더 스카우트를 하면 안 될까? 게임 폐인끼리 하는 것은 물론 즐겁겠지만 그래도 조금 덜 빠져 있는 사람이 있으면 도움이 크다. 팀 구성을 잘하면 좋은 작업물이 나올 듯.

8. **애처가**   슈바니츠의『남자』, 바댕테의『남자의 여성성에 대한 편견의 역사』를 읽고 개념을 잡고, 애처가 개념의 변화를 시대적으로, 문화적으로 살펴보겠다. 너무 퍼뜨리지 말고 집중하면 개념을 잘 잡아 낼 수 있을 듯하다. 조작적 개념이 아니라 감응적 개념을 잡아 내야 한다. 사람들이 듣고 "맞아 맞아." 맞장구치는 이야기를 만들어 낼 것.

9. **신촌 탐사**   너무나 많은 일을 하려고 한다. 대학 내 만들어진 글로벌 공간을 비교 연구하거나, 대학촌에 있는 러브호텔을 집중 탐사하거나… 초점을 맞추도록.

10. **잔류, 임시조**   캠퍼스 내 관리 노동자 따라다니기 shadowing. 좋을 것 같

다. 일상을 새롭게 보기. 파견 근무, 비정규직, 용역업체에 대해 알아볼 수도 있다. 10년 전 학교에서 청소 일을 용역업체에 맡기면서 기존 청소원 아주머니들이 '투쟁'을 하셨고, 그때 학내 페미니스트 모임들이 그분들을 지원한 역사가 있다. 오래 일해 오신 아주머니에게 그때의 역사를 기억하는지 물어볼 것. 어떻게 기억하고 있는지 나도 알고 싶군.

프로젝트는 연구자와 연구 대상자가 함께한다는 생각이 들 때 비로소 제대로 가치 있는 지식을 발견하게 된다. 연구 대상자들이 이야기를 하면서 치유도 되고 즐거워야 하고, 나중에 연구 발표를 할 때는 그들도 함께 들으면서 "맞아 맞아." 맞장구치는 이야기여야 한다는 것이다. 팀별 프로젝트 때 전반적으로 유의하라고 당부하는 점은 이런 것이다.

1. **팀별 작업은 자신들 스스로 자율 공간을 만들어서 가는 것이다.** 기본적으로 원하는 사람이 주제를 내면, 자체적으로 홍보를 하고 팀을 구성해 나가는 방식으로 진행한다. 이때 팀원은 같은 관심을 가진 사람들로 구성되겠지만 좀 다른 의견과 능력을 가진 동료들을 끌어들이는 것이 중요하다. 내부의 다양성에 대해 긍정하고 상보적인 관계를 맺는 즐거움과 감사함을 느껴 보게 되는 것도 팀 작업이 줄 큰 선물이다. 교실을 떠날 때쯤, 서로 기댈 친구 한두 명을 얻었고, 시대와 만날 언어를 가진 학생이라면 그는 이 수업에서 제대로 배운 학생일 것이다.

2. **가닥 잡기, 감 잡기를 제대로 하면서 간다.** 조급하게 정리하고 내용 채우기에 급급하지 말고 제대로 된 질문을 지속적으로 찾아내면서 질문과 답을 해나갈 때 비로소 어떤 가닥이 보이게 된다. 사유의 가닥을 잡아 가는 것이 이 수업의 목표이며 구체적 삶의 현장에 뛰어들어야 한다. 왜 이런 조사를

하는지, 이런 작업의 사회적 의미를 계속 물으면서 작업을 끌고 가야 한다.
3. 연구자들 간에 소통을 통해 훌륭한 연구가 되면, 그것을 연구자가 아닌 이들과 어떻게 공유할지를 두고 고민한다. 초반부터 그 형식을 정하고 팀 작업에 들어가는 방법도 있다. 연구자 자신에게 주어진 시간이 3~5분이면 그 시간에 맞추어 발표해야 한다. 이를 통해 언어 수준, 발표 방식과 시간을 조절하는 능력을 키워 가는 것이다. 초반에 말했듯, 발견과 발상 → 표현과 적용 → 인식과 통합 과정을 여기서 또 한 번 거치면서 발표 방식을 만들어 낸다.
4. 다른 발표 팀에게 줄 정보나 아이디어가 있으면 수시로 게시판에 들어가서 도움을 준다. 항상 자신의 생각을 남들과 나누도록 노력할 것. '배워서 남 주는 기쁨' 이 크다.

학기 말에 소모임 발표를 했고 모두 수준 높은 발표를 해 주었다. 이제 자기 목소리를 찾아가면서 맥락도 보게 되고 가닥을 잡는 것이 무엇인지도 알아가는 것 같다. 서로 정성을 들이는 분위기 그 자체로 사람들은 신이 나고 저절로 창의적이 되는 모양이다. 네 시간에 걸쳐 학생들이 한 발표에 대한 메모를 아래에 싣는다.

1. 이슬람   영상은 만남과 소통의 시도가 느껴져서 좋았고 특히 내게는 지하철역에서 깔개를 깔고 알라에게 절하는 장면이 인상적이었다. '신성한 것 sacred' 에 대한 감각이 사라진 사회, 모든 것이 '세속화 secular' 하다 못해 모든 결정이 무의미해지고, 잠시 기대 설 곳도 없어져 버린 듯한 세상에서 조그만 자기 자리를 어디서건 가질 수 있는 모습을 보는 신선함, 그런 분을 수업에 오게 한 것도 훌륭한 생각이었다.

2. **문화**   곧 죽어도 혼자 하겠다고 해서 발표를 했다. 여러 가지 생각을 많이 한 것 같고(포스트모더니즘과 연결 등) 혼자 너무 애쓴 것 아닌가 싶다. 잠시 우리를 즐겁게 해 준 노래. 그 5~6분 노래가 만들어 낸 종합관 303호실의 달라진 분위기, 그 경험이 좋았다. 종강 파티에서의 연주를 기대한다.

3. **호모포비아**   영화「해피 투게더」장면을 깔고 어려운 주제를 재미있게 끌어가 주었다. 커밍아웃 상황에서 보이는 남녀의 반응 차이(로맨스와 성애), 게이와 레즈비언이 스스로를 생각하는 차이("남성만 사랑할 수 있다."는 범주적 생각과 "사랑하는 사람이 생겼는데 그게 바로 여자였다."는 귀납적 생각의 차이) 그리고 열린 사고를 해야 한다는 강박, 쿨해야 한다는 강박에 대한 문제 제기가 흥미로웠다. '커밍아웃'을 연출한 케이스. 아주 훌륭한 모놀로그였다. "보고 싶었어"가 압권. 친구의 행복을 위해 때려 주는 친구들. 인식과 감성의 거리를 어떻게 메울 수 있을까? 관련해서, 한국 사회는 동성끼리만 사회적 관계를 맺는 매우 호모소셜한 사회다. 그래서 더욱 호모포비아가 심한지 모르겠다. 섹스까지 남자끼리 하다가는 남녀가 함께할 일이 아예 없어지고 밥을 얻어먹기도 힘들어질 것 같아서 더욱 섹스만은 이성간의 것으로 남겨 두고 싶어 하는 것 아닐까 싶다.

커밍아웃 모놀로그가 아주 훌륭해서 재공연을 하면 어떨까 싶다. 캠퍼스 어딘가에서 이런 작은 공연들을 수시로 올리고 감상하는 움직임이 있으면 한다. 1990년대에 여성학 관련 과목에서 창의적인 작업들이 쏟아져 나온 때가 있어서 그때는 여성학 과목 합동 발표회가 있었는데 백양관 강당을 가득 메우곤 했다.

방담으로 지난번 미국에 갔을 때 조카 하나가「왕의 남자」를 보면서 구역질이 난다고 해서 놀랐다. 미국이 호모포비아가 심한 나라이고 그 녀석이 가장 마초적일 수 있는 사춘기 나이라 이해해 주려 해도 잘되지 않는다. "뭐가 그렇게 불편하냐? 그렇게 태어났다면 그렇게 사는 것이고 네게 해 끼치는 것 있냐? 네 형이 게이라면 너는 그럼 안 볼 거냐? 네가 한국인이라는 이유만으로 차별받으면 싫은 것처럼 게이도 그 이유만으로 부당한 시선을 받아서는 안 되지…" 그는 남자끼리 '그 짓'을 하는 것을 상상해 보라면서 여전히 식식거렸다. '좋아한다' 면 덮친다는 상상을 하는 사람. 그 상상이라는 것이 무서운 것이다. 사람이 하는 상상의 틀, 인류학은 바로 그것이 얼마나 무섭고 강력한 것인지에 대해 탐구한다.

4. **아날로그**   이 팀은 내가 가장 자주 만났고 조언을 달라고 졸라서 저녁까지 사 주었던 팀이다(식사의 절반 값만 내주었다). 도움이 필요하다고 자문을 구해서 이런저런 이야기를 하다가 "저녁 사 주실래요?" 라고 한 친구가 말해서 시장하던 참에 우르르 북문 키친으로 향했었다. 학생들과 식탁에서 가까이 이런저런 이야기를 하고 표정들을 보면서, 나는 또 한 번 대학생들이 몇 가지 유형으로 존재하고 있다는 것을 확인했다. 인류학자들은 이렇게 늘 '분류'를 하면서 산다. (…)

참, 발표 중 언급된 「데니스는 통화 중」은 대면적인 관계가 부담스러워진, 전화 통화에 익숙해서 부분적으로만 상대를 만나 가는 현대인에 대한 영화로 볼 때 아날로그 팀이 말하려는 주제와 아주 잘 연결되는 영화다. 분열적 인간이 될 수밖에 없는 세상, 여전히 총체적인 만남이 가능한지, 그것을 추구해야 하는지를 질문하기. 모조지 발표 방식도 아주 좋았음!

5. **다락**   "동기와 욕구", "지르고 보자", "강력한 소모임 스킬". 먼저 가자가 나중 된다더니 다락 팀은 초반에 해마다 해 온 애니메이션 축제를 이어 가겠노라고 해서 모두를 긴장시킨 팀이다. 이 팀은 무엇이 잘 안되고 있는지를 발표 자체로 적나라하게 말해 주었던 것 같다. 가장 목적이 뚜렷하고 할 일이 뚜렷한 팀이었는데, 그리고 학기 초반부터 팀이 꾸려졌는데 왜 굴러가

는 것이 힘들었을까… 애니메이션 마니아 + 크리에이티브 커먼스라는 의미 있는 움직임을 만들어 가고 싶어 하는 시민 사회적 인간 + 뭔가 포트폴리오 작업에 도움이 되는 일을 재미있게 해 보고 싶은 사람 등등 뚜렷한 동기를 가진 사람들이 만나긴 했는데 너무 동기가 뚜렷해서 못 만났던 것일까? 적절히 만나 의욕을 가지고 가는 것 같았는데 시너지를 잘 내지 못한 이유는 어디에 있었을까? 그 점을 분석해서 보고서에 써 주기 바란다. 아마도 꼭 치러야 할 큰 행사였다는 것이 오히려 창의성의 발현을 어렵게 하면서 부담이 되었던 것 같다.

6. 이성 알기 역시 즐겁게 열심히 준비한 것 같다. 팀 연구에서 나온 질문으로 수업을 하면 아주 좋을 텐데 다음에는 1년짜리로 수업을 해 볼까 하는 생각도 얼핏… 본성과 사회적 변수, 연애와 성욕. 그것을 본성이라고 직결시키는 발상이 흥미롭다. 남성적 해석일 여지가 남아 있다. 사회생물학sociobiology의 논란들. 연애의 정석, 시나리오, 각본, 그리고 연애의 기술, 문제는 연애가 점점 더 기술이 되어 간다는 점. 특히 결혼이 미래를 보장해 줄 것이라고 믿는 여자들은 연애 관계에서 권력을 잃지 않기 위해 많은 기술이 필요하게 된다. 현재의 연애의 핵심은 '지켜 주고 보호하는 오빠'와 '연약한 누이'로 고착되는 경향이 강해지고 있다는 것이다. 다른 많은 것이 의미 없어지기 때문에 더 단순한 '본능적' 방향으로 가는 것?

근대에 연애는 자기 짝을 찾는 드라마틱한 과정이었다. 부모의 뜻을 거역하고 오로지 자신이 원하는 반려자를 찾는 과정. 정든 집, 부모와 거뜬하게 이별하고 자기 집에 정착하는 심리적 분리의 과정이기도 하다. 자신의 운명은 자신이 개척한다는 이데올로기도 실현하는 행동. 그러나 이제 집을 떠나서 살기 어렵다고 느끼는 시대가 오면서 그것이 흔들리고 있다. 그냥 고양이처럼 부모에게 잘 붙어서 살고 싶으면 순종하면서 중매 비슷한 결혼을 하는 것이 낫다는 계산이 나온다. 그러나 연애혼의 미련을 버리지 못하니까 연애놀이를 할 수도 있다. 어쨌든 운명적 사랑을 경험했을 때 그 부부는 그렇지 않은 부부보다 행복할 가능성이 높다. 그래서 환상과 현실로 이분화하기보다, 한 과정으로 이어 보는 것이 어떨지… 동지적 만남이 오래 행복한 동거로 이어질 수도 있다. 그리고 "운명이 아니라 타이밍이다."라는 말. 나는 그게 바로 타이밍이라서 운명이라 생각하는데…(니콜 키드먼이 나오는 「콜드 마운틴」에 극적인 운명적 사랑을 만나는 과정이 잘 그려져 있다. 실은 이 영화만이 아니라 거의 모든 사랑 영화가 그러하지만.)

7. **이스포츠** 아주 착실하게 많은 연구를 한 것 같다. 늘 느끼지만, 예상과는 달리(!) 게임을 좋아하는 이들은 착실한 친구들이다. 그러나 게임은 확실한 남성 문화, '습격'이 잦은 놀이다. 스켈, 무적, 짤방, 빠와 까의 대립, 반말, 다양한 호칭, 자유와 절제, 서태지 세대 이후에 등장하는 또 다른 부족을 볼 수 있어 호기심이 당긴다. 그런데 왜 게임은 주로 남자들이 하는가? 남녀 성과 관련해서 「날 미치게 하는 남자」의 야구팬 주인공 남자가 생각났다. 현재 남녀유별의 세상을 잘 보여 주는 영화. 내 친구는 자기 아들이 리니지의 영주인데 밤 한 시가 넘어서 아들이 거동을 하면 수만 명이 몰려든다고 자랑을 했다. 그 아이는 어린이 캠프도 함께했던 친구로 별명은 킹콩이었다. 그녀는 세상이 갈수록 요상해지는데 자기 아들만은 세상이 어떻게 되든 거뜬히 살아남을 놈이라고 했다. 가끔씩 청소와 빨래를 마친 방의 사진을 보내 준다고… 나는 내 친구가 참 대단한 어머니라고 생각한다.

8. **애처가** 남자가 이분화되는 시대, 지난 십여 년이 여자가 분열되는 시대였다면 이제 남자가 분열되는 시대가 오는 것 같다. 돈 많이 벌 수 있는 남자가 되는 것과 애처가가 되는 것은 일치시키기 어려운 일이다. 결혼기념일에 거대한 다이아몬드를 사 주는 부부관계를 맺을 것인지, 날마다 서로의 의논

상대가 되고 다정다감하게 비인간적 세상을 손잡고 위로하며 살아가는 관계로 지낼 것인지… 연애도 안 해 보았는데 애처가를 어떻게 말할 수 있겠느냐는 한 학생의 질문은 한편 진리이지만, 이런 고민을 미리 해 보는 것도 좋은 일이다. 갈수록 '관계가 고픈' 시대에 유익한 고민이라는 말이다. 음악과 영상 등이 해마다 눈에 띄게 좋아지는 것은 이 팀이 특히 재주꾼들이 모여서였을까? 아니면 전반적 영상 세대의 능력 향상 덕인가?

9. **신촌 탐사**   역시, 동문 쪽에 집중해서 차분히 골목들을 뜯어보고 낯익히고 정들이면서 여러 가지 자료를 찾고 인터뷰한 것이 돋보였다. 마지막 장면에서 백화점을 보여 준 후 그간 보이지 않았던 곳들을 보여 주며 던진 질문이 인상적. 이신행 선생님 댁 지하에 만들어진 체화당과 신촌민회, YMCA 등의 활동이 대학생의 참여로 신촌 주민들의 새로운 시대를 열어 갈 수 있으면 한다.

10. **임시팀**   시설 관리 노동자들을 만나 보고 낯익히고 연결하기. 조순경 선생님 강의에서 핵심 노동과 주변 노동을 이야기했는데, 주변에 보이지 않는 노동을 하는 분들에 대해 매우 따뜻하게 접근한 탐사였다. 특히 사진을 찍지 않기로 한 배려. 대개 이른바 일류대를 입학한 대학생 정도 되면 세상이 자기를 위해 존재한다고 생각하기 쉽다. 주변의 모든 것을 자신의 목적을 위한 수단으로 보고 이용하는 것을 당연히 생각한다. 그러나 소통을 중시한 이 팀은 사진을 찍지 않고 '마을'의 개념으로 캠퍼스에 필요한 일을 하는 분들과 만나 갔다.

"그들이 보람을 느끼도록, 행복감을 만들어 줄 수 있으면 해요." " '공부 열심히 해서 나라를 이끄는 사람이 되어 주세요.' 라고 그분들이 당부하셨어요." 이런 말들이 교실에 있던 이들에게 어떤 공명으로 다가가고 있었을까…

11. **페미니즘**   이 팀 역시 자문을 구하러 면담 시간에 자발적으로 왔던 팀이

다. 힘이 많이 빠진 상태로. 그래서 편안한 페미니즘을 만들어 보겠다는 결심으로 신나 하면서 연구실을 나갔는데 역시 대단한 작업을 해냈다. 〈8명의 불편한 사람들〉! 다들 연기자가 되고 싶었던 것일까 아니면 코미디를 어릴 때부터 봐 와서 그런 것일까? 연기들을 아주 잘한다는 생각이 든다. 자칫 식상해할 주제를 아주 흥미롭게 열어 가고 그간 수업 게시판에 올랐던 글을 정리해서 다시 생각하게 해 준 방식이 돋보인다. 초기부터 마당극을 보고 싶은 욕심이 있었던 나로서는 게시판을 활용한 것이 특히 흡족하고 만족스럽다. 실은 내가 페미니스트이기 때문에 더욱 이 수업에서 그것에 대해 따로 다루지 않으려 했다. 페미니즘에 대해 모두가 다 알고 있다고 생각하거나 식상해 있기 때문에 자칫 잘못 다루면 페미니즘을 강요한다고 느끼게 되리라는 염려 등등으로 자제했다. 내가 전혀 편을 들어 주지 않았지만 이 수업에서는 1, 2학년 페미니즘 끼가 있는 여학생들이 판을 쳤고 마지막 조 발표도 아주 창의적으로 해 주었다.

조 모임에서 가장 중요한 것은 신뢰감, 상호 존중감, 소통의 힘을 느끼는 것이다. 팀 활동을 통해 집단 지성, 공동 창작, 크리에이티브 커먼스에 대한 감을 얻었다면 그것으로 족하다.

학생들은 개별 발표에 대해 게시판에 의견을 올려야 한다. 각 팀 발표에서 흥미롭게 본 것들, 칭찬과 함께 고쳐야 할 점 등을 써서 피드백을 주고, 그 평에 대해서 발표 팀원들 역시 자유롭게 평을 달면서 이야기를 이어 가기 바란다. 발표 팀은 발표 후 보고서를 작성해서 기말 시험 기간에 제출하되, 자체적으로 팀 활동과 관련해서 열성/비열성/불참으로 나누어 점수를 매기게 되어 있다. 공동체적 분위기에서 무임승차는 어렵다. 공동체를 이루기 위해서는 공평성에 대한 훈련이 매우 중요하다.

교 실 이 돌 아 왔 다 | 9

다시 기운을 모으다

◆◆ 쌀쌀한 12월의 바람이 교정에 불어 왔고, 어느샌가 우리 수업은 막바지로 접어들고 있었다. 나는 백양로를 걸으며 크게 숨을 들이쉬었다. 겨울바람의 차가움을 마시고 싶었다. 요즘은 그만큼 답답했고, 한때는 완소였던 〈지시문〉 수업도 이젠 버겁게 느껴졌다. 아니, 잡힐 듯하면서 잡히지 않는 수업의 맥락과 나를 어렵게 만드는, 처음에는 '자유분방함'이라고 느꼈던 그 교실의 분위기가 이제는 나를 짓누르는 느낌이었다. 그럼에도, 아주 이상하게도, 나는 한숨을 길게 내쉬면서도 뭔가가 있다는 생각을 했고, 수업에 꼬박꼬박 출석을 하며 교실 뒤편에 축 처져 있었다.

돌이켜 보면, 나는 이 수업을 들으면서 올라갔다 내려가는, 그리고 또 올라가는 사이클을 그리고 있었다. 사이클의 정점에 있을 때, 나의 변화는 '성장'이라고 생각되었고 그래서 스스로에게 뿌듯했지만, 지금처럼 사이클의 하단에 있을 때 나는 고통스러웠다. 무슨 일이든 손에 잡히지가 않았고, 분명 몸은 무거운데 왜 내가 이렇게 복잡한지, 내가 느끼고 있는 이 어려움은 무엇인지 말로 잘 표현되지가 않았다. 왜 그럴까. '나는 지금 왜 이렇게 지쳐 있나.'

지난 며칠 동안 계속 이 질문에 관해 생각한 것 같다. 그래서 밥을 같이 먹자는 친구에게 그럴듯한 핑계를 대며 거절하고는 혼자 텅 빈 벤치에 앉아 있어 보기도 하고, 도서관에서 공부하고 있다는 친구를 억지로 불러내 밥을 먹이기도 했다. 그러다 사실 좀 쉬고 싶었지만 소모임 성원들에게 성실해야 했기 때문에, 기말 발표를 위한 소모임 활동에 겨우겨우 참여하게 되었다. 나는 화기애애한 분위기를 망치지 않기 위해, 재밌지 않아도 웃으려고 노력했는데 그게 좀 떨떠름한 웃음으로 보였나 보다. 사실 오늘은 좀 소모임 성원들의 개그가 약하긴 했다. 소모임 성원들은 나에게 무슨 일이 있냐고 물었고, 나는 요즘 나의 상태를 솔직하게 말하게 되었다. "나 요즘 지쳐 있어요."

그러자 다른 몇몇 소모임 성원들도 사실은 자기들도 그렇다면서 '지쳐 있음', '무기력'에 관해 이야기를 나누기 시작했다. 소모임 활동은 처음에 모였던 목적과는 다른 방향으로 흐르기 시작했고, 결국 발표 준비는 일단 뒤로 제쳐 두고, 이 수업과 우리들, 그리고 스스로에 관해 한참 이야기를 했다.

기뻤다. 며칠 동안 한 '나'만의 고민이 '우리'의 고민이라는 생각에, 그래서 '나만 이렇게 어려워하고 있는 것이 아니구나.' 하는 생각이 들었다. 또, 다른 소모임 성원들을 위해 이야기를 들어 주는 우리 소모임이 고마웠다. '무언가를 만들어 내는 것이 아니라, 서로 서로 배우면서 즐겁게 활동하고, 그 결과를 보여 주면 된다.'가 처음부터 우리 소모임이 가진 생각이었기 때문에, 발표에 대한 걱정은 좀 접을 수 있었다. 그렇게 우리는 '우리들'의 이야기를 나누면서 즐거워졌고, 기운이 났다. 이 사람들에게 내가, 내가 이 사람들에게 고민을 나눌 수 있는 사람, 동료라는 생각이 들었다.

이야기의 마지막에, 우리는 선생님이 '우리가 힘든 시대를 살아갈 것'이라고 말하고 있다는 것에 합의했고, 우리 소모임 성원들뿐만 아니라 이 수업을 듣는 다른 학생들도 '무기력'에 관해 고민하고 있을 것이라 생각했다. 수업이 우리에게 알려 준 이 시대의 모습은 어두웠고, 그래서 우리가 불안과 무기력을 느낀다고 생각했기 때문이다. 결국 우리는 이 수업을 듣는 다른 학생들과도 이야기를 나눠 보자는 데 동의했다. 그렇게 그날 발표 준비는 물 건너갔고, 대신 소모임 성원 중 한 명이 자유게시판에 글을 남겼다.

| 공지사항 | 전자칠판 | **자유게시판** | 자료실 | Q & A |

글쓴이: 형준　　　등록일: 2006/12/06

맘에 안 드는 게 참 많아요

오늘 소모임 성원들과 이야기한 건데요, 맘에 안 드는 게 참 많아요.

사회 돌아가는 것 보면…

하지만 그것을 시정할 수 있는 힘이 없을 때는 어떻게 해야 하나요.

무기력을 느낄 때… 잘못된 것을 알아도, 그것을 고쳐 보려 해도

내 목소리는 그곳에 닿지 않고 스러져 버릴 때…

무기력을 느낄 때…

주저앉기는 싫은데 그렇다고 떨쳐 일어날 수도 없을 때…

예슬　06/12/07　10:54
주변에 있는 사람, 일부터.. 돌아보라고.. 배웠어요;;ㅎ 제대로 실천은 못하지만;;

조한　06/12/07　11:55
그래서 이런 수업이 있는 것 아닌가? 큰 흐름에서 어떤 시대라는 것을 알아가는 것이 도움이 될 것이라는 거지. 다 잘못 돌아가고 있는 시대라 생각하고 일단 기대를 하지 않는 것, 그러다가 좋은 일 보이면 행복해지는 것, 삶에 대한 기대와 태도 변화를 이루어 내야 한다고 생각하네. 너무 힘 빼지 말고 슬기로운 인류의 한 후손으로 시간을 보내 보도록 해

> 야지.
>
> **예슬** 06/12/07 14:55
>
> 선생님// 근데요;; 이 수업에서 삶에 대한 기대가 그닥 잘 찾아지는 것 같지는 않아요.;; 솔직히 수업 듣다가 힘 빠지는 일도 많고… 그래서 그 말씀하신 '부족'이 저에겐 도움이 되는 듯;; 수업에서 문제 제기하고, 힘 빠져 있다가 제 부족에서 다시 충전받고(?)ㅋㅋ
>
> **조한** 06/12/08 22:55
>
> 현실을 알면 힘이 나기보다 힘이 빠지는 것이 쇠퇴기의 현상. 받아들이는 것이 외면하는 것보다 낫고, 받아들이고 대안을 찾을 수 있으면 더욱 좋고… 내가 잘 살아남는 길을 찾으면 나 같은 사람들도 잘 살아남고, 인류도 지구상에 살아남을 거란 이야기~;~

생각지도 못했는데, 선생님이 댓글을 다셨다. '기대를 하지 말라.' '좋은 일이 생기면 행복해져라.' '외면하기보다 받아들이는 것이 낫다.'는 선생님의 말이 처음에는 잘 와 닿지가 않았다. 마치 '욕심을 줄여라, 그래야 행복해질 수 있다.'는 답답한 말로 들렸기 때문이다. '선생님. 우리가 신자유주의 시대, 비정규직이 확산되고 카지노 자본주의가 판치는 암울한 시대에 사는 건 알겠는데요, 그래서 어떻게 해야 하는 거예요.' 하고 소리치고 싶었다. 소모임 성원들과 나눴던 기운들이 다시 흩어지는 기분이었다. 그러다 문득, '알겠는데, 그럼 어떻게 해야 하는 거예요?'가 내가 요즘 고민하는 문제이고, 내가 그렇게 기운이 빠져 있었던 이유라는 생각이 들었다. 나는, 이 거대해 보이고 복잡해 보이는, 짙은 회색의 세상 앞에 마주했다는 것을 느꼈고, 그래서 겁이 났다는 생각이 들었다.

또, 예슬의 '부족에서 충전받는다'는 말을 읽고 '불안한 시대'와 '부족'이 어떻게 연결이 되는지도 알게 되었다. 선생님은 지난 한 학기 동안 종종 '부족'이라는 말을 썼다. 처음에 나는 그것이 무슨 뜻인지 잘 몰랐는데, 소모임 성원들과 이야기를 나누면서 어렴풋이 알게 되었고, '이 사람들이 나의 부족이구나.' 하는 생각도 가지게 되었다. 그건 거창한 것이 아니라, 서로 나누고 돌봐 줄 수 있는 '공동체'라는 뜻이리라. 생각해 보면, 나는 우리 소모임 성원들과 수업을 같이 듣는 학생들, 이제는 친구들이라고 부르는 사람들을 통해 힘을 많이 받았던 것 같다. 뿐만 아니라, 그들은 성찰을 위한 나의 거울이었다. 나와 다른 모습을 통해 나에 관해 다시 생각해 보고, 그렇게 나는 그들을 통해 배울 수 있었다. 첫 시간에 우리가 "교실 밖에서 만나면 인사해요." 하고 서로 말한 것처럼, 우리는 〈지구촌 시대의 문화인류학〉이라는 수업을 같이 듣는 한 부족이었던 것이다. 그렇게 '불안한 시대'에 불안해지는 사람들이 모여 '부족'을 만들고 서로 힘을 채워 주며 배워 가며 살아가는 것, 선생님은 이 수업을 통해 그것을 보여 주고 싶으셨던 것 같다.

이렇게 생각하니 정리가 되기 시작했다. 불안 속에서 희망을 발견할 수 있는 방법이랄까. 지금 내가 소모임 구성원들, 수업 구성원들에게서 즐겁고 뭔가를 배울 수 있는 것처럼, 우리 수업이 끝나도 지금 즐거운 것처럼 서로 돌봐 줄 수 있고, 서로 관심 있는 무언가를 같이 해 나갈 수 있는 사람들과 함께해야 인생이 즐거울 수 있다는 생각이 들었다. 나는 지금 터널을 통과한 느낌이고, 새로 배웠다. 즐거운 마음이다.

우리의 마지막 수업은, 학교 안에 있는 조그만 영화관에서였다. 선생님은 「12명의 성난 사람들」이라는 영화를 보여 주시겠다며, "영화 자체에 관한 이야기보다, 이 영화를 보면서 그간 〈지시문〉에서 생각한 것을 연결시키고 정리해 보길 바란다."고 하셨다.

내심 다행이라는 생각이 들었다. 이제 수업을 정리하는 때에, 나는 다시 '성장'했기 때문이다. 당시에는 입구가 있는지도 막막했고 답답했지만, 빠져 나오고 보니 또 터널 하나를 건너 왔고, 이전과는 조금 다른 사람이 되었기 때문이다. 처음 이 수업에 설레는 마음을 가지고 왔던 것처럼, 나는 또 설레는 마음을 가지고 수업을 정리할 수 있게 되었다.

영화 「12명의 성난 사람들」은 몹시 더운 여름날 재판소 정문의 계단을 비추면서 시작한다. 12명이 재판장에 모여 있다. 이 사람들은, 아버지를 칼로 찔러 죽게 했다는 혐의로 기소된 한 소년의 유죄 여부를 판단할 배심원들이다. 재판관은 이 배심원들이 소년이 죄가 없다는 정당한 의심Reasonable Doubt을 하면 이 소년은 무죄 판결을 받을 것이라고 말한다. 유죄 판결을 받을 경우 소년은 전기 의자에 앉게 된다. 존속 살인이며, 계획 살인으로 판단되기 때문이다. 배심원들은 만장일치로 유죄, 무죄 여부를 판단해야 한다.

화면이 바뀌고, 12명의 배심원들은 한 방에 모여 있다. 한쪽에는 창문, 한쪽에는 복도로 통하는 문이 있고, 선풍기는 고장 났는지 돌아가지 않는다. 12명의 배심원 각각은 다양한 사람들이다, 캐릭터가 분명하게 구분되는 사람도 있고, 그렇지 않은 사람들도 있다. 증권 중개인·통신업자·극성 야구팬·건축가·노동자·시계 제작자·만사가 귀찮은 사람·분석적인 사람·감정적인 사람·감기 걸린 사람·의견이 없는 사람·소심한 사람 등 우리 주변에서 볼 수 있는, 재판을 위해 오늘 처음 만난 사람들이다. 그래서 인사하는 모습도 제각각이다. "안녕하세요." "안녕하슈."

이들 대부분은 배심을 빨리 끝내고 돌아가고 싶어 한다. 다들 바쁜 사람들이고, 자신과는 직접적인 관련이 없는 사건이다. 게다가, 기상청에 의하면 오늘은 올해 중 가장 더운 날이다. 그래서 먼저 거수 투표를 한다. 결과는 11명 유죄, 1명 무죄. 유죄에 손을 든 사람들은 무죄를 든 사람에게 왜 무죄라고 생각하느냐고 묻는다. 그 사람은 "한 사람의 생명이 걸린 중요한 일이기 때문에, 5분 만에 결정하는 건 옳지 않다. 우리가 잘못 결정하면 어떻게 될까."라고 되묻는다. 이에 몇 명은 빈정대지만, 몇 명은 한 시간만 이야기를 해 보자며 동의를 한다.

　이 사건의 중요한 쟁점은 두 가지다. 증거인 칼과 증인 두 명. 소년이 유죄라고 주장하는 쪽은, 소년의 아버지를 찌른 칼이 소년이 가지고 있던 칼과 같은, 아주 특이한 칼이라는 것이다. 또, 아래층에 사는 노인은 사건이 일어날 때 커다란 소리를 들었고, 소년의 목소리를 들었다고 증언했다. 그리고 반대편 건물의 한 여자도 사건 현장을 목격했다는 것이다.

　유죄를 믿는 사람들은 이를 바탕으로 여러 가지 추론을 한다. 소년이 어릴 때부터 부모에게 학대를 당했고, 사건 당일에도 아버지에게 폭행을 당했으며, 어릴 때부터 범죄를 저질러 왔다는 것 등 사건을 일으킬 만한 충분한 동기가 있고, 증거와 증인이 있다는 것이다. 겉으로 보기에 유죄가 명백해 보인다. 하지만, 무죄에 손을 든 그 배심원은 의문을 제기하며 사건 현장에서 발견되었던 것과 똑같은 칼을 내민다. "검사의 주장과는 달리, 이 칼은 구하기 어려운 칼이 아니다." 그러자 다른 배심원들은 동요한다. 조롱하는 사람, 농담을 던지는 사람도 있고, 더욱더 강하게 유죄를 주장하는 사람도 있다. 결국 이들은 처음에 문제를 제기한 배심원을 빼고 다시 한 번 무기명 투표를 하게 된다. "나를 빼고, 한 명이라도 더 무죄에 표를 던진다면 다시 토론을 합시다."

　유죄, 유죄, 유죄, 유죄, 유죄, 유죄, 유죄, 유죄, 무죄, 유죄.

　또 1명이 무죄에 표를 던졌다. 화를 내는 사람, 조롱하는 사람, 무죄 표를 던진 사람을 찾아내려는 사람 등. "소년이 유죄라고 생각하지만 좀 더 많은 말을 듣고 싶다."며 한 배심원이 스스로 무죄에 표를 던진 이유를 밝히고, 유죄 10 : 무죄 2의 상태로 배심원들은 잠시 쉬는 시간을 가진다.

　선풍기는 여전히 돌아가지 않고, 토론은 다시 시작된다. 카메라는 더 더워진 듯한 거리를 비춘다. 소년의 유죄를 주장하는 쪽은 증인이 있기 때문에 여전히 소년이 유죄라고 주장한다. 이에 처음 소년의 유죄에 의심을 가졌던 배심원은, 사건이 일어난 시각에 노인이 있던 집 앞으로 전차가 지나갔기 때문에 사건 현장인 윗집에서 나는 소리를 듣기 어렵다는 의심을 제기한다. 그러면서 종이접기 게임을 하며 시간을 보내고 있는 두 명의 배심원들에게서 종이를 빼앗아 찢어 버린다. "이게 장난인 줄 아시오!" 잠시 험악해지는 분위기. 다른 배심원들이 중재를 하고, 이들은 전차가 움직이는 속력을 고려해 노인이 윗집에서 나는 소리를 들었는지를 여러 배심원들의 경험을 모아 판단한다. 모두가 머리를 맞대 찾아낸 결론은, 노인은 윗집에서 나는 소리를 들을 수 없고 거짓말을 하고 있다는 것이다. 그럼 왜? 한 배심원은 노인이 외로웠고 관심을 받고 싶었을 것이라고 추론한다. 어릴 때부터 받았던 학대가 소년을 범죄로 이끌었을 것이라는 것과 같은 방식의 추론이다. 유죄를 강력하게 주장했던 한 배심원이 반발한다. 하지만 다른 배심원들은 의심을 하기 시작한다. 유죄 8, 무죄 4.

의심은 계속된다. 이번에는 또 다른 배심원이 노인의 진술에 의문을 제기한다. 노인은 중풍에 걸려 발이 불편하기 때문에 누워 있던 침대에서 문까지 움직여 도망치는 소년을 봤다는 것이 불가능하다고 지적한다. 이에 배심원들은 노인이 살던 집의 도면을 구해 직접 실험을 해 본다. 결과는, 이번에도 노인이 거짓말을 했다는 것! 이에 유죄를 강력하게 주장한 배심원은 다시 한 번 반발한다. 다른 배심원들이 흥분한 배심원을 말리고, 배심원들은 다시 투표를 한다. 유죄 6, 무죄 6.

잠시 쉬는 시간, 소나기가 시원하게 내리고, 한 배심원이 선풍기를 만지자 이번에는 선풍기가 돌아간다. "조금 낫네." 다시 토론이 시작되고, 이야기는 칼로 돌아간다. 이번에는 유죄에서 무죄로 의견을 바꾼 사람이 말한다. "소년의 작은 키와 아버지의 큰 키를 고려했을 때, 죽은 아버지의 사인이 되는 상처를 소년은 입히기가 힘들다고 생각되오." 다른 배심원들이 확인을 해 보니, 그 말이 맞다. 이때 야구 경기를 보기 위해 빨리 끝내야 한다며 무죄에 표를 던지는 배심원이 생긴다. "나는 그냥… 무죄야." 다른 배심원이 그 행동을 문제 삼지만, 그 배심원은 두루뭉술하게 소년의 무죄를 주장한다. 이번엔 유죄 3, 무죄 9. 역전이다.

하지만 아직 건너편 건물에서 소년을 봤다는 여자의 증언이 남았다. 이때 한 배심원이 쓰고 있던 안경을 벗고, 그것을 본 다른 배심원이 그 여자의 코에서 안경 자국을 봤다고 주장한다. 이에 여러 배심원들이 자기들도 봤다고 주장하고, 결국 배심원들은 여자가 안경을 쓰지 않은 채로 침대에 누워 있다가 반대편 건물을 봤기 때문에, 증언의 신빙성이 떨어진다고 판단한다. "그녀는 희미한 것을 보고 소년이라고 생각했을지 모르오."

11대 1. 결국 처음부터 강하게 유죄를 주장했던 배심원만 남게 되고, 다른 배심원들은 그 사람에게 판단의 이유를 설명하라고 요구한다. 그 배심원은 검사의 주장을 다시 한 번 소리 높여 반복하지만, 듣는 사람은 아무도 없다. 그의 말은 정당하게 들리지 않는다. 결국 12대 0, 유죄가 아님 Not Guilty.

영화의 처음에 보여 줬던 재판소의 현관은 이제 소나기에 젖어 있다. 처음에 의문을 제기한 배심원이 나오고, 이어서 두 번째로 무죄에 표를 던진 배심원이 나오며 말을 건다. "이름이 뭔가?" "데이비스입니다." "내 이름은 매카돌일세. 그럼 안녕히." "안녕히." 두 사람은 악수를 하고, 계단을 걸어 내려간다. 그리고 영화의 끝을 알리는 음악 소리.

영화는 장면이 아니라 대사를 중심으로 진행되는 연극 같았고, 가지고 있는 텍스트가 아주 풍부했기 때문에 각자의 위치와 관점에 따라 읽어 낼 수 있는 내용과 메시지가 아주 다양한 듯 보였다. 그래서 어쩌면 나는 다른 학생들과 전혀 다른 영화를 본 건지도 모른다. 또, 나는 어쩌면 다른 학생들과는 전혀 다른 세상을 보고 있는지도 모른다. 나의 시각도, 내가 본 '증거'들을 바탕으로 한 나의 판단이기 때문에.

다른 학생들은 이 영화를 보고, 이 수업을 어떻게 정리했을까. 우리는 지난 한 학기 동안 각자 조금씩 다른 지점에서 조금씩 다른 관점으로 이야기들을 풀어 놓았고, 그렇게 '나의 맥락'과 '우리의 맥락'은 소통해 갔다. 서로가 서로에게 비춰 보며, 두 맥락이 긴장을 유지해 가며 만들어 가는 이야기. 그것이 바로 지난 한 학기 동안의 내 이야기였고, 우리의 이야기였다. 나는 지금껏 우리의 맥락과 소통하며 내 이야기를 만들어 왔던 것처럼, 이번에는 이 친구들의 글을 읽고 또 어떻게 변해 있을까.

•• 내가 바라던 것을 얻었나 | 경무 05

사실 처음에 무지무지하게 기대한 게 사실이다. 자유로운 수업! 좋은 사람들! 뭘 해도 될 거 같았고, 뭔가 이 안에서 하고 싶었다. 처음에 꽤나 꿈틀꿈틀 잘도 움직여 댔다. 자유게시판에 글도 마구마구 남기고, 발표도 꽤 했다. 그러다가 어느 순간 시들해졌다.

발표했던 것도 내 맘이고, 시들해진 것도 내 맘이다. 따라서 후회는 별로 없지만, 그리고 이 수업에서 얻은 건 분명 있지만, 내가 다르게 행동했더라면 얻는 것도 달랐을 것이다. 이 수업은, 바란 대로 혹은 한 대로 얻어 간다. 그게 이 수업의 특징이라고 생각한다. 모든 사람이 각자 다른 것을 얻어 가는 수업.

수업에서 얻은 건 있다. 하지만 '내가 바라던 것을 얻었는가?' 그건 아니라는 생각이 든다. 나는 이 수업에서 아쉽게도 정말 끈끈한 유대는 느끼지 못했다. 처음에 이 수업을 추천한 친구가 말했다. "좋은 사람 많이 만날 수 있어서 좋아." 내 욕심이 커서인지, 아니면 내 노력이 부족해서인지는 모르겠지만. 아쉽다. 후우. (…)

•• 애정이 희망이다 | 은희 06

오늘은 내 이야기를 글에 적어야 한다. 그래서 쪽글이 쉽지가 않다. 자꾸만 목이 마른다. 이번 학기 동안 얻어 가는 것. 〈지시문〉 토론방에 올라온 새로운 주제를 보고 또 며칠을 생각해 봤다. 나는 무엇을 얻어 가는가. 무엇을 놓고 가는가.

이번 학기 내내 나는 우울했다. 1학기는 새내기로서 설렘만 안고 통통 튀어 다녔다면, 2학기는 급속히 늙어 버린 느낌이었다. 생각보다 너무 많은 것이 내게 쏟아진 나날들이었다. 그리고 그중엔 이 〈지시문〉의 영향도 컸다. 타성에서 벗어나라고 외치는 이 수업에서, 나는 이번에도 참 모범적으로 얻어 간다는 생각이 든다. 학점은 버리고 갈지라도, 이 수업에서 내게 말하고자 했던 것, '낯설게 하기'. 그것에 관한 한참 많은 것을 안고 간다고 느낀다. 사실 괴로웠다. 아직 채운 것도 부족한데, 아직 든 것도, 아는 것도 모자란 내게 완전한 지식은 없으니 이젠 그것을 놓고 '사유'하라고 외치는 이 공간 안에서 나는 숨이 가빴다. 미처 머리에 넣기도 전에, 다시 꺼내야 했고, 무엇인가를 외울 시간에 그것이 어떤 의미가 있는지부터 점검해야 했다. 모든 것이 짜인 틀이라는 것. 결국엔 현상만이 존재할 뿐, 그것을 걸러 보는 것은 결국 개개인임을 또한 이 수업을 통해 안고 간다. 세상을 조금 바르게 보기 시작했다고 생각한다. '바르게' 라는 말에 '딴지'를 건다면 나는 또 휘청거리겠지만, 1학기 때의 내 눈과 지금 내 눈의 핀트가 달라져 있음을 나는 새삼 느낀다.

구조를 깨 보는 것, 권력을 통찰하는 것, 흐름을 읽어 보는 것. 수업을 정리하는 지금에 와서 본 「12명의 성난 사람들」에서도 계속 그것들을 생각한 것 같다. 왜 이 영화는 '합리적 의심' 을 제시하는 헨리 폰다를 '옳은 것' 으로 그리고 있는 것일까. 합리와 이성이라는 거울마저도 권력이 되어 버린 건 아닐까. 결국 12명이 유죄에서 무죄로 수렴하는 과정이 진정한 소통의 과정인가. 그렇다면 결과가 옳았기 때문에 진정한 소통이라 이 영화는 부르고 있는 것인가. 그리고 생각했다. 나는 사실은 11명 쪽에 끼어 있었음을. 사고하는 만큼 행동할 자신이 없던 나 또한 테이블에 앉아 있는 저 11명 중 어딘가에 들어가 있음을. 그래서 또 생각했다. 그러면 나는 왜 굳이 이제 와서 그 틀을 깨어 보려고 하는 건지. 무심하던 내가 왜 성을 내고자 하는지. 헨리 폰다가 옳다는 결론은 내리지 않더라도 11명이 그르다는 생각은 할 수 있는지. 그래서 다시 돌아와 생각해 보니, 나는 2학기 동안 계속 성을 내고 있었다. 사실, '우울하다'는 표현보다는 나 자신에게, 그리고 나를 둘러싼 틀에 성을 내는 중이었다. 그 사실을 깨닫곤 조금 행복해졌다. 그건 내게 애정이 생겼음을 의미했다. 그동안 한 '낯설게 하기'도, '흐름' 읽기도, 결국엔 조금 더 애정을 가지려는 노력이 아니었나 하는 생각이 든다. 알면 알수록 머리만 복잡하다고 푸념을 늘어놓으면서도, 그래 봤자 생각에만 그치는 것 아니냐고 반문하면서도, 나는 그 흐름 안에 존재하고 싶어 했다. 돌이켜 생각하고, 반문하고, 깨 보고, 부수는 동안 내 안에 더 단단한 무언가가 생겼다고 생각한다. 좁은 공간 안에서 서로 옥박지르고 화내고, 욕하고 편을 가르면서 그 12명이 '성'을 냈던 건, 결국엔 각자가 무언가에 대한 '애정'이 있었기 때문이 아니었을까. 그것이 단지 야구를 향한 것이었든, 자신을 떠나간 아들에 대한 것이었든, 아니면 정말 피고인을 향한 휴머니즘이었든. 이야기가 처음 시작하면서 생각한 부분에서 멀리 지나와 버렸지만, 어쨌든 나는 이 결론을 내리고 나서 행복했다. 지금 이 결론이 옳은 것이든 그른 것이든. 사실, 자신은 없지만. 내겐 아직 애정이 있다. 틀을 깨뜨려 흐름을 읽고 싶을 만큼의 열정 정도는 가지게 되었다. 그리고 이건 내게 희망이다.

• • 성조차 내지 않았던 한 학기 | 예나 06

영화를 별로 좋아하지 않는 나지만, 이번 영화는 정말 처음부터 끝까지 너무 흥미진진하게 보았다. 단지 12명의 배역만으로 이렇게 흥미로운 영화를 만들 수 있다는 것이 신기할 정도로. 영화 속에는 우리의 모습이 적나라하게 들어가 있었다. 마치 내가 동생과 다툴 때의 어이없고 유치한 모습을 제삼자가 그대로 찍어서 '자, 어디 한번 봐라. 이게 네 성난 모습이다.' 하고 들이대는 기분이었다. 흥미로웠지만 부끄럽고 창피해서 편히 앉아서 볼 수가 없었다. 편견과 자만이 가득하고, 나의 이익과 관련 없는 일에는 관심조차 없는 사람들. 서로 들으려고 하지 않고, 선뜻 말하려고 하지도 않는다. 그저 수박 겉 핥기와 같은 논의가 오고 갈 뿐이다. (…)

요즘엔 회의감이 많이 든다. 우리나라에서 내로라하는 학생들이 모인 우리 학교지만, 그저 각자 자신들의 삶을 살기에 바쁜 것 같다. 많은 사람들의 '정당한 의심'을 필요로 하는 일들에는 막상 별 관심이 없다. 그저 누가 의심하겠거니, 누군가 의심하지 않으면 그냥 그런 대로 흘러가겠지, 하는 사람들이 많은 것 같다. 과제에 치여서, 학점에 치여서, 취업 걱정에 치여서, 앞만 보고 물결 따라 흘러가기에 바빠 보인다. 내 시각이 너무 비관적일지도 모르겠으나, 정말로 그렇게 보이는 사람들이 많다. 그리고 그게 지금 대학생들의 보편적인 모습이고. 때로는 나의 인생 계획에서 잠시 눈을 돌려 다른 곳을 바라보는 동안 다른 사람들보다 뒤처져 따라갈 수 없게 될까 봐 두려운 생각이 든다. 그래서 날 둘러싸고 있는 넓은 세상에 눈을 돌리는 것 자체가 망설여질 때가 있다. 이미 세상물을 먹어 버린 것일까. 아니면 뒤돌아볼 여유조차 쉽게 허락하지 않는 치열한 경쟁 사회가 이런 두려움을 낳게 한 것일까. 한 생명을 좌지우지하는 중요한 결정에도 계획에 없는 시간을 들이는 것이 아까워, 그저 빨리 해치우고 각자의 공간 속으로 돌아가고만 싶어 하는 영화 속 배심원들. 오늘날 우리 사회와 무엇이 다른가. 이런 문제의식을 느꼈다면, 어떻게 행동해야 맞는 것일까. 아니, 어느 것이 '맞다, 틀리다'고 말할 수나 있는 건가? 다양성을 너무 존중하다 보니, 다양함만이 남은 것 같다. 다양함 자체가 '패러다임'이 되면서 '패러다임' 자체가 성립할 수 없게 되어 버린 것 같다. 다양해서 좋긴 하지만, 왠지 혼란스럽다. 그래서 여러 가지 생각을 접할수록 내 생각을 찾기는 더욱 힘들어지고, 그것을 말하기는 더 힘들다. (…)

•• 성내 줘서 고마운 사람들 | 경란 05

비정규직 관련 강의를 듣고 쪽글을 내는 게 숙제였다(다른 수업). 쪽글을 제출한 다음 날, 그 수업의 교수님은 말했다. "쪽글을 쓸 때는 모두가 투쟁에 뛰어들 듯 강력하게 말하더니 정작 집회에 오는 사람은 아무도 없더군요." 그랬다. '다 할 것처럼 말하다가 안 하기'는 우리네 삶의 양상이다. 그것이 남의 일일 때 그렇다.

그러나 그것이 내 일이 될 때는 어떠한가? '안 할 것처럼 말하다가 다 하기'로 바뀐다. 중앙도서관 사물함 줄 안 설 거라고 말하다가 서기, 자체 휴강하겠다면서 혼자 출석하기 등. 그들의 사기성까지 비판하지는 않겠다. 하지만 남의 일에는 무관심하고, 내 일에는 열정적인 것은 분명한 것 같다.

12명의 성난 사람들 중 11명이 한 사나이가 죽고 사는 일이 관련되었음에도 불구하고 그냥 그럴 것 같다느니, 야구를 빨리 보러 가야 한다느니, 혹은 슬럼가 사람들에 대한 편견을 이유로 대수롭지 않게 판단을 내려 버렸다. 남의 일일 때 자기를 희생해 가면서 편들어 주고 그것에 개입하기란 쉽지 않은 일이다. 그런 쉽지 않은 일을 한, 일반적이지 않은 한 사람이 나타났을 때 그들은 성이 났다. 자기와 생각이 다르다는 이유 때문이 아니라, 그로 인해 시간이 지연되는 것에 대해 성이 났다. (…)

• • 소통, 변화 | 용락 06

(…) 결국 조한의 마지막 말은 '소통 공동체를 믿어라!'였다. 소통하고 소통하고 소통하고… 인간은 어찌 됐든 생각하고 표현할 줄 아는 동물이고, 같이 살아야 하는 동물이니까 소통하지 않으면 끝장인지도 모른다. 관계도 그렇고, 공동체도 그렇고, 인류 사회라는 손에 잡히지도 않는 거대한 어떤 것도 마찬가지일지도 모른다. 얼마 전 다락 발표 준비의 결론은 '비록 지금이야 잘 안 풀리고 있지만, 그래도 묘하게 희망적이다.'였다. 그때는 감을 잡지 못하고 있었는데, 곰곰이 생각해 보니 그건 우리들 사이에 소통이 끊이지 않고 있기 때문이지 싶다. 이제 겨우 나도 소통에 끼어들 수 있을 것 같은 기분이 든다. 그래, 소통해야지.

남들이 가라는 길, 남들이 갔던 길로 안 가고, 내 길, 우리 길을 찾는 작업은 언제나 힘들다. 또 동시에 즐겁다. 연애를 하면서 절실히 느끼고 있다. 내가 얼마나 사회에서 주입시켜 준 상에 얽매여 있었는지 말이다. 그 상에서 엇나가는 길로 가는 것 같으면 괜히 불안해하고 힘들어하는 나를 보면서 적잖이 실망하고 적잖이 당황하고 그러면서도 분명히 변화하고 있다. 조금씩 내 길을 찾아가고 있다. 단지, 혼자 변화하고 혼자 찾는다고 되는 일이 아닌 관계로 조금 삐걱대고 있는 중이다. 역시 중요한 건 계속해서 서로 이야기를 나누는 일이라는 걸 이 관계에서도 또 한 번 느낀다. 지금처럼만 해 나갈 수 있다면. 어떻게든 되겠지.

영화는 소통의 중요함을 보여 줬다. 주인공(으로 추정되는 인물)은 그저 소통을 바랐을 뿐이다. 서로 이야기를 나누면 뭔가 다른 결론이 나올지도 모른다는 생각, 아주 조그마한 의심. 그에 기반해 주인공은 다른 목소리를 냈고, 한 명의 반대자 때문에 아무 연고도 없는 12명 사이에는 수많은 이야기들이 오고 갔다. 그들의 판단이 맞았는지 틀렸는지는 아무도 모른다. 그저 변화가 생겼다는 사실만을 영화는 보여 주고 있을 뿐이다. 굳이 소년이 살해하지 않은 확실한 증거를 제시하지도 않는다. 그저 변했을 뿐이다.

〈지시문〉 수업 첫 시간에 내가 가지고 나왔던 고민은 온전히 소통에 대한 것이었다. 정말 다른 사람들이, 참 많이도 모여 있구나. 얼마나 진실된 이야기들이 오고 갈 수 있을까. 이 많은 사람들이 합의점을 찾는 일은 가능할까. 그러던 고민이 이제는 변화되어 내 앞에 모습을 드러내고 있다. 굳이 합의점을 찾을 필요는 없는 것 아닐까. 그저 각자가 선 자리에서 각자의 시각으로 각자의 이야기를 꺼내면 되겠지. 비록 겉보기에는 원자화되어 보일지라도, 소통이 멈추지만 않는다면 그런 활동들은 끊임없는 변화를 만들어 낼 것이다. 상호간에 작용을 주고받는 이상 그들을 원자화되었다고 평가하는 것은 옳지 못한 판단일지도 모른다.

나도 변했다. 보통은 관찰자의 입장에서 대부분의 경우 이야기를 듣고 있었을 뿐이지만 나도 역시 변했다. 옳은 변화였는지는 모르겠다. 애초에 맞고 틀리고를 따지는 것 자체가 무리일지도 모르겠다. 그저 내가 서 있는 기반에 대한 확신이 감소했고, 그로 인해 변해 갈 수 있는 가능성이 더 열렸을 뿐이다. 어쨌든, 나는 지금의 내게 일어난 변화가 그럭저럭 맘에 든다.

• 우울해질 필요는 없을 것 같다 | 아람 06

난 그냥 〈지시문〉 수업 동안 지켜보는 사람이고 싶었다. 계속, 지켜보고 지켜보고 지켜보다(수다쟁이니까) 가끔 입이 간지러울 때 이래저래 껴들기도 하면서. 때론 나도 어떤 흐름을 만들어 낼 수 있을까 하는 욕심을 부릴 때도 있었지만, 동시에 없는 사람처럼 구경만 해도 좋은 곳이었다, 이곳은.

처음에는 몸서리치게 민망했던 공개된 쪽글과 경계 없이 이곳저곳에서 겪은 사람들의 솔직한 이야기가 오가는 여러 공간들을 보며, 나는 이곳이 이 정도면 충분히 창조적 공공성을 지닌 공간이었고 나에겐 다양한 가능성과 영감을 주는 공간이었다고 말하고 싶다.

〈지시문〉 수업 동안 비교적 많은 이야기들이 오갔다. 그간의 과정에서 나는 12명의 배심원 중 한 명이기도 했고, 유형화하고 싶지 않은 그저 '나'이기도 했다. 그래, 내가 '나'이고 싶은 것처럼 이 수업에선 약 80명의 배심원들이 있었다고 말하는 게 더 맞을 것이다. 이 수업에서 가장 큰 의미를 찾으라면, 나는 이 수업이 '많은 배심원'을 만들었다고 생각한다는 것에 있다. '끔찍한 토론' 보다 더 끔찍한 것은 '토론을 멈추는 것' 일 거다. 나는 학기가 끝나고 이곳이 잠잠해져도 다른 곳에서 물꼬를 틀 수 있는 사람들이 만들어졌다고 생각한다. 그러니 이곳이 잠잠해져도 우울해질 필요는 없을 것 같다(너무 긍정적인 생각이라면 맘껏 우울해도 좋겠다).

한 학기 동안, 정말 많은 성찰과 반성, 소통이 종합관 303호에서 오갔다. 수업을 같이 들었던 혜영은, 한 학기 동안 우리가 수업을 들었던 그 교실을 '대합실'이라고 표현했다. 모두가 각자의 목적지, 다른 대합실로 떠나가기 전에 잠깐 모여서 이야기를 나누는, 그런 자그마한 대합실.

　나는 두려웠다. 이 수업에서 접한 이야기들은 주로 절망에 관한 이야기들이었다. 신자유주의, 저출산, 그리고 나의 삶. 공동체 안의 '소통'에 관해 고민하거나, '부족'에 관한 이야기 등의 '희망'도 같이 이야기되긴 했지만, 우리 앞에 놓인 불확실한 미래의 전망은 처음 그대로 남아 있었다. 전에는 있는 줄도 몰랐던 불안을 눈앞에서 직면하게 된 나는, 이 수업을 통해 어려운 고민들을 하게 되었고, 무기력해지기도 했다.

　하지만 우리 교실, 그 대합실은 절대 공허하고 쓸쓸한 공간만은 아니었다. 잠깐이었지만, 그리고 또 어떤 이에게는 충분하다고도 할 수 없었지만, 그 작은 공간, 짧은 시간 안에 우리들은 나름대로 최선을 다해 이야기하고, 고민하고, 또 성장해 나갔다. 비록 우리가 수업에서 배운 것은 절망이었으나, 얻은 것은 절망의 시대에서 같이 희망을 고민해 나아갈 소중한 동료들, 그리고 그들과 함께 키워 나갈 자그마한 희망의 씨앗들이었다.

　비록 이제 303호라는 대합실은 우리가 있던 그 시절의 공간은 아니지만, 나는 이제 걱정하지 않는다. 다른 대합실에서, 언젠가 이 교실에서 이야기한 사람도, 또 다른 사람도 만날 수 있을 테니까.

••「12명의 성난 사람들」— 내 인생 대합실살이 | 혜영 06

내 친구 최서희는 자신의 삶을 '대합실살이'로 표현했다. 십분 공감한다. 그래. 내 삶도 대합실살이다.

　난 어떤 공간에 내가 영원히 머무를 거라는 생각을 한 번도 해 본 적이 없다. 원한 적은 있었다. 누구에게도 방해받지 않는 나만의 장소. 세상에 무슨 일이 일어나도 피해 들어갈 수 있는 내 오두막. 그러나 애초부터 나에게 그런 것은 없었다. 어릴 적부터 이사를 자주 다녔던 내게 삶이란 나무처럼 땅에 뿌리를 틀어박은 것이라기보다는 민들레

홀씨처럼 어디로 날려 갈지 아무도 모르는 것이었다. 시간도, 사람도, 수업도 마찬가지였다. 단지 그 대합실에 얼마나 오래 머물고 있느냐의 차이.

대합실은 이상한 공간이다. 다른 곳으로 가기 위해서는 꼭 대합실을 거쳐야만 한다. 그런데 사실 '다른 곳'이 없다. 한 대합실에서 다른 대합실로 옮겨 가는 것이 내가 지금껏 해 온 것의 전부이다. 어쩌면 '완벽함'에 대한 환상처럼 나는 어디론가 '목적지'로 가고 있다는 환상을 가졌는지도 모른다. 「은하철도 999」의 철이와 메텔이 안드로메다로 향하듯, 나는 '이렇게 살아야겠다'는 목적을 가지고 사실은 그렇게 살 준비만을 하면서 삶을 질질 끌고 온 것은 아닐까.

그런데 어쩌면 당연하다. 내가 가는 곳이 대합실이 될 수밖에 없던 이유. 대합실은 나만의 공간이 아니다. 대합실은 북적북적하다. 온갖 사람들이 우연히 한자리에 모인다. 적어도 내가 타야 할 차가 올 때까지 나는 그 공간 한구석의 내 자리를 꿋꿋이 지키고 서 있어야 한다. 눈을 감아 버리는 것도 한 방법이다. 그러나 나는 그럴 수 없다. 내 삶이 대합실살이라는 것을 본능적으로 느끼기 때문에. 대합실에서 대합실로 이어지는 내 삶에 대해 눈을 감아 버릴 수는 없는 노릇이기 때문에.

눈을 뜨면 사람들이 보인다. 주로 떠들고 있다. 관심이 간다. 나도 끼고 싶다. 그러나 막상 끼고 나면 재미가 없어진다. 얘기들은 공허하다. 누구도 소중한 얘기를 하지 않는다. 자신의 몸은 여기 있으면서 나는 곧 떠날 테니, 생각하며 지금 이 시공간에 전혀 아무런 의미를 두지 않는 것처럼 보인다. 나는 그러고 싶지 않다. 지루하게 살고 싶지 않다. 대합실이 전부인 나는 어떡해. 그래서 뛰어든다. 마치 그 순간이 영원인 것처럼, 거기 있는 사람들이 전부인 것처럼 절실하게. 그 순간 떠도는 얘기들은 생기가 돈다. 그러자 허점이 마구 보이기 시작한다.

「12명의 성난 사람들」도 마찬가지다. 배심원으로서의 이 시간은 그저 '일'일 뿐, 내 인생과는 별 상관이 없으니 '증명된 사실'에 비추어 대강 만장일치를 보고 나는 그저 야구 경기나 보러 가면 그만이다. 그런데 한 사람이 반기를 든다. 그가 반기를 드는 이유는 다름 아니라 '모두가 찬성하는 것이 너무 이상해서.' 이 순간을 기점으로 영화의 지루한 롱테이크가 리듬을 되찾는다. 대충 합의를 보는 것을 그만두고 '대충'의 본질을 꿰뚫는 과정에서 사람들은 '일개 배심원'에서 자기 자신이 된다.

영화의 핵심 포인트는 '성내는' 사람들이다. 성내야 한다. 자기의 감정을 느껴야 한다. 저 문밖을 나서면 다시 보지 않아도 좋을 사람들과 함께 있을지라도, 그런 것과는 아무런 상관없이, 그야말로 온전히 내가 되어서 오감을 곤두세우고 그 지평에 나를 내던진다. 그리고 무엇이 있는지 '내 눈으로' 관찰하고, 생각하고, 입 밖으로 표현해 낸다. 증명은 자료일 뿐. 흘려보내던 시간이 힘을 되찾자 믿을 수 없는 일이 일어난다. 똑같은 11대 1의 상황. 그러나 정반대 상황. 그리고 상황 종료. 영화는 그들의 판단의 옳고 그름을 보여 주지 않는다. 바람직한 선택이다. 처음부터 답을 찾기 위한 영화가 아니었기 때문이다. '지금껏 믿고 있던 것이 아닐 수도 있어.' 하는 물음이 던져지고, 그렇게 묻는 사람들이 하나둘 늘어나는 것뿐이다.

판결을 마무리 짓고 사람들은 법원이라는 대합실에서 또 다른 대합실로 가기 위해 자리를 뜬다. 영화가 마지막에 보여 주는 것은 인사다. 자네 이름이 뭔가. 데이비스입니다. 그런가, 나는 누구누구네. 그리고 세이 굿바이. 그들에게 다른 얘기는 필요 없다. 저 공간에 우리가 있었고, 그게 너였고, 그게 나였고, 우린 느꼈다. 아아, 대합실살이의 정수여. 그들은 언젠가 다시 만날 것이다. 그렇지 않을 수도 있다. 그러나 그건 아무런 문제가 아니다.

그럼 너는 어때? 자문해 본다. 매주 화요일, 목요일 오후의 종합관 303호라는 대합실은 어때? 응, 괜찮았어, 하고 싶지만 그러기엔 아쉬움이 남는다. 아직 고수가 되기엔 멀었다. 매 순간 치열해지려 애쓰지만 가끔은 나도 모르게 유체 이탈해 버린다고나 할까. 더구나 이 수업은 '어떻게 하면 대합실살이 잘할 수 있나?'에 대한 강연이라고도 할 수 있었기에 그 아쉬움은 더 크게 느껴진다. 자기 더듬이로 느끼고 자기 질문을 찾는 연습의 시간. 내가 살아가는 이 세계가 당최 뭔가 생각해 보는 시간. 문득 돌이켜 보니 그리

우울할 만큼은 아니었네. 내가 느끼는 아쉬움과는 별개로 이 대합실에 들어오기 전의 나와 지금의 나는 많이 다르다. 나는 지금의 내가 마음에 든다. 조한 선생님, 당케.

목적지에 도착하기 위해 대합실에 있는 건지, 아니면 떠남 자체가 목적인 건지는 여전히 알 듯 말 듯하다. 목적지가 있는지 없는지조차 잘 모르겠는 지금은, 일단은 그냥 떠나 보는 것에 마음을 두려 한다. 어딜 가나, 열심히 성내고 사랑해야지. 정말 살아 있는 것처럼.

글쓴이 | 한솔, 아성

❖ 조한의 수업일지 14

마당을 닫으며
창의적 존재 | 윤리적 인간

이제 마무리할 시점이 되었다. 나는 나름으로 학생들을 더 잘 이해할 수 있게 되었고, 학생들 역시 나름의 시각을 가지고 자신과 사회를 연결해서 분석하고 해석하는 시각을 어느 정도 갖게 된 것 같다. 이 수업에서 얻은 깨달음을 수업을 떠나서도 가져갈 수 있도록 멋지게 마무리를 해야 할 텐데… 수업에서 한 것은 일시적인 실험이 아니라 장기 지속적인 삶의 작업으로 이어질 질문 찾기였다는 것, 창의적이고 윤리적인 사람이 되는 기반을 닦았다는 것을 알아 갔으면 한다. 그래서 마지막 영화는 강한 여운을 남기는 따뜻한 영화로 골랐다.

「12명의 성난 사람들」은 공동체적 소통이 쉽지 않지만, 포기해서는 안 된다는 것을 잘 보여 주는 영화다. 내가 수업에서 가장 자주 사용하는 영화이기도 하다. 다른 수업에서는 이 영화를 초반에 보여 주면서 토론하는 법에 대해 감을 잡도록 하는데 이번 학기에는 마지막에 보게 되었다. 우리들이 얼마나 피상적으로 말하고 적당히 생각하며 감정적인 의견을 이성적인 척 가장해서 들러대고, 그래서 잘못된 결론을 내리면서 살고 있는지를 잘 드러내 주는 영화로, 진리에 도달하기 위해서는 집요한 탐정처럼 얼마나 세심하고 정확하게 관찰하고 유추해야 하는지, 또 상대방의 입장에 서서 보는 훈련을 해야 하는지를 절감하게 해 주는 영화다. 역시 학생들의 반응은 대단했다.

현상은 "있는 대로 보는 것이 아니라 보고 싶은 것을 선택적으로 본다"는 현상학적 명제를 영화를 통해 확인하면서 이제 헤어질 차비를 한다. 대단한 강의를 들을 수 있기를 바라고 온 학생들은 교수가 거의 강의를 하지 않는 수업에 실망하기도 하고, 그 낯선 방식에 어리둥절해하기도 했지만, 이제는 듣는 사람, 소통하는 사람이 되는 것이 그리 손해 보는 것이 아닐 수 있다는 생각을 하는 것 같다. 사실상 고도의 인지력을 요구하는 정보 사회, 고도 관리 사회에서 살아온 학생들이라 예상보다 빨리 이 시스템을 간파하는 듯하다.

❖ 조한의 수업일지 15

마지막 수업

숨은 커리큘럼 | 교리와 의례

수업에 대한 새로운 시선, 학습하는 새로운 자세를 가지게 되는 것 같다. 나중에 학생들이 낸 글을 보고 알았지만 이런 여러 가지 장치를 두고 학습을 하게 하는 수업을 두고 교육학에서는 '숨은 커리큘럼 hidden curriculum' 이라는 용어를 사용하고 있었다. 학생들이 연출자 차원을 보게 되었고, 교수(연출자)의 기획과 연출을 빨리 읽어 낼수록 흥미롭고 의미 있는 시간을 가진 듯하다. 페다고지를 이야기하는 장에서는 빠짐없이 나오는 이야기, 곧 '고기를 잡아 주는 것'이 아니라 '고기 잡는 법'을 가르치는 수업이었기를 바라면서, 한 학기라는 수업이 어쩌면 한순간이지만, 그 일시적 자율 공간을 경험한 것과 아닌 것의 차이는 생각보다 크리라 믿는다. 여전히 노심초사하는 선생으로 마지막 당부를 했다. 실은 이런 선생 같은 말을 할 '의례' 가 필요할 때가 있다.

1. 배움은 참조 체계다. 서로를 참조하고 참고하기. 소통 공동체에 대한 믿음을 잃지 말기. 지금 갖게 된 감각을 잃지 말기. 배워야 한다는 강박을 버리고 배움의 즐거움을 알아 가기. 완결적 지식에 대해 의심하기, 질문하는 자, 관찰하는 자, 발견하는 자가 되기.
2. 근대는 집 떠난 사람들이 만든 문명이다. 그 거대 문명은 길 잃은 군상들의 외로움과 살벌함 속에서 끝나 버릴 수도 있고, 새 '마을'을 만들어 냄으로 새롭게 시작될 수도 있다. 대합실을 이동하는 유목민인 그대들에게 맡겨진 작업이 아닐까 싶다.
3. 삶은 고통을 피하기 위한 것이 아니다. 신자유주의 경쟁 사회는 사람들을 계속 불안 초조하게 만들 것이다. 고통을 회피하면 거대한 기계 사회의 부속품이 된다.
4. 지금 시대의 문법/감성을 알고 일을 벌이자. 관계 맺기가 제대로 가지 못하는 의사소통 체계가 붕괴한 바벨탑 시대라는 것, 그리고 장기적인 삶의 전망이 불안한 '88만원 세대'에서 시작한다는 것을 알아야 한다.
5. 스스로 위로하는 지혜, 놀이적 감성을 가지기를 바란다. 목욕, 차 마시기, 108배, 좌선, 명상, 가라앉는 몸을 떠올릴 수 있는 자기만의 비법들.

내가 동료 선생님들께 당부하고 싶은 말은 학생들을 믿으라는 말이다. 그들은 오래전부터 배울 준비가 되어 있다. 그들은 불쑥 자랄 준비가 되어 있다. 우리가 그들로부터 배울 생각만 있다면, 그들과 함께 갈 생각만 있다면…

마지막 수업에, 팀 발표가 늦어져서 약속 시간 때문에 황급하게 나온 것이 못내 걸렸다. 마지막 수업 날은 약속을 잡지 말아야 하는데. 학생들에게 이렇게 살지 말라고 해 놓고 내가 더 분주하다니. 우리가 첫 수업에 서로를 반기는 의례를 했듯, 작별의 의례 시간이 필요한 것인데. 마침 그 다음 시간에 수업도 없었는데 그 의례를 기다리는 '몸'들이 혹시 아직 기다리면서 서성이지나 않을까… 되돌아 갈까 하는 생각도 났었지만 기다리고 있는 분들 생각에 연구실로 왔다. 어차피 삶은 아쉬운 것이고, 종강 파티도 있다고 스스로를 위로하면서.

기말 글쓰기

기말 글쓰기를 교실에 모여서 했다. 늘 그렇듯, 펼쳐 놓은 단어들과 생각들을 자기 삶과 연결시켜 보는 명상을 하게 했고, 내가 기말이면 꼭 내는 주제인 '자신이 받아 마땅한 점수'를 쓰게 했다.

◆ **2006년 2학기 지구촌 시대의 문화인류학 기말 시험**

앞의 두 질문 중 하나를 선택, 그리고 세 번째는 모두 쓰시오.

1. 이 수업에서 한 공부를 자신이 하려는 전공과 연결해 보시오. 별 생각이 안 나면 자신이 들은 전공 수업과 비교해 보는 작업을 해도 좋습니다.
2. 수업 중에 얼핏 얼핏 '부족'에 대한 이야기를 했습니다. 자신의 부족은 어디에 있는지, 또는 어떤 부족을 만들어 가고 있는지… 그 단어를 듣고 떠오르는 이미지를 중심으로 이야기를 풀어가 보시오.
3. 이 수업에서 자신이 받아 마땅한 점수와 그 근거를 쓰시오.

제출한 글을 읽으면서 나는 또 한 번 그 풍성한 글 잔치에 즐거워한다. 대단한 녀석들이다. 자기들도 아마 자신들이 쓴 글을 보고 놀라지 않을까? 넘쳐나게 창의적이고 반듯한 사람들. 또 무엇을 이야기하랴! 고맙다는 말 외에…

고맙네. 한 학기 동안 배움의 길에 함께해 주어서.

　아래에 학생들의 기말 글쓰기를 함께 나누어 읽어 보도록 하자. 전공과 관련된 글의 경우, 본격적인 전공 수업을 들은 경우는 몇 되지 않는다. 그러나 학생들을 이해하는 데 큰 도움이 될 것이다. 대학이 점점 전문화되면서 소위 '전문직'이라는 딱지가 붙은 인력을 마구 쏟아내고 있고 일찍부터 그런 훈련을 시키는 것은 심각한 문제다. 『미국이 세계를 망친 100가지 방법』을 펴낸 MIT 국제학연구소장이자 정치학자인 존 터먼은 이른바 기업 경영, 뉴스 미디어, 법률 시스템 등 전문 대학들의 확산이 갖는 폐해를 심히 염려하고 있었다.★ 이들은 자칫하면 어떤 문제에 대해 창의적이고 윤리적으로 사고하는 법을 채 배우지 못하고 전문적 훈련에 들어가기 때문에 결국 창의적인 인재가 될 수도 없을 것이고 지속적으로 변화하는 상황에 맞게 살아갈 적응력도 갖추지 못할 위험성이 높다. 학생들 글에 붙인 제목은 내가 붙인 것이다.

★ 존 터먼, 『미국이 세계를 망친 100가지 방법』, 이종인 옮김, 재인, 2008, 347-349쪽

I. 전공과 연결시켜 본 이 수업

•• 신문방송학 지망생의 고민 | 원정 06

　나는 고등학교 때 '연대 신문방송학과'를 목표로 공부를 했다. 신문방송학과를 가기 위해서는 사회과학대를 가야 했는데 연대 사회대를 줄여서 '연사'라고 불렀다. 우리들 사이에서 '연사'는 선망의 대상이었으며, 꿈의 단어였다. 각자의 꿈의 대학을 가진 아이들은 책상이나 책 표지에 'ㅇㅇ대학교 06학번 홍길동' 이런 식으로 적어 놓곤 했는데, 나는 물론 '연세대학교 신문방송학과 06학번 유원정'이라고 써 놓았다(나는 외고를 다녔기 때문에, 아이들 대부분 서울대, 연대, 고대를 목표로 하고 있어서 이런 식으로 상위권 대학교 이름을 적어 놓는 것은 결코 잘난 체하는 것이 아니었다).

그리하여 수능을 보았고, 나는 꿈에 그리던 '연세대학교 사회과학계열'에 합격했다. 그런데 이게 웬걸, 대학만 붙으면 끝인 줄 알았는데 전공을 정하란다. 그것도 내 목표였던 '신방과'는 가장 커트라인이 높고 인기가 많은 학과였다. 그래, '열심히 해서 꿈을 이루자!'고 결심한 것도 하루, 나의 1학기는 수업 땡땡이와 참이슬로 참으로 즐겁게 채워져 나갔다. 결과는 역시나 '신방과'는 바라볼 수도 없는 참담한 학점으로 돌아왔다. 그래서 난 지금 정치외교학과를 지원할지 사회학과를 지원할지 고민하고 있다.

사실 내가 사회학이나 정치외교학을 하고 싶은 것은 성적 때문만은 아니다(변명처럼 들리겠지만, 정말이다). 첫째로는 선배들에게 들은 이야기 때문인데, "신방과에서 하는 공부는 사회학에 비해 국소적인 면이 있고 실제로 언론 고시와는 별 상관없는 내용을 배운다." "배우는 내용이 체계적이지 못하다." 등… 사실 나는 PD가 되고 싶었는데 그 꿈도 다른 쪽으로 바뀌기도 했고, 결정적인 이유는 '지시문 수업' 바로 이것 때문이다.

수업을 하면서 만나게 된 사회학과 사람들과 조금씩 접하게 된 사회학이 나에게는 너무 매력적으로 다가왔다. 이것이 정말 내가 원하던 '공부'라는 것을 깨달았다. 원래부터 경영이나 경제와 같은 실용 학문은 전혀 관심도 없었지만, 사회에 대해 이야기하고 인간에 대해 이야기하는 사회학이나 인류학은 나에게는 너무나 흥미롭고 나의 (있는지도 의심스러운) 학구열을 자극하는 유일한 분야다. 그리고 〈지시문〉 수업 시간의 분위기, 쪽글에도 썼지만 학문이나 사회적 문제에 대한 진지하고 깊이 있는 토론을 할 수 있는 공간이 정말 감동적이었다.

사실 내가 함께 지내는 대학 친구들(사회과학계열 반 친구들) 사이에서는 이런 분위기가 전혀 형성되질 않는다. 그 친구들을 무척 좋아하지만 그들은 음주가무를 즐기며, 쾌락 지향적이다. 한마디로 놀기 좋아한다는 것이다. 그러나 사회학 전공인 한 친구와 친해져 이야기를 나누어 보면, 사회학 쪽 사람들에게는 〈지시문〉 수업과 같은 분위기가 일상적이라는 것이다. 술은 마시기 싫은 사람은 안 마시고, 엠티를 가도 밤새도록 술을 마시지 않는단다. 이 수업을 듣게 된 이후로는 이런 공부를 계속하고 싶고 사회학에 대해 좀 더 공부해 보고 싶어졌다. 사실 대학이라는 곳이 공부하기 위한 곳이지 놀고먹기 위한 곳이 아니지 않은가.

〈지시문〉과 같은 수업이 다시는 없을지도 모르지만 이런 사람들을 만나, 이런 이야기를 좀 더 나누고 싶다. 마지막으로, 이런 수업을 할 수 있게 해 준 조한 선생님과 약 80명의 학우들에게 감사하단 말을 전하고 싶다.

•• 이야기가 있는 법학 수업을 기대한다 | 봉석 06

지금은 한동대 교수로 재직 중이고 전직 검사였던 분이 쓰신 『헌법의 풍경』이라는 책을 읽은 적이 있다. 그 책을 읽을 때는 수능이 끝나고 대학에 원서를 낸 직후였는데, 딱히 책에서 뭔가를 구하고자 했다기보다는 수험표로 각종 할인을 다 받으며 놀다가 지쳐 서점에서 덜컥 산 것이었다. 법조인으로서의 저자의 발자취와 현대 우리나라 법 제도에 관해 논한 책이라 법대에서의 수업에 관한 내용은 책에서 딱히 찾아볼 수 없었는데, 그중에서도 굉장히 눈에 띄는 부분이 있었다. 교재 하나를 정해서 교수가 쭉 읽으면서 가르치는 우리나라 법대 수업과는 달리, 저자가 유학을 간 미국의 대학에서는 교수가 때로는 판사, 때로는 변호사가 되어서 주요 판례나 법적 논점에 관해 학생들과 치열하게 논쟁을 한다는 것이다. 물론 법학에 대해서는 전문가인 교수의 화려한 논쟁 솜씨에 학생들은 꿀 먹은 벙어리가 되기 일쑤였지만, 학기 후반이 되면서부터는 학생들이 스스로 다른 나라의 판례를 찾아오고 공부도 많이 하여, 때로는 교수를 당황하게 만들기도 했다고 한다.

비록 미국의 수업 방식이 다 그와 같은 것은 아닐 것이고, 지금 교수로 재직 중이신 『헌법의 풍경』 저자와 같이 토론식 수업을 하는 한국의 법과 대학도 있겠지만, 적어도 우리 대학교의 법대는 정말 수업 방식이 한결같다. 교재를 정해 주면 우선 교재를 사야 한다. 그것도 사법 고시를 볼 때는 별 도움이 안 되는, 이른바 '내신용' 책이다. 한 학기 수업을 듣고 그냥 버려질 책을 생각하니 한숨만 나올 뿐이다. 게다가 책값은 좀 비싸야 말이지. 그런 교재를 사면 그 다음부터는 강의실에 들어가 가만히 앉아서 교수님 강의를 듣는다. 책 내용과 별반 다를 바 없는 내용의 강의다. 사실 안 들어도 시험을 치는 것에, 학점을 받는 것에 별 무리가 없다. 이런 수업이 4학년 때까지 계속된다는 선배들의 말을 듣고 기절할 뻔했다. 내가 법학을 좋아하지 않았더라면 아마 휴학하고 다른 공부를 했을지도 모르겠다.

〈지시문〉 수업을 들으면서, 가끔씩 이런 상상을 하곤 했다. 동기들, 선배들의 법학에 관한 의견을 이렇게 수업에서 들을 수 있다면 어떨까. 몇 년간 법학을 공부하고, 외국 유학까지 갔다 오신 교수님이 생각하는 법학과 현대 사회에 대한 의견을 들어 보면 얼마나 좋을까. 그렇다면 사법 고시와 아무 관련이 없는 책이라도 좋으니 기쁜 마음으로 사고 월요일 1교시라도 홀가분하게 들어갈 텐데.

우리 법과 대학에는 공법학회, 상사법학회 등의 법의 분류를 기준으로 나눈 '학회'라는 것이 존재한다. '반'보다 훨씬 전통이 있는 학회들은 비록 지금은 단순한 친목 도모의 모임으로 바뀐 느낌이 강하지만 새로운 대안이 될 수 있을 것 같다. 공통의 주제로 함께 모인 사람들이 자신만의 '법' 이야기를 내뱉을 수 있는 대안적 공간으로의 학회를 생각해 본다.

행정학과 인문학 사이에서 | 호연 05

내 전공은 '행정'이다. 이제 갓 전공 수업을 들은지 1년이라 잘은 모르나, 그래도 행정학과에서 구르긴 열심히 굴러다녔는지 '행정학'이 어떠한 방향성을 지니고 있는지 정도는 알 것 같다. 이 짧은 지식으로 〈지시문〉 수업과 '행정'을 비교해 보자면 이렇다.

두 가지 모두 학문이기 때문에, '정확한 시대 상황의 인식'을 요구하는 것 같다. 하지만, 이 두 가지는 이 '시대'에 대한 대처 방안이 다르다. 〈지시문〉에서는 그 현재의 '시대' 속에서 '나'라는 사람, 그리고 '우리'라는 공동체의 방향을 짚어 가는 '과정'이 바로 핵심인 듯하다. '시대' 속에서 '나'의 삶을 되돌아보고, 삶과 맞닿아 있는 '가치'를 찾아 나가는 과정이랄까. '나'라는 자아와 끊임없이 대화해야 하는.

하지만, 행정이라는 것은 굉장히 많은 부분을 다르게 사고한다. 그 '시대'의 조류를 확실하게 인식하되, 철저히 그 시대의 가치, 그리고 지배 이데올로기 속에서 그리고 그것을 전제로 '방법론'을 이야기한다. 궁극적으로 이것은 '국민'을 위한 것이고 그것이 '공동선'이라 말하지만, 행정의 어디에서도 국민은 실재하지 않는다.

즉, 언제나 '한정된 자원으로 얼마나 효율을 내는가?' 만이 존재한다. 하지만 이 효율은 누구를 위한 효율이며, 누구에 의한 효율인가. 참 난해하다. 이러한 실정에서 행정은 성과 중심주의/결과 중심주의를 지향하게 되는데 바로 이 '성과'라는 것은 그 시대의 가치(시대가 더 우선하는 가치)와 지배 이데올로기, 그리고 자본의 관점의 '성과'다. 즉, '나' 또는 '우리'의 삶과는 정말 동떨어져 있을뿐더러, 내 이야기는 더더욱 아니다.

예를 들자면, 행정에서는 요즘 국민을 성과/실적 향상을 위해 경영적 마인드로 행정 서비스를 이용하는 고객으로 치환시키고 있는데, 이것은 '국민'이 너무 추상적이기 때문이다. 결국, 진짜 행정의 주체/중심이 되어야 할 국민이 손님이 되고 행정가들이 주인이 되어 버리는 주객 전도 현상이 일어나고 있다.

또한 〈공공 관리론〉에서는 재개발을 '이익'으로 치환시키고 있으며, '비용'은 주민의 반발로 대치시킨다. 삶의 위험에서 이루어지는 주민들의 반발은 단순한 '비용'이다. 이렇게 좀 더 깊은 가치에 대한 사유/성찰 없이 이루어지는 수업에서는 심지어, 학생 대부분이 '비용인 주민들의 반발은 별것 아니다.'라고 생각하고 있다. 그 비용들이 외치는 구체적 목소리는 사라지고, 대신 숫자만 남게 되는 것이다. 아, 그렇다. 나도 정말 '행정학과'에 애정을 가진 행정학도지만 행정학에는 사람이 없다.

이러한 '행정학'은 나에게 너무 힘겨웠다. 나의 삶과 나의 고민과 너무나도 동떨어져 있었고, 더욱이 나의 삶과는 대치되었기 때문이다. 고시 열풍에서 알 수 있는 것처럼, 사람들은 '행정'하기 위하여 '행정'을 공부하지 않는 것 같다. 일단, 소위 고민 없이 시류에 묻혀 사는 이가 대부분이며 이들은 어떠한 '가치'에 대해 공감하거나 고민해 본 적이 드문 것 같다. 그래선지 이들은 자신이 '행정'을 하는 이유조차 요즘 '신자유주의'의 시대적 흐름과 너무 잘 부합한다. 물질적 부와 위안. 그것이 나쁘다는 것은 아니지만, 아니 사실 나는 그것이 나쁘다고 생각하고, 특히 '행정' 분야에서는 공고한 지배 이데올로기를 더욱 강력하게 재생산하는 것이라 생각한다.

    이전에, 특히 행정학과 회장을 하면서 다른 유수한 행정을 접하고 들었는데, 미국에서는 '행정'이 학부로는 존재하지 않는다는 것을 알게 되었다. '행정'이 가치를 수반한 철저한 응용 학문이라는 것을 알고는 '아차!' 싶었다. 그리고 누군지도 모르는 '누구'를 원망했다. '왜 이렇게 만들어 놓았는가!' 또, 이렇게 몰가치적으로 현재 지배 이데올로기 속에서 '방법론'만을 이야기하는 교수님들이 원망스러웠고, 특하나 '평택'을 이야기할 때 '그네들의 삶'의 이야기는 쏙 빼놓고 하며, '노동 운동'을 이야기하며 거시적 시각에서 그들의 희생을 당연시하고, '그 삶'을 이야기하지 않는 그들이 미웠다. 그래서 중간고사 답안지에 정책 집행 대신, 모범 답안을 적고 그것을 비판하는 답을 적었다가 최하점을 맞기도 했다. '질문과는 동떨어진 답안'이라는 코멘트와 함께…

    그래, 그렇게 원망하고 한탄하고 하는 날들의 연속이었다. '행정학과'는 나이고, 내 삶이었으니까. 그런데, 이제는 조금 달라졌다. '원망'만 하지 않는다. 한탄만 하지 않고 이것을 조금씩 바꿔 보기로 마음먹었다. 할 수 있을까? 아마도 결과를 확신하지는 못하지만 '내 삶'이 행정학도이기에 그 '과정'은 반드시 존재하리라 생각한다. '행정학'을 바꾸겠다는 것이 아니니까. 아니, 그것인가? '행정학'에도 사람 냄새가 배게 하고 싶다. 내가 왜 행정학을 해야 하는지, 시대의 이야기로 풀어내는 것이 아니라 '내' 이야기로 풀어내고 싶다. 내가 왜 행정학을 해야 하고, '나'와 '우리'라는 공동체를 위해 하는 '행정학'이고, 그러한 '행정'이 되어야 한다는 전제를 분명히 하고 싶다.

•• 미술 작업자를 위한 전공 수업 감사하다 | 아영 05

내 전공은 일단 영어영문학이다. 하지만 이번 학기는 좀 막 나가는 심정으로 전공보다는 교양 과목에 더 비중을 두고 시간표를 짰고, 또 그렇게 공부했다. 하지만 그 교양 과목 중에는 내 전공 교수가 가르치는 수업도 있었는데, 그것은 〈포스트모던 문화 읽기〉다. 이와 거의 동일한 타이틀의 교과목이 영문과 전공 수업에도 동일 교수 이름으로 개설된 것이 있어, 나는 이 교양 수업을 고급 전공 과목의 이수를 위한 발판으로 생각하고 시간표를 짰다.

다시 말하지만 내 전공은 일단 영문학이다. 하지만 나는 나중에 외국 대학에서 부전공으로든, 대학을 졸업하고 다른 학교에서든, 미술을 하고 싶다. 사실 영문학도 재밌지만, 미술을 더 하고 싶다. 처음에 이 과목을 수강하려던 이유는 '문화인류학' 이 재밌어서였고, '조한혜정' 이라는 교수가 유명해서였다. 그런데 수업을 들어 보니, 어라 좀 달랐다. 생각했던 문화인류학 수업이 전혀 아니었다. 그런데 이건 왠지 할 만하다고 생각했다. 이 수업은 '수업' 이라기보다는 한 공동체가 될 것이라는 설명 때문이었다. 단순히 지식이나 교양만을 쌓기보다는, 좀 더 아기자기하고 인간적인 내가 풀풀 나는, 손바닥만 한 안홍 찐빵 같은 시간이 될 것 같았다. '광대' 도 있고, '사상가' 도 있고, '시인' 도 있고, '예술가' 도 있는 하나의 작은 마을처럼…

그리고 실제로 이 수업은 내게 있어서 그런 효과를 줬다. 어느 다른 수업을 듣든, 이 수업과 내가 속한 소모임의 바운더리가 포함되어 있는 생각을 하게 되었다. 때마침 여성학을 하는 친구도 주변에 더 많이 생기고, 애인도 페미니스트인 관계로 더더욱 그랬다. 그 생각은, 단순히 어떤 사상에 대한 탐색에 그치는 것이 아니라 다양한 나의 내부의 가치들이 서로 충돌하고 연쇄 반응하는 것에 따라, '나 자신' 은 '무엇' 인가, '어떤' 생각을 하고 사는가에 대한 질문으로 이어졌다.

그런 점에서 이 수업은 그 〈포스트모던 문화 읽기〉 수업과 밀접하게 연관되어 있었다. 일단은 다른 영문과 수업의 발판으로 삼기 위함이었지만, 그 수업 자체가 나에게 미친 여파도 만만치 않았다. 이 포스트모던한 사회에서 스스로를 어떻게 규정할 것인가에 대한 답을 연구해 내는 데 많은 참고가 되었기 때문이다.

나의 모든 생각은 '나'를 중심으로 돌아간다. 내가 스스로를 (사회에서 인정하는) 도덕성을 상실한 놈이라고 부르고, 심지어 이 모든 세계가 또 다른 '거대한 나'가 꾸는 꿈의 일부에 지나지 않는다고 생각하는 이유가 그것이다. 그리고 나는 미술이란 아무리 역사성을 지닌다 해도 작가의 표현에 의미가 달려 있다고 생각한다. 그것이 공산품을 예술 작품으로 만든 뒤샹의 「샘」이든, 똑같은 그림을 실크 스크린으로 몇 백 장 찍어낸 앤디 워홀의 「마릴린 먼로」든 말이다. 영문과 공부는 학문으로서 매우 재밌다. 하지만 기본적으로 내 사고가 이런 공부에서도 '나의 재미'를 찾는 것에 매여 있는 것은 어쩌면 내 전공은 '나'이기 때문이 아닐까 생각한다. 이 수업도 그런 '전공'과 결코 멀지 않다. 오히려 내재되어 있는 관념들의 실타래를 어떤 개념으로 정리할 수 있는 계기가 되었다. 뭐, "스스로를 '무엇'이라고 생각하고 싶으냐"는 질문에 답을 풀어 나가는 과정에 지나지 않지만.

나는 현재와 같은 포스트모던 사회에서 자신의 자아를 인식하는 방법은 두 가지가 있다고 생각한다. 기호와 이미지만이 난무하는 우리의 현실은, 우리 자신들까지도 기호와 메시지로 구성되게 만든다. 어느 누구도 거기서 완벽하게 자유로울 수는 없다. 자의든, 타의든, 그도 아니면 타인의 눈에 의해서든. 그 방법은 자신을 완전히 이미지와 기호의 덩어리로 인지하고 거기 안에서 분포하는 이미지로 남든가, 아니면 자신에게 제일 어울리고, 합당하고 여겨지는 이미지를 붙잡고, 그 이미지를 자신으로 여기는 것이다. 나는 그 두 방법 중에 전자에 해당한다고 생각한다. 그렇기 때문에 나는 스스로의 모습을 읽어 내기 위해 계속해서 어떤 '거울'을 필요로 한다. 그 거울은 외적인 모습, 즉, 옷차림새, 머리 모양, 눈빛, 언행 등일 수도 있지만, 학기 중에 들은 수업이 그 역할을 하기도 한다. 그런 점에서 이 〈지구촌 시대와 문화인류학〉 수업은 내게 이번 학기 중에 가장 큰 거울이 되었고, 또 가장 소중히 여긴 '전공' 수업이었다.

전공에 대한 집착을 넘어 | 승환 06

경영학도로서, 오만과 편견에 가득 찬 인간으로서 유익했던 이 수업.

요즘 사회는 전문 직종의 시대다. 스페셜리스트. 우리는 어떤 분야에서든 전문가가 되고자 한다. 직업도 흔히 '사' 자 들어가는 변호사, 의사, 회계사, 변리사 등의 전문직종이 가장 인기가 높다. 사회가 고도화되고 지식 정보화 사회로 넘어가면서 우리 사회는 이러한 스페셜리스트가 더욱 우대받고 존경받고 있다. 한마디로 스페셜리스트의 시대다.

대학이라는 곳에 처음 발을 디디면서, 나 역시 이러한 스페셜리스트의 꿈을 갖기 시작했다. CPA를 딴 뒤 사법 고시까지 합격해서 경영 전문 변호사가 되겠다는 꿈이었다.

〈지구촌 시대의 문화인류학〉 수업에서 나는 전에 갖고 있던 스페셜리스트가 되리라는 신념이 부끄러운, 또한 단편적인 생각이었다는 걸 알게 되었다. 교수님께서는 정형화된 틀에 따라 사고하고 주어진 해결 방식에 기계적으로 문제를 풀어 나가는 스페셜리스트는 이 시대에 많다고 하셨다. 그러나 자신이 직접 문제를 발견하고 그로부터 문제의식을 느끼며, 그 문제를 주도적이며 능동적으로 그리고 창의적으로 해결해 나가는 그런 인재는 적다고 하셨다.

이것은 나에게 유레카와도 같은 깨우침이었다. 경영학도인 나에게 가장 우선시되는 논리 중 하나인 경제적 논리를 내세우더라도, 앞으로 미래의 사회가 필요로 하고 요구하는 인간 모델은 스페셜리스트가 아닌 문제를 스스로 발견하고 인식하며, 해결하는 그런 후자형 인간임은 너무 명확해 보였다. 고학력 사회가 되면서 우리 사회는 이미 스페셜리스트는 넘치고 넘치기 때문에 사회적 수요보다 넘친다고 할 수 있지만, 교수님이 제시하신 창의적이며, 능동적인 인재는 희소하기 때문이다.

이러한 창의적인 인재 모델은 경영전략에서 '블루 오션' 개념으로도 설명될 수 있을 듯하다. 블루 오션 전략은 레드 오션과 대비되는 개념으로 경쟁자가 없는 시장을 개척해서 공략하는 경영 전략 이론을 의미한다. 물론 이에 반대되는 개념인 레드 오션은 경쟁이 치열한 시장을 의미한다. 같은 조건이라면 기존의 경쟁이 없는 새로운 시장을 개척해 사업을 하는 것이 더 유리하다는 건 너무나 당연한 이치다. 스페셜리스트/21세기적 창의적 인재의 관계도 레드 오션/블루 오션에 각각 대비될 듯하다. 이미 경쟁자가 넘치고 넘치는 스페셜리스트가 되어 레드 오션에 뛰어들겠다고만 생각했으니, 나 자신이 참 한심했다.

또한, 블루 오션과 창의적이며 능동적인 인재에 공통점은 더 있다. 바로 블루 오션 전략에 필요한 인재가 교수님께서 제시하신 창의적이며 능동적인 인재상과 딱 맞아떨어진다는 점이다. 블루 오션 전략은 능동적이며 주체적인 문제 해결 능력과 스스로 문제를 찾아내는 능력이 중요하다. 이 전략은 무엇보다 새로운 시장 개척을 위한 사고의 전환과 자발적인 탐색 능력, 그리고 창의적인 마인드가 필요하기 때문이다.

이 수업은 나에게 이러한 블루 오션 마인드, 즉 능동적이고 주체적인 자세로 문제를 발견하고 해결하는 제사를 가르쳐 준 수업이었다. 한마디로 비판적인 사고 능력의 함양이었다.

II. 나의 부족은 어디에?

황당하게도 '부족tribe'을 '부족함'으로 알고 답을 쓴 학생들이 여럿 있었다. 널브러져 있는 학생이 없는 줄 알았는데 그게 아니었나? 아무리 읽어도 그렇게 읽히지는 않을 텐데, 당황스럽기도 하고… 수업을 잘 따라왔던 학생 중에도 그런 실수를 한 친구가 있다니 시험이라 당황해서 그랬나… 그러나 대부분의 글들이 감동스럽기만 하다.

•• **동아리가 내 부족** | 경란 05

내 부족은 지금 동아리에 두고 있다. 반 혹은 과, 인터넷 커뮤니티에 관해 말할 수도 있었지만, 내 동아리를 두고 그들을 택하고 싶지는 않다. 어차피 내가 사는 시간이 한계가 있다면, 그 제한적인 자원을 좀 더 흥미롭고 좀 더 좋은 집단에 쓰고 싶다. 나는 내 부족을 '몸'이라고 표현한다. 비단 나뿐만이 그렇게 정의 내리는 것이 아니다. 많은 부족원들이 우리 공동체를 〈몸〉이라고 말한다. "우리 몸이…" "우리 몸을…" 이렇게 시작하는 말을 종종 듣는다. 왜 하필 몸이었을까? 지금 내 팔이 떨어져 나간다고 생각해 보자. 피가 철철 흐르는데 눈과 손이 제 기능을 할 수 있을까? 혹은 "어? 팔이 없네. 괜찮아, 나와는 상관없는 일이니 나 혼자라도 제 할 일 해야지." 이렇게 말할 수 있을까? 결코 아니다. 우리는 유기적이다. 서로와 서로가 주고받는 감정, 정서의 양과 질이 가히 절대적이다. 마치 혈맥을 타고 흐르듯, 혹은 신경을 통해 전달되듯, 우리는 체온만큼이나 따뜻한 네트워크다.

우리 〈몸〉은 소꿉놀이를 하고 있다. 엄마와 아빠가 있고, 아들딸이 있고, 가끔 손님이 찾아오고, 우리는 상황과 맥락에 맞게 스스로의 역할을 찾는다. 그리고 시간이 흐르고 정서적 성숙도나 짬밥(공동체에 몸담은 시간도 무시할 수 없다. 오래 있었던 만큼 오래 배우는 편이다.)에 따라 그 역할이 변한다. 내가 작년 3월 이 〈몸〉을 처음 찾았을 때는 철부지 막내딸의 모습이었다. 그래서 이런 모습의 나 때문에 많은 엄마, 아빠, 언니, 오빠들이 속을 썩었다. 내 멘토는 나 때문에 눈물도 흘렸다. 아무런 상관이 없을 수도 있는 나를 두고 저 사람은 왜 저렇게 애를 태우나? 착한 척하는 것처럼 느껴지기도, 내 삶을 타인이 책임지려 하는 것 같아 기분이 상하기도 했지만 후에 알게 된 것은 내 멘토는 그저 나를 사랑하고 위했던 거고, 나의 아픔을 함께 아파한 것이라는 거다. 1년이 흐르고 불안한 막내딸이 그동안 많이 성장해서 이제 언니 혹은 형(성별이 필요한 역할은 아니다.)의 역할을 한다. 내 멘티도 생겼다. 그 멘티가 문제였다. 내 모습과는 비교도 안 되게 속을 썩였다. 마치 전생의 업보를 갚는 것처럼 말이다. 그 녀석은 매일같이 술을 마셨다. 단과대를 수석으로 입학한 '영재'였는데, 그건 순전히 엄마의 뜻이라고 했다. 엄마의 목표에 부응해 수석 입학까지 했지만 그 후에 갈 길에 대해서 상상해 본 적이 없는 이 아이는 한 번 좌절, 엄마와 아빠의 이혼에 두 번 좌절, 친구가 어떤 집단에서 자기를 몰아내려고 모함했다는 사실에 세 번 좌절한 나머지 끊임없이 술을 마시다가 피를 토하고 병원에 실려 가기도 하고, 자해를 하기도 했다. 나는 그 친구의 멘토, 언니 혹은 엄마이기도 했다. 끊임없이 그 친구를 돌보고 사랑하고 위로했다. 한번은 그 친구의 넋두리를 듣다가 내가 눈물을 흘리자, 그 친구가 이렇게 말했다. "언니는 나도 안 우는데 왜 울어? 손만 대면 울어. 웃긴다니까." 나는 울었다. 내 몸이 아픈 것과 마찬가지다. 또 그 친구에게는 나 이외의 우리 몸 사람들이 훌륭한 지지대가 되어 주었다. 그 친구의 아빠(이혼 후 그 친구는 아빠와 함께 살았다)에 대해서 물었을 때, 그 친구는 말했다. "우리 아빠 Mr.폰이라니까. 핸드폰이 귀에서 떨어지는 날이 없어." 그랬다. 그 누구도 그 친구의 받침이 되지 못했을 때, 소꿉놀이를 하던 우리를 찾았고, 제자리를 찾았으며, 우리는 그 역할을 해냈다. 아마 밖에서 우리 〈몸〉을 보면 상담치료센터에 객원 교수로 모시고 싶어 할지도 모른다. 내가 철부지에서 훌륭한 멘토로 성장했고, 지금 다시 반항하는 사춘기 학생의 역할을 하듯 우리는 소꿉놀이를 하면서 살을 비비고 있다.

　우리가 가진 자원은 '물'과 같다. 우리는 '흘려보내다'라는 말을 많이 쓴다. 플로잉 Flowing이라고도 한다. 시간, 돈, 음식, 책 등의 자원이 흘러갔다가 흘러왔다가 하면서 그렇게 돌아다닌다. 그래서 우리 동아리에는 '돈 없어서 엠티 못간 사람', '돈 없어서 여행(우리가 함께 가는) 못 간 사람'이란 말이 나오지 않는다. 그런 사람은 실제로 없다. 가끔 누군가가 '돈이 없다', '재정 상태가 어렵다'라는 말이 귀에 들리면 우리 모두는 함께 부담감을 느낀다. 그리고 주머니를 털어 놓는다. 공산당? 분배? 공유? 이런 개념과는 다르다. 순전히 자발성에 기초한 플로잉이기 때문이다. 이 동아리의 이런 모습을 알게 됐을 때 정말 '문화 충격'이었다. 그 폭이 정말 컸기 때문이다. 노트북도 왔다 갔다 하고 나도 많은 돈을 플로잉 받기도 하고, 하기도 했다. 우리는 여행을 갈 때 100만 원이 필요하다고 치면, 그 돈을 함께 모은다. 못 내는 사람도, 적게 내는 사람도, 더 내는 사람도 나온다. 그런데 신기한 것은, 많이 낸 사람이 우쭐거리는 것도 없고, 덜 내거나 못 내는 사람이 비굴해지는 것도 없다. 겸손하게 주고, 당당하게 받는다. 돈 때문에 위축되는 사람이 우리 동아리 내에서라도 없게 하자는 게 우리 생각이다. 그래서 우리는 서로 서로의 필요를 채워 주는 데 익숙하다. 자본주의 경쟁과 도태, 가난은 우리 내에선 별 해당 사항이 없는 말이다. 돈이 많이 있어도 '사치' 보다 '나눔'을 먼저 떠올리는 우리의 모습, 그것이 바로 우리가 지향하는 가치이고, 유토피아며, 사는 (현재) 모습이다.

우리 부족, 참 가치 있는 공동체다. 언젠가 조한의 강의 노트를 보면서 '준거 집단을 찾는 게 대학생 때 할 일'이라는 대목을 읽었던 것 같다. 나는 그때 내가 속한 이 〈몸〉을 생각했고, 그래서 약간의 안도감도 들었다. 앞서 말한 이미지, 가치들을 100% 온전히 모두가 실현하는 건 아니다. 공동체에 깊이 개입한 사람일수록, 이 부족의 골수분자일수록 잘 실현한다. 그리고 우리가 배웠던 유대, 나눔, 사람의 가치를 다른 공동체에서도 구현해 보는 게 최종 마무리가 될 텐데, 사실 정말 성실한 사람이 아니고서는 변화시키고 퍼뜨리기보다, 적응하고 새로운 것을 받아들인다. 뭐, 그러면서 더 좋은 아이디어를 찾거나 더 행복해지면 그것으로 그만이다.

우애 있는 관계를 꿈꾼다, 학생회는 왜… | 지현 05

나는 지금 진공 상태다. 한 달가량 계속 이 상태였다. 집행부로 약 1년간 활동했던 문과대학 학생회는 11월 선거를 맞아 자연적으로 해소된 상태였다. 내가 상상했던 것과는 너무나 다른 대학의 풍경에 신입생 O.T. 첫날부터 실망했고, 나름 가지고 있던 환상의 공백은 견디기 어려웠다. 수업도 잘 안 들어가고 반 활동에도 흥미를 느끼지 못하고 있던 찰나에 학생회를 꾸리고 있던 선배들을 만났고, 그곳에서 동기들도 만들게 되었다. 그 사람들은 그때까지 내가 만나 본 그 누구보다 자신의 권력을 성찰한 사람들이었고 난 그 사람들과 대화 속에서 '눈이 번쩍' 뜨이는 것과 같은 경험을 했다. 내가 지금까지 보지 못했던 것들, 그러나 내 주위에… 내 안에 존재한 것들을 조금씩 알아 가기 시작했고, 그 새로움이 마냥 신기하고 즐겁지는 않았지만 나의 삶을 의미 있게 한다고 생각했다. 선배들은 '우애로운 관계'를 만들어 가자고 했다. 서로의 속속들이 아는 '친한 사이'가 아니더라도 서로 배려하며 서로 보살피며 소통할 수 있는 관계를 만들어 가고자 했다. 어떤 공동체에 소속감을 느끼는 일은 너무나 중요한 일이다. 실제로 대학에 들어와 발 디딜 곳을 찾지 못하여 우울해지는 친구들을 많이 보아 왔다. 공동체가 이렇게 중요한 만큼 그 공동체를 유지하려는 노력도 중요하다.

그런 공동체를 꿈꿔 왔다. 작은 빌라 같은 곳에(뜰이 꼭 있었으면 좋겠다!), 사랑하고 같이 살고 싶은 사람들이 모여서 같이 사는 거다. 돌아가며 돈을 벌어 오고, 채소는 직접 키워서 먹는다. 아이가 있다면 공동육아를 하고 정기적으로 공동체 회의도 연다. 이런 공동체가 성립하고 유지될 수 있으려면 구성원 모두가 서로를 배려하고 소통을 즐길 수 있어야 하겠지. 모든 사람들이 그렇게 태어나지는 않는다고 생각한다. 그러므로 가장 중요한 건 배려와 소통에 대한 의지겠지. 뜻이 맞는 사람들과 평생 이렇게 같이 할 수 있다면 너무 행복할 것 같다. 그리고 나는 지금 진공 상태를 벗어나 다시금 사람들을 만날 준비를 하고 있다. 사람들을 만나고, 대화하고 싸우기도 하며 공동체를 같이 꾸려 갈 사람들을 찾아봐야겠다.

• • 그냥 마음 통하는 친구 | 승효 06

'부족' 하면 아프리카 부족 혹은 원시 공동체가 먼저 떠오른다. 부족을 가까이서 찾지 못하고 굳이 아프리카나 원시 시대까지 가는 걸 보면 내가 생각해도 내가 참 우습다. 그리고 한 가지가 더 떠오른다면 영화 「악마는 프라다를 입는다」다. 나는 남이 보든 내가 보든 정말 평범한 가족 중심적 사회에서 가족 중심적으로 살았고, 지금의 사고방식도 지극히 가족 중심적이다. 집에서, 그 울타리에서 벗어나지 못한달까. 그런데 생각해 보면 가족은 있지만 내가 '가족'으로서가 아니라 '부족'으로서의 친밀감을 느끼는 구체적 개개인은 참 만나기 힘든 것 같다. 엄마, 아빠, 언니, 동생이 가족이라는 것이 너무 자연스러워 굳이 생각하지도 못할 만큼의 '부족'이 나에겐 구체적 그림으로 존재하고 있지 않다. 내 소속 집단, 학생복지위원회나 사회학과 학생회 등 '회會' 자가 들어가는 집단을 내가 좋아하긴 하지만 그곳은 서로 다른 라이프스타일을 가진 사람들이 말 그대로 '모인' 곳으로 소속감, 친밀감 이상을 느끼긴 어려운 것 같다. 오히려 '나'의 부족이라 함은 철저하게 파편적으로 혹은 개인적으로 자신의 삶, 자신의 이익을 위해 노력하는 한편 특별한 일이나 이벤트 등이 있을 때 다 잊고 즐길 수 있을, 아니 '다'는 아니고 또 일이 있으면 자유롭게 빠질 수 있는, 하지만 마음속으로는 항상 함께라는 정체성을 지닐 수 있는 그런 '족'일 것 같다. 「악마는 프라다를 입는다」라는 영화가 생각난 것도 그런 이유에서다. 너무도 빠른, 그래도 쫓아가야 하는 신자유주의 시대를 살면서 일에 미치고, 그러다 보면 정말 '미치'기도 하지만 언제나 마음으로 의지할 수 있는 그런 군이 누가 없더라도 외롭게 느끼지 않을 그런 부족, 공동체. 너무 추상적이기만 했다. 내 실생활로 돌아가 보면 나는 여자 친구가 두 명 있는데 우리는 잘 같이 다니지 않는다. 연락도 잘 안 하고 정말 자신의 일들, 공부에 미쳐 하루하루 산다. 하지만 우리는 서로에게 마음의 고향과 같은 존재다. 필요하면 언제든 연락할 순 없지만 연락할 수 있다고 믿을 친구. 그리고 만나면 언제나 친하다고 '느껴지는' 친구. 이게 내가 느끼는 부족에 대한 향수인 것 같다.

•• 이제 상상을 시작하면 만들어질까 | 슬지 06

고등학교 때까지 주어진 공동체, 즉 '가족'과 학교 속에서 생활하면서, 앞으로의 나의 삶을 함께할 '부족'에 대해서는 많은 생각을 해 보지 못한 것이 사실이다. 아무래도 나의 삶을 주체적으로 살기보다는, 아무 생각 없이 '되는 대로' 살았기 때문에, 또는 살고자 했기 때문인 것 같다. 누군가가 시키는 대로, 남들이 하는 대로 그렇게.

⟨지구촌 시대의 문화인류학⟩ 수업을 들으면서 가장 기뻤던 것 두 가지는, 첫째 스페셜리스트가 넘쳐 나는 세상에서 앞으로 내가 어떤 방향으로 공부를 해야 하는지 제너럴리스트로서 사유함에 대한 희망이고, 둘째는 앞으로 나의 생활을 (일시적임의 연속

일지라도) 함께할 부족을 찾고, 만들어야겠다는 갈망을 느낄 수 있던 것이다.

'가족'이라는 공동체도 해체된 지 이미 오래고, 사람들은 점점 사람과 정에 굶주리고 있다. 쉽게 사랑도 주고, 쉽게 헤어지기도 하고. '사랑'이라는 것까지, '사람'까지도 신자유주의의 물결에 이미 덮여 버린 상황에서, 사람들은 돌아갈 곳을 잃어버리고 있다. 프리허그라는 것이 생겨난 것도 다 이유가 있다.

이런 시대에 나의 부족이 있다는 것은, 함께 살아갈 사람들이 있다는 것은 살아감에 있어 용기를 갖는 것, 희망을 갖는 것이 아닐 수 없다. 당장 내일 멸망할 것 같은 세상일지라도 길을 찾고 대안을 모색하는 것이 바로 내가 해야 할 일이기에 삶에 있어 희망과 용기를 갖는다는 것은 중요하다.

교수님은 '돌봄의 공동체'를 강조하셨다. 수업 시간에도 얼핏 들은 것 같지만, 인류의 진화는 진보가 아니라 생존이라는 것을 절실히 깨달았다. 생존, 살아남아야 한다. 살아남기 위해서 '돌봄'이라는 가치는 필수적이라고 한다. 어느 기사에서 사고를 당했을 때 가족이 있는 사람들이 더 잘 살아남았다는 이야기처럼, 돌보아 주고, 돌봄을 받을 사람, 그런 따뜻한 부족을 만들고 싶다.

또 개인적으로 어떠한 형태의 권력도 존재하지 않는 부족을 만들고 싶다. 한 사람이 다른 사람을 억압하는 힘이 존재하는 이상, 그것은 이제 '부족'이 아니라고 생각한다. 파시스트적인 사회로 흘러갈 가능성이 크기 때문이다. 덧붙여 말이 통하는 사람들과 함께하고 싶다. 생각이 같아야 한다는 것은 아니다. 수백만 가지의 생각을 자유롭게 공유할 수 있는 사람들을 만나고 싶다.

얼마 전에야 깨달을 수 있었지만 〈지시문〉 공동체를 경험한 것은 정말 큰 의미가 되었다. 비록 일시적이었지만, 일시적인 공동체를 경험한다는 것, 참으로 소중한 시간이었다.

•• 다시 밴드를 추스러 보고 싶다 | 연순 06

부족을 찾고 싶다. 나는 내내, 적어도 대학에 들어와서 1년 동안은 부족에 속하기를 갈망해 왔던 것 같다. 혼자 휑뎅그렁하니 남겨진 듯한 기분을 견딜 수 없어서, 나는 뭐라도 해 보려고 했다. 생각해 보면 나는 이미 형성된 부족에 갑작스레 섞여 들어가기에 부적당한 사람임에도, 내가 스스로 부족을 만들어야겠다는 생각은 별로 하지 못한 것 같다. 이미 만들어져 움직이고 있는 부족을 찾았다.

그러나 내가 선택한 부족은 밴드였다. 초중고 12년을 지나오며 무기력할 대로 무기력해진 내게 이 부족은 어딘가 활력을 불어넣어 줄 수 있을 것 같았다. 밴드 이름은 '어울림'. 나는 그 안에서 사람들과 어울리며 기운을 내 보려고 했다. 합주실 구석에 쭈그리고 앉아 악기들이 내는 울림을 느끼고 있노라면 조금 기운이 나는 것도 같았다. 그렇지만, 우리는 한 학기 내내 '어울리지' 못했다. 누군가는 부족을 만들고 싶어 했고 누군가는 악기를 만지고 싶어 했다. 합주실에서 나는 아이들의 손을, 발을 바라보고 그 얼굴들을 바라보았는데 누군가는 소리를 들었다. 하지만 그렇게는 소리가 '어울릴' 수 없었다.

나는 이 부족이 내게 아무런 기운을 불어넣어 주지 못한다고 생각했다. 내가 부르는 노래는 허공에서 맴돌았다. 아마 기타도 베이스도 드럼도 다 허공에서 맴돌았던 것 같다. 우리에겐 대화가 필요했다. 나는 음악으로, 언어로 이중으로 대화하고 소통할 수 있는 우리가 왜 이렇게 어울릴 수 없는지 의아했다. 대화를 해 보려고 했는데, 절반이 우르르 나가 버렸다. 남은 열 명은 우리끼리라도 이야기해 보자고 모였지만, 다시 한 명이 나갔다. 가장 소리를 열심히 듣던 오빠였다.

남은 우리는 어쩔 줄 몰랐다. 우리는 이제 무슨 이야기를 해야 할지도 무슨 음악을 해야 할지도 몰랐다. 그게 지난 시월의 이야기다. 우리는 조금 머리를 써 보기로 했다. 남은 아홉 명은 모두, 어울리고 싶어 남은 게 아니냐. 그런데 우리는 왜 이렇게도 멀리 있을까. 한 명이 동아리방에 스피커를 들여놓을 것을 제안했다. 때맞춰 테이블도 소파도 들어왔다. 우리가 있을 수 있는 공간이 제법 모습을 갖추었다. (이전까지는 드럼 따로 키보드 따로 덩그러니 놓여 있었다.) 공간이 마련되고 마음들을 모으고 나니, 동아리 방은 꽤 북적거리게 되었다. 한 공간에서 얼굴을 맞대고 있는 건, 정말 중요한 일이라고 생각했다.

이제 나는 조금 기운이 날 것 같다. 우리 부족이 얼굴을 맞대고 있다는 것, 서로 공통점을 이제라도 발견해 간다는 것. 이제 우리가 어울리고 있다는 것. 다음 공연은 기운을 내서 할 수 있을 것만 같은 기분이다. 이 부족, 나에겐 참 예쁘다. 혼자 가꾸려고 했던 게 잘못이었을까. 서로 자기 것만 고집하기를 버리니 '함께' 가꾸는 법이 눈에 보여서 잘 해 나갈 수 있을 거라 생각한다. 사실 우리는 음악적으로 아직 성숙하지 못했고 걸음마 단계지만, 손잡고 걸음마할 수 있어 만족한다.

기운이 나니 이제 다른 사람들과도 소통할 수 있다는 생각이 든다. 공중에 떠 있던 나의 목소리. 나의 울림이 누군가에게 가 닿는다는 걸 알았으니 이제 말을 좀 더 많이 해 볼 셈이다. 너무 많은 부족에 속하려는 욕심은 갖지 말아야겠지만, 그래도 '으샤으샤 하는 기운이 난 이상 기운을 좀 나누고 싶다. 한껏 무기력했던 예전과 최근, 호모포비아에서도 나는 조금 달라졌지 싶다. 호모포비아도 부족이구나. "시험 끝나면 또 어묵 먹으러 가자."고 말해 주는 언니들에게서 나는 또 위안을 받는다.

나는 아직 사람이 좋다. 식물을 키우면서 기운을 내기는 힘든 사람이다. 고양이의 몽실몽실 따뜻한 기분과 귀여운 꾹꾹이(새끼고양이들이 어미고양이에게 하듯, 발로 꾹꾹 누르며 가르릉거리는 것)를 느껴도, 내게 위안이 되는 것은, 나를 즐겁게 하는 것은 아직 사람인 것 같다. 다행이다. 나의 부족을 찾아서.

Ⅲ. 이 수업에서 내가 받아 마땅한 점수

• **성적이 무엇을 의미하는지 난 도저히 알 수 없지만** | 혜영 06

싫다. 이래서, 시험이란. 엊그제 내 블로그에 쓴 글에 이런 문장이 섞여 있다. "공부하지 않을 거였다면 애초에 대학에 오지도 않았다." 나는 배우고 싶은 것이 있어 그 지겨운 중간, 기말고사 인생 12년을 마치고도 또 대학에 들어왔다. 마냥 공부하고, 공부한 것을 얘기했으면 좋겠는데 대학에서도 시험을 본다. 시험을 본다는 건, '확인 사살'을 하겠다는 얘기다. 알고 있는 것이 정확한지 아닌지를 확인하게 위한 것인가? 그렇다면 시험은 의미를 가질 수도 있다. 그런데, 대체 무엇이 그리도 정확한 것이기에 집단 시험에 잠도 못 자게 해 가면서 사람을 들들 볶는단 말인가.

'교육'이라는 단어에 대해 회의를 가장 처음 느낀 것이 언제였는지 기억도 나지 않는다. 교육의 주체는 선생일지언정 배움의 주체는 학생이다. 일단 무언가를 배우고 싶어 한다는 것 자체가 너무 예쁜 것 아닌가? 난 타인을 가르쳐 본 적은 없지만, 뭘 알려고 실수도 해 가면서 열심히 에너지를 내뿜는 사람을 보면 나까지도 기분이 좋아진다. 그러나 시험은, 점수는, 그런 모든 사실을 깨끗하고 명료하게 싹 밀어 버린다. 능력치, 인간의 분류.

받아 마땅한 점수 같은 건 없다. 배움은 게임이 아니니까. 어쩐지 발끈해서 약간 글이 엇나갔지만 정확히 무엇을 평가받아야 하는지도 모르는 상황에서 평가당하는 입장이란 것을 좀 알아주었으면 좋겠다.

받아 마땅한 점수는 없지만 받고 싶은 점수는 있다. 내가 사랑하는 사람들 중에는 높은 점수가 인생의 행복을 결정한다고 생각하는 사람이 있어서, 나는 그 사람이 기뻐하기를 바라기에 최대한 높은 점수를 받고 싶다. 그것이 무엇을 의미하는지 난 도저히 알 수 없지만, 특히나 이 강의에서는.

•• 동료를 만나 기쁘다 | 아람 06

받아 마땅한 점수란 어떻게 생각하면? 계산하면? 느끼면? 될까.

이 수업을 듣기로 결정했을 때의 목표나 기대를 얼마나 달성하고 채웠는지를 보면 될까. 역시 성격상 그냥 이 나의 '만족감'을 근거로 생각나는 대로 풀어 보는 것이 가장 나을 듯싶다. 내가 이 수업을 하는 동안 가장 피할 수 없던 것은 "내가 페미니스트요!" 하고 말하는 것이었다. 조한은 이 수업이 소통과 교류의 가능성을 발견하면 된다고 했지. "내가 이런 사람이다." 그 다음이 "너는?" 이다. 나는 이렇게 나의 색을 분명히 밝히면서 사람들에게 말을 걸기 위해 노력했던 것 같다. 별로 의도한 것은 아니지만 자유게시판에 올린 글들도 대부분 '페미니즘' 관련 글이었다. 누군가 '분명한 색'을 가지고 말을 한다는 건, 특히 이런 대형 강의에서 흐름을 만들기에 좋은 조건일 것이다.

〈편안한 페미니즘〉이라는 조별 프로젝트를 통해 많은 사람들을 출현시킨 마당극을 연출했다는 것도 앞으로 이 수업에서 이뤄 낼 수 있는 '가능성'을 보이는 데 충분했다는 생각이 든다. 실은 이런 프로젝트의 형식이 〈지시문〉 수업에서 조한이 바라는 모습과 '학생들의 살아 있는 교실'을 가장 잘 보여 주지 않았나 싶다.

동료를 얻었다는 것도 근거가 될까? 나에게 〈편안한 페미니즘〉조는 정말 특별했다. 최종 보고서에도 썼듯, 페미니스트인 나를 버리고 경계 없이, 규범 없이 페미니즘을 만날 수 있게 된 계기가 되었다. 〈지시문〉에서 '마당극'이 개인에게 줄 수 있는 힘을 온전히 다 받은 느낌이다. 이 프로젝트 후 조한에게 메일을 보냈고 "동료를 만나 기쁘다."라는 말을 들었다. 사실 이것만으로도 또 하나의 나의 부족이 탄생할 수 있음을 알 수 있었다. 이 대합실에서 적지만 몇 명의 동료를 얻었다는 것만으로도 내가 충분한 점수를 받을 만한 사람인 것 같다는 생각이 든다.

•• 최고점을 받을 자격이 있는 친구들 | 지현 05

고등학교 다닐 때에도 이런 시험 문제가 있어 당황해한 기억이 있다. 많은 〈지시문〉 학생들이 이 문제를 보며 난감해하고 있지 않을까? 우리는 비교하는 것과 비교당하는 것에 길들여져 있기 때문이다. 성적은 언제나 상대 평가였고 나는 나 스스로 답을 찾고 그 과정을 스스로가 평가할 수 있는 능력을 상실해 온 것 같다. 그래서 지금 이 문제를 보면서 계속 생각하고 고민하게 되는 것이다. 나는 이 수업에서 내 변화에 만족하지만 이런 측면은 이 친구보다 못하지 않았나, 이런 면은 이 친구보다 열성이 없었던 것 같다는 생각을 하며, 나는 나뿐만 아니라 이 수업을 한 학기 동안 들은 모든 학생들이 A를 받아 마땅하다고 생각한다. 모두가 이 수업을 들으며 변화했다고 생각하며, 변화는 사유로부터 출발하기 때문이다. 그 변화는 나름의 방식과 결과로 나타나겠지만, 나는 그 사유와 변화 자체가 소중하며 그리하여 모두가 최고점을 받을 자격이 있다고 생각한다.

•• 모자랐지만 변화한 내 시각이 마음에 든다 | 용락 06

B+, 솔직히 이야기하자면 중간고사가 막 지나갔을 무렵 그만 힘이 빠져서는 슬그머니 손을 놓아 버렸다. 사람들과 부대끼고 이야기하면서 수업을 들어야겠다는 다짐은 얼마 지나지 않아 그만 동력을 소진해 버렸다. 가끔 사이버 강의실에 들어가는 일이 생겨도 예전처럼 수업 게시판을 뒤적이지 않게 되었다. 고작해야 과제글을 올리고 과제에 달린 답글에 반응하는 일이 내가 수업 공동체에 참여한 내용의 전부가 되어 버렸다. 소통이라고 부를 수도 없을 그 닫혀 있던 소통. 왜 그렇게 되었을까.

핑계부터 시작해 보자. 물리적으로 『연세』 73호의 작업이 막바지로 치닫고 있었다. 게다가 그동안 글의 진도는 조금도 안 나가 있었다. 그리고 또 그 즈음 연애를 시작했다. 머릿속에 온통 들어찬 그 애에 대한 생각은 확실히 내게 커다란 행복감을 안겨다 주었지만 동시에 많은 고민들을 잊게 했다. 밀려오는 보고서 따위야 모두에게 공동이었을 테니 패스. 뭐 그래도 안 바쁜 사람, 사정 없는 사람이 어디 있으랴. 뭔가 더 이유를 생각해 보자면…

타이밍의 문제가 아니었을까 생각한다. 내가 막 힘을 받던 그 시점이 중간고사 즈음이었고, 중간고사 기간, 그리고 그 다음에 일시적이나마 있었던 기운이 흩어짐을 견뎌내지 못했다. 그래도 튕겨 나간 셈이고, 결국 전체 수업 공동체에 대한 기여도 면에서 생각해 보자면 사실 B+를 달라고 할 자신도 없다. 그럼에도 불구하고…

내가 이야기할 수 있는 것은 나 자신의 변화다. 압도되어 있었다고 해야 할까. 한 학기 동안의 대학 생활에서 내 생각의 구조는 사실 한쪽으로 편향된 거대 담론에 물들어 있었다. 하지만 이 수업을 통해 다른 시각을 접해 볼 수 있었다. 그리고 거대 담론의 목적이 무엇인지에 대해 다시 생각하게 됐다. 결국은 개개인의 행복한 삶이다. 조금 더 작은 것들에 개인이라 칭할 수도, 소규모 공동체라고 칭할 수도 있는 작은 움직임들의 가능성을 보게 됐다. '다락'을 찾아 들어가는 과정에서, 미흡하나마 사람들과 소통하는 과정에서, 다른 공동체들의 결과 발표를 감상하는 과정에서… 그렇게 조금은 변화하게 됐는지도 모르겠다. 그리고 나는 그렇게 변화한 지금의 내가, 내 시각이 마음에 든다.

그래서 결국은 더하고 빼서 중간 정도에 있지 않을까 생각한다. 한 학기 동안 즐거웠습니다.

•• 내가 가장 좋아했던 연습 | 소은 06

우리의 수업에서 연습에 연습을 거듭하던 게 있다.

'낯설게 보기'. 너무나 뻔하고, 너무 당연하고, 의심할 여지도 없는 우리 '주변', 여기에서 우리는 무언가를 찾아내고, 꺼내어 벌려 놓는 시도를 참 많이 한 것 같다. 한편으로는 정신없이 돌아가는 이 주변들에서 한발짝 물러나 쉬어 가기를 하고, 숨도 고르며 '인간'을 만났다.

내가 이번 학기에 수강한 과목들 중에서 〈지시문〉을 특히 좋아한 것도 이 '숨 고르기'와 '낯설게 보기' 때문이다.

고등학교 졸업 직전까지, 지금 돌이켜 보면 아찔할 정도로 앞만 보고 달려왔던 것 같다. 일단, 숨을 제대로 쉬지도 못한 첫째 이유는 '수능'이겠지. 지방에서 공부한 덕분에 특히 "서울 애들을 생각해! 대치동 애들이랑 경쟁한다는 걸 잊지 마!"라는 말을 수도 없이 들었고, 정말이지 수능이 인생의 전부인 줄 알았다.

아, 그런데 대학에 오니 통계학 같은 이름부터 치를 떨게 하는 필수 과목, 교환 학생에 가고 싶다는 내 욕심 그리고 아.영.어.공.부.

이런저런 압박에서 벗어나는가 싶더니, 숨 고르기를 하려고 크~게 한숨 들이마시려다, 기침이 나온다. 그런데 〈지시문〉 수업 초반 교수님이 칠판에 '숨 고르기'라고 쓰던 날, 잠깐이나마 그게 되더라. 바쁜 일상의 숨 고르기.

그리고 '낯설게 하기'. 이것도 〈지시문〉 수업이 좋은 또 다른 이유인데, 고등학교 시절에 대학에 가서 내가 정말 공부다운 공부를 하는 환상을 품고 있었다. 수학 문제, 영어 문제 그냥 건드리는 식이 아닌, 고민에서 우러나오는 진짜 공부를 생각했다. 하지만 1학기가 끝난 후 되돌아보니 내 환상과 그다지 연관이 없는 밋밋한 공부의 연장선이었다(물론 시험 형식은 논술식으로 바뀌었지만).

〈지시문〉에서도 사실은 큰 기대는 되지 않았다만 새로운 방식의 수업과 분위기는 나를 정말 저절로 생각하게 만들었다. 쪽글에도 남겼는데, 새로운 생각, 일반적이지 않은 고민들을 하게 해 준 수업을 드디어 만났다는 느낌을 갖게 했다. 나 스스로가 느끼기에 〈지시문〉에서 많은 것을 얻어 가지만 아쉬운 건 내가 교수님뿐 아니라 다른 학생들에게서 얻은 것만큼 내가 이 수업에 남기지 못한 것이다. 수업 내내 '아, 나는 이렇게 생각하는데.', '아 나는 이 말이 하고 싶은데.' 하고 생각했지만 그 생각들을 다 토해 내지 못했다는 것이다. 그래서, 내가 나를 평가한다면, A- 정도가 될 것 같다.

종강 파티를 한다는 초대장이 날아왔다. 이제 학생들은 떠나고 나도 학생들을 떠난다. 교수들은 다음 학기 올 학생들을 위한 수업 계획서를 손질하면서 방학을 맞게 된다.

지시문 종강 파티

일시 | 12월 27일 수요일

조장님들께 부탁드리는 일!

1. 참가하시는 조원 분들의 인원 파악을 부탁드립니다.

➡ 다음 주 화요일까지 부탁드립니다!

2. 가능하면 조별 프로그램을 준비해주시기 바랍니다!

➡ 마지막 발표로 끝내기엔 허전하죠? 가능하면 조별로 재미있는 것을 준비해 주세요!

3. 조원 분들 중에 공연이나, 혹은 작업을 해 보고 싶으신 분들을 꼬셔(?) 주시기 바랍니다!

➡ 수업 내에서 음악이나 혹은 여러 가지 장기를 가지신 분들이 많은 것으로 압니다! 재미있는 종강 파티를 만들 수 있도록 재미있는 공연 해 주시도록 꼬시는 것(?)을 부탁드립니다!

궁금하신 점 있으시면 언제든 연락 주세요!

연락처 | 무형   010-3120-****
이메일 | s******@hanmail.net

에필로그
교실로 돌아온 그대들을 위해

 책으로 펴내기로 하고 공지문을 올린 후, 여덟 명이 책 작업을 하겠다는 의사를 밝혔다. 그래서 가벼운 마음으로 카페에서 만나기로 했다(이중에는 D학점을 받은 학생도 있었다). 예전 같으면 물론 이런 식으로 일하지 않는다. 눈여겨본 학생들을 초대하여 집중 작업을 해서 일을 끝내면 된다. 그러나 요즘에는 그것이 잘 통하지 않는다는 것을 알기에 그렇게 하지 않았다. 학생들은 자기 한 몸 살길을 궁리하느라 이미 계획이 나와 있거나 잡다한 일로 매우 바쁘다. 게다가 스스로 동기화가 되지 않은 일은 오래 하자고 못 한다. 그래서 이번에는 '하고 싶은 사람'들끼리 해 보기로 했다.
 학기가 끝난 겨울 방학 동안 일단 학생들과 장을 나누어서 정리하기 시작했다. 나는 학생들이 하는 것을 보면서 내 파트를 쓸 생각이었다. 1차 초안을 마무리할 즈음 새 학기가 시작되었고, 한 명은 전문 대학원 진학 준비에, 또 두 명은 자기가 개인적으로 하고픈 일에 좀 더 몰입해 보겠다고 그 선에 접기로 했다. 여름 방학에 다섯 명이 남아 속도를 냈지만 역시 끝내지 못했다. 이때 산티아고 도보 순례 여행에서 상쾌한 기운을 받고 돌아온 또하나의문화 출판사 유이승희 사장님이 결합해서 다시 작업에 속도가 붙기 시작했다. 겨울 방학에 마무리할 듯했지만 또 마무리하지 못했다. 그 즈음 한솔이 군대를 갔고 운장은 변화하는 세상을 좀 더 봐야겠다고 휴학을 하고 베이징으로 떠났다.

십여 년 전에 했듯 방학 중에 집중해서 일취월장 정리를 해 볼까 하는 유혹도 잠시 일었지만 그렇게 하지 않았다. 그렇게 나온 책은 좀 더 매끄럽고 수준 높은 이야기처럼 들릴 수 있겠지만 지금 시대가 필요로 하는 책은 아닐 것이다. 누누이 강조했듯 이제 계몽주의 언어는 힘이 없다. 좀 더 다양한 목소리들이 살아 있는 책, 집단 지성의 힘과 즐거움이 드러나는 책을 내고 싶은 욕심이 있다. 그리고 나이 탓인지, 훌륭한 후배 글쟁이, 또는 기획자들을 길러 내고 싶은 욕심이 생긴다. 특히 세대가 함께하는 작업이 어느 때보다 필요한 시대가 아닌가?

집필 팀은 작업 기간이 길어지면서 지지부진하고 간혹 삐걱대기도 했지만 용케 작업을 이어 갔다. 무엇보다 베이징에서 실시간 조종을 해 온 운장의 힘이 컸다. 한 학기 동안 쌓은 내공, 특히 '부족'을 만들어야 한다는 생각과 공동 창작에 대한 믿음도 크게 작용했을 것이다. 산고의 고통을 충분히 치른 터라 이 책은 그리 형편없는 책은 아닐 것이다. 나는 이 책을 만든 학생들처럼 많은 대학생들이 새로운 학습을 위한 준비가 되어 있다고 생각한다. 그래서 조만간 매체를 통해 "대학, 다시 시대에 대한 스터디 그룹들이 활성화되다."라는 문구를 읽게 되기를 바란다. 나는 대학생들이 이제 진통을 견디며 새로운 작품을 낼 준비가 되어 있다고 생각한다. 너무 외롭기 때문에라도 그들은 그리해야 할 것이다.

우리가 만들어 낸 일시적 자율 공간, 즐겁게 배우는 '배움의 마을'들이 대학 밖에서도 많이 생겨나면 좋겠다. 그 마을들이 꿈틀거리기 시작하면 우리 사회는 '돈'/신자유주의의 마법에서 풀려나 불현듯 살 만한 세상으로 변할 것이다. '속도의 덫'에 걸린 부자도, '제도의 덫'에 걸린 빈자도 경쟁과 소외의 장에서 벗어나 공유와 우정과 환대의 시공간에서 서로를 만나 가게 될 것이다. 모두가 인문학자가 되라고 한 적은 없다. 의사가 되든, 간호사가 되든, 법관이 되든, 기차표 판매원이 되든, 잘나가는 회사의 중역이 되든, 못나가는 반실업자가 되든, 벤처 CEO가 되든, 무슨 일을 하든, 어디에 있든, '괴물'이 되지 않기를 바랄 뿐이다. 지금은 인류의 운명을 좌우하는 일들이 마구마구 일어나는 전환기이고, 우리는 지금도 세상 돌아가는 방향을 모른 채 계속 이상한 짓을 해 버리고 있는지도 모른다. 교실에 돌아와야 하는 이유가 여기에 있지 않을까 싶다.

조한혜정

•• 조금 예민하고 불편하게 살아가겠지만 | 연지 06

〈지시문〉 수업에서 얻은 것이 참 많다. 무엇보다 내가 사는 세상을 바라보는 시선과, 그것을 함께 나눌 수 있는 진지한 열정을 지닌 사람들을 얻을 수 있어서 무척 행복하다. 왜 알아야 하는가를 찾아내는 것, 내 삶과 맞닿는 지식이 무엇인지 발견하고 그것과 관계를 잘 맺는 것, 그러면서도 자기 속에 빠지지 않고 다른 사람의 관점이나 세계를 받아들이고 배우는 포용력을 갖는 것을 알게 되어 고맙다.

일상에 차츰 침잠하던 내게 세상은 너무 낯익은 것이었다. 그런 내가 '왜?'라는 질문을 세상에 던질 수 있게 된 것은 〈지시문〉 수업 덕분이다. 나는 앞으로도 세상을 향해 내 더듬이를 끊임없이 들이댈 것이다. 조금 예민하고 불편하게 살아가겠지만 슬퍼하지 않겠다. 소크라테스도 말했다지 않은가, 고민하지 않는 삶은 가치가 없다고.

이렇게 얻은 소중한 것을 함께 나누고 싶어 이 책 작업에 참여했다. 글 솜씨도, 사유도 여전히 부족하고 미약하지만 내가 배우고 느낀 것들을 더 많은 사람과 공유하고 싶다는 열망이 나를 이 모임으로 이끌었다.

처음엔 금방 끝날 것 같던 작업이 계속되면서 지쳐 관두고 싶을 때도 많았다. 하지만 끝까지 놓지 않은 이유는 '지시문'이라는 단어가 내 마음속에 불러일으키는 따스한 감정 때문이다. 이 작업이 이제 막바지라니 시원하기보다는 서운한 마음이 든다.

우리는 책을 쓰며 시대 흐름과 요구를 많이 생각했다. 지금 대한민국에 필요한 것은 어떤 이야기일까, 수십 번 회의를 하고, 몇 번이나 콘셉트를 바꾸고, 그때마다 다시 글을 썼다. 나는 버리는 것을 많이 아까워하는 사람인데, 이 글을 쓰면서 버리는 법도 많이 배웠다. 가차 없이 버리려 애썼다. 그 공간의 느낌을 그대로 풀어내고 싶었기 때문에 부족하다 싶은 것들을 묻어 버렸다.

이 책을 쓰는 동안에도 시대는 자꾸 변했다. 우리가 수업에서 논의한 'KTX'라는 키워드는 이제 사람들에게 잊혀 버렸다. 하지만 '88만원 세대'라는 단어로 다시 태어났다. 구조는 쉽게 변하지 않는다. 떠오르고 가라앉는 사건들의 자맥질은 계속되지만, 뿌리는 잘 변하지 않는다. 하지만 나는 믿는다. 이런 작은 움직임들이 변화를 만든다고, 그래서 작고 부족한 힘이나마 열심히 보태 본다. 힘이 되리라 믿어 본다.

•• 언 땅에 묻어 놓은 김칫독처럼 | 아성 06

이 수업에서 만난 친구에게 편지를 받았다. 친구는 또박또박 쓴 손 글씨로, 고등학교 3년 동안 '대학'이라는 것만 생각하고 하루하루 살았는데, 그 거대한 것이 한순간에 해결이 된 후 패닉 상태가 되었고, 그 '대학'이라는 것이 별게 아니라는 배신감까지 느꼈단다. 다른 친구들이 '새내기'를 즐기며 행복해할 때, 혼자만 비정상이 아닐까 하고 고민했다고 했다. 그때는 아무리 생각해도 답이 안 나오더라는 말과 함께. 그러다 친구는 〈지시문〉 수업을 만났고, 지금은 좀 편안해졌다고 했다.

친구의 이야기를 읽으면서 내 '새내기' 시절이 생각났다. 나 역시 무언가 스스로 해야 하는 대학생이 되었을 때 당황했다. 무엇을 해야 하는지도 몰랐고, 왜 하는지도 몰랐다. 그래서 학교도 잘 가지 않았다. 겉으로 보기에는 마냥 놀았는데, 사실은 그게 아니었다. 아무것도 할 수 없었다. 내 손을 잡아 줄 뭔가가, 아니 무엇을 어떻게 해야 하는지

도와줄 '무언가'가 필요했다.

　이 수업은 우리에게 그 '무언가'에 관해 말하려고 했다. 난 아직도 그 '무언가'를 정확하게 모르겠지만, 분명한 건 나와 친구는 이 수업에서 '좋은 느낌'을 받았고, 수업 후에 더 좋아졌다고 말하고 싶다. 나는 도대체 이 수업에 흐르는 '좋은 느낌'이 뭔지 궁금했다. 책 쓰기 프로젝트를 통해, 우리가 한 것에 관해 더 많이 알아 가면서 그 해답 하나를 발견했다. 수업을 하고 쪽글을 쓰고 대화를 하고 소모임 프로젝트를 하며 우리가 끊임없이 무언가를 나누고 있었다는 것, 수업이 끝난 후에도 편지를 주고받을 수 있는 친구를 사귀었다는 것, 이 친구들과 우리의 젊은 날을 함께해 나가리라는 기대감에 슬며시 미소를 지을 수 있다는 것, 이것이 바로 우리가 이 수업에서 배운 것이 아닐까.

　이 책을 쓰면서 참 많이 배웠다. 내가 〈지시문〉 수업 한 학기가 끝나고 전연 딴 사람이 된 것처럼, 이 책을 쓰느라 학생들의 글을 골라 낼 때의 나와 지금 이 글을 쓰고 있는 나는 정말 다른 사람이다. 독자들이 이 책을 읽고 나처럼 많이 배웠다는 생각을 했으면 좋겠다. 『탈식민지 시대 지식인의 글 읽기와 삶 읽기』가 그런 것처럼, 이 책도 언 땅에 묻어 놓은 김칫독의 김치처럼 그렇게 오래 맛있게 읽혔으면 좋겠다.

　다 끝났다는 생각을 하다가도, 다시 컴퓨터 앞에 앉게 된다. 어젯밤에는 내가 너무 계몽적으로 말한 것은 아닐까 하는 생각에 잠을 뒤척였다. 그럼에도 이 글을 쓰겠다 배짱을 부리는 건, 이 책을 함께 쓴 조한 선생님, 유이 사장님 그리고 친구들에 대한 믿음 때문이다. 이 책을 쓰는 내내, 아둔한 내게 보살핌이 무엇인지 몸소 가르쳐 주신 것에 감사한다.

•• 내 마음의 빈틈을 채우기 위해 | 한솔 06

얼마 전까지 내 인생사를 돌아보면, '필사적이 되기 위해' 노력해 온 역사였다. 닥치는 대로 읽어 젖히고, 외롭게 학교에서 살아가고, 나름대로 평범하지는 않은 삶이었고, 나름대로 파란만장하다고도 생각하지만, 역시나 내 인생을 걸어 볼 만한 '단 하나'를 찾을 수 없었고, 외부에서 닥쳐오는 것 외의 어떤 것에도 '필사적'이 될 수도 없었다. 다시 말해, 나는 배운 척했지만, 실은 몹시도 수동적이고 게으른 인간이었다.

항상, 외로웠다. 공허하기도 했다. 잊고 싶었지만 잊어지지 않았다. 필사적이 될 수 없던 아이에게, 삶이란 것의 가치는 모호하기만 했다. 무엇으로도 채워지지 않는 갈증이었다. 포기하면 살아남을 수 없다는 것을 알고 있었기에, 차마 포기할 수도 없었다. 다만 내가 잠깐이나마 기뻐할 수 있었던 것은 결국 친한 사람들과의 관계에서였고, 잠깐이나마 행복할 수 있었던 것은 좋아하는 사람과의 관계 안에서였다. 그리고 나는 드디어 내가 그렇게나 찾던 무언가, 생을 내던질 만한 무언가가 '사람'이라고 생각하기 시작했다.

결국, 내가 이곳에 있는 이유는 내 마음의 빈틈을 채우기 위해서다. 충족되지 않는 욕망을 어떻게든 메워 보기 위해서다. 더 많은 사람들을 내 마음에 채워 넣기 위해서다. 더 많은 얼굴을 눈에 담기 위해서다.

오늘은 내가 군대에 가는 날이고, 이명박 씨가 대통령에 취임하는 날이기도 하다. 사실 제대로 된 후기를 쓰려고 마음먹었다면 진작 키보드를 두드렸어야 옳았겠지만, 이 책을 만들면서 내내 따라다녔던 알 수 없는 중압감과 군대 가기 전날까지 렁거와 진통제를 맞아야만 했던 못난 몸을 핑계로, 이 후기를 쓰는 것을 계속 미루고 있었다. 사실대로 말하자면, 난 아직도 이 작업이 곧 끝날 것이라는 사실을 믿을 수 없다. 어쩌면 자고 일어나 당장 논산훈련소로 달려가야 한다는 조급함이 날 그렇게 만들었을 수도 있고, 1년 내내 어느 정도 가슴속에 박혀 있던 인이 빠진다는 사실을 받아들이기 힘들기 때문인지도 모르겠다.

내가 2006년 1학기 〈지시문〉 수업을 수강하고 곧바로 2학기 수업을 청강하기로 결심했을 때만 해도, 난 아직 새파란 신입생에 불과했고, 그제야 겨우 내가 그다지 잘난 인간이 아니었음을 눈치 챈 애송이에 불과했다. 그럼에도, 이 수업이 내게 준 것이 너무 많았기에, 그리고 솔직히 이 수업에 대한 책에만큼은 내 이름을 남기고 싶었기 때문에, 난

겁도 없이 이 작업에 참여하기로 결정했다. 하지만, 순탄치 않은 개인사와 바쁜 일정을 핑계로 부끄럽게도 난 마감을 넘기고, 넘겨서는 안 될 때까지 넘기고, 그러고서 며칠 더 넘기는 수준의 파행적 원고를 써 내고야 말았다. 이 자리를 빌어서 사죄의 말을 전한다.

별똥별이 떨어지거든 다시 소원을 | 영화 06

에필로그를 쓰고 있자니 지난 가을 학기 수업을 들었던 일부터, 책을 쓰겠다고 고군분투했던 2년의 기억들이 머릿속을 스쳐 간다. 나에게 조한을 만난 일, 〈지시문〉 수업을 만난 일, 〈지시문〉 수업 구성원들을 만난 일은 놀랍고 행복한 경험이었다. 덕분에 마음 속에 떠다니던 생각들이 언어로 정리되어 나라는 사람의 정체성을 찾을 수 있었기 때문이다.

조한이 강단에 서지 않는 것이 좋았다. 동그랗게 모여 앉아 이야기를 나누는 수업은 80명이 모여도 따듯한 느낌이었다. 서로 다른 생각을 가진 사람들의 진솔한 이야기를 듣는 것도 좋았고, 그 이야기를 쪽글로 읽는 재미도 쏠쏠했다. 조별 프로젝트를 하면서 막연히 배우고 싶었던 페미니즘 공부도 시작했다. 다른 사람들 앞에서는 이야기하지 못했던 고민들을 조원들과 자유로이 나누면서 입이 트이고, 마음이 트여서 너무 행복했다. 조별 발표를 준비하면서 혹시나 우리의 말 한 마디, 몸짓 하나가 수업 구성원 누군가에게 상처가 될까 봐 작은 부분까지 세세히 고민했던 일이 가장 기억에 남는다.

사이버 강의실에서 노는 것도 재미있었다. 자유게시판에서 수다 떠는 것이 일상이 되었다. 기쁜 날엔 축하를 받았고 슬픈 날엔 위로를 받았다. 인터넷이라는 매체를 통해서 이렇게 따듯한 기운을 느낄 수 있다니! 시험 기간에 자유 게시판은 오히려 평소보다 활발했다. 보다 못한 조한이 사이버 강의실에서 그만 놀고 시험공부 하라는 댓글을 달기도 했다.

이런 경험 때문에 조한이 〈지시문〉 수업을 책으로 남기고 싶다고 말했을 때, 나는 기꺼이 작업에 참여했다. 이 수업에서 만들어 낸 이야기가 나에게 그러했듯이 누군가의 나아가는 길에 작은 등불이 될 수 있을 것이라는 기대와 믿음이 있었다. 책 작업을 잘 해낼 수 있을지 걱정스런 마음이 들었지만, 칭찬에 인색하지 않은 조한의 격려 덕에 용기를 냈다.

같은 수업을 들으면서도 서로 다른 경험을 했고, 책 작업에 참여하는 이유도 제각각인 사람들이 모여 함께하는 과정은 고난의 연속이었다. 기획 회의를 할 때마다 서로 의견이 달라서 회의 시간은 길어지기 일쑤였고, 긴 회의 후에는 매번 콘셉트가 바뀌어서 기존에 썼던 글을 지우고 새로 쓰는 작업을 수없이 반복했다. 하지만 마지막까지 남은 우리는 함께해 온 시간만큼 서로를 잘 이해하게 되었고, 이제는 각자가 잘하는 일을 맡아, 누군가 힘이 빠졌을 때는 다른 사람들이 좀 더 힘을 내 가면서 이 책을 완성했다. 지금에서 생각해 보니 과정 자체만으로도 많은 것을 얻은 것 같다.

이제 드디어 마무리 작업을 하고 있다. 바리바리 싸 온 재료로 매 끼니 푸짐한 식사를 준비하고, 식사 후엔 맑은 공기에 감탄하며 산보를 하는 일로, 서울에서 느꼈던 답답한 체증을 내려 가며 즐겁게 글을 쓰고 있다. 방금 전에는 서울에서 한 번도 본 적 없는 수많은 별들에 감탄하며 밤 산책을 하다가 태어나서 처음으로 별똥별을 보기도 했다. 좀 더 멋진 소원을 빌었어야 하는데 너무 갑작스러운 발견이라 친구와의 통화에서 장난스레 말했던 소원을 빌고야 말았다. '책을 많은 사람들이 읽고 자신의 길을 찾는 데 조금이나마 도움이 되게 해 주세요.' 뭐 이런 소원도 있었는데 말이다.

언젠가 조한에게 물은 적이 있다. "선생님은 어렸을 때 꿈이 뭐였어요?" 그때 조한은 주변 사람들을 행복하게 하고 싶었다고 했다. 지금 난 한 발자국 한 발자국 세상을 행복하게 만들 나만의 길을 찾아 나가고 있다. 〈지시문〉 수업과 조한을 만나지 않았더라면 나의 길 찾기는 불가능했을지도 모른다. 이 책 역시 그 꿈의 연장선에 놓여 있다. 내가 〈지시문〉 수업을 만나면서 느낀 따스함이 이 책을 읽은 독자들에게 조금이나마 전달되길 바란다. 내일 꼭 밤하늘을 바라보고 있다가 별똥별이 떨어지거든 다시 소원을 빌어야겠다.

짧지만 오래 방영되는 시트콤 같은 | 운장 02

좀 느리더라도 책 작업을 하며 인류학 보충 수업을 하리라 마음먹었다. 〈지구촌 시대의 문화인류학〉 수업 내용을 제대로 파악하지 못했다고 느꼈기 때문이다. 수업의 내용보다는 소모임 구성원 13명이 이뤄 내는 하모니가 더 흐뭇했던 한 학기였다.

군대 시절 삭막한 인간관계에 한계를 느껴서인지 모르지만, 전역한 시점의 작은 소모임은 내게 매우 소중한 소통 공간이 되어 주었다. 수업 내내 〈아날로그를 생각하다〉라는 팀 작업에 집중하고 있었다. 수업에 필요한 책들을 제대로 읽지도 않은 불량 학생이었지만 놀랍게도 수업 마당이 펼쳐지는 곳에서 귀동냥과 토론에 참여하는 것만으로도 많은 것들을 배웠다. '책 읽기를 싫어하고 도서관에 가는 것도 싫어하는 나도 배울 것이 있구나.' 우리 조모임은 각자의 특색이 드러날 수 있게 기말 발표를 했고, 조한은 우리를 많이 칭찬해 주었다. 또한 우리의 허접스러운 「아날로그 활동 일지」라는 작은 출판물을 보고, 매우 즐거워했다. 배울 것 많은 풍성한 수업이기도 했지만 배울 수 있어서, 이 길을 걷든, 저 길을 걷든 배울 방법이 많아서 좋았다.

줄임말이 익숙한 나는 〈지시문〉이 편하다. 그렇게 짧고 빠른 것이 익숙한 내게 책 만들기 과정은 쉽지 않은 학업이었다. 즐겁고, 북적거리는 출발이었다. 하지만 신자유주의 시대를 살아가는 우리 세대에게 뭔가를 항상 머리에 담아 두고 오래 고민하는 일은 쉽지 않았다. 내가 가장 중요하게 생각하는 것은 '놓아도 되는 일'과 '놓치지 말아야 할 일'을 구분하는 일이다. 겨울 방학이 지나고, 작업이 잠시 중단된 적이 있었다. '책 내는 일이 취소될 수도 있겠구나.' 하는 생각을 떠올리는 순간, 이 일을 놓치지 말아야겠다는 결심이 섰다. 그리고 이제야 마음에서 놓아 보낸다.

책을 공동으로 쓰는 작업은 혼자서 쓰는 것보다 몇 배는 어려운 일인 듯싶다. 혼자서 책을 쓴 경험이 없어 추측에 불과할 수도 있지만, 내 목소리를 죽이는 연습, 거듭되는 회의, 반복해서 쓰고 고치는 작업이 힘들었다. 팀원을 모두 배려해야 하고, 서로가 쓰고 있는 장에 관심을 가져야 하는, 참으로 어려운 글쓰기였다. 학교 글쓰기 수업에서

"아이디어는 좋지만, 다른 사람이 이해할 수 있게 제대로 써내지 못합니다."란 평가와 함께, 그리 좋은 점수를 받지 못했다. 그런 나도 작업 팀, 조한, 유이의 도움으로 제대로 된 글쓰기 훈련을 매우 천천히 해 갔다. 공동 작업을 하면서 서로를 보완하며 역할을 찾아가는 글쓰기 작업은 또 하나의 학습이었다. 사주팔자에 책으로 먹고살 팔자는 아니라고 했으니, 그런 운세를 타고난 사람들과 함께 좋은 작업에 참여한 경험을 소중히 간직하고 싶다.

2006년에서 2007년으로 넘어가는 겨우내 우리는 쪽글을 바탕으로 한 1차 원고를 완성했다. 하지만 매우 지루한 수준이라는 평에 2007년 여름 조금 다른 작업을 시작했다. 대학교 1학년 여학생을 화자를 잡았으며, 모두들 여성 화자가 나 자신이라고 생각하며 수업을 재구성해야 했다. 당연히 그때 1학년 여학생이었던 영화와 연지가 부러웠다. 사실 따라갈 수 없는 감수성과 느낌의 차이는 당연히 존재하니까…

방학과 2007년 2학기를 거치면서 힘든 작업을 이겨 냈다. 각자가 할 일들은 일대로 진행하며, 학기 중에도 쉬지 않고 작업을 이어 갔기 때문이다. 소신 있게 잘 쓴 글들을 골라내고 퇴고하는 과정, 다 써졌다고 생각한 글을 전체의 흐름상 줄이고 지우고 새 글을 추가하는 과정은 좀 더 좋은 책을 완성하기 위한 인고의 시간이었다. 2년이 훌쩍 지났다. 함께 고민하고, 같이해 온 친구들에게 고맙다.

각자의 생활 방식과 글 쓰는 방식을 존중하면서, 서로 작업을 이어 가는 것은 짧지만 오래 방영되는 시트콤 같다. 내가 이 착한 친구들의 등을 좀 너무 밀지는 않았나? 책 쓰기라는 '자발적 수업'에 참여하며 기획자의 일머리를 좀 더 키운 것 같아서 기쁘다. 즐거워할 사람이 많아지는 기획, 살면서 그런 기획을 계속하고 싶다.

수강생

곽경란	공은비	구자준	김경무	김도원	김동우	김 민	김보람	김상우
김상훈	김새별	김소은	김슬지	김연지	김예슬	김예람	김예지	김은희
김재욱	김지훈	김진석	김현종	나윤경	노정욱	노주환	문은신	민웅기
박나래	박도준	박봉석	박서진	박재준	방영화	배정훈	백승환	손송이
송시원	신연순	신윤정	유아람	유원정	윤아영	윤지민	이경은	이나영
이무형	이보람	이승진	이예나	이유진	이종민	이준영	이현도	이형준
이호연	임가람	임유정	장미진	장성환	장혜영	정명화	정석현	정수빈
정유진	정지윤	조민제	조소나	조진옥	주원탁	천성환	천영준	최용락
최정우	최지현	최지희	최한아	최형필	탁소정	하경덕	하승효	한남기
한운장	한정우	허민석	홍아성	황다현	황수정			

청강생

김민건	김민영	김영남	김한결	김한균	김한솔	김현응	모현주	문종석
박세희	박한울	서화진	이규호	이충한	이 혁	전인영	조지은	조진만
한재승								

조교

김윤희 정가영

교수

조한혜정

"
교육이란 물을 한 바가지 채워 넣는 것이 아니라
불꽃 하나를 붙이는 것이다.
:: W. B. 예이츠
"

부록 | 교수가 교수에게

이 부록은 앞부분과 겹치는 내용이 적지 않습니다. 애초에는 교수들끼리 서로 강의법을 주고받는 매뉴얼 책을 쓰려 했는데 학생들과 공동 창작물이 나오게 되면서 이 부분이 사족이 되어 버렸습니다. 앞으로 교수들끼리 자주 강의실 이야기를 나누는 자리가 마련되기를 바라는 마음에서 뺄까 말까 한참 망설이다 싣기로 했습니다.

강의실을 집단 지성의 산실로 만드는 장치들

2006년 봄, 안식년을 마치고 돌아와 보니 1년 만에 대학은 아주 많이 변해 있었습니다. 오랜만에 만난 한양대 인류학과 정병호 교수가 막 교수 수양회에서 지난 학기에 대한 '간증'을 했다면서 '강의실 붕괴'가 일어나는 세태 변화를 일러 주었습니다. 학생들과 교감이 뛰어나 훌륭한 강사로 알려진 정 교수가 소개해 준 붕괴한 강의실 분위기란 이런 것들이었습니다. '자기 경험 쓰기'를 하라고 했더니 숙제 제출을 거부하면서 마치 교수가 스토킹을 하려는 것처럼 생각하는 학생이 생겨났고, 강의 중에 집중을 하지 않고 문자를 보내거나 맹하니 있는 학생들이 다수가 되었고, 교실에서 들락거리는 학생들도 꽤 있다는 것입니다. 따라서 강의 진도도 전만큼 나가기 어렵고 강의가 별로 즐겁지 않다고 했습니다.

정 교수가 결정적으로 충격을 먹은 것은, 종강 파티에도 학생이 몇 명밖에 나타나지 않았던 것이라고 합니다. 유쾌한 종강 파티로 소문이 나 있던 그의 종강 파티에는 으레 수강생 대부분이 참가하곤 했는데, 그 수가 조금씩 줄어들긴 했지만 이번 학기처럼 약속 시간에 한 명도 나타나지 않았던 적은 없었다는 것입니다. 30분을 기다려도 안 오길래 너무 당황스럽고 화가 나서 조교에게 기다리라고 하고 자신은 연구실로 들어가 버렸는데, 결국 뒤늦게 한 명씩 한 명씩 나타나 모두 여섯 명이 왔다고 했습니다. 너무나 화가 났지만, 그나마 나타나 준 학생들이 예뻐서 크게 한 턱을 쏘려고 근처 바닷가 유원지로 가자고 했더니 좋아하기는커녕 두 명이 슬그머니 약속이 있다고 빠져 버리고 다른 친구들도 난처한 표정이어서 결국 아주 조촐한 뒤풀이를 하고 말았다는 것입니다. 이런 일련의 경험에 당혹스러워진 정병호 교수는 최근 이런 대학과 대학생들의 변화를 시급히 연구를 해야 한다고 했습니다.

1990년대에 중고등학교 교사들이 학생들의 변화를 이해할 수 없어 난감해하고 괴로워했는데, 이제 대학 교수들이 그 자리에 있게 된 것입니다. '교실 붕괴'가 '강의실 붕괴'로 이어지고 있는 게지요. 큰 기대와 희망을 품은 청년들이 호기심에 찬 눈으로 강의실을 메우고 있는 것을 보는 설렘, 아마도 이것이 교수들이 가진 삶의 가장 큰 즐거움 중 하나일 것인데, 교실이 그렇게 변하고 만다면 교수 노릇을 어떻게 계속할까… 이런 염려를 하고 있는 나를 보고 대학원생 수업 조교는 학부제가 아이들을 다 망쳐 버렸다고 말했습니다. 취직 잘 된다는 인기 학과에 가기 위해서 학점 관리를 해야 하기 때문에 대학생들은 대학생이 아니라 '고4'이고, 학점 관리에 급급하다 보니 인문학을 제대로 배울 여유가 없어졌다는 것입니다. 실은 첫 시간에 학점 기준에 대해 꼬치꼬치 묻거나 확실한 평가 기준이 잘 안 보여서 A학점을 보장받을 수 없을 것 같다고 수강 변경을 하는 경우가 생겨서 나 자신도 조금씩 당황해하고 있던 차였습니다. 학부제는 학생들을 학점의 노예로 만들었을 뿐 아니라 입학 후 챙겨 줄 선배를 없애 버린 제도이기에 학생 운동권의 맥도 끊기고, 대학 캠퍼스 문화 자체를 '썰렁'하게 만든 효과를 발생시켰다는 것이지요.

'교실 붕괴'를 말하던 고등학교에서 학생들은 학교에 친구 만나고 점심 먹으러 간다고 하더니, 대학생들도 딱히 강의를 들으러 학교에 가기보다 무선랜 장치가 된 캠퍼스에서 수업 중에도 인터넷 검색을 하고 문자 메시지 보내면서 멀티테스킹을 하고, 토플이나 취업 공부, 또는 펀드 등을 하는 데 도움이 되는 과목을 골라 들으면서 시간을 보내는 것입니다. 대형 강의실에서는 주로 파워포인트 강의를 하기에 어두컴컴한 곳에서 다른 밀린 숙제를 하기에 좋고, 전공 수업은 재미가 없어도 학점을 잘 따야 하니까 얌전하게 듣는다고 합니다. 남은 시간이 있으면 도서관에서 자습하고 카페테리아에서 친구들과 노는 것입니다. 그야말로 다기능을 하는 거대한 멀티버시티에서 생활하는 것이지요. 대학이 '진리' 탐구의 장이라고 말하기에는 너무 잡다해졌고, 학생들은 경쟁의 틀에서 심히 불안해하면서 대학 캠퍼스 안에서 서성이거나 학원가로 빠져 나가고 있는 것입니다. 학점 관리 외에 서구의 유수 대학에 교환 학생으로 가기 위한 준비, 학비를 벌기 위한 아르바이트에다 갈수록 '옆구리가 시려' 연애도 필수이니 강의실에서 제대로 집중하기는 점점 어려워지고 있는 것이지요. 인문학적 공부에 재미를 붙이다 보면 자신의 취업과 안정된 삶의 계획이 흔들릴지도 모른다는 불안에 인문학 수업이 재미있어지려는 것을 애써 제어한다는 학생을 만난 적도 있습니다.

 그러나 무엇보다도 강의실 붕괴가 일어난 이유는 이들 세대가 계몽주의 언어에 질려 버렸기 때문일 듯합니다. 진리는 모두 이미 말해졌고, 문제가 무엇인지도 다들 알고 있습니다. 적어도 안다고 생각하게 되어 버렸지요. 모든 새로운 제도들도 다 만들어 보았고 다 시도해 보았다고 생각합니다. 결국 문제가 무엇인지는 알지만 풀지 못하는 데 있는 것이고, 이런 암울한 시절에 시대에 대한 인식이니 교양이 무슨 소용 있느냐는 생각을 하게 되는 모양입니다. 논술을 위해 많은 책을 읽긴 했지만 '다이제스트본'을 읽거나 독해법을 기술적으로 익힌 터라 삶과 책 속의 이야기가 얼마나 즐거움을 주는 것인지를 미처 경험하지 못한 것이지요. 수강생을 파악하기 위해 나는 자주 조교들과 저녁 식사를 하면서 의견을 나누고, 때로 이메일을 주고받았습니다. 2000년에 처음 개설한 〈지구촌 시대 문화인류학〉을 수강한 이래 계속 이 수업을 들으면서 몇 학기째 조교를 했던 이송규호 씨는 최근 학번 학생들은 논술 세대와 미니홈피 세대라면서 그들이 가진 특성에 대해 긴 이메일 편지를 보내 왔습니다.

이 학번 친구들은 논술 세대이자 미니 홈피 세대입니다.
이전 세대들이 친구들끼리 비밀 편지를 쓰는 것만으로 학창 시절의 글쓰기를 마친 것이라면 요즘 상위권 대학에 입학할 수 있었던 학생들은 적어도 수능 끝나면 무조건 논술에 올인하는 시간을 가집니다. '매니저 엄마'를 둔 경우에는 초등학생 때부터 논술을 시작했을 것이니 글 쓰는 것에서 능수능란해진 것은 사실이고, 교수가 원하는 답변은 '모범적'으로 술술 써 내려 갈 정도로 훈련이 되어 있지요.
논술 준비를 하면서 한국식 토론 방식에도 익숙해져 있습니다. 한국식 토론 방식의 대표적인 현장으로 저는 종종 교사들이 하는 시사 토론을 접하곤 하는데(대부분 전교조 교사들이지요. 다른 교사들은 이런 것에 관심도 없어요.) 특정한 주제에 대해 답이 이미 있고 그걸 발언하면 끝나는 토론이지요. 판을 벌인 사람들이 먹기 좋게 포장해 주는 것을 잘하면 되는 토론에 너무 익숙해져 있는 분위기. 예를 들어 강남의 한 고등학교에서 어떤 전교조 교사가 수행평가로 FTA 관련 토론을 시키니 대부분의 학생들이 '반대'의 입장에 섰다고 합니다.
교생 실습 나갔을 때도 이런 광경들을 참 많이 보았지요. 백일장, 글쓰기 대회 등 입시에 반영되는 표상 행사 준비에서도 바로 이런 훈련을 체계적으로 시키고 있지요. 그런 점에서 아이들은 너무나 똑똑해져 있어요. 적어도 교수와 관점과 입장 차이로 쌈박질하는 일이 더는 벌어지지 않고 글도 깔끔하니 잘 써냅니다. 하여튼 생존을 위해 처세에 아주 능해진 대학생들이 자기 언어 만들기를 매우 부담스러워하게 된 배경은 이렇습니다.
글 읽기와 글쓰기가 너무 쉽고 깔끔하게 되어 버린 대학생들이 점점 더 많이 캠퍼스를 차지하게 되겠지요. 이는 B학점을 A학점으로 올려 달라고 학부모가 교수실에 찾아오는 진풍경과 함께 일어나는 변화일 겁니다.

두 번째로 미니홈피 세대.

자기를 드러내기를 전혀 하지 않는 것은 아닙니다. 미니홈피에서 자기만의 사적 공간을 가지고 자기를 드러내는 일을 실은 계속해 온 세대입니다. 그런데 그 드러냄이 자폐적인 경우가 많습니다. 앞 사람이 무슨 말을 하든 개의치 않고 셀카로 셔터를 눌러 대는 모습. 약간 눈을 크게 뜨고 입술도 살짝 옆으로 벌리면서 피부의 잡티가 안 보이는 그런 사진만을 미니홈피에 올리고 그게 자신이라고 믿는 그런 상황. 그런 자폐성은 역설적으로 방문자 수와 조회 수, 그리고 댓글에 엄청 신경을 쓰는 타인 지향성과 실은 내통되어 있습니다.

며칠 전에 우연히 막 대학 강의를 시작한 시간 강사분을 만났어요. 열심히 게시판을 열고 관리를 하려고 하는데 아무도 오지 않고 글도 안 쓰더라며 어떻게 아이들이 이럴 수 있냐고 하더군요. 예전에는 내가 쓴 글의 무식함이 탄로가 날까 봐 부끄러워 글 쓰는 게 어려웠다면, 요즘에는 조회 수가 낮고 댓글도 없는데 글을 쓰는 이는 별로 없지요. 주제가 재미도 없으면 더하고, 게다가 자기 이야기를 쓰려 하다 보면 자기가 그간 살아온 삶의 궤적까지 후회가 막급해지면서 내가 왜 살고 있는가 하는 존재론적 회의까지 들게 되는 상황이라는 것을 그분은 모르고 계신 것 같았어요.

'악플보다 무서운 무플'이라는 말, 자신의 글의 조회 수를 높이기 위해 계속 자기가 클릭해 보는가 하면, 자기 글의 조회 수가 높거나 논쟁거리가 될까 봐 그게 두려워서 삭제도 서슴지 않는 그런 시대이기에 사이버를 수업 보조 장치로 사용할 때 제대로 판을 깔고 기획을 해야 하지요. 그런 면에서 조한이 중형 규모 수업을 유지하는 것은 아주 탁월한 선택이었어요. 적절하게 개입을 잘하시기도 하지만요. 학교 사이버 교실이 만들어지기 전부터 사이버 수업을 진행한 내공이 역시 작용을 하나 봅니다.

당사자이기도 한 20대가 정리한 글이라 아주 설득력이 있지 않나요? 논술 세대인 이들은 선배들에 비해 글을 쉽게 쓰는 편이고, 또한 싸이월드 홈페이지 세대인 이들은 짧은 글과 영상을 통해 자신을 이미 잘 표현해 내지만 사실상 자신이 진정 말하고 싶은 것이 무엇인지에 대한 논의는 해서 안 된다는 생각을 하게 된 것 같습니다. 그러니 이들을 위해서는 아주 다른 교양 기초 수업이 필요한 것이지요.

  1990년대 들어서면서, 정신없이 소비 대중 사회로 치닫는 시대 상황에 당혹해하면서 나는 동료 교수들과 함께 '시대 읽기' 공부를 한 적이 있습니다. 탈근대에 대한 책을 읽으면서 토론하는 모임이었습니다. 점점 더 빨라지는 시대 변화, 그리고 비합리적으로 변해 가는 상황을 보면서 그때 내가 상상한 것은 '노아의 방주'였습니다. "이 낙후된 시대를 탈출해야 한다. 새로운 시대를 만들어 낼 학생들이 다음 시대를 제대로 열어 갈 수 있게 훈련해야 한다."고 생각했습니다. 나는 〈대중문화〉 같은 수업을 신설해서 학생들의 '끼'를 한껏 살려 주면서 스스로 창의적이고 주도적으로 일들을 벌여 가게 도우려 했습니다. 그때 나는 수업에 들어온 것을 '승선을 축하한다.'고 말했고, 학생들은 때로 나를 '선장'이라고 부르기도 했지요. 2000년부터는 온라인 수업을 시도했고, "공략하지 말고 낙후시켜라." 이것이 그때 우리의 모토였습니다. 여전히 나는 이 슬로건을 활용하지만, 이제 다른 슬로건이 필요하다고 느낍니다. 1990년대에는 자신의 독창성과 개성을 뽐낼 자리가 없어 내가 깔아 놓은 그런 수업은 그야말로 해방구였는데, 자리를 깔면 오히려 겁을 내는 학생들이 더 많으니까요. 나는 사실 난감한 생각이 들었습니다.

  이런 문제의식은 나만의 것은 아니어서 『교수신문』 등에서도 지속적으로 〈나의 강의 시간〉이라는 지면을 통해 새로운 페다고지 실험들을 소개하고 있고 '웹 2.0 세대와 소통하는 법' 등에 대한 기사도 실어 주고 있습니다. 대학 당국에서도 이런 변화를 감지하고 1학년 학생들을 잘 챙기기 위해 학부 대학을 만들고 학부생을 위한 기초 교과를 전면 개편하고 기초 교육을 쇄신해 가고 있는 걸로 알고 있습니다. 연세대학교에서는 1996년 학부제를 도입한 후 2000년에 '학부대학'을 신설하여 신입생들을 돌보는 '학사 지도 교수제'를 마련했습니다. 학사 지도 교수란 학부제를 실시하기 전에는 학과 선배들이 했던 상담과 멘토 역할을 해 주는 분들이지요. 고등학교 졸업생의 80%가 대학에 진학하는 한국의 독특한 상황과 신입생 챙기는 일은 대학으로서는 부담이 큰 일이 되어 버린 것 같습니다.★ 대학생이 되어도 수강 신청을 제대로 할 줄 모르는 학생들이 늘고 있는 것이지요. 그래서 친절한 상담과 자문을 해 줄 담임 제도가 필요하게 된 것인데, 외국에 다녀 보니 미국에서도 1990년대 고등학교 졸업생이 대학에 가는 것이 일반화되는 '대학생 대량 생산' 시점에 도달하면서 자기 앞가림을 못하는 학생들이 늘어나서 기숙사에 생활 지도를 하는 멘토와 기획자들을 대거 고용하거나 '배움의 기숙 공동체 living learning community' 프로젝트를 시작해야 했다고 하더군요.

★ 참고로 한국은 고등학교 졸업생의 80%가 대학에 진학하는 반면 일본은 50%가 진학을 한다. 대신 일본에서는 자기 원하는 직업 교육을 받는 청년들이 많다.

둘러보니 교수들끼리 페다고지에 대한 함께 고민하는 '자구 모임'도 생기고 있었고, 대학 본부에서도 이 문제의 심각성을 느껴서 교수학습지원센터 등 제도적 장치를 고안해 내고 교수들을 '업그레이드' 시키려는 갖가지 노력을 기울이고 있었습니다. 외국 책에서 요약한 교수법 매뉴얼을 번역해서 보내 주기도 하고, 명료한 지식 전달을 위해 파워포인트 자료 만드는 법이라거나 온라인 활용법을 알려 주는 워크숍도 개최하고, 영상 녹화를 해서 자가 진단을 해 보라는 공문도 심심치 않게 보내 주고 있었습니다. 이런 노력에도 불구하고 현실은 크게 나아지고 있는 것 같지 않습니다.

교수들이 점점 더 바빠지는 것이 가장 큰 원인일지도 모릅니다. 아시다시피 최근 대학 당국이나 교육부가 2000년대 들어서서 부쩍 글로벌 경쟁을 강조하게 되었고, 특히 이른바 일류 대학에서는 세계 100위 대학에 들지 않으면 도태될 것이라면서 대학 순위를 높이겠다고 안간힘을 쓰고 있지 않습니까? 급변하는 상황에 맞게 대학을 업그레이드시켜 내는 것은 우리가 모두 원하는 바일 것입니다. 대학은 교수들에게 세계적 수준의 연구 작업을 하여 국제 저명 학술지에 논문을 낼 것을 재촉하고 포상을 하기도 합니다. 참 반가운 일이지요. 그래서 '학술적' 논문들이 꽤 많이 쏟아져 나오는지는 모르겠지만 교수들은 많은 수의 논문을 써내는 기계적인 논문 제조자로 전락하고, 그를 돕는 대학원생들은 뭔가 아주 많은 일을 하긴 하는데 남는 것이 왜 없는지 모르겠다며 한탄을 합니다. 변화한 학생들을 파악하면서 새로운 수업 내용과 방식을 만들어 내야 하는데, 일단 잡다한 사무와 회의, 그리고 논문 제조의 쳇바퀴에 얽혀 버린 교수들은 좀체 시간이 나지 않는 것입니다.

새로운 교수법에 대한 논의는 물론 최근의 일도 아니고 한국에만 국한된 것이 아닙니다. 그러나 최근 글로벌 시대가 되면서 더욱 중요해진 것은 사실입니다. 2007년 2월 9일자 신문에 "하버드대 30년 만에 교과 개편: 타문화 포용하는 세계인 양성 목적"이라는 기사가 났습니다.★ 그리고 새로운 교과 개편을 통한 수업들을 인터넷을 통해 공유하려는 시도를 하고 있습니다. 또 2007년 2월 17일자에는 "미 명문대 온라인 공짜 강좌 '펑펑': MIT, 예일, 스탠퍼드 등 주도… 대학의 문턱 낮춰. '지식은 공동재' 교육 민주화 추구, 기부금은 덤"이라는 기사 등에서 이런 변화의 방향을 찾아볼 수 있습니다.★★ 세계 대학들이 모두 새로운 시대를 가르칠 새로운 강의를 개설하고 이를 세계 주민과 나눌 방안들을 찾아내고 있는 것이지요. 사실 자본주의 시대에 초기의 공짜로 퍼부어지는 것들은 곧 비싼 상품이 되곤 하지요. 그런 면에서 이런 공짜 '오픈 코스 웨어'를 학생

★ 강병철, "하버드대 30년 만에 교과 개편", 중앙일보 2007년 2월 9일.

★★ 강성만, "미 명문대 온라인 공짜 강좌 '펑펑'" 한겨레신문 2007년 2월 17일. 기사에 따르면 MIT가 1500 강좌의 강의 자료를 제공 중이고 예일대, 스탠퍼드대, 노트르담대, 캘리포니아대 버클리 캠퍼스 등에서도 소수의 강좌를 제공하면서 수를 늘려 가겠다고 한다. 물론 이런 강의 공개에는 재단 지원금도 활용되고 있어서 '공공재인 지식 공유' 운동이 활발하게 일고 있다.

들과 함께 보면서도 내심 씁쓸함이 있습니다.

세계 100위 대학에 들고자 한다면 당연히 자체적 학문 공동체를 만들기 위한 노력을 기울여야 하고, 그러려면 강의실에 활기가 넘쳐야 한다고 봅니다. 논문 편수로 세계 순위를 매기는 게임을 하느라 점점 더 본래의 역할을 하지 못하고 속이 비어 가는 대학이 못내 염려스럽습니다. 수강 신청부터 과도한 생존 경쟁의 경험을 해야 하고, 수업 내내 학점 신경을 써야 하는 대학생들이 측은합니다. 이런 상황이 장기화되면서 우리가 모두 그런 분위기에 길들여질 것 같아 내심 불안합니다. 나는 학생들이 "임금님이 발가벗었다."고 말할 수 있어야 한다고 생각합니다. 특히 20대에는 맑고 명철한 눈으로 세상을 바라볼 수 있어야 하지요.

특히 전환기의 대학생들은 새로운 질문을 찾아내는 세대여야 한다고 생각합니다. 인문 사회 과학 강의실은 그런 질문을 가진 이들이 머리를 맞대고 즐겁게 배움의 여행을 하는 곳일 겁니다. 자신의 고민이 자기만의 것은 아니라는 것을 알게 되고 그것을 사회적 맥락에서 풀어 가는 것을 배우면서 감동과 희열을 느끼게 되는 것, 동시에 그런 행동 자체가 '로컬 지식'을 생산하는 작업의 일부라는 것을 알아 가는 것이 대학이어야 한다는 것입니다. 학교란 뭔가를 배워 가고 가르치는 창조적 공공재이기에 아주 오래전부터 우리 마음을 설레게 한 곳이 아니었던가요? 좋은 선생은 자신이 알고 있는 약간의 선물을 가지고 강의실에 들어가 학생들과 소통하면서 그들과 함께 시대를 배우고 더 많은 선물을 받아 오는 사람이라는 생각을 나는 자주 합니다.

연세대학교에서 때마침 "예측 불가능하게 전개되는 시대적 조류를 선도해 나갈 수 있는 새로운 사유 방식을 가진 인재들을 길러 내야 한다."면서 "능력 함양 중심의 교육을 위한 파일럿 클래스"라는 실험적 제도를 마련했습니다. 교수들 간에 상호 정보 교환의 자리를 마련하고, 특강비와 연구비를 따로 지원하는 등 지원책을 통해 대학의 기초 교육을 업그레이드해 보고자 했습니다. 교양교육연구위원회에서는 기본 능력을 창조적 상상력으로 놓고 '비판적 사고', '과학적 사고', '글로벌 소통', '도덕적 가치 판단'이라는 네 범주의 능력을 집중적으로 길러 내는 수업들을 실험해 보기를 장려했고, 여기서 소개하는 수업은 파일럿 클래스 중 하나로 진행되었습니다.

내가 가르치던 〈지구촌 시대의 문화인류학〉은 제목으로 보면 '글로벌 소통 능력'에 해당하는 과목이었지만 사실상 그 네 가지 능력은 따로 떼어 놓을 수는 없는 것들입니다. 그 능력은 학생이 자기 주도 학습의 능력을 가지고 시대를 읽어 가게 될 때 자연스럽게 '함양' 되는 능력이기 때문입니다. 시장 자유주의가 판을 치는 시대에 이 네 가지 능력은 그리 중요한 것으로 간주되지 않습니다. 그러나 대학에서 이런 능력을 키우지 못한다면 어디서 이 능력을 기를 수 있을까요? 대학생들이 좋은 직장에 들어가서도 3년이 채 되기도 전에 자신은 '소모성 건전지'에 지나지 않는다고 느끼면서 대학원으로 다시 돌아오는 것을 보면서 나는 대학생 초년기에 긴 인생을 살아 낼 지력과 감성을 확실하게 키워 가야 한다는 생각을 더욱 하게 됩니다.

이를 위해 많은 것이 바뀌어야 할 것입니다. 우선 대학 당국은 전문적인 논문 편수를 높이기에만 급급할 것이 아니라 제대로 학생들이 배우고 있는지를 점검해야 하고, 그것이 대학 평가의 중요 변수로 포함이 되어야 할 것입니다. 교수는 연구자이면서 교육자여야 한다는 것을 잊어서는 안 된다는 것이지요. 연구와 강의는 잘 통합하여 시너지를 내는 활동으로 만들어 내야 합니다. 그나저나 가장 중요한 것은 교수들이 즐거운 강의를 하는 것이겠지요. 진정한 배움이 일어나는 교실을 되찾는 것, 학생들이 강의실에 설레는 마음으로 들어가는 것, 내가 하려는 것은 바로 이것입니다.

저는 다시 인문학의 시대가 오고 있다고 생각합니다. 근대화 과정에서의 상처들을 치유하면서 좌표를 다시 찾아야 하는 시대이기 때문입니다. 그런 시대를 위한 배움의 공동체 교수법을 아래에 정리해 보았습니다. 즐거운 수업을 마련하는 데 조금이나마 도움이 되면 합니다.

배움의 공동체를 통한 학습법

학생들이 주도하고 이끌어 가는 수업으로 만들어 가려면, 특히 그런 경험이 없는 학생들을 대상으로 할 때 초반에 기선/분위기를 잘 잡아야 한다. 교수는 무대를 세팅하고 학생들의 공연을 관찰하고 다음 수업의 세팅을 준비하면서 마무리 장이 어떻게 될지를 수시로 가늠하는 즉흥 마당극의 기획·연출가가 되는 셈이다. 특히 논리적으로 짜인 강의를 하면 곧바로 학생들이 즉각 강의 듣기 모드로 들어가면서 관객이 되어 버리기 때문에 느슨하게 연결된 개념들을 던지면서 스스로 그런 재료를 가지고 파편들을 모아 내면서 노는, 곧 창조의 즐거움을 맛볼 수 있도록 해야 한다. 창조적 지성은 토론 없이 만들어질 수 없다. 비약적 사유를 해내기 위해 필요한 것은 듣기listening, 서로의 말을 이어가기connecting, 그를 통한 도약jump을 경험하는 것이다. 이 원리는 2003년 일본의 사토 마나부 교수가 배려의 교육론을 바탕으로 구체화한 '배움의 공동체' 페다고지의 핵심이다. 창조적이 된다는 것은 기발한 발상을 해내는 것이 아니다. 그것은 문제 해결의 능력이며, 머리를 맞대어 문제를 해결할 수 있을 때 터져 나오는 것이다. 그래서 창의력은 이야기가 있는 환경, 희망과 꿈을 가질 수 있는 상황, 신뢰하는 공동체 속에서 꽃피는 것이다. 창의적 학습은 크게 세 단계를 거치며 성숙해 간다.

1 단계 | 스스로 배우고 싶은 동기와 의지를 가짐

수업 초반에 학생들이 즐겁게 자기를 드러내며 서로를 알아 가는 시간이 필요하다. 교수 역시 자기를 드러내야 한다. 학생들은 아주 까다롭고 민감해서 개중에는 자기를 드러내지 않으면서 남에게 자기 이야기를 하라는 것에 대해 불공평하다거나 '음흉하다'는 생각을 하는 이가 적지 않다. 또 교수라는 기획자를 잘 이해할수록 자체적 기획과 성장에 도움이 되기 때문에 나는 내가 쓴 책을 초반에 적어도 한 권은 읽게 한다. 책을 읽힐 때는 같은 책을 읽게 할 수도 있고, 골라 읽게 할 수도 있다. 선택하게 하면 자신이 관심 있는 것을 고를 수 있어서 자발성이 더 높아질 수 있지만, 다 함께 공유하는 정보 기반이 줄어드는 단점이 있다. 그러나 워낙 선택을 해 보지 않았고, 그래서 책임을 진다거나 즐거운 경험을 해 본 적이 없는 학생들이라는 점을 감안할 때 나는 될 수 있으면 선택의 여지를 남겨 주려는 편이다.

이 수업이 단순히 지식을 전수받는 곳이 아니라 서로를 돌보는 공간이라는 인식이 사람의 태도를 크게 바꾸어 내는 것이다. 초반에 교수는 이런저런 복잡한 상황을 다 고려하면서 나름의 지도력을 발휘해야 학생들의 신뢰를 얻게 된다. 학생들은 교수가 성의가 있는지, 그리고 자기들 편에 설 줄 아는지에 대해 매우 민감하게 보고 있다.

초반의 분위기 조성을 위해 몇 가지 공간적, 기술적, 언어적 장치들이 도움이 된다.

1. **원탁형 교실 배치** 모두가 서로의 얼굴을 볼 수 있도록 둥글게 앉는 식으로 교실 배치를 바꾼다. 교수 역시 그들 중의 한 사람으로 자리를 잡는다. 둥근 것에는 위아래가 없고 중요한 사람, 그렇지 않은 사람이 따로 없다. 이

런 세팅에서 자기소개를 하게 해서 수강생들이 서로의 얼굴을 익히고 주인공이 된다는 느낌을 가지면서 학습 공동체에 대한 감을 가져갈 수 있게 한다.

2. **탈권위주의적 호칭과 관계** 나는 필명으로 '조한'이라는 이름을 쓰는데, 이를 써도 되는 분위기를 통해 탈권위주의적 교실 분위기가 형성될 수 있다. 교수와 친숙해지면서 또한 동료들과 친숙해지고, 격의 없이 이야기하는 분위기를 조성해서 교실 전체의 역학에 민감하게 반응하면서 그런 역학을 주도하는 태도를 갖게 한다. 자기 주도적 학습을 하게 하려면 그간 강도 높은 입시 준비를 하는 동안 익히게 된 자동 반사적인 학습 태도를 바로잡아야 한다. 파커 파머 씨가 주도하는 "가르치기 위한 용기 교사 워크숍"에서 실행하는 다음 세 가지가 학생들의 태도를 바꾸어 내기 위해 교수들이 실천해야 하는 것이라 생각하는데 그 세 가지란 다음과 같다. ① 섣불리 바로잡으려 들지 않기, ② 충고하지 않기, ③ 문제 해결해 주려 하지 않기. 기존의 교사들이 하던 '짓', 학생들이 예상하던 행동을 하지 않음으로 학생들로 하여금 다른 행동을 할 수 있게 하는 방법이다.

3. **유연한 커리큘럼과 자기 주도적 학습** 내부에서 이루어지는 이야기들을 신뢰하고 내부에서 지식을 생산하는 분위기 조성을 위해서는 이 학기에 수업에서 꼭 다루어 내야 할 양의 학습 내용이 있다는 식의 분위기를 지양해야 한다. 학생들의 삶의 일부인 대학 등을 참여 관찰의 대상으로 삼아 취업 설명회와 학생 총회 집회 참여 관찰을 함께하고 기록을 나누기도 하면서 강의 계획서가 수시로 변경될 수도 있다는 것을 열어 둔다. 각자가 관심이 있는 주제를 정해서 토론을 하면서 학생들이 각자 얼마나 다르게 보고 다르게 쓰는지를 확인하면 자기 목소리를 내는 것과 듣는 것에 큰 재미를 들이게 된다.

4. **온라인 공간의 적극적 활용** 온라인을 최대 활용한다. 자신이 즐겨 듣는 음악, 이미지 공유 사이트, 자유게시판을 통해 다양한 수준과 유형의 소통

이 이루어지도록 한다. 학생들은 온라인에 올라온 다른 학생들의 글을 보면서 내부의 차이, 그리고 수준에 대해서 생각하게 되고 시간이 지나서도 뒤늦게 생각나는 것을 끄집어내어 다시 토론에 붙일 수도 있다.

5. **'수업일지'를 통한 소통**   특히 전자칠판에 올리는 '수업일지'를 통해 교수는 언제나 수업의 진행에 개입할 수 있고 자유게시판을 통해 스스럼없는 이야기들을 나눌 수 있다. 교수가 일방형 강의를 거의 하지 않고, 전자칠판에 매 수업 후 '수업일지'를 올리면서 이해를 잘 못했다고 느끼는 학생들이 수업의 의도와 내용을 따라올 수 있도록 한다. 전자칠판을 통해 교수는 학생들로 하여금 토론을 하게 한 후 결론을 내리는 사람이 아니라 그들의 이야기가 이어지게 하는 사회자이자 연출자임을 분명히 하면서 미처 언급하지 않은 것 등을 수시로 써 두어 원하는 학생들은 언제든 찾아 읽게 한다.

2단계 | 말이 서로 통하여 새로운 인식으로 이어지는 경험

아주 다양한 사람들이 듣고 있지만 서로 들을 준비를 갖추면 대단한 학습의 장이 펼쳐진다. 자기와 다른 생각을 하던 사람들을 배척하던 태도가 180도 바뀌어서 자기와 다른 의견에 오히려 귀를 기울이게 되고 다양한 것을 섭렵하여 사고하는 태도를 가지게 된다. 토론과 학습 공동체가 생겨나면서 사건도 일어나고 스타도 만들어지면서 공동체 성원들만이 공유하는 코드도 생긴다. 참여 관찰과 맥락 읽기를 하다 보면 수업 공동체가 변화하는 역동성, 참여자로서의 책임, 그리고 공동체 성원으로서 안정감과 힘을 느끼기 시작한다. 교수는 이때 자기 주도적이고 창의적인 전인의 능력이 돋보이는 학생들, 인류학적 통찰력과 참여 관찰, 그리고 일을 처리해 내는 '일머리'가 있는 학생들, 남의 말을 듣고 이야기를 이어 가는 능력이 있는 학생들을 약간 돋보이게 하면서 말이

겉돌지 않게 잡아 주면, 소통 공동체의 수준이 금방 올라간다.

교재로는 딱딱한 텍스트보다 최근 베스트셀러가 된 책들과 영화를 선택하고, 필요하면 특강을 기획하기도 한다. 주제를 미리 정해도 좋지만, 그 학기 중에 일어난 관련 사건들을 시기적절하게 연결하는 것이 더 효과가 크다. 예를 들어 「왕의 남자」같이 그 즈음에 히트한 영화를 다 함께 보고 토론해 본다거나, KTX 여승무원 사건이나 저출산 문제가 사회적 이슈로 떠올랐다면 그 주제로 토론하고 특강자를 모신다. 만나기 힘든 훌륭한 강사 특강, 일상적인 글로벌 기업의 채용 홍보 행사, 또는 특별 영화제 등은 학생들과 함께 참여하면서 교실을 사회로 확장해 가는 경험을 하게 한다. 이 수업에서는 신자유주의적 구조 조정 가운데서 우리 주변의 삶이 어떻게 변화하는지를 읽어 내는 것이 중요한 만큼 시간이 되면 계급의 양극화, 미국 중심의 글로벌라이제이션, FTA 협상, 한류 등의 주제를 다룬 방송국 다큐멘터리 등도 활용할 예정이다.

일단 학생들이 자기의 언어로 말하고 소통하는 즐거움을 알게 되면 교수는 할 일이 별로 없다. 이즈음에 학생들의 이야기가 진솔해지면서, 자신이 기피하고 싶어 한, 자신의 시대와 직면할 용기도 생겨 나게 된다. 글로벌 시대의 경쟁과 투기 자본주의 사회의 성격, 실업 문제 등 학생들이 기피하고 싶어 하는 주제를 영화나 짧은 글을 통해 보게 하면 학생들은 매우 불안해지기 시작할 것이다. 이론서를 읽는 것이 아니라 삶 자체를 적나라하게 이야기하고 있기 때문에 학생들은 불안해지는 것을 피할 수 없다. 이 불안은 얼마간 그대로 경험을 해야 하고, 이를 통해 불안과 더불어 살면서 불안을 다스리는 방법을 알게 된다. 이 과정에서 장치가 몇 가지 필요하다.

1. 개념을 연결하며 사유하기 파편과 퍼즐 맞추기를 통한 깨달음의 즐거움을 느낄 수 있도록 핵심 개념만 던진 후 그 이후 사유의 공간을 스스로

메우게 한다. 핵심어를 초반에 칠판 게시판에 적어 두고 수업을 진행하며, 수업 이후 전자칠판의 교수 수업일지에서 잠시 정리하면서 은연중에 개념을 기억하고 계속 생각하게 만든다.

2. **진솔한 대화로 마음 열기** 나는 수업에 논쟁을 하게 내버려 두긴 하지만 장려하지 않는다. 한 학기라는 긴 시간을 두고 서로를 설득하고 배워 가는 언어 공동체를 만들어 가게 하기 위해 논쟁은 별 도움이 되지 않는다. 느림과 침묵이 흐르는 여유로운 경청의 분위기를 만들어서 학생들이 교사의 눈치를 보지 않고 두려움 없이 말하게 하는 것이 중요하다. 자기 마음속의 말을 듣고 싶어 한다는 것을 알게 되면서 학생들은 자기 안을 들여다보고, 정직하게 말하려 노력하게 된다. 정직하게 말하기 시작하면서 학생들은 자기 속에 잠재해 있는 창의성을 발견하고 기운을 낸다. 여기서 창의성이란 함께 살아가는 지혜와 힘을 말하고, 자고로 창의성이란 그런 것이었다고 나는 생각한다.

3. **삶과 연결되는 글쓰기** 쪽글은 항상 자기의 삶과 연결시켜 내도록 하고 매주 쓰게 함으로 성찰적 글쓰기 습관을 갖게 한다. 중간고사와 기말고사 시간에 자신이 해 온 것에 대해 집중적으로 돌이켜 보는 주제를 출제해서 다시 생각해 보게 한다. 남의 쪽글을 열심히 읽어서 다른 친구들이 하는 생각의 다양함, 또는 동일함을 보고 스스로 문제를 제기하고 때로 힘을 얻어 갈 수 있게 한다.

3단계 | 깊은 관심을 갖게 된 주제와 관계를 계속 가져가기

이 수업에서 얻게 된 깨달음을 수업 이후에도 가져갈 수 있도록 마무리를 한다. 수업에서 한 것은 일시적인 실험이 아니라 장기 지속적인 삶의 작업으로 이어질 과제이며, 이 단계에서 팀별 협동 과제의 수행이 얼마나 중요한 역할을 하는지 스스로 경험할 수 있게 한다. 이 수업에서는 이상적인 토론의 힘을 아주 잘 보여 준 영화 「12명의 성난 사람들」을 통해 우리들이 얼마나 피상적으로 말하고 적당히 생각하면서 잘못된 결론을 내릴 수 있는지, 진리에 도달하기 위해서는 집요한 탐정처럼 얼마나 세심하고 정확하게 관찰하고 유추해야 하는지, 또 상대방의 입장에 서서 보는 훈련을 해야 하는지를 토론하기로 했다. 사람들은 일반적으로 현상을 "있는 대로 보는 것이 아니라 보고 싶은 것을 선택적으로 본다."는 현상학적 명제를 아주 분명하게 인지하고 넘어가는 것이 좋다. 여기서도 수업 장치가 몇 가지 필요하다.

1. **일상으로 이어지는 '시대 읽기' 작업** '시대 읽기'를 일상에서 계속할 수 있도록 연결하는 작업을 기획한다. 10년 정도의 선배들을 모셔서 특강을 하게 하면 적절히 자극을 받고 자신의 삶과 직접 연결하기도 좋다. 기획 특강을 할 경우, 학생들이 팀을 이루어 자체적으로 기획하게 하고, 외부에도 공개하여 다른 학생들도 듣게 함으로 일을 꾸려 가는 경험과 함께 사회에 도움이 되는 일을 하는 경험도 동시에 하게 한다. 조별 작업팀 외에도 여러 가지 자기 주도적인 사업을 벌이도록 장려하여 그런 일하는 방식이 자연스럽게 몸에 배게 한다.

2. **동료를 만나는 팀 작업** 팀별 작업은 교수가 미리 짜 주기보다 아이디어만 던지고, 기본적으로 원하는 사람들이 다양한 주제를 내면, 자체적으로 홍보를 하고 팀을 구성해 나가도록 한다. 특히 자신과 다른 의견과 능력을 가진 동료들을 끌어들이는 것의 중요성을 강조하여, 내부의 다양성에 대해 긍정하고 상보적인 관계를 맺는 즐거움과 감사함을 느껴 보게 한다.

대단한 강의를 들을 수 있기를 바라고 온 학생들은 초반에 적잖이 실망을 할 것이다. 교수가 거의 강의를 하지 않는 수업에 대해 실망하기도 하고, 그 낯선 방식에 어리둥절하기도 하겠지만, 차츰 나름대로 참여해 들어가면서 대학 수업에 대한 새로운 시선, 학습하는 새로운 자세를 가지게 될 것이다. 이런 '숨은 커리큘럼' 또는 메타 차원의 기획을 읽어 내지 못하면 사실상 고도의 지력을 요구하는 정보 사회, 고도 관리 사회에서 시스템의 노예가 되지 않고 살아간다는 것은 거의 불가능한 일이다. 페다고지를 이야기하는 장에서는 빠짐없이 나오는 이야기, 곧 '고기를 잡아 주는 것'이 목적이 아니라 '고기를 잡는 법'을 가르친다는 것은 바로 실제 스스로 해 보는 과정이 없이는 이루어질 수 없다. 2006년 봄 학기 수강생들이 한 수업 평가를 참작하여 이번 학기에 유념할 점들을 적어 본다.

1. **'선발과 탈락'의 배제** 누구를 지정하는 것은 되도록 삼간다. 비교 우위가 아님을 확실하게 한다. 각자 소개를 하고 둘러앉아 서로의 얼굴을 보면서 진솔한 자기 이야기를 했던 시작은 새로운 교실 분위기를 만들어 내는 데 상당한 효과가 있었다. 실은 예상 이상의 효과를 드러냈는데, 아마도 이는 대학 사회에서 이런 인문학적 수업을 하는 강좌가 줄어들고 있기 때문인 것으로 보인다. 기본적으로 수업 중 발제나 논의는 자유의사에 맡겨져 있었다. 그러나 수업 초반이 지난 즈음 나는 내가 하려는 말을 그대로 잘 표현한 학생들의 글 몇 편을 발견하고 그들을 불러 발표를 시켰다. 그러자 그간 좀 풀려 있던 분위기가 갑자기 경직이 되는 듯했는데, 나중에 학생들 글을 통해 알았지만 이 방식은 많은 학생들에게 거부감을 갖게 했다. 항상 비교 우위를 통해 자신감을 얻어 온 이들에게 선발이라는 것은 너무나 긴장을 유발하는 행위였던 것이고, 학생들은 갑자기 자신이 수업을 향해 주려고 했던 신뢰를 거두어 버렸던 것이다. 어떤 면에서 이들이 가장 참을 수 없는 것은 뽑히지 않는다는

것이며, 이들이 이 수업을 새롭다고 느꼈던 것은 바로 그런 '뽑힘'이 없다는 점이었는데, 갑자기 '선정'이 이루어지자 "기분이 나빠지면서 말하고 싶은 마음이 없어졌다."는 것이다. 자발성을 빼앗겼기 때문에 또는, '선정'이라는 세팅 자체가 만들어지견 자동 반사적으로 반감을 일으키는 것이다.★ 끊임없이 선택을 강요당하면서 실은 배제되고 탈락되는 체제를 살아가는 신자유주의 시대 아이들은 다른 어떤 시대보다 선정과 탈락에 민감하다는 점을 간과해서는 안 될 것이다.

★ 최근 서울대생인 황영광 씨가 「민들레」(통권 45호)에 쓴 「'일류대' 학생 vs 일류 '대학생'」을 보면 일류대생을 짓누르는 열등감, 특히 비교 우위 속에서만 자신의 존재를 확인해 온 과정에서 생긴 질투와 무기력의 메커니즘이 잘 그려져 있다.

누구를 미리 선정하기보다 비워 두고, 좀 더 즉흥적이고 자발적 토론으로 가져갈 때, 학생들은 놀라지만 좀 다른 태도로 상황에 개입하게 된다. 온라인 토론 활성화는 이러한 측면에서 아주 중요한 역할을 한다. 온라인 토론도 학기 후반에 가면서 일정하게 쓰는 학생들에 의해서만 이루어지는 경향을 보였는데, 조교는 조회 수와 댓글에 대한 강박이 부정적 작용을 하는 것이라고 하였다. 댓글에 대한 강박과 주눅은 자신감을 가지게 될 때 사라질 수 있다. 댓글에 대해 초연해지라는 말을 수업 중에 지나가면서 해 주는 것도 도움이 된다. "관심의 대상이 되고 싶은 강한 욕망"을 가진 현 대학생 세대의 욕구와 행태에 대해 더 민감할 필요가 있다.

2. **자발성을 유도하는 장치들** 자발성을 부추기는 '강제적' 장치가 필요하다는 지적을 한 학생이 있었다. 학생들은 그간 자발성이 무엇인지 잘 모를 정도로 주어진 일을 수행해 내는 것에 길들여져 있다는 점을 과소평가하지 말라는 것이다. 자유로운 토론을 유도하는 것은 좋지만, 초반부에 그렇지 않은 이들을 초대하는 장치를 써 달라는 것이다. 한 학기에 모두 한 번씩은 꼭 나와서 발제를 해야 한다는 '강제'를 부과하면 쭈뼛거리면서 뜸을 들여서 자발적으로 발언을 할 확률이 높아질 것이라고 했다. 댓글을 다는 것도 간과할

수 없는 소통의 영역인데, 싸이월드 등 온라인 소통에 익숙한 학생 세대가 가진 '무플에 대한 공포심'으로 인해 글을 쓰지 않게 되는 경향을 인지하고 있으면 좋겠다는 조언이었다. 배제의 느낌을 가지게 될 것이 두려워 지레 숨어드는 경향, 자신이 주인공인지 아닌지에 대한 과민함 등 이 '예민한 세대'에 대한 세심한 배려가 필요하다는 것이다. 많은 학생들을 토론에 참여하게 하는 방안으로 '찬반 토론'을 제안한 학생도 있었다. 이런 강제적이되 무리하지 않은 부과와 장치는 학생들을 좀 더 긴장시키면서 수동성을 바꾸어 내는 중간적 장치로서 활용될 수 있다는 것이다. 그러나 아마도 나는 사용하지 않을 것 같다.

3. **발언을 강요하지 않기** 발언을 하지 않으면 참여하지 않았다는 말 중심 '계몽주의'에서 벗어나는 것도 중요하다. 대신 듣기의 중요성을 좀 더 강조할 필요가 있다. 수업 중 발언을 해야 한다는 강박, 그 자리에서 발언 기회를 놓치면 그만이라는 생각은 계몽주의 시대의 산물이다. 언제든 온라인이 있으니 그곳에 써도 되고 다음 토론에서 이야기를 계속할 수 있으며, 잘 듣는 것만으로도 충분하다는 여유로운 분위기를 만들면 학습에 더 도움이 될 수 있다. 실제 듣는 것이 말하는 것보다 더 중요하며, 듣는 능력 역시 다양한 교실 내 활동을 통해 다 잘 드러난다는 것을 인식시킬 필요가 있다.

4. **정답을 맞추는 개인이 아닌 함께 토론하는 공동체 만들기** 학생들은 교수가 바라는 의도를 초반에 좀 더 분명히 해 주기를 바라고 있었다. 예를 들어서 토론에서 내가 중시하는 것은 잘된 내용이나 정답이 아니라 그런 답을 찾아가는 논의의 흐름이며, 발제하는 이들이 중시해야 하는 것은 남의 발제를 듣고 그 말을 이어 가는 것이지 자기의 주장을 강하게 던지는 것이 아님을 일러 줄 필요가 있다는 것이다. 듣고 함께 지혜를 만들어 가는 토론의 활성화를 위해 작은 팀 활동을 더 강화해 갈 수도 있다. 개인 발언을 강조하

기보다 작은 집단 토론을 한 후 서로의 의견을 나누는 식으로 토론 수업을 진행할 수 있을 것이다. 예를 들어서 초반에 4~5인 토론 팀을 짜서 간단한 참여 관찰(백주년기념관 앞, 정문 앞, 지하철 역, 서울역, 식당, 강남의 고급 브런치 레스토랑, 홍대앞 벼룩시장이나 클럽 등등)을 하게 하여 발표하게 한다거나, 수업에서 주어진 특강이나 영상 등 자극에 대해서도 팀별 토론 후에 발표를 하게 하는 방안을 사용해 볼 수 있다. 토론 팀 구성은 문화적 취향별, 출석부 순, 학과를 고르게 섞거나 사는 동네, 또는 재미로 '뽑기'를 하여 우연에 맡길 수도 있다. 이 역시 수업에 온 학생들과 토론을 통해 정할 수 있을 것이다.

5. **기대감과 기운의 조절** 초반에 너무 기대감이 높고 열기가 높다가 후반부에 기운이 빠진다는 지적이 많았다. 초기에는 조금 무겁고 학구적인 내용을 다루다가 후반에 오히려 좀 가볍게 충격을 주면 좋겠다는 제안이었다. 예를 들어 시민 사회에 대한 특강을 먼저 하고 시장의 세계화에 대한 특강이 나중에 왔으면 더 좋았을 것이라는 제안인데 내용의 무거움과 가벼움, 그리고 재미와 기대감 조절을 좀 더 잘할 필요가 있다. 특히 초반에 교수의 빛깔/성격이 너무 강하게 드러난다고 느끼는 학생들이 있었고, 이미 교수와 친근감을 드러내는 '조한 스타일' 상호 작용 방식에서 소외감을 느끼는 이들이 있었다. 다수가 함께 가려면 이 점을 십분 고려해서 배제의 느낌을 주지 않도록 유의하면서 단계별로 분위기 조성에 더 신경을 쓸 필요가 있다. 초기에는 소통을 위한 의지와 동기 차원에 주력하고 두 번째 단계에서는 본론을 소개하면서 세 번째 단계에서 그것들을 다시 통합해 내는 식. 이번 학기에는 계속 너무 많은 자극이 있었던 것이 문제였다.

6. **공유와 소통을 촉진하는 온라인 사이트 기획** 이 수업의 핵심 중 하나가 다른 학생들이 쓴 글을 읽으면서 다른 사람이 가진 다양한 생각들을 알게 되고 배우는 것이다. 그런데 와이섹 시스템은 이공계 중심으로 짜여서

보고서 난이 공개되지 않으므로 할 수 없이 공개 쪽글 난을 따로 만들었는데, 두 난에 올리게 한 것으로 혼선을 빚기도 했다. 이 밖에 조교가 수업 게시판에 〈어록〉 게시판(상상 플러스)을 만들 것을 제안했다. 이를 통해 수업의 유행어가 생기고 재미가 더해지면서 학습 효과도 높아지고, 의미심장한 창조적인 카피들이 많이 나올 것을 기대한다.

7. **적절한 수업 규모** 여러 명의 학생들이 이 수업은 절대 평가 수업이어야 하며, 학생 수는 20~30명 정도로 줄여야 한다고 말했다. 나 역시 상대 평가를 하는 것은 아니라고 생각한다. 그러나 학생 수는 앞으로도 80여 명 중형 규모를 유지해 볼 생각이다. 서로를 모두 잘 알 수 있는 20~30명 선이 가지는 장점도 있지만 그 규모는 자기와 마음이 맞는 사람들을 찾기에는 너무 적고 교수의 영향력이 어쩔 수 없이 커지는 단점이 있다. 대학이 교양 과목을 소규모로 진행할 정도의 경제적 여유도 없다는 점과, 수가 많을 때 학생들이 갖게 되는 이점을 고려해서 그 규모대로 가기로 했다.

8. **온라인과 오프라인의 시너지** 수업은 온라인과 오프라인 공간에서 이루어진다. 학교에서 제공하는 사이버 공간을 사용하되 수업 성격에 맞게 보완하고 변형해서 실제 공간과 상호 시너지를 내는 식으로 운영한다. 나는 특히 교실 공간의 중요성을 강조해 왔다. 강의를 듣더라도 남의 뒤통수만 보고 두 시간을 앉아 있어야 한다는 것은 고문이다. 한 가지 일에만 몰두하기 어려운 복합 동시적 작업, 멀티테스킹에 이미 익숙한 학생들에게 그런 상황은 오히려 집중력을 떨어뜨리는 상황일 것이다. 교실 안에서 함께 수강하는 동료들의 다양한 표정을 보는 것도 학습이고, 졸음이 와도 그런 구경거리가 있으면 덜 졸리지 않을까? 대중 계몽을 가능한 한 빨리, 그리고 많이 해내기 위해 만들어진 초기 '근대적 교실' 세팅은 후기 근대적 상황의 인문학 강의실로는 적합하지 않다. 교실은 서로 마주 보거나 둘러앉는 세팅으로 수시로

토론이 가능한 공간이어야 한다.

9. **온라인 사이트와 시험의 기능** 온라인 공간은 다음의 활동들을 위한 것이다. 매주 수강생들은 쪽글을 올리고 서로가 낸 과제물을 읽으면서 배운다. 그 밖에 수업 현장 기술지(원하는 사람), 팀 프로젝트(원하는 사람), 자유 게시판에 올라온 '수다'와 알림 게시판을 통해 자유롭게 참여하며 상호 교류하고 함께 수시로 수업 관련 활동을 벌일 수 있다.

학생들은 중간고사와 기말 고사에 '집중해서 사유'하는 글쓰기를 하게 된다. 시험은 평가를 위한 것이 아니라 배움을 위한 도구다. 한 시간 동안 모두가 한 공간에 조용히 모여 앉아서 한 주제를 놓고 집중해 글을 쓰는 시간은 신성한 의례의 한 순간이기도 하다. 중간, 기말 고사 글쓰기 시간을 깨달음과 즐거움의 시간으로 만들기 위해 훌륭한 주제를 만들어내는 것은 선생에게 아주 중요한 일이다.

조교의 위치와 역할

이런 참여적 수업에서 조교는 중요한 역할을 한다. 대학원생 조교들은 교수와 학생 중간적 위치에서 중재를 하고 자칫 소홀해지기 쉬운 부분을 메우면서 교실 분위기를 만들고 과제물 마감과 성적 처리 등을 지원한다. 2000년에 〈지시문〉 첫 강좌를 들었고 2003년 학부 4학년 때부터 수업을 진행한 '고참 조교' 이송규호 씨는 2006년 2학기 〈지시문〉 수업에 청강생으로 참여해 나를 도와주었다. 그는 조교의 위치와 역할에 대해 이렇게 정리해 주었다.

적극적 참여자로서의 조교

학부 시절 들었던 수업을 대학원에 와서 조교로 다시 듣게 되는 경험은 참 신선하고 즐겁다. 그것은 중학교 졸업하고 고등학교에 가는 것과 같이 자연스러운 일이면서, 좀 다른 위치에 서 보게 되는 남다른 경험이기도 하다. 조한 선생님의 수업은 대부분 학생들이 '판'을 만들어 가면서 능동적으로 이끌어 가는 수업이므로 '조교'는 단순 행정 업무자가 아니라 '판'에 깊이 개입해서 능동적으로 만들어 가는 참여자다. 초기 수업 계획서 작성에서부터 매 수업에 먼저 들어가서 수업 세팅을 한 후 수업을 모니터링하면서 수시로 교수와 의견을 나누면서 진행하는 역할을 한다.

1. **초반 단계부터 적극적 기획자** 다음 학기에 할 수업을 정하면 조한 선생님은 수업 계획서 초안을 작성해서 조교들에게 보낸다. 계획서는 어디까지나 '초안'이며 항상 여러 의견을 수렴해서 수정하기 때문에 조교들은 계획서를 보면서 적극적으로 자신의 의견을 개진한다. 이때 조교들은 이 수업과 자신의 관심사가 맞물리는 지점을 찾아서 수업 중에 자신이 학부생들과 함께 프로젝트를 제안할 수도 있고, 수업 내용에서 추가되었으면 하는 내용이나 영화, 문헌 등 참고 자료들에 대한 제안도 내놓으면서 능동적으로 함께 수업 계획서를 만들어 나간다. 나는 학부생 시절에 디지털 시대에 음악이 어떻게 소비되는지에 대하여 연구하던 조교가 그 프로젝트를 수업에서 해 보자고 제안하여 함께한 적이 있고, 대학원에서는 나의 관심에 따른 프로젝트를 꾸려서 학부생들과 함께 하기도 했다. 다시 말해 조한 선생님의 수업은 초반부터 여러 사람이 함께 만들어 가는 형식이며, 조교는 적극적으로 수업 기획에 참여함과 동시에 자신이 하고 싶은 연구 프로젝트도 함께 진행하여 도움을 받는 기회로도 활용할 수 있다.

2. **조교에게 일임한 권한** 조한 선생님은 상당한 권한을 일임하는 편이다. 이 부분이 확실하지 않은 경우 많은 수업에서 문제들이 발생하는 것을 보았다. 예를 들어 학생들이 할 일을 하지 않고 '양해'를 구하는 경우가 적지 않다. 사유가

될 수 없는 결석계 등을 갖고 와서는 받아 달라고 하는 경우 등이 그것이다. 이런 경우, 조교가 출석 부르는 정도의 역할만 평소에 했다면 학생들은 바로 교수에게 달려가고, 조교가 권한이 있다고 판단되면 조교에게 왔다가 안 된다고 하면 교수에게 찾아간다. 가끔 다른 학생들에 비추어 '특혜'가 될 수도 있는 부탁을 해서 거절했다가 교수가 받아들여 주면 조교에게 와서 '교수님께서 해 주라'고 했다고 항의하여 난처하게 되는 경우들도 봤다. 따라서 수업 초반부에 조교에게 할 질문과 교수에게 할 질문을 명확하게 나누어 조교의 영역인 경우 조교에게 확실히 일임을 해야 수업에서의 혼란이 없다. 사실 어떤 질문이 있을 때 누구에게 물어야 하는지를 아는 것이 중요한데 갈수록 학생들은 초등학생처럼 자질구레한 것까지 묻고 전화를 하곤 한다. 그래서 조교는 초반에 전체 수업 진행 일정을 정확하게 챙기고 온라인에 명시를 하면서 학생들이 제때 과제물을 내고 조교를 성가시게 하지 않도록 훈련해야 한다.

중간자로서 조교의 역할과 영역

1. **학생들과 익숙해지고 친밀감 쌓기** 일방적인 강의가 아니라 다층적 정보가 교류하고, 토론과 프로젝트 형식이 주가 되는 이런 수업에서는 구성원들 간의 소통과 상호 신뢰가 매우 중요하다. 한 학기 수업을 보조해야 하는 입장에서 학생들에게 지속적 관심을 갖고 살피는 것이 조교들이 해야 할 주요한 업무다. 출석을 부를 때도 성적에 반영하기 위해 출석 여부를 확인하는 것이 아니라 초반부에는 시간이 다소 걸리더라도 이름을 부르고 꼭 얼굴을 확인하여 학생들을 꼼꼼히 익히는 것이 중요하다. 나는 학기가 시작하기 전 출석부를 몇 번 읽어보고 이름과 전공을 챙겨 본 후에 수업에 들어갔다. 특히 인문사회계열이 아닌 이공계열에서 온 학생들의 경우에는 더욱 잘 챙겨 보았다가 수업에 적응을 못하면 '배려'를 했다. 전공이 다양할수록 이야기도 풍성해지고 서로의 '차이'를

느낄 수 있어서 좋지만 초반부에는 너무 다른 '언어'들로 인하여 이공계 학생들이 기가 죽어 버리기 때문에 수업에 적응하기 전까지는 조금 더 관심을 둘 필요가 있다. 이런 일은 실은 아주 간단한데, 첫 수업이 끝나고 과제물을 냈을 때 사이버 강의실 쪽지 기능을 통하여 이 친구들에게 격려의 메모를 건넨다거나 이 친구들의 글에 댓글을 좀 더 신경 써서 달아 주는 식이다(타과 학생들은 대부분 첫 수업이 끝난 후의 '충격'을 게시판에 올리는 경향이 있다). 이런 댓글은 곧 새 친구들이 낯선 환경에 적응하면서 수업에 자연스럽게 '데뷔'를 하도록 도와준다.

2. **교수 – 조교 간의 파트너십 : 좋은 형사 – 나쁜 형사 게임** 가끔 형사 드라마를 보면 피의자를 취조할 때 한 형사가 포악하게 취조를 하다가 다른 형사가 들어와서 온화하게 대화를 이끌어 가기도 하는데, 이걸 '좋은 형사 – 나쁜 형사 게임'이라고 부른다. 사실 수업에서도 이러한 궁합이 필요하다. 교수가 조금 깐깐한 스타일이면 조교가 좀 너그러운 스타일을 취하는 것이 좋고, 반대인 경우에는 조교가 좀 엄격하게 대처하는 것이 좋다. 둘 다 비슷한 스타일로 수업을 할 경우 학생들이 너무 갑갑해하거나, 아니면 너무 많은 '배려'나 '관용'으로 헷갈려 한다. 조한 선생님의 경우는 아주 관대한 편이어서 조교들이 깐깐한 역할을 맡아야 한다. 12년의 공교육 과정 속에서 수업에서 교사의 '눈치'를 보고 얼마만큼 자신이 에너지를 쓸지를 파악하는 데 도가 튼 학생들이므로, 관리를 허술하게 하면 곧 적당히 땜질을 하려 들고 준비를 소홀히 하거나 과제를 제때 제출하지 않고 기회만 있으면 무임승차하려는 경우가 생긴다. 무임승차하는 학생이 있으면 수업 전체 분위기가 급격하게 나빠지므로 이러한 경우를 보면 곧 학생들에게 조교가 '관리'를 하고 있음을 은근히 알게 해서 다시 진솔하게 수업에 임하도록 만들어 간다. 수업 분위기가 다소 느슨해지면, 쪽글을 정확하게 언제까지 올려야 하며, 그 글은 반드시 수업 중에 언급한 것을 바탕으로 써

야 하고, 다른 친구들의 글도 열심히 참고하면서 수준 높은 글을 써내야 한다고 공지한다. 이것 모두를 모니터링하여 성적에 반영하고 있음을 분명히 하면서 느슨한 가운데 질서가 있음을 분명히 하는 것이 조교의 주요 역할이다. 나는 이런 나쁜 형사 역할을 맡게 되면서 나중에는 '계모규호'라는 별명을 얻기도 했다. 학생들은 조교를 '조교님'이라고 부르면서 거리감을 느끼기도 하지만 무섭게 군다고 '계모!'라고 부르면서 친해지기도 한다. 쓸데없는 질문을 하는 학생들에게 핀잔을 주어서 그런 별명을 얻게 되었지만, 계모든 아니든 교수-조교 간의 스타일에 따른 상호 보완적 관계 형성은 매우 중요하다고 생각한다.

3. **'선배' 학생들을 '활용' 하여 초기 분위기 만들기** 초반부 수업 분위기를 형성할 때 이전에 조한 선생님 수업을 들은 적이 있는 학생들의 역할이 중요하다. 그냥 두면 오히려 처음 듣는 학생들이 주눅을 들게 하는 효과를 낼 수도 있지만, 이들을 잘 유도하면 활발한 토론을 이끌어 내는 것뿐만 아니라 교수를 '조한'이라고 부르고 조교를 '계모'라고 부르며 스스럼없이 할 말을 하는 새로운 수업 분위기를 만들어 가는 데 아주 중요한 몫을 해내게 된다. 그런데 이 부분에서 조심해야 할 부분은 자칫 이것이 성적에 반영될지도 모른다는 우려의 지점이다. 이러한 친밀감은 카르텔이 아니라 누구에게나 열려 있는 수업 공동체이기에 가능하며, 수업을 들은 적이 있는 사람과 아닌 사람 간에는 당연히 친숙함에 차이가 있을 수 있고 자신도 친숙하려고 노력을 하면 된다는 것을 일러 줄 수 있어야 한다. 처음 수업을 들으면서 뭔지 모를 불만과 상대적 박탈감을 표현하는 학생들이 종종 있는데, 이들에게 세심하게 다가가고 관심을 표현하는 것도 조교가 해야 할 일이다. 특히 제출한 과제에 댓글이나 쪽지로 관심을 표명하고 수업 때에도 얼굴과 이름을 잘 알고 있다는 것을 보여 주면 이러한 학생들도 금방 달라지면서 다양성이 포용되는 수업 분위기가 정착된다.

4. **비공식적 도우미들의 온라인 활용을 통한 '불지피기 노력'** 조한 선생님

의 경우, 대학원생과 교수가 개별적 관계를 맺기보다 '조한 연구실'을 통해 대학원생들이 수평적인 관계를 맺고 여러 가지 면에서 상부상조하는 관계를 갖는다. 이 대학원생 집단은 언제든 도움이 필요할 때 서로 도와줄 준비가 되어 있어서 수강생이 200명이 넘은 대형 강좌의 경우 자원 조교를 포함해서 열 명 정도가 조교 일을 한 적도 있었다. 조한 선생님의 수업은 언제나 내용이 다르기 때문에 대학원에 가서도 선생님의 학부 수업을 청강하는 경우가 많은데, 조교인 동료들은 자연스럽게 조교 지원을 하게 된다. 예를 들어 온라인상에 올라온 학부생의 이야기에 리플을 달거나 온라인에 적절한 자료들을 퍼 나르거나 재미난 글에 쪽지글을 보내기도 하고, 때로 팀 프로젝트를 지원하면서 분위기를 띄운다. 이 수업 조교들이 온라인 수업 공간(와이섹)에 쏟는 애정과 열정은 실로 남달라서 마치 자기 블로그 챙기듯이 챙기면서 그것을 귀찮게 생각하지 않고 오히려 즐긴다. 온라인 공간을 활용한 수업이 대폭 증가했는데도 조한 선생님 수업만큼 온라인 게시판 사용이 활발한 수업은 많지 않은데, 이는 이 수업에서 조교를 포함한 다양한 사람들이 사이버 공간을 따뜻한 사랑방 느낌으로, 그야말로 수업 '공동체'라는 감으로 꾸려 가는 노력을 아끼지 않기 때문이다.

5. **프로젝트 진행과 평가 자료를 확실히 챙기기** 학생들에게 프로젝트를 맡기게 되는 경우 내부의 문제로 '배가 산으로 가는' 수도 있다. 각 조의 진행이 어떻게 되고 있는지 내용은 아니더라도 종종 체크해 주는 것이 좋다. 수업의 규모가 크면 교수뿐 아니라 조교도 면담 시간을 정할 필요가 있다. 학생들의 문의에 적극적이고 빠르게 반응하는 것이 기본적으로 조교가 해야 할 일인데, 다행히 온라인을 통해 일을 할 수 있기 때문에 수시로 온라인에 들어가서 챙겨 주면 된다.

요즘처럼 대학에서 '학점'이 예민하게 받아들여지는 경우를 대비해, 정확한 평가 자료를 만들어 두는 것이 중요하다. 수업 공동체가 제대로 이뤄지면 그것에 비례하여 학점 문의나 항의 또한 없어진다. 우선 자신이 수업에서 얼마만큼 열심히 했는가를 스스로 깨닫게 되고, 동시에 교수와 조교에 대한 신뢰도가 그만큼 높아지기 때문이다. 조한 선생님 수업의 경우, 한 학기에 1~2명 정도 문의가 오지만 그것은 대부분 자신이 어느 영역에서 평가를 잘못 받았는지에 대한 '문의'일 뿐 항의나 수정 요청으로 이어지는 경우는 없었다. 학생들에 의한 점수 항의가 적지 않고, 때로 부모까지 교수실에 찾아와 학점 변경을 요청한다는 시대라지만, 수업에서 상호 신뢰가 형성되면 그런 일은 일어나지 않는다. 물론 학생들도 공정하게 느끼게끔 학점 평가 기준에 대하여 확실히 챙기고 불이익을 보는 사람이 없도록 최선을 다해야 한다.

6. **더 많은 일에 더 많은 즐거움!** 이런 수업에서는 일반 '조교'들이 하는 일보다는 더 많은 일을 해야 하는 것은 사실이다. 하지만 중요한 것은 이 과정이 괴로운 노동이나 업무가 아니라 내게도 도움이 되고 학습이 되는 일이라는 것이다. 내가 궁금한 부분을 학부 친구들과 작업을 하면서 풀기도 하고, 이런 기회로 그들과 친구가 되는 것은 매우 즐거운 일이다. 대학 동기들이 졸업을 하고 떠나 버린 캠퍼스에서, 어느덧 나는 조교 - 학생으로 만난 친구들과 인사를 하고 수다를 떠는 일이 더 많아졌고 그들은 종종 나에게 이런저런 일들을 제안하기도 하고 또 고민 상담을 하러 오기도 한다. 단순히 대학원생으로 조교 장학금 일을 하는 것이 아니라 연구의 폭을 넓히고 좋은 인연을 만드는 기회를 가질 수 있는 일이기에, 내게 수업 조교 역할은 항상 즐겁고 설레는 일이었다.

◆ 참고 자료

문헌

KTX승무원에 관한 교수진의 성명서 | 강남훈 외 | 2006

경계에서 말하다 | 우에노 치즈코 · 조한혜정 | 김찬호 옮김 | 생각의나무 | 2004

남자 | 디트리히 슈바니츠 | 인성기 옮김 | 들녘 | 2002

남자의 여성성에 대한 편견의 역사(XY 남성의 본질에 대하여) | 엘리자베트 바댕테 | 최석 옮김 | 인바이로넷 | 2004

낯선 곳에서 나를 만나다 | 한국문화인류학회 엮음 | 일조각 | 2006

디지로그 | 이어령 | 생각의나무 | 2006

렉서스와 올리브나무 | 토머스 프리드먼 | 신동욱 옮김 | 창해 | 2003

미국 최고의 교수들은 어떻게 가르치는가? | 켄 베인 | 안진환 · 허형은 옮김 | 뜨인돌 | 2005

미국이 세계를 망친 100가지 방법 | 존 터먼 | 이종인 옮김 | 재인 | 2008

배움으로부터 도주하는 아이들 | 사토 마나부 | 손우정 옮김 | 북코리아 | 2003

신자유주의 | 데이비드 하비 | 최병률 옮김 | 한울 | 2007

일곱 개의 단어로 된 사전 | 진은영 | 문학과지성사 | 2003

자유 문화: 인터넷 시대의 창작과 저작권 문제 | 로렌스 레식 | 이주명 옮김 | 필맥 | 2005

지구화의 길 | 울리히 벡 | 조만영 옮김 | 거름 | 2000(1997)

카지노 자본주의의 폐해 | 유병규 | 파이낸셜뉴스 | 2006. 9. 18

탈식민지 시대 지식인의 글 읽기와 삶 읽기 1 | 조혜정 | 또하나의문화 | 1992

현대 문화인류학 | 로저 키싱 | 전경수 옮김 | 현음사 | 1983

영화

12명의 성난 사람들 | 시드니 루멧 감독 | 1957

가족의 탄생 | 김태용 감독 | 2006

가타카 | 앤드류 니콜 감독 | 1997

결혼은 미친 짓이다 | 유하 감독 | 2001

참고자료

괴물 | 봉준호 감독 | 2006
날 미치게 하는 남자 | 바비 패럴리 · 피터 패럴리 감독 | 2005
누가 전기 자동차를 죽였는가? | 크리스 페인 감독 | 2006
데니스는 통화 중 | 할 살웬 감독 | 1995
도그 빌 | 라스 폰 트리에 감독 | 2003
라스베가스를 떠나며 | 마이크 피기스 감독 | 1996
로드 오브 워 | 앤드류 리콜 감독 | 2005
룩 보스 웨이즈 | 사라 와트 감독 | 2005
마이클 클레이튼 | 토니 길로이 감독 | 2007
메종 드 히미코 | 이누도 잇신 감독 | 2005
미소 | 박경희 감독 | 2003
밀리언 달러 베이비 | 클린트 이스트우드 감독 | 2004
밀양 | 이창동 감독 | 2007
바람난 가족 | 임상수 감독 | 2003
바벨 | 곤잘레스 이냐리투 감독 | 2006
보일러 룸 | 벤 영거 감독 | 2000
봄날은 간다 | 허진호 감독 | 2001
불을 찾아서 | 장 자크 아노 감독 | 1981
블러드 다이아몬드 | 에드워드 즈윅 감독 | 2007
빌리지 | 나이트 샤말란 감독 | 2004
살인의 추억 | 봉준호 감독 | 2003
스캐너 다클리 | 리차드 링클레이터 감독 | 2006
신비한 영어나라 | 박진표 감독 (「여섯 개의 시선」 가운데) | 2003
영어 완전 정복 | 김성수 감독 | 2003
월 스트리트 | 올리버 스톤 감독 | 1987
위대한 레보스키 | 코엔 형제 감독 | 1998
인류 오디세이 : 호모 사피엔스 | 자크 말라테르 감독 | 2003
중앙역 | 그린 월터 셀러스 감독 | 1999
케이트 앤 레오폴드 | 제임스 맨골드 감독 | 2001
크래쉬 | 폴 해기스 감독 | 2004
파고 | 코엔 형제 감독 | 1997
핸드메이즈 | 폴커 슐렌도르프 감독 | 1990

◆ 찾아보기

ㄱ

가닥 잡기 251, 254
가부장제 210
가오리, 에쿠니 221
가임 182
가정주부 212
가족 17, 31, 47, 123-145, 168, 183, 185-186, 197, 203, 208, 215-217, 300-302: ─ 정책 208; 「가족의 탄생」 32, 197, 354; ─ 지원 센터 208
「가타카」 32, 33, 196, 225, 354
간주관성 66
감 잡기 92, 251, 254
감성과 복합적 서사 94
감응적 개념 65, 242, 253
감정 노동 210
강의 계획서 40, 63, 65
강의실 붕괴 24, 95, 325-327: '교실 붕괴', '학급 붕괴' 도 볼 것
개구식 67
개념 규정병 243
개발 독재 시대 94
개인주의 144, 185
개체 116, 152, 216: ─ 발생 116
개화 144
게임장 177
겐, 오히라 97
「결혼은 미친 짓이다」 222, 253, 354

「경계에서 말한다」 32, 33, 40, 64, 354
경륜 177
경마 177
경상도 표준말 99
경영적 마인드 291
경영학 205, 295
경전주의 94
경제(적) 14, 16, 107, 149, 152, 158, 177, 178, 191, 202, 206, 210, 213, 225, 229, 243, 288, 295, 346: 교환 ─ 116; 신─ 31; ─세계화 158; ─학 159, 243: ─ 계약 210, ─ 적 효용 152
경청 187 340
계급 양극화 31
계몽: ─ 주의(적) 65, 87, 94, 167, 344; 대중 ─ 346; ─ 의 시대 23; ─ 주의 시대의 학습법 117; ─ 주의 언어 312, 327
계통 발생 116
고4 11 326
고객 291
고도 관리 16, 284: ─ 사회 342
고도 자본주의 116
고도성장 96
고어, 앨 199
고용: ─ 없는 성장 63; ─ 의 유연화 179
곤잘레스, 이나리투 196, 355
공개 쪽글방 46
공공 관리론 291
공공 부문 177

찾아보기

공기업 176
공동 작업 251, 320
공동 창작 27, 261, 312, 323
공시적 접근 101
공용화 155
공유・생산 지대 63
과외 12-14, 50-52, 90, 214
과학 기술 31
과학적 사고 34, 62, 334
관계 맺기 123, 285
관제문화 145
광역화 153
광화문 거리 23
「괴물」 196, 354
교수신문 330
교수학습개발지원센터 24, 331
교실 붕괴 326: '강의실 붕괴', '학급 붕괴' 도 볼 것
교양교육연구위원회 34, 334
교육 산업 14, 72
교환 경제 116
구글 플래너 244
구달, 제인 32, 173, 180-188, 193, 198-199
구멍가게 98
구식 144
국가 13, 19, 23, 31, 32, 145, 152, 155, 177, 185, 186, 189, 194, 197, 203, 204, 208, 216, 217, 230: ─ 경쟁력 217; ─ 공동체 230; ─ 정책 213
국가인권위원회 68, 176
극풍 145
군국주의 195
굿판 76, 77
권위 10, 67, 70, 185, 199
권위주의(적) 69, 93, 186, 337
귀속 지위 144
귀차니즘 98

균형적 관점 151
근대 94, 116, 144, 148, 195, 258, 285: ─ 인간 150, 151; ─ 성 63; ─ 의 쇠퇴 230; ─ 적 교실 346; ─ 화 231 335
근로 의욕 178
글로벌 16, 17, 25, 32, 40, 53, 55, 252, 253, 331: ─ 감수성 63; ─ 모더니제이션 63; ─소통 31, 34, 62, 334; ─ 시대 29, 35, 37, 42, 43, 56, 121, 148, 197, 199, 233, 332, 339; ─ 자본주의 195, 231; ─라이제이션 34, 149, 166, 339
금융 16, 195, 202
기계 사회 285
기말고사 32, 305, 340
기술적 336
기호, 도구로서의 영어 72
기획 특강 167, 341
기획하는 부모 225: '매니저 엄마' 도 볼 것
길로이, 토니 195, 355
김성수 43, 68, 355
김태용 197, 354

ㄴ

「날 미치게 하는 남자」 99, 259
남성 중심성 145
남성들의 미학적 감정적 시공간 146
남자 페미니스트 90
『남자』 354
『낯선 곳에서 나를 만나다』 106, 354
낯설게 하기(바라보기) 66, 83, 103, 137, 153, 236, 245, 273, 274, 308, 309
낯익히기 65, 66, 76, 102, 103, 115, 260
네안데르탈 인 109, 111-112
네이버 104
노동 16, 32, 176, 353: 유연 ─ 227, 230; 핵심 ─ 260;

주변 — 260; — 운동 292; —력 재생 203; — 부 176-177
노아의 방주 95, 330
논술 10, 41, 105, 114, 149, 151, 156, 327-329: — 세대 328; — 고사 10, 90; — 식 전형적 글쓰기 143
놀이적 감성 285
농경 사회 143-144
「누가 전기 자동차를 죽였는가?」 195, 354
눈팅족 141

ㄷ

다양성 63, 66, 94, 139, 153, 215, 254, 275, 341, 351
다언어주의 72
「달리는 기차 위에 중립은 없다」 158
「당신의 주말은 몇 개입니까」 221
대가족 125, 134, 150
대기 오염 195
대량 생산 90, 331
대량 폐기 90
대안 가족/마을 145
대안적 공공 영역 94
대중 소비 사회 231
「데니스는 통화 중」 238, 243, 257, 354
도구적 228
도구화 189, 206
「도그 빌」 196, 354
도덕적 가치 판단 34, 62, 334
도약 335
독신 203, 220
돌봄 63, 191, 210-211, 216, 302: — 공동체 94, 186, 206, 302; —과 배려의 시공간 63
동성애자 196, 216
동아리방 304
뒤샹 294

듣기 17, 93, 97, 335, 344
등수놀이 181
디스토피아 186, 197-198, 227
디지로그 238-239, 242-243, 354
디지털 239-246: — 사회 236; — 시대 348
따라다니기 253

ㄹ

「라스베가스를 떠나며」 196, 354
레비스트로스, 클로드 105
렉서스와 올리브나무 32-33, 148-149, 152, 156, 160, 161, 166, 168, 175, 354
「로드 오브 워」 32-33, 195, 354
로컬 지식 333
「룩 보스 웨이즈」 196, 354
리니지 259
리플 67, 352

ㅁ

마당(극, 판) 17-21, 23, 35, 69, 70, 71, 72, 77, 80, 96, 98, 101, 160, 248, 261, 306, 335: — 굿 95
마르크스, 칼 182
마산 MBC 라디오 99
마약 195
마을: 정착할 — 95
마을 굿 76, 77, 90, 96
「마이클 클레이튼」 195, 355
마초 186, 256
맛집 238, 244-245
매니저 엄마 13, 15, 225, 328
먼로, 마릴린 294
멀티버시티 327
멀티테스킹 98, 327, 346

메시지 94, 181-182, 271, 294
「메종 드 히미코」 197, 355
멘토 297-298, 331
멘티 297
멸종 위기 199
명절 124, 127, 129-139, 143, 185
명품 155-156, 164
「모던 타임즈」 194
모범생 59, 65, 166, 180
몰입적 인지자 142
몸 18, 63, 65-66, 69, 167, 170, 175, 213, 238, 243, 280, 285-286, 297-299, 311, 341
무기력 165, 191, 248-249, 264-265, 279, 303-304, 343
무선랜 26, 326
무적 259
무플 329, 344
무한 경쟁의 긍정 230
문화 기술지 22, 97, 103, 115
문화 충격 298
문화공동체 91
문화인류학 34, 88, 102-103, 107, 116 139, 170
문화적 상대주의 32, 106
문화적 획일화 164
묻혀 가기 98
미국 쇠고기 수입 23
『미국 최고의 교수들은 어떻게 가르치는가』 141, 354
『미국이 세계를 망친 100가지 방법』 287, 354
미니홈피 세대 329
「미소」 253, 355
「밀리언 달러 베이비」 196, 355

ㅂ

바다이야기 177

바댕테, 엘리자베트 253, 354
「바람난 가족」 355
「바벨」 196, 355
바벨탑 23, 94, 285
박진표 43, 68, 355
반세계화 72, 156
발견과 발상 66, 255
배움: —과 돌봄의 공동체 94; —공동체 17, 20, 94, 229, 335, '수업 공동체'도 볼 것; —의 기숙 공동체 331; —의 마을 21, 24, 63, 312
번역 17, 58, 72, 331
베이, 하킴 92
베인, 켄 141, 143, 354
보수 144
「보일러 룸」 195, 355
복권 177
복학생 44, 62, 70, 90, 96, 245-246
복합 동시적 작업 346
「봄날은 간다」 253, 355
봉준호 196, 354, 355
부계: — 사회 145; — 조상 제례 145
부족 25, 153, 231, 235, 238, 259, 266-267, 279, 286, 296-297, 299 300-304, 306, 312
북크로싱 90
분리적 인지자 142
분배 150, 164, 298
「불을 찾아서」 32-33, 149, 237, 355
불임 182
불평등 159
불확실성의 시대 63
「블러드 다이아몬드」 33, 195, 355
블루 오션 295-296
비빌 언덕 146
비용 절감 176
비자발적 비출산 206-207

비정규직 16, 32, 176, 179, 189-190, 227, 230, 254, 266, 275
비판적 사고 19, 34, 62
비합리 144, 231, 330
「빌리지」 196, 355
빠와 까의 대립 259
뺄소리 72
삔지 먹다 92
뿌리와 새싹 운동 199\

ㅅ

사과 로고 239
사교육 시장 13
사랑방 8, 352
사법 고시 289, 295
사이버: ― 강의실 21, 44, 46, 74, 76, 77-78, 102, 104, 106, 109-111, 114, 125, 137, 140, 170, 172, 178-180, 202, 207, 242, 245, 317, 350; ― 교실 329; ― 보조 공간 26
사진 60, 74-75, 90, 225, 246, 248, 260, 329
사토 마나부 33, 94, 335, 354
사투리와 표준말 99
사행: ― 산업 177-178; ―성 게임장 177
사회(적) 진화 101, 103, 113, 137, 143, 168
사회생물학 258
사회적 동물 116
사회적 정의에 대한 거부 230
산업 사회 143
「살인의 추억」 196, 355
상대 평가 61, 306, 346
상보적인 관계 254, 341
상호 존중감 261
상호 학습의 원리 191
「샘」 294

샤말란, 나이트 196, 355
서비스직 179
서태지 26, 145
서태지 세대 15, 58, 96, 259
「서편제」 145
선발과 탈락 342
선택지 109, 219
성과 16, 235, 291: ― 중심주의/결과 중심주의 291; ―급 176
성적 소수자 90, 91
성차별 176
성찰성 63
성찰적인 글쓰기 143
성취 지위 144
세계화 31-32, 40, 148-150, 156, 159, 162-164, 168, 173, 175, 345
세속화 255
섹스와 젠더 205
셀러스, 월터 196, 355
셀카 329
소모임 86, 89-91, 98, 110-111, 113, 198, 235-239, 242-248, 250-251, 255, 257, 264, 265, 267, 293, 315, 319
소비 프로젝트 91
소크라테스 313
소통 20, 26, 34-35, 44, 66, 71, 139, 143, 228, 279, 283-284, 330, 333, 339, 344, 349: 글로벌 ―(능력) 31, 34, 62, 334; ― 공동체 23, 32, 44, 63, 276, 285, 339; ― 합리적 접근 288; ―의 힘 261
속도의 덫 199, 312
손으로 편지 쓰기 238
손택, 수전 191
송두율 180
수업 공동체 31-33, 71, 78, 91, 96, 98, 338, 352, '배움의 공동체' 도 볼 것

수업일지 22, 23, 77, 93, 105, 114, 284, 338, 340, 182; 조한의 — 62-72, 92-99, 116-118, 141-146, 166-173, 194-200, 227-231, 251-261, 283-309
수용적 인지자 141
순환 116
숨은 커리큘럼 342
슈바니츠 253, 354
슈퍼 우먼 226
슐렌도르프, 폴커 182, 195, 355
스머프 92
스스로 위로하는 지혜 285
「스캐너 다클리」 195, 355
스켈 259
스타 72, 167, 199, 338
스타벅스 32, 167
스터디 그룹 312
스토리텔링 199
스톤, 올리버 195, 355
스페셜리스트 295-296
스펙터클: — 시대 92, 109: — 시대의 주민 72; — 의 구경꾼 67
『슬픈 열대』 105
시계적 시간 116
시너지 212, 258, 334, 346
『시녀 이야기』 195, 「핸드메이즈」도 볼 것
시대 읽기 17, 34, 330, 341
시대의 지식인 감독들 194
시민권 66
시선/관점의 중요성 63
시장주의 150
신경 끄고 살자 98
신뢰감 17, 25, 71, 261
신보수 144
신분제 144
「신비한 영어 나라」 32, 43, 68, 355

신성한 것 139, 255
신식 144, 155
신자유주의 16-17, 19, 23, 26, 61, 63, 93, 95, 175, 179, 191, 197, 230, 285, 301-302, 312, 339, 343: —적 전환기의 윤리 230; — 정부 정책 159
신촌 90, 198: —민회 260
신토불이 145
씨앗 자금 26

ㅇ

아나마트 인(족) 107
아날로그 식 강연 199
아날로그(적) 91, 164, 236-245, 247-249, 252, 257: —로 놀기 90; —적 감성 238
「아내가 결혼했다」 253
아동 정책 208
아이팟(나노) 159 163
아크로폴리스 170
아파트 157, 219
「악마는 프라다를 입는다」 300-301
안식년 325
알파걸 62
애니메이션 81, 159, 195, 257, 258
애처가 91, 251, 253, 259-260
애트우드, 마거릿 195
애플 컴퓨터 239
야노마모 족 107
약물 중독자 195
양극화 31, 176-177, 339
양선영 23
어록 346
어학 연수 47
언더클래스 230
언어 공동체 167, 340

언어적 장치 336
에스놀로지 97
엘리트 18, 164, 187: ─ 학교 90; ─주의 228
「여섯 개의 시선」 35, 68, 355
여성 노동권 176
여성 정책 208
여성의 재생산 능력 206-207
여성주의 83, 205
여성학 53, 205, 227-228, 256
여자 친구 90, 99
역발상 245
역사적 인간 72
역지사지 66
연결 고리 93
연결형 인지자 142
연구년 77
연대 158, 250
연애 지상주의 209
열린 교육 10, 12
열매 21-22
영거, 벤 195, 355
영국 의회식 토론 166
영상 언어 197
「영어 완전 정복」 32, 43, 47, 68, 355
영어 울렁증 50
영화계 197
예이츠 W.B. 322
오지선다 형 109
오픈 코스 웨어 333
와이섹 307, 345, 352
와트, 사라 196, 354
완결적 지식 285
왕따 70
「왕의 남자」 256, 339
외국계 회사 161

우에노 치즈코 33, 40, 207-208, 229, 354
우정과 환대의 공간 95-96, 229
운동권 10, 14, 157-158, 326
운명에 대하여 90
워홀, 앤디 294
원서 54, 58, 61, 72, 289
원어민 교사 72
원탁형 교실 배치 336
「월 스트리트」 355
월경 페스티벌 90
웜 세대 97
웹 2.0 세대 330
「위대한 레보스키」 355
위키 사전 72
위탁 고용 179
위험 사회 19, 63, 195
유네스코 199
유병규 178, 354
유토피아 113, 186, 198, 227, 299
육아 211-213, 215-217, 229-300
윤리 의식 178
「은하철도 999」 280
응용 학문 228, 292
의지적 인간 231
이기주의자 216
이누도 잇신 197, 355
이데올로기 224, 258, 291-292
이분법적 사고 66, 153
이성 알기 91, 113, 253, 258
이성과 합리와 건설의 시대 94
이성애 연구 237
이송규호 25, 328, 347
이스트우드, 클린트 355
이스포츠 253, 259
이슬람 90, 155, 252, 255

찾아보기

363

이신행 260
이어 가기 335
이창동 196, 355
익명성 123, 172
인간 중심주의 199
인권 침해 176
인디 애니 영화제 91
인류 오디세이 32-33, 109-110, 112, 117, 355
인류학 25, 31-32, 65-66, 97, 101-106, 108, 110, 112, 118, 123, 319, 325, 338: —적 감수성 97
인문 사회 과학 18, 194, 228, 333
인문학의 시대 23, 335
인사동 달맞이 축제 146
인센티브 정책 202, 206-207
인식과 통합 66, 255
인터넷 33, 39, 48, 68, 103-105, 156, 225, 238, 239, 246, 296, 317, 327, 332, 354
『일곱 개의 단어로 된 사전』 124, 354
일머리 35, 66, 167, 253, 320, 338
일반화 94, 97
일방향 강의 338
일본의 애니메이션 159
일시적 자율 공간 63, 92, 94, 238, 284, 312: 'TAZ' 도 볼 것
일시적 자율 공동체 169
일회용 인간 71
임권택 145
임나혜숙 99
임파워먼트 191

ㅈ

자기 계발(서) 16, 95, 231
자기 주도성 70
자기 주도적 (학습) 65, 103, 142, 337
자기 중심성 70
자발성 11, 64, 298, 336, 343
자발적 비출산 206
자발적 순응 17
『자본』 182
자본주의 12, 16, 32, 116, 151, 177, 180, 192, 194-195, 197, 227, 230-231, 266, 299, 332, 339, 354
자유 13, 15, 16, 17, 33, 88, 158, 259, 354: — 시장 151, 152 ; — 무역 국가 155
자율 공간 63, 82, 92, 94, 238, 254, 284, 312
자폐성 329
작은 음악회 90
저소득층 206
저임금 176
저출산 문제 208, 211-213, 219, 221, 227, 229-230, 339
적과의 동침 90
적극적 기획자 348
적용과 표현 66, 255
적응 16, 47, 63, 74, 81-82, 91, 130, 139, 243, 287, 299, 349, 350
적자생존 112, 230
적절하게 거리 두기 66
적절한 수업 규모 346, 352
전 지구인 31
전근대 144
전기 자동차 195, 354
전문가주의 228
전문직 287, 295
전문화 287
전인 35, 135, 338: '제너럴리스트' 도 볼 것
전자칠판 21, 66, 77, 93, 115, 138, 143, 249, 338, 340
전지구화 148-149, 230
전통 31-32, 124, 130-132, 134, 137, 144-145, 148-

149, 153, 155, 162-164, 173, 290
전환기 35, 117, 194, 230, 313, 333
절대 평가 346
절차적 인지자 142
점 보기 문화 90
정규직화 176
정당한 의심 268, 275
정병호 325-326
정보 사회 10, 36, 118, 231, 284, 342
정부 정책 159, 176
정치적 단합 146
제3의 길 144
제너럴리스트 301: '전인' 도 볼 것
제도의 덫 199, 312
제사 116, 125, 134, 137, 144, 146, 296
제안 82-83, 91, 166, 169-170, 180, 192, 204, 235, 303, 344-346, 348, 353
조교 10-11, 22, 25, 84, 151, 321, 325-328, 343, 346-353
조기유학 50
조순경 32, 227, 260
조작적 228: ―개념 65, 242, 253
조직 문화 186
좋은 형사-나쁜 형사 게임 350
주관적 인지자 141
주니 족 106, 107
주택 복권 177
준거 집단 15, 35, 231, 299
중간고사 22, 32, 127, 168-169, 292, 307, 340, 347
중립 112-113, 158
중산층 205, 216
「중앙역」, 196, 355
중절 수술 182
즈윅, 에드워드 355
지구촌 시대의 문화인류학 19, 25, 31, 40, 85, 106, 267,

295, 301, 319, 334: '지시문' 도 볼 것
지배 이데올로기 291
지배자 188-189
지시문 40, 61, 74-76, 78-79, 81, 85-86, 89, 91, 101, 115, 123, 125, 128, 140-142, 173, 181, 187, 207, 235, 245, 267, 273, 277-278, 288-291, 302, 306, 308-310, 313-319, 347, '지구촌 시대의 문화인류학' 도 볼 것: ―폐인 140-141
지식 정보 사회 231
지식인 18-19, 26, 29, 32-33, 40, 43, 64, 104, 121, 166, 182, 187, 194-195, 233, 315, 354 : ―계; ―의 책임 29, 121, 233
직장인 8, 212
진보와 진화 63
진은영 124-125, 354
진화 32, 101-103, 109, 113-114, 137, 139, 143, 152, 168, 302
집단 지성 20, 24, 32, 261, 312, 325
집단주의 144
짤방 259
쪽글 23, 32, 40-41, 44, 46, 47, 50, 54, 61, 64, 67, 76-79, 81-82, 86, 89, 102-106, 109-110, 117, 126, 128, 133, 138-140, 142-143, 148-151, 159-160, 183-184, 192, 208-210, 212, 226, 239, 273, 275-276, 278, 288, 309, 315, 317, 320, 340 346, 347, 350

ㅊ

차례 9, 22, 24, 42, 124, 131-132, 134, 136, 249
차이의 강조 199
착한 여자 콤플렉스 229
찰나적 삶 116
참여 관찰 35, 37, 71, 95, 103, 112-113, 115, 124, 135, 140-141, 181-182, 199, 209, 251, 337-338, 345
창의적: ―놀이판 77; ―인 사고 19, 62; ―인 인재 287

295

창조적: ― 공공재 333; ― 파괴 152

채플린, 찰리 194

척 나누기 170

철도공사 176-177

청년 세대 문화 99

청년 실업 197

체화당 260

초개인주의/집단주의 144

초신식/구식 144

초합리/비합리 144

초현대/전통 144

촛불 156, 178: ― 문화제 23, 178, 193

최재천 198

출산 장려책 217

출산율 202, 204, 206, 229

취업 설명회 71, 337

측은지심 196, 199

치유 37, 199, 254, 335

ㅋ

카지노 자본주의 32, 177, 191-192, 194, 227, 266, 354

커밍아웃 256

「케이트 앤 레오폴드」 253, 355

코엔 형제 196, 355

「콜드 마운틴」 259

쿨 세대 23, 97

「크래쉬」 32-33, 196, 355

크리에이티브 커먼스 20, 63, 250, 253, 258, 261

ㅌ

타인 지향성 329

탈 서태지 세대 14

탈권위주의(적): ― 분위기 71 337; ― 호칭과 관계 337

탈근대(적) 137, 148-150, 330

탈식민 시대 지식인 26, 32, 40, 64, 315, 354: 『탈식민 지 시대 지식인의 글 읽기와 삶 읽기』 26, 32, 40, 64, 315, 354

터먼, 존 287, 354

토건주의 94

토플 53, 60, 327

통계학 205, 309

통시적 63

통합 48, 66, 153, 255, 334-345

투기 자본주의 197, 339

트리에, 라스 폰 196, 354

ㅍ

파견직 230

「파고」 196, 355

파시스트 사회 302

파이낸셜 뉴스 178, 354

파일럿 클래스 26, 34, 333-334

파트너십 35, 350

판 23, 67, 76-77, 94, 114, 138, 184, 188, 204, 328, 348

팝 음악 159

패러다임 117, 275

팬덤 23, 142

페널티 정책 202, 204, 206-207

페다고지 19, 330-331, 335, 342

페미니즘 90, 160, 184, 227, 236, 237, 260-261, 306, 317

페인, 크리스 195, 354

평등 16, 158

평생 학습 시대 24

평준화 150, 231

평택 대추리 농민 152
포스트 서태지 세대 58
포스트 할리우드 키드 72
포스트모던 294
프랭클린 다이어리 17, 244
프리드먼, 토머스 32, 148, 150-151, 162, 166-167
프리허그 170, 302
피기스, 마이크 196, 354
피난처 95
피지배자 188-189

ㅎ

하비 16, 354
하이퍼텍스트의 시대 94
학급 붕괴 12; '강의실 붕괴', '교실 붕괴' 도 볼 것
학부 대학 19, 198, 330-331
학부제 10, 14, 326, 331
학사 지도 교수제 331
학습: ― 공동체 24, 68, 71, 142, 337-338; ― 수행 기피자 143
한류 339
한심족 90
합리적 근대인 231
핫 세대 97
해기스, 폴 196, 355
「해피 투게더」 256
핵가족화 150
「핸드메이즈」 32, 33, 182-184, 186, 188-189, 192, 194, 195, 197, 355; 『시녀 이야기』도 볼 것
핸드폰 238-241, 243, 252, 298
행정학 290-292
『헌법의 풍경』 289
현대 116, 134, 144, 148-149
현실과의 연결성 63

호모 사피엔스 32-33, 109, 111-112, 117, 355
호모 에렉투스 112
호모 코기토 109
호모소설 256
호모포비아 252, 256, 304
호지, 헬레나 노르베르 54
환경 운동 91
획일적 사고 66
후기 근대 9, 35, 77, 144, 149, 183, 194, 249, 346; ―적 배움의 공동체 94
휴머니즘 191, 274
흐르는 그림 맞추기 91
희망의 이유 180, 185, 198

기타

「12명의 성난 사람들」 32, 33, 267-271, 273, 276, 279, 280, 283, 341, 354
『1984』 186
1990년대 시대 문화 99
1분 명상 90, 98
7차 교육 과정 10, 12-13
88만원 세대 285, 314
CEO 313
CPA 295
GNP 1만 달러 229
JSC 202-204, 208, 212, 226, 227, 230
KTX (여)승무원 176-179, 188-194, 227, 339; ―에 관한 교수진의 성명서 176, 189
let it be 몸풀기 90
TAZ 92; '일시적 자율 공간' 도 볼 것
YMCA 54, 182, 260

교실이 돌아왔다
– 신자유주의 시대 대학생의 글 읽기와 삶 읽기

1판 1쇄	2009년 3월 30일
1판 2쇄	2011년 9월 8일
지은이	조한혜정 한운장 홍아성 김연지 방영화 김한솔 외 103명
펴낸이	유승희
펴낸곳	도서출판 또하나의문화
출판등록	1987년 12월 29일 (제9-129호)
주소	121-899 서울 마포구 와우산로 174-5 대재빌라 302호
전자우편	tomoon@tomoon.com
누리집	www.tomoon.com
블로그	blog.naver.com/tomoon
전화	02-324-7486
팩스	02-323-2934
사진	김근호
북디자인	서정희
교정	조은

ISBN 978-89-85635-82-0 03330

※ 이 책의 국립중앙도서관 출판도서목록(CIP)은 e-CIP홈페이지(http://www.nl.go.kr/cip.php)에서 이용하실 수 있습니다. (CIP제어번호:CIP2009000789)